2020年12月28日,中国证监会在京举办中国资本市场建立30周年座谈会。

THIRTY YEARS OF
CHINA'S CAPITAL MARKETS

中国资本市场三十年

中国证券监督管理委员会 ◎ 编著

中国金融出版社

责任编辑：孙　柏　　王　强
责任校对：孙　蕊
责任印制：王效端

图书在版编目(CIP)数据

中国资本市场三十年／中国证券监督管理委员会编著． —北京：中国金融出版社，2021.4

ISBN 978-7-5220-1123-3

Ⅰ.①中…　Ⅱ.①中…　Ⅲ.①资本市场—概况—中国　Ⅳ.①F832.5

中国国家版本馆CIP数据核字(2021)第075517号

中国资本市场三十年
ZHONGGUO ZIBEN SHICHANG SANSHI NIAN

出版
发行　中国金融出版社

社址　北京市丰台区益泽路2号
市场开发部　(010) 66024766，63805472，63439533 (传真)
网上书店　www.cfph.cn
　　　　　(010) 66024766，63372837 (传真)
读者服务部　(010) 66070833，62568380
邮编　100071
经销　新华书店
印刷　河北松源印刷有限公司
尺寸　185毫米×260毫米
印张　24.75
插页　1
字数　405千
版次　2021年4月第1版
印次　2024年1月第2次印刷
定价　98.00元
ISBN 978-7-5220-1123-3
如出现印装错误本社负责调换　联系电话 (010) 63263947

《中国资本市场三十年》编委会

主　任：易会满

成　员：阎庆民　　李　超　　方星海　　赵争平　　樊大志
　　　　黄红元　　王建军

《中国资本市场三十年》写作领导小组

组　长：方星海

成　员：（按姓氏笔画排序）

于文强	王宗成	王建平	申　兵	冉　华
仲晖林	安青松	孙才仁	严伯进	李　明
李继尊	邱　勇	何艳春	沙　雁	宋丽萍
张望军	陈　飞	陈华平	陈自强	范　辉
罗子发	罗红生	金立扬	周贵华	周雪保
赵　敏	胡　政	施真强	姜　岩	洪　磊
姚　前	聂庆平	夏建亭	殷荣彦	高卫兵
郭文英	徐　明	蒋　锋	焦津洪	游广斌
谢　庚	蔡建春	熊　军	滕必焱	霍瑞戎
戴文华				

《中国资本市场三十年》写作组

组　长：张望军
副组长：马险峰　　李东平
成　员：（按姓氏笔画排序）

王广凯	王　利	王　静	文　豪	方钰涵
邓　斌	卢边静子	田宝良	田　斌	付艳超
皮六一	朱建新	朱海鹏	朱　翔	刘世盛
刘　畅	安邦坤	许国新	孙玉奎	孙　即
严绍明	李　松	李宗龙	李泽华	李思明
李浩民	李翊乔	李　博	杨　光	杨　阳
杨　柳	吴伟央	何　鹏	冷云生	张凤文
张　列	张　迈	张宝石	张　雷	陆　骋
陈　华	陈　捷	武佳薇	罗　许	季　洁
金　星	周诗洋	周拴茂	郑冰梅	孟繁永
郝　金	胡玉玮	钟荣桂	段晓航	姜禹杉
姚　远	聂　晶	夏　梦	殷志诚	高　玥
高苗苗	唐　婧	谈从炎	陶超仁	黄建山
黄　皓	常　嵘	盘为龙	彭兴庭	蒋星辉
鲁威朝	雍　旭	廖　博	潘宏胜	潘　黎
薛琳砚	戴苏琳	魏　恺	魏　峰	

THIRTY YEARS OF
CHINA'S CAPITAL MARKETS

中国资本市场三十年

序 言

  《中国资本市场三十年》一书系统回顾了改革开放以来我国资本市场走过的不平凡历程，结合重大事件和重大改革举措，从党的建设、市场体系、市场主体、市场制度、对外开放、风险防控、法治监管等方面全面梳理了30年来资本市场建设的主要进展，总结历史经验，探索改革规律，展望发展前景，全方位展现了我国资本市场改革发展稳定波澜壮阔的历史画卷。

  建立和发展资本市场，是党中央推进改革开放和社会主义现代化事业作出的重大战略决策，是建设中国特色社会主义事业的伟大探索。1990年上海、深圳两个证券交易所设立，正式开启了我国资本市场建设发展的历史征程。30年来，在党中央、国务院的坚强领导下，经过一代又一代开拓者、建设者的不懈努力，我国资本市场在改革开放中成长，从无到有、从小到大，逐步成为与我国经济体量相匹配、具有全球影响力和竞争力的重要市场。股票、债券和期货市场规模体量跻身全球前列，市场体系的包容性和适应性不断增强，基础制度的科学性和完备性稳步提升，市场结构出现深刻变化，市场主体竞争力明显增强，双向开放的广度和深度日益扩大，良性健康的市场生态逐步形成，对促进社会资本形成、优化资源配置、完善现代金融体系、支持科技创新和经济社会发展，发挥着日益重要的枢纽作用。

30年来，我国资本市场栉风沐雨，砥砺前行，在攻坚克难、改革创新中迈向高质量发展，发生了深刻的结构性变化。沪深交易所设立，冲破了意识形态的束缚，向全世界宣告了中国坚定不移推进改革开放的决心和魄力；股权分置改革顺利完成，A股市场进入"全流通"时代，为实现市场化定价和股市长远发展奠定了坚实基础；以《证券法》《公司法》为核心的资本市场法律法规体系不断完善，依法治市、依法监管全面加强，为资本市场健康发展保驾护航；双向开放的层次和水平不断提高，资本市场有效借鉴国际最佳实践，推动中国经济更好地融入国际经济大循环；设立科创板并试点注册制、创业板改革并试点注册制顺利实施，通过增量改革带动存量改革，开启了资本市场全面深化改革的新篇章。

习近平总书记深刻指出，"无论我们走得多远，都不能忘记来时的路"。我们深深体会到，中国资本市场在短短30年时间里实现历史性突破和跨越式发展，主要得益于：

一是始终坚持党对资本市场工作的全面领导。30年来，党中央从经济社会发展全局和改革开放大局出发，科学认识和准确把握社会主义市场经济条件下建设和发展资本市场的规律，指引我国资本市场建设事业实现了一次又一次的发展突破，取得举世瞩目的发展成就。实践充分证明，无论是股权分置改革的紧要关头，还是防范化解重大金融风险攻坚战的吃劲阶段，或是面对疫情冲击是否正常开市的重大决策，我国资本市场都能够攻坚克难，化危为机，始终保持蓬勃生机，归根结底在于有党中央的坚强领导和中国特色社会主义的制度优势。坚持党的领导，是我国资本市场发展壮大、改革开放和发挥枢纽功能作用的根本保证。

二是始终坚持服务实体经济发展的根本宗旨。经济是肌体，金融是血脉。30年来，我们坚持以服务实体经济为依归，围绕不同历史条件下经济发展、体制改革和对外开放的战略需要，不断深化资本市场改革，完善市场体系结构，提升治理能力，增强市场的包容性和适应性，培育了一批在国民经济中具有重要地位的优秀企业。资本市场日益成为经济要素市场化配置、推动储蓄转化为投资的重要平台，有力地促进了经济结构转型升级和效率提升。

三是始终坚持市场化、法治化、国际化的改革方向。资本市场的市场属性极强，规范要求极高。30年来，我们不断深化对资本市场发展规律的认识，尊重市场首创精神，坚持用改革的办法破除体制机制障碍，发挥市场在资源配置中的决定性作用。坚持依法监管，依法治市，以法治建设引领和保障资本市场改革发展稳定。立足"新兴加转轨"的特点，学习借鉴国际最佳实践，走出了一条符合中国国情和社会主义市场经济规律的发展道路。

四是始终坚持人民立场。资本市场直接关乎上亿家庭、数亿人的利益，尊重投资者、敬畏投资者、保护投资者，是资本市场监管工作人民性的具体体现。我们将保护投资者合法权益贯穿于监管各环节、全流程，全力防范化解重点领域风险，坚决打击各类违法违规行为，积极构建公开、公平、公正的市场环境，提供更加有效的监管保护和司法救济，增强广大投资者的获得感。

我国资本市场从初期的筚路蓝缕、拓荒筑路，到今天的蓬勃发展、奋楫笃行，离不开资本市场建设者的呕心沥血和辛勤汗水，离不开资本市场改革者的大胆探索和开拓进取，离不开资本市场参与者的精心呵护和大力支持。资本市场的发展历程充分展示了他们敢为人先、百折不挠的改革创新精神，也为我们继往开来、努力创造新成就提供了不竭动力源泉。谨以此书，向他们表达由衷的钦佩和诚挚的敬意！

与此同时，我们清醒地认识到，我国还处于社会主义初级阶段，经济结构转换的复杂性高，资本市场发展还不够充分、不够成熟，一些深层次的结构性体制机制性问题还没有得到根本解决；资本市场的投资融资功能还不够平衡，理性投资、长期投资、价值投资的文化有待巩固，对创新驱动和实体经济的支持还大有可为的空间。资本市场的发育成长有其自身的规律，必然会经历一个在探索中前进、不断演化的过程。唯有刀刃向内，坚持目标导向、问题导向、基础导向，保持定力，一步一个脚印，才能积小胜为大胜，推动资本市场行稳致远。

三十而立，春华秋实。站在全面建设社会主义现代化国家新起点，打造一个规范、透明、开放、有活力、有韧性的资本市场，对于加快构建新发展格局，实现更高质量、更有效率、更加公平、更可持续、更为安全的发展具有重要意义，是我们肩负的历史责任和光荣使命。我们将坚持以习近平新时代中国特色社会主义思想为指导，立足新发展阶段，贯彻新发展理念，服务新发展格局，落实"建制度、不干预、零容忍"方针，坚持敬畏市场、敬畏法治、敬畏专业、敬畏风险、形成合力，坚定不移深化资本市场改革开放，着力提高直接融资比重，以注册制和退市制度改革为抓手，全面加强基础制度建设，全面提升市场治理能力和水平，提高上市公司质量，强化市场功能发挥，促进投融资协同发展，持久优化市场生态，牢牢守住不发生系统性风险的底线，更好地服务经济社会高质量发展，奋力谱写新时代全面建设社会主义现代化国家新征程的壮丽篇章！

易会满

2021年4月

目 录

综 述

第一章 中国资本市场30年发展概况
第一节 党中央、国务院高度重视资本市场发展 /2
第二节 资本市场发展的主要历程 /8
第三节 资本市场发展成就 /23

市场体系篇

第二章 多层次股权市场
第一节 交易所股票市场 /30
第二节 全国中小企业股份转让系统 /38
第三节 区域性股权市场 /40
第四节 证券公司柜台交易市场 /43

第三章 交易所债券市场
第一节 发展历程 /45
第二节 发展现状 /48

第四章 期货及衍生品市场
第一节 发展历程 /52
第二节 发展现状 /54
第三节 市场组织和监管体系 /57

市场主体篇

第五章 上市公司和挂牌公司
第一节 上市公司发展历程 /64
第二节 股权分置改革 /69
第三节 上市公司信息披露体系建设 /74

第四节　完善上市公司治理 /80

第五节　新三板挂牌公司发展概况 /86

第六章　资本市场中介机构

第一节　证券公司 /89

第二节　期货公司 /96

第三节　投资咨询机构 /102

第四节　中介服务机构 /103

第七章　机构投资者

第一节　公募基金 /110

第二节　私募基金 /116

第三节　其他机构投资者 /119

市场制度篇

第八章　股票发行上市制度

第一节　审批制阶段 /124

第二节　核准制阶段 /125

第三节　试点注册制阶段 /128

第九章　再融资、并购重组和退市制度

第一节　再融资制度 /133

第二节　并购重组制度 /138

第三节　退市制度 /144

第十章　交易结算制度

第一节　交易制度 /149

第二节　登记结算制度 /156

第三节　股指体系的构建和优化 /161

对外开放篇

第十一章　资本市场双向开放

第一节　B股市场和企业境外上市 /166

第二节　合格境内外机构投资者制度 /169

第三节　互联互通机制 /172

第四节　证券基金期货行业开放 /174

第五节　特定产品开放 /177

第十二章　国际合作与交流

第一节　跨境监管与执法合作 /180

第二节　国际组织交流与合作 /182

风险防控篇

第十三章　资本市场典型风险事件处置

第一节　"8·10"事件始末 /186

第二节　"327"国债期货事件始末 /187

第三节　2015年股市异常波动的应对 /189

第十四章　资本市场重点领域风险防范化解

第一节　上市公司股票质押风险 /192

第二节　债券违约风险 /194

第三节　私募基金风险 /195

法治监管篇

第十五章　法治保障

第一节　资本市场法律法规体系建设 /198

第二节　资本市场执法体制建设 /207

第三节　资本市场司法保障建设 /215

第四节　资本市场诚信体系建设 /218

第十六章　监管体系

第一节　集中统一证券监管体制的确立 /222

第二节　证监会内设职能部门的充实和优化 /224

第三节　一线监管能力持续增强 /226

第四节　自律管理体系建设 /227

第五节　监管科技能力建设 /229

第十七章 投资者保护

  第一节 投资者保护制度体系和组织框架 /232
  第二节 培育理性投资文化 /236
  第三节 中国特色投资者行权维权机制 /237

党的建设篇

第十八章 推进证监会系统党的建设

  第一节 全面加强党的建设 /244
  第二节 扎实推进全面从严治党 /250

展　望

第十九章 中国资本市场发展展望

  第一节 资本市场发展面临的机遇和挑战 /256
  第二节 我国资本市场远景展望 /260

附　录

附录1　缩略词 /264
附录2　大事记 /267

附　表

附表1　股票市场概况 /339
附表2　股票市场历史记录情况 /340
附表3　股票市场分板块规模 /341
附表4　股票市场分股份类型规模 /342
附表5　境内股票市场筹资情况 /343
附表6　股票市场分板块首发筹资情况（IPO）/344
附表7　股票市场分股份类型首发筹资情况（IPO）/345
附表8　股票市场分板块交易情况 /346

附表9　股票市场分股份类型交易情况 /348

附表10　上海证券交易所股票市场交易情况 /349

附表11　深圳证券交易所股票市场交易情况 /351

附表12　新三板市场情况 /353

附表13　上市公司数量 /354

附表14　上海证券交易所分股份类型上市公司数量 /355

附表15　深圳证券交易所分股份类型上市公司数量 /356

附表16　证券期货经营机构数量 /357

附表17　证券期货经营机构业务资格情况 /359

附表18　全国债券市场概况 /361

附表19　公募基金概况 /363

附表20　QFII、RQFII及QDII情况 /365

附表21　交易所基金市场指数情况 /367

附表22　上市基金成交情况 /369

附表23　期货市场规模概况 /370

附表24　期货会员机构数情况 /371

附表25　期货交易概况 /373

附表26　区域性股权市场一览表 /375

附表27　中国证监会与境外监管机构签署的备忘录一览表 /376

后　记 /379

THIRTY YEARS OF
CHINA'S CAPITAL MARKETS

中国资本市场
三十年

综 述

第一章　中国资本市场30年发展概况

第一章　中国资本市场 30 年发展概况

> 1990年12月，上海证券交易所、深圳证券交易所建立，标志着我国改革开放后以股票集中交易为主要特征的资本市场的诞生。30年来，在党中央、国务院的坚强领导下，伴随着改革开放的伟大历史进程，资本市场从无到有、从小到大，走出了一条符合中国国情和社会主义市场经济规律的发展道路，取得了历史性成就，实现了跨越式发展，成为社会主义市场经济体系的重要组成部分，在促进资本形成、优化资源配置、建立现代企业制度、建设创新型国家等方面发挥了不可替代的作用，为推动经济发展和社会进步作出了重要贡献。

第一节　党中央、国务院高度重视资本市场发展

纵观30年的历程，党中央、国务院始终高度重视资本市场发展，从经济社会发展全局和改革开放大局出发，科学认识和准确把握社会主义市场经济条件下建设和发展资本市场的规律，根据不同时期经济发展和深化改革的根本要求，不断提升全社会对资本市场战略性、全局性的认识，为推动资本市场改革发展稳定谋篇布局、指明方向、作出部署。

一、破除了资本市场初期发展的思想障碍

资本市场是股份制和市场经济发展到一定阶段的产物。1984年10月，党的十二届三中全会通过了《中共中央关于经济体制改革的决定》，提出"明确认识社会主义计划经济必须自觉依据和运用价值规律，是在公有制基础上的有计划的

商品经济。"以城市为重点的经济体制改革起步，部分地方选择少数企业进行股份制试点，股票一级市场开始出现。20世纪90年代初，社会上对股份制改革和证券市场在思想认识上出现了"姓资姓社"的争论。1992年，邓小平同志发表了南方谈话，明确指出："计划经济不等于社会主义，资本主义也有计划；市场经济不等于资本主义，社会主义也有市场。""证券、股市，这些东西究竟好不好，有没有危险，是不是资本主义独有的东西，社会主义能不能用？允许看，但要坚决地试。"这一重要谈话在一些重大理论和实践问题上解除了人们在认识上的种种禁锢，为中国资本市场创造了历史性的发展机遇。

1992年10月，党的十四大确立了建立社会主义市场经济体制的目标，第一次明确提出"积极培育包括债券、股票等有价证券的金融市场"。1993年11月，党的十四届三中全会通过了《中共中央关于建立社会主义市场经济体制若干问题的决定》，明确提出资本市场要积极稳妥地发展债券、股票融资，规范股票的发行和上市，并逐步扩大规模。1997年9月，党的十五大指出，"股份制是现代企业的一种资本组织形式，有利于所有权和经营权的分离，有利于提高企业和资本运作效率""要加快国民经济的市场化进程。继续发展各类市场，着重发展资本、劳动力、技术等生产要素市场"。这些科学论断，是对公有制理论的深化和发展，也是对股份制度的充分肯定，为资本市场发展壮大进一步打通了"思想关"。

二、明确了发展资本市场的战略意义

20世纪90年代后，国有企业股份制改革加快，国民经济战略性重组深化，客观上要求更好发挥资本市场在资源配置中的关键作用。1998年5月，江泽民同志为中国证监会组织编写的《证券知识读本》题写书名并做重要批语，指出："实行社会主义市场经济，必然会有证券市场。建立发展健康、秩序良好、运行安全的证券市场，对我国优化资源配置，调整经济结构，筹集更多的社会资金，促进国民经济的发展具有重要的作用。"2002年11月，党的十六大报告强调指出，"推进资本市场的改革开放和稳定发展"。2003年10月，党的第十六届三中全会通过了《中共中央关于完善社会主义市场经济体制若干问题的决定》，明确提出要大力发展资本和其他要素市场。积极推进资本市场的改革开放和稳定发展，扩大直接融资。建立多层次资本市场体系，完善资本市场结构，丰富资本市场产品。规

范和发展主板市场,推进风险投资和创业板市场建设。积极拓展债券市场,完善和规范发行程序,扩大公司债券发行规模。大力发展机构投资者,拓宽合规资金入市渠道。建立统一互联的证券市场,完善交易、登记和结算体系。稳步发展期货市场。这是中央文件首次全面阐述资本市场发展的目标、方向和主要内容,明确提出"建立多层次资本市场体系"。

为贯彻落实党的十六大和十六届三中全会精神,推动解决资本市场的深层次问题和结构性矛盾,2004年1月,国务院发布了《关于推进资本市场改革开放和稳定发展的若干意见》(以下简称"国九条"),明确指出"大力发展资本市场是一项重要的战略任务,对我国实现本世纪头20年国民经济翻两番的战略目标具有重要意义""大力发展资本市场,提高直接融资比例"。首次将资本市场发展提升到国家战略任务的高度,系统提出了推进资本市场改革发展的纲领性意见。按照"国九条"的部署,股权分置改革、提高上市公司质量、证券公司综合治理、完善资本市场法治等重大改革扎实推进。

为适应国民经济又好又快发展的需要,不断满足经济社会日益增长的多样化金融需求,2007年10月,胡锦涛同志在党的十七大报告中强调,要推进金融体制改革,发展各类金融市场,形成多种所有制和多种经营形式、结构合理、功能完善、高效安全的现代金融体系。提高银行业、证券业、保险业竞争力。优化资本市场结构,多渠道提高直接融资比重。2008年12月,面对国际金融危机的冲击,中央经济工作会议强调,要保持资本市场稳定健康发展。2010年10月发布的《中共中央关于制定国民经济和社会发展第十二个五年规划的建议》中明确提出"加快多层次资本市场体系建设,显著提高直接融资比重"。2012年11月,党的十八大提出,要深化金融体制改革,健全促进宏观经济稳定、支持实体经济发展的现代金融体系,加快发展多层次资本市场。

三、指明了新时代资本市场改革发展的根本方向和路径

党的十八大以来,以习近平同志为核心的党中央高度重视资本市场改革发展。习近平总书记对资本市场作出了一系列重要指示批示,深刻回答了新时代需要什么样的资本市场、怎样建设好资本市场的重大课题,赋予了资本市场新的定位和使命,为新时代资本市场改革发展指明了方向。2013年11月,党的第十八

届三中全会通过了《中共中央关于全面深化改革若干重大问题的决定》，明确提出健全多层次资本市场体系，推进股票发行注册制改革，多渠道推动股权融资，发展并规范债券市场，提高直接融资比重。推动资本市场双向开放，有序提高跨境资本和金融交易可兑换程度。2014年5月，国务院发布《关于进一步促进资本市场健康发展的若干意见》（以下简称"新国九条"），系统阐明了加快发展多层次资本市场对于健全社会主义市场体系、优化金融结构、防范金融风险的重要作用，就发展多层次资本市场、提高证券期货服务业竞争力、扩大资本市场开放、防范化解金融风险、营造资本市场良好发展环境等作出系统部署和全面安排。2015年11月，《中共中央关于制定国民经济和社会发展第十三个五年规划的建议》明确提出，要积极培育公开透明、健康发展的资本市场，推进股票和债券发行交易制度改革，提高直接融资比重，推进资本市场对外开放。

习近平总书记深刻阐述了做好金融工作的重要性。2017年7月，习近平总书记在第五次全国金融工作会议中强调，要紧紧围绕服务实体经济、防控金融风险、深化金融改革三项任务，完善金融市场体系，把发展直接融资放在重要位置，形成融资功能完备、基础制度扎实、市场监管有效、投资者合法权益得到有效保护的多层次资本市场体系。2017年10月，党的十九大报告指出，要"深化金融体制改革，增强金融服务实体经济能力，提高直接融资比重，促进多层次资本市场健康发展"，对进一步推进资本市场发展改革进行了战略部署。深化资本市场改革，成为金融供给侧结构性改革的重中之重。2018年11月，习近平主席在首届中国国际进口博览会开幕式上的讲话中指出，将在上海证券交易所设立科创板并试点注册制，支持上海国际金融中心和科技创新中心建设，不断完善资本市场基础制度。这标志着注册制改革进入启动实施的阶段，在我国资本市场发展史上具有里程碑意义。

2018年12月的中央经济工作会议首次提出，"资本市场在金融运行中具有牵一发而动全身的作用，要通过深化改革，打造一个规范、透明、开放、有活力、有韧性的资本市场"，明确了新时代资本市场的定位和战略意义。2019年10月，党的十九届四中全会通过了《中共中央关于坚持和完善中国特色社会主义制度推进国家治理体系和治理能力现代化若干重大问题的决定》，明确提出，加强资本市场基础制度建设，健全具有高度适应性、竞争力、普惠性的现代金融体系。

发展资本市场已成为新时代推进国家治理体系和治理能力现代化的重要内容。近年来，按照党中央、国务院的决策部署，国务院金融稳定发展委员会多次就资本市场改革发展稳定提出明确要求，强调要进一步深化资本市场改革，坚持市场化、法治化、国际化方向，加快完善资本市场基础制度，发挥好资本市场枢纽作用，增强资本市场的活力、韧性和服务能力，使其真正成为促进经济高质量发展的"助推器"。2020年10月，党的十九届五中全会通过了《中共中央关于制定国民经济和社会发展第十四个五年规划和二〇三五年远景目标的建议》，为开启全面建设社会主义现代化国家新征程指明了方向、提供了科学有力的指导。其中，明确提出"全面实行股票发行注册制，建立常态化退市机制，提高直接融资比重"，对"十四五"时期资本市场改革发展稳定提出了明确目标和具体要求。2020年12月举行的中央经济工作会议强调，要健全金融机构治理，促进资本市场健康发展，提高上市公司质量，打击各种逃废债行为。这是以习近平同志为核心的党中央在新形势、新阶段、新格局下作出的重大决策部署，为推动资本市场更充分发挥枢纽作用，加快形成资本市场服务经济社会高质量发展的制度、机制和体系提供了根本遵循。

四、提供了资本市场持续健康发展的坚强政治保障

坚持和加强党的全面领导是确保资本市场始终沿着正确方向稳步前进的根本保证。1997年5月，经中央批准，中国证监会成立党组。1998年6月，为加强党对金融工作的统一领导，中央决定设立中国证监会党委。同年8月，国务院批准《证券监管机构体制改革方案》，在全国36个证监会派出机构设立党组或党委。1998年6月，中共中央决定设立中央金融工委，全面加强金融系统党的思想建设、作风建设和组织建设。2003年3月，中共中央决定撤销中央金融工委，中央各金融单位的党组织分别实行垂直领导。党的十八大以来，以习近平同志为核心的党中央加强对金融工作的集中统一领导。2017年11月，为贯彻第五次全国金融工作会议精神，国务院金融稳定发展委员会成立，强化对金融工作的统一指挥协调。近年来，为推动资本市场重大关键性改革，中央全面深化改革委员会先后审议通过在上海证券交易所设立科创板并试点注册制总体实施方案和实施意见、创业板改革并试点注册制总体实施方案、健全上市公司退市机制实施方案、依法从

严打击证券违法活动的若干意见等。

资本市场涉及面广、敏感度高，是兼具政治、经济、文化、社会等特征的综合体。资本市场的市场属性极强，规范要求极高，必须以规则为基础，减少行政干预，充分发挥市场在资源配置中的决定性作用。2019年2月，习近平总书记在中央政治局第十三次集体学习时强调，要建设一个规范、透明、开放、有活力、有韧性的资本市场，完善资本市场基础性制度，把好市场入口和市场出口两道关，加强对交易的全程监管。中国证监会不断深化对资本市场的市场属性、政治属性和监管人民性的认识，牢记监管姓监，将维护投资者尤其是中小投资者合法权益作为监管工作的重中之重，进一步强化党领导资本市场改革发展的组织体系、制度体系和工作机制，逐步完善符合中国特色社会主义市场经济要求的市场基础制度、运行机制和监管体制。2019年以来，中国证监会坚持服务实体经济和保护投资者权益的根本方向，坚决落实"建制度、不干预、零容忍"的方针，尊重投资者、敬畏投资者，坚决打击各类违法违规行为，市场重点领域风险趋于收敛，投资者保护机制进一步健全，公开、公平和公正的市场生态环境进一步优化。

全面从严治党是党和国家事业发展的根本要求，也是资本市场稳定健康发展的坚强政治保障。党的十八大以来，以习近平同志为核心的党中央站在党和国家事业发展全局高度，将全面从严治党和全面建成小康社会、全面深化改革、全面依法治国协同推进。2017年，习近平总书记在第五次全国金融工作会议上明确要求，"要落实全面从严治党要求，建好金融系统领导班子，强化对关键岗位、重要人员特别是一把手的监督"。中国证监会坚持以政治建设为统领，切实履行好管党治党的主体责任，全面加强党的政治建设、思想建设、组织建设、作风建设、纪律建设，将制度建设贯穿始终。围绕强化党风廉政建设和反腐败工作，中国证监会以高度的政治责任抓好中央巡视整改落实，持续完善权力运行的监督体系，强化监督执纪问责，以强监督、强监管坚决遏制腐败案件发生，坚持靶向监督，狠抓证券发行审核、上市公司并购重组、稽查执法等工作的监督管理，查办了一批典型违法违纪案件。作为党和国家监督体系的有机组成部分，2015年11月，中央纪委驻中国证监会纪检组设立，主要负责对证监会党委班子的日常监督和证监会系统党委管理干部的监督执纪问责。2018年6月，中央纪委国家监委驻证监会纪检监察组设立，被赋予监察职能。派驻体制改革、纪检监察体制改革以及持续深化的巡视审计监督，为资本市场持续健康发展提供了有力保障。

我国资本市场诞生、发展和壮大的历史，是党领导中国人民探索社会主义市场经济道路、实现国家繁荣富强这部恢弘壮丽史诗中的重要篇章，充分揭示了坚持党对金融工作和资本市场建设的全面领导，探索中国特色社会主义条件下的资本市场发展道路的历史必然，为资本市场改革发展稳定提供了根本保证。

第二节 资本市场发展的主要历程

党的十一届三中全会之后，经济体制改革不断推进，股份制开始出现，资金需求日益多样化，资本市场开始萌芽。最先恢复和发展的是债券市场。1981年，国务院决定恢复国库券发行。次年，企业债、金融债相继开始发行。股票市场在企业股份制试点的背景下开始萌生。1983年，深宝安成为首家通过报刊公开招股的公司；1984年北京天桥向社会公开发行定期3年的股票。这两只股票均具有明显的债券性质。1984年上海飞乐音响发行的股票，一般被认为是改革开放后发行的第一只规范股票。1986年9月，中国工商银行上海市信托投资公司静安证券营业部率先对其代理发行的"飞乐音响"和"延中实业"股票开展柜台挂牌交易，标志着股票二级市场雏形的出现。1987年，我国第一家专业证券公司——深圳特区证券公司成立。企业股份制试点、股票发行与转让活动增多，证券机构开始设立，为有组织、正式、集中交易的全国性资本市场奠定了基础。

一、探索成长时期（1990—1999年）

以1990年上海和深圳证券交易所设立为标志，改革开放后集中交易的资本市场开始形成。党的十四大明确股份制是建立社会主义市场经济体制的重要内容，资本市场步入较快发展轨道。1992年10月，国务院证券委和中国证监会正式成立，1998年国务院证券委撤销、职能并入证监会，我国资本市场集中统一的监管体系逐步确立。《公司法》《证券法》等法律法规先后颁布，资本市场"法治、监管、自律、规范"迈出重要步伐。

（一）全国性资本市场的建立和规范

全国性统一的证券市场正式建立。经国务院授权，由中国人民银行批准，1990年11月26日，上海证券交易所成立，12月19日正式开业。1990年12月1日，深圳证券交易所试运行，1991年4月11日正式成立，同年7月3日正式开业。沪深交易所建立之初，当地发行的股票率先进场交易。同期，各地出现了一些股票交易场所，由于缺乏规范的交易规则和统一监管，市场无序发展问题较为突出。1992年4月，国务院决定股票交易所设立只限于上海、深圳两处。1993年之后，中央开始整顿各种股权交易中心。沪深交易所逐步统一交易制度和运作规则，全国集中统一的资本市场逐步建立。随后几年，沪深交易所陆续增加交易品种，上市公司数量、股票发行筹资额、投资者数量、交易量快速增长。截至1999年，两家交易所上市公司数量达到949家，总市值达2.65万亿元。

期货市场的探索发展与清理整顿。1990年10月，郑州粮食批发市场开业并引入期货交易机制，成为我国期货交易的开端。1992年12月，上海证券交易所首先向证券公司推出国债期货交易，1993年10月向社会公众开放。1995年"327国债期货事件"后，国债期货交易被暂停。1993年，商品期货市场快速发展，商品期货交易所一度超过50家，期货经纪公司超过300家，交易品种重复，经营机构管理混乱。1993年底，国家明确期货市场由国务院证券委和中国证监会负责监管。经清理整顿，期货交易所和期货经营公司数量大幅减少。1999年6月，国务院发布《期货交易管理暂行条例》，期货市场步入规范发展阶段。

（二）市场制度在摸索中确立

股票公开发行试点由上海、深圳扩大至全国后，为防止各地一哄而上以及因股票发行引起投资过热，1993年4月，国务院公布了《股票发行与交易管理暂行条例》，实行额度管理的审批制度。发行方式相继采用无限量发行认购申请表、与银行储蓄存款挂钩等，向公众公开发行股票。发行定价基本上根据每股税后利润和相对固定的市盈率来确定。1996年，国务院证券委将"额度管理"改为"指标管理"。交易机制上，沪深交易所采用无纸化交易平台，按照价格优先、时间优先，实行集中竞价交易、电脑配对、集中过户。多次调整股票交易涨跌幅限制，1996年12月16日，股票交易实行10%的涨跌停板制度。此外，1994年，《公司法》对上市公司的退市情形作出规定，授权中国证监会对股票暂停上市和终止上市进行监管。

（三）对外开放的初步探索

建立人民币特种股票（以下简称B股）市场。1991年底，沪深交易所推出B股试点。深圳南方玻璃股份有限公司和上海真空电子器材股份有限公司分别在深圳和上海证券交易所发行B股。截至1998年底，B股市场上市公司106家（上海52家、深圳54家），累计筹资616.3亿元，一定程度上缓解了外汇短缺。

推进境内企业海外上市。1993年7月15日，内地首家H股公司——青岛啤酒在香港联合交易所挂牌。此后，越来越多的境内企业到美国、英国、新加坡等国家和中国香港地区的证券市场发行上市，拓宽了融资渠道，提升了国际知名度。

（四）法律法规框架开始建立

1992年国务院证券委、中国证监会成立后，加快推动证券期货法规建设。1993年4月，国务院颁布《股票发行与交易管理暂行条例》，是中华人民共和国成立后第一部规范股票发行和交易行为的法规。随后，《公开发行股票公司信息披露实施细则（试行）》《证券交易所管理办法》《禁止证券欺诈行为暂行办法》《关于严禁操纵证券市场行为的通知》等制度文件相继制定出台，对信息披露、交易所管理、禁止性交易行为等作了详细规定。

1994年7月1日，《公司法》正式施行，为公司制和资本市场发展奠定了法律基础。1997年3月14日，第八届全国人大五次会议通过了新修订的《刑法》，证券犯罪被写入刑法。1999年7月1日，《证券法》施行，确立了证券市场在社会主义市场经济体系中的法律地位，为资本市场的规范发展奠定了坚实的法律基础。

（五）集中统一监管体制逐步确立

为了加强证券市场的统一管理，使我国证券市场健康发展，1992年6月，国务院办公厅发布通知，在原股票上市办公会议的基础上，建立国务院证券管理办公会议，代表国务院行使对证券工作的日常管理职权，办公会议的办事机构设在人民银行。1992年10月，成立国务院证券委和中国证监会，中国证监会接受国务院证券委的指导、监督检查和归口管理，同时把监管证券市场业务从中国人民银行分离出来，移交给中国证监会。1997年11月，第一次全国金融工作会议决定，建立全国统一的证券期货监管体系，由中国证监会统一负责对全国证券业、期货业的监管。1998年3月，国务院决定撤销国务院证券委，将其全部职能和人民银行对证券经营机构的监管职能划入中国证监会。同年8月，国务院批准《证券监管机构体制改革方案》，中国证监会接收全国各省、自治区、直辖市和计划单列市的证券期货管理机构，在全国设立了36个派出机构。全国集中统一的证券期货市场监管体制基本确立。

证券交易所和行业协会的自律管理。1992年12月，国务院发布了《关于进一步加强证券市场宏观管理的通知》，明确沪深交易所由当地政府归口管理，由中国证监会实施监督。1993年4月颁布的《股票发行与交易管理暂行条例》明确证券交易所为证券业自律性管理组织。1997年7月，国务院办公厅发布通知，将沪深交易所划归中国证监会直接管理。1991年8月28日，我国证券发展史上第一个全国性行业自律性组织——中国证券业协会成立。

二、规范发展时期（1999—2012年）

1999年7月1日，《证券法》正式实施，资本市场进一步规范发展。贯彻落实"国九条"的部署安排，股权分置改革、证券公司综合治理、提高上市公司质量等一系列重大改革扎实推进，一些长期影响市场发展的历史遗留问题和深层次矛盾逐步解决，资本市场出现转折性变化。

（一）多层次市场体系基本形成

中小企业板设立。2004年5月17日，经国务院批准，中国证监会同意在深圳证券交易所主板市场内设立中小企业板块。中小企业板上市条件与主板一致，主要针对流通股本规模相对较小的公司。2004年6月25日，首批8家公司上市交易。

创业板推出。2000年5月，国务院原则同意中国证监会关于设立二板市场的请示，将二板市场定名为创业板市场，由深交所承担试点筹备工作。此后，受美国互联网泡沫破裂影响，创业板推出进程暂缓。2004年，"国九条"明确提出分步推进创业板市场建设。2007年9月，中国证监会重启创业板筹备工作。2009年10月23日，创业板正式开板。同年10月30日，首批28家公司上市交易。

全国中小企业股份转让系统设立。2001年6月，经国务院同意、中国证监会批准，中国证券业协会发布《证券公司代办股份转让服务业务试点办法》，设立代办股份转让系统。2006年，国务院批准允许中关村园区股份公司进入该系统进行股份报价转让试点。2012年7月，国务院批准设立全国中小企业股份转让系统。同年9月，全国中小企业股份转让系统有限责任公司在国家工商总局完成登记注册，原代办股份转让系统和报价转让系统挂牌公司转入全国股转系统。

交易所债券市场规范发展。这一时期，按照"稳妥有序、分步实施、新老划断"的原则，深化国债回购制度改革，有效化解了历史遗留风险。企业资产证券化业务开始试点。完善债券大宗交易机制，在连续撮合交易的基础上，增加符合机构投资者交易特点的交易方式。2007年8月，中国证监会发布实施《公司债券发行试点办法》，标志着公司债券发行正式启动。

期货市场稳步发展。2004年起，一批基础性商品期货品种陆续上市，包括棉花、燃料油、玉米、黄大豆2号、白糖、豆油、精对苯二甲酸（PTA）、锌、菜籽油、棕榈油、螺纹钢、线材、早籼稻和聚氯乙烯等。2008年1月，第一个贵金属期货品种——黄金期货在上海期货交易所上市。2006年9月，中国金融期货交易所在上海成立。2010年4月，首个股指期货品种沪深300指数期货合约挂牌上市。

（二）基础制度改革取得重要进展

股权分置改革基本完成。2005年4月29日，经国务院同意，中国证监会发布《关于上市公司股权分置改革试点有关问题的通知》，正式启动股权分置改革试点。同年5月30日，中国证监会、国资委联合发布《关于做好股权分置改革试点工作的意见》，推进大中型上市公司解决股权分置问题。两批46家上市公司股权分置改革试点顺利完成后，股权分置改革转入全面推进阶段。截至2007年底，沪深两市共1298家公司完成或进入股权分置改革程序，占应改革公司的98%，股权分置改革基本完成，结束了上市公司两类股份、两个市场、两种价格并存的历史，为市场定价机制和资源配置功能发挥奠定了基础。

新股发行体制改革探索深化。1999年《证券法》明确股票发行实行核准制，将地方政府和行业主管部门向中国证监会推荐企业改为由证券公司推荐企业。2001年3月，中国证监会取消原有对企业发行审核中的额度和指标限制。2003年

12月，中国证监会发布《证券发行上市保荐制度暂行办法》，决定从2004年2月起在股票发行中正式实行保荐制。2009年6月和2010年10月，中国证监会先后发布《关于进一步改革和完善新股发行体制的指导意见》和《关于深化新股发行体制改革的指导意见》，进一步完善新股发行体制机制。

股票交易结算机制进一步完善。2001年9月，中国证券登记结算有限责任公司正式成立，标志着我国集中统一的证券登记结算体系基本形成。2002年2月和2003年1月，深交所和上交所分别建立大宗交易业务制度。2010年3月，证券公司融资融券业务试点启动，首批6家证券公司正式开展融资融券交易。2011年10月，中国证券金融股份有限公司成立，承担转融通等融资融券机制功能。

上市公司监管持续加强。2005年10月，《国务院批转证监会关于提高上市公司质量意见的通知》发布，中国证监会陆续出台清理大股东占用、股权激励管理、强化信息披露监管、提高公司治理水平、推动市场化并购重组等一系列政策措施。中国证监会会同地方政府和有关部门全面开展"清欠"攻坚战，至2006年底，清理大股东和实际控制人占用上市公司资金工作取得显著成效。2007年3月，中国证监会发布《关于开展加强上市公司治理专项活动有关事项的通知》，在全体上市公司中开展为期3年的"加强上市公司治理专项活动"，推进了公司治理、内部制衡和激励约束机制的完善。2006年，中国证监会发布《上市公司收购管理办法》，2008年发布《上市公司重大资产重组管理办法》，对上市公司收购、重大资产重组作出制度调整，适应了股权分置改革后的市场变化。

上市公司退市制度建立。1999年7月施行的《证券法》确定了退市制度框架，规定国务院证券监督管理机构可以授权证券交易所依法暂停或者终止公司股票或者公司债券上市。2001年4月23日，PT水仙正式退市，成为第一家退市上市公司。2006年1月，新修订的《证券法》和《公司法》正式施行，从法律上赋予证券交易所暂停、恢复、终止上市的权限。2001年至2011年，沪深两市共45家公司被强制退市，平均每年4家。

（三）行业机构规范发展

证券公司综合治理完成。中国证监会从2004年起开展了为期三年的证券公司综合治理，全面摸清证券公司风险底数，及时稳妥处置高风险证券公司，同步建立风险处置长效机制,改革完善客户资金存管、国债回购、资产管理等基础性制度,并实施证券公司分类监管,鼓励优质证券公司创新发展。截至2007年8月,证券公司综合治理工作结束,平稳处置了31家高风险公司,有效化解长期积累的风险和历史遗留问题。2008年4月颁布实施《证券公司风险处置条例》和《证券公司监督管理条例》,进一步巩固了证券公司综合治理成效。

基金业市场化改革加快。2000年,在前期清理整顿"老基金"的基础上,中国证监会从机构审批、业务发展、产品审核等三方面推动基金业市场化改革,进一步明晰了机构审批的准入标准和程序。简化基金产品审核程序,从2010年起,基金产品分类审核制度全面实施,并有序推进私募资产管理业务、境外投资业务及投资顾问业务等,全面提升基金行业的整体发展水平。

(四)双向开放稳步推进

境内企业境外上市力度加大。随着中国加入世界贸易组织(WTO),特别是2003年6月《内地与香港关于建立更紧密经贸关系的安排》签署后,境内企业赴境外上市增多,包括银行、保险、能源等在内的一大批大型企业和行业龙头企业在中国香港、美国、新加坡等地上市。

QFII、QDII制度建立。为引入境外长期资金,促进境内市场发展,2002年11月,中国人民银行和中国证监会开始试点实施QFII制度。中国证监会、中国人民银行和国家外汇管理局于2006年8月发布《合格境外机构投资者境内证券投资管理办法》,正式建立QFII制度。为推动内地金融机构"走出去"、促进资本跨境有序双向流动,2007年6月,中国证监会发布《合格境内机构投资者境外证券投资管理试行办法》,试行QDII制度。

证券期货经营机构"引进来"和"走出去"。根据加入WTO的承诺,2002年,中国证监会发布外资参股证券公司、基金管理公司相关规则,沪深交易所分别发布《境外特别会员管理暂行规定》。2002年,首家合资基金公司——招商基金管理公司成立。2003年,首家合资证券公司——华欧国际获批成立。截至2012年末,共批准设立13家外资参股证券公司、43家外资参股基金管理公司、3家外资参股期货公司。同时,24家证券公司、20家基金管理公司和6家期货公司经批准设立境外子公司。

证券监管国际合作不断加强。中国证监会于1995年加入IOSCO，成为其正式会员。2006年至2012年，中国证监会主席担任IOSCO执行委员会副主席。2007年4月，中国证监会成为IOSCO《关于磋商、合作和信息交换的多边备忘录》的签署方。2012年，中国证监会成功承办第37届IOSCO年会。2004年6月，经国务院批准，中国证监会国际顾问委员会成立。截至2012年底，中国证监会与49个国家或地区的证券期货监管机构签署监管合作备忘录。

（五）证券期货法规和监管体系逐步健全

市场法律框架基本确立。2006年1月，修订后的《证券法》和《公司法》同时实施。《证券投资基金法》自2004年6月1日起施行，以法律形式确认了证券投资基金业在资本市场的地位和作用。2012年12月，修订后的《证券投资基金法》将私募证券投资基金纳入规范范围。2007年4月，《期货交易管理条例》施行。2009年2月，《刑法修正案（七）》设置利用未公开信息交易罪，为打击"老鼠仓"等行为提供了法律武器。围绕落实《证券法》《公司法》和《证券投资基金法》等基础法律，监管部门全面修订了相关法规制度。

证券期货监管体系进一步完善。2002年，证监会确立"查审分离"，设立行政处罚委员会。2004年，全面推行辖区监管责任制。2007年，成立稽查总队，证券行政执法已形成稽查局协调指挥，稽查总队、派出机构、交易所各司其职、多位一体的工作机制，逐步确立了"统一指挥、分工协作、查审分离"的执法体制。

初步建立以中国证监会为核心，地方证监局、期货交易所、期货保证金监控中心和期货业协会协同的"五位一体"期货监管工作协调机制。2000年12月至2012年6月，中国期货业协会、中国期货保证金监控中心有限责任公司、中国上市公司协会、中国证券投资基金业协会相继成立，健全了行业自律管理体系。

三、改革发展新阶段（2012年至今）

党的十八大以来，中国特色社会主义进入新时代，资本市场在砥砺奋进、攻坚克难中逐步迈向高质量发展。特别是近些年来，围绕"打造一个规范、透明、开放、有活力、有韧性的资本市场"总目标，中国证监会坚持市场化、法治化、国际化的方向，牢牢把握"四个敬畏、一个合力"的监管理念，成立证监会全面深化改革领导小组及其临时办公室，加强对资本市场改革的顶层设计和统筹协调，按照成熟一项、推出一项的原则，全面深化资本市场改革，一系列标志性改革成功落地，以注册制为龙头的关键性制度创新取得突破性进展，市场制度供给不断优化，市场广度深度进一步拓展，服务经济高质量发展能力不断提升。

（一）多层次市场体系日益完善

设立科创板并试点注册制改革成功实施。2018年11月5日，习近平主席在首届中国国际进口博览会开幕式上宣布在上海证券交易所设立科创板并试点注册制的重大决策。2019年1月23日，中央全面深化改革委员会第六次会议审议通过《在上海证券交易所设立科创板并试点注册制总体实施方案》《关于在上海证券交易所设立科创板并试点注册制的实施意见》。2019年1月28日，中国证监会发布《关于在上海证券交易所设立科创板并试点注册制的实施意见》，坚持面向世界科技前沿、面向经济主战场、面向国家重大需求，主要服务于符合国家战略、突破关键核心技术、市场认可度高的科技创新企业。同年7月22日，科创板正式开市交易，一批具有关键核心技术的"硬科技"企业在科创板上市，产业聚集和品牌效应逐步显现，科创板的"试验田"作用得到有效发挥。

创业板改革并试点注册制顺利落地。2020年4月27日，中央全面深化改革委员会第十三次会议审议通过《创业板改革并试点注册制总体实施方案》，确定"一条主线、三个统筹"的改革思路，深入贯彻创新驱动发展战略，适应发展更多依靠创新、创造、创意的大趋势，主要服务成长型创新创业企业，支持传统产业与新技术、新产业、新业态、新模式深度融合，与科创板等其他板块形成各有侧重、相互补充的适度竞争格局。2020年6月12日，中国证监会发布创业板改革并试点注册制相关制度规则。同年8月24日，创业板改革并试点注册制正式落地，首批18家企业上市交易，资本市场存量改革取得突破性进展。

全国中小企业股份转让系统正式运营并深化改革。2012年9月，中国证监会发布《非上市公众公司监督管理办法》，规范非上市公众公司股票转让和发行行为。2013年1月16日，全国中小企业股份转让系统正式揭牌。2013年6月，国务院常务会议决定加快发展多层次资本市场，将全国股转系统试点扩大至全国。2013年12月，国务院发布《关于全国中小企业股份转让系统有关问题的决定》，明确新三板是依据《证券法》设立的全国性证券交易场所。2016年6月，新三板市场实施分层管理，首批953家挂牌公司进入创新层。2018年4月，全国股转公司与香港交易所签署《合作谅解备忘录》，支持企业同时在两地挂牌融资。2019年10月25日，中国证监会启动全面深化新三板改革。同年12月，中国证监会对《非上市公众公司监督管理办法》进行修订并发布，对挂牌公司的发行机制、公司治理、差异化信息披露等作出了针对性调整。全国股转公司修订发布新三板分层管理办法，新设精选层。2020年6月，中国证监会发布转板上市指导意见，允许符合条件的精选层公司转板上市。2020年7月27日，首批32家精选层公司开市交易。新三板市场形成"基础层—创新层—精选层"梯次递进的结构。

区域性股权市场规范发展。2011年以来，以《国务院关于清理整顿各类交易场所切实防范金融风险的决定》（以下简称38号文）和《国务院办公厅关于清理整顿各类交易场所的实施意见》（以下简称37号文）发布为标志，中国证监会负责牵头的清理整顿各类交易场所工作在全国范围内展开，一批严重违法违规的交易场所被取缔或关闭，市场秩序明显好转。2013年8月，国务院办公厅出台《关于金融支持小微企业发展的实施意见》，首次提出要在清理整顿的基础上，将区域性股权市场纳入多层次资本市场体系。2017年1月，国务院办公厅印发《关于规范发展区域性股权市场的通知》，明确了区域性股权市场的法律地位。2017年5月，中国证监会出台《区域性股权市场监督管理试行办法》，统一区域性股权市场的业务和监管规则。2019年6月，中国证监会发布《关于规范发展区域性股权市场的指导意见》，区域性股权市场规范发展的制度基础进一步夯实。2020年，中国证监会启动浙江省区域性股权市场制度和业务创新、北京区域性股权市场股权投资和创业投资份额转让、区块链建设等试点。

交易所债券市场改革发展积极推进。2015年，中国证监会发布《公司债券发行与交易管理办法》，将发行主体范围扩大至全部公司制法人。2020年3月，落实新《证券法》与国务院有关注册制通知的决定，明确公开发行公司债券实行注册制。2020年7月，中国人民银行、中国证监会联合发布公告，同意银行间与交易所债券市场相关基础设施机构开展互联互通合作。2020年12月，中国证监会会同人民银行、发展改革委联合发布《公司信用类债券信息披露管理办法》，统一和明确了公司信用类债券发行环节、存续环节信息披露的基础性、原则性问题。

（二）基础制度改革取得突破

注册制改革全面稳步推进。党的十八届三中全会通过的《中共中央关于全面深化改革若干重大问题的决定》明确提出，要推进股票发行注册制改革。2015年12月，全国人大常委会授权在注册制改革中调整适用《证券法》有关规定，2018年2月将授权延期两年。2018年11月，习近平主席宣布在上交所设立科创板并试点注册制，标志着注册制改革进入启动实施阶段。2019年1月，中央深改委第六次会议审议通过了在上交所设立科创板并试点注册制总体方案及实施意见。中国证监会把握尊重注册制基本内涵、借鉴国际最佳实践、体现中国特色和发展阶段三个原则，推动形成了从科创板到创业板、再到全市场"三步走"的改革布局，初步建立了"一个核心、两个环节、三项市场化安排"的注册制框架。2020年4月，中央深改委第十三次会议审议通过了创业板改革并试点注册制总体实施方案。创业板试点存量市场注册制改革稳步有序推进。

交易制度同步完善。以科创板设立和创业板改革为契机，完善涨跌停制度，科创板和创业板的新股上市前5个交易日不设涨跌幅限制，此后日涨跌幅限制为20%。新股上市首日即可纳入融资融券标的，改进转融通机制，促进多空平衡。引入盘中临时停牌、有效价格申报范围等机制，平滑市场波动。

并购重组市场化改革不断深化。2014年以来，中国证监会大幅取消和简化行政审批，完善分道制方案，动态调整支持行业类型，实施境外投资项目、经营者集中、外国投资者战略投资与并购重组并联审批，丰富并购重组支付工具，提高并购重组审核效率。2019年，修订《上市公司重大资产重组管理办法》，允许符合条件的企业在创业板重组上市。2019年8月和2020年6月，中国证监会先后出台《科创板上市公司重大资产重组特别规定》《创业板上市公司持续监管办法（试行）》，明确科创板和创业板公司并购重组实施注册制的有关安排。

退市制度改革深入推进。2014年以来，中国证监会持续深化退市制度改革，建立健全多元化退市指标体系，进一步落实交易所退市主体责任。2020年11月，中央深改委第十六次会议审议通过了《健全上市公司退市机制实施方案》，强调要坚持市场化、法治化方向，完善退市标准，简化退市程序，拓宽多元退出渠道，严格退市监管，完善常态化退出机制。2019年至2020年，强制退市公司共25家，是之前6年退市数量总和的2倍多。

（三）上市公司发展的制度环境日益完善

2014年，中国证监会颁布《关于上市公司实施员工持股计划试点的指导意见》。2016年及2018年，两次修订《上市公司股权激励管理办法》，2018年，联合财政部、国资委发布《关于支持上市公司回购股份的意见》，鼓励上市公司实施股权激励或员工持股计划，健全上市公司股权激励机制。2018年9月，中国证监会颁布了新修订的《上市公司治理准则》，进一步夯实了上市公司治理的制度基础。2020年7月，中国证监会就《上市公司信息披露管理办法（修订稿）》向社会公开征求意见。同年9月，发布《关于上市公司内幕信息知情人登记管理制度的规定（征求意见稿）》，进一步压实上市公司防控内幕交易的主体责任。2019年以来，中国证监会制定并实施推动提高上市公司质量行动计划。2020年10月，国务院发布《关于进一步提高上市公司质量的意见》，在提高上市公司治理水平、推动上市公司做优做强、健全上市公司退出机制、解决上市公司突出问题、提高上市公司及相关主体违法违规成本、形成提高上市公司质量的工作合力等方面作出了系统性部署安排，是今后一段时期推动上市公司高质量发展的纲领性文件。

（四）产品体系不断丰富

推出优先股。2013年11月30日，国务院发布《关于开展优先股试点的指导意见》，明确开展优先股试点。2014年3月21日，中国证监会发布《优先股试点管理办法》，规范优先股的发行和交易行为。自2014年以来，已累计发行优先股筹资1.1万亿元。

债券产品蓬勃发展。交易所债券产品在2012年的国债、企业债和可转债等品种的基础上，新增地方政府债、政策性金融债、资产证券化等品种。积极响应和服务国家战略，试点发行创新创业债、绿色债、扶贫债、熊猫债、"一带一路"债、可续期债、项目收益债等新品种，开展信用保护工具业务试点。2020年4月，境内基础设施领域公募REITs试点推出。

期货和衍生品体系日趋完备。2013年以来，5年期国债期货、铁矿石期货和期权、上证50ETF期权、上证50股指期货、中证500股指期货、豆粕期权、白糖期权、原油期货和沪深300ETF期权等期货和期权品种先后上市交易，填补了相关领域品种的空白，覆盖国民经济主要领域的期货产品体系初步形成。2020年10月，广州期货交易所筹备组成立。截至2020年末，期货市场共上市90个品种，包括62个商品期货、18个商品期权、6个金融期货、4个金融期权。

基金产品规模迅速扩大。在股票基金、混合基金、债券基金、货币市场基金等基础品类的基础上，陆续推出债券、跨市场和跨境、商品期货等ETF基金。2014年8月，《公开募集证券投资基金运作管理办法》实施，将公募基金产品的审查由核准制改为注册制。FOF基金、养老目标基金分别于2017年和2018年顺利推出。2013年6月，新修订的《证券投资基金法》实施，将私募证券投资基金纳入监管。2014年2月，基金业协会正式开始私募基金登记备案，私募基金总管理规模从2014年末的1.49万亿元增长至2020年末的15.97万亿元。

（五）高水平双向开放加快推进

互联互通取得实质性进展。2014年11月和2016年12月，沪港通、深港通相继开通，沪深港通北向南向看穿式监管稳步推进，内地与香港市场互联互通不断深化。2015年5月，内地与香港基金互认制度落地。2019年6月，沪伦通正式开通，中日ETF互通推出。2020年10月，深港ETF互通推出。

境外投资者限制大幅放宽。2016年8月，沪港通总额度取消。深港通推出时不设总额度限制。2018年5月，沪港通、深港通每日额度扩大4倍。2019年1月，QFII总额度由1500亿美元增至3000亿美元。同年9月，取消QFII和RQFII投资额度以及RQFII试点国家和地区的限制。2019年11月，中国证监会全面推开H股"全流通"改革。2020年9月，中国证监会、中国人民银行和国家外汇管理局发布《合格境外机构投资者和人民币合格境外机构投资者境内证券期货投资管理办法》，进一步建立健全合格境外机构投资者制度，该办法及配套规则自2020年11月1日起施行。

A股纳入多个国际知名指数。2017年6月，明晟公司（MSCI）宣布将A股纳入其新兴市场指数。2018年6月，A股正式纳入MSCI新兴市场指数，纳入因子逐步提升至20%。2019年6月，富时罗素首次将A股纳入其全球股票指数系列，纳入因子逐步提升至25%。2019年9月，标普道琼斯将A股以25%因子纳入其全球宽基指数。

期货市场开放迈出实质步伐。2018年3月，首个对外开放的期货品种原油期货上市。2018年5月，铁矿石期货正式实施引入境外交易者业务，是首个已上市期货品种的对外开放。截至2020年末,共有原油、铁矿石、PTA、20号胶、低硫燃料油、国际铜、棕榈油7个期货特定品种对境外投资者开放。2020年10月,上期所与挪威浆纸交易所开展合作,在挪威推出基于上海纸浆期货价格结算的期货合约。

证券期货经营机构加快开放。2020年1月1日起,期货公司外资股比限制正式取消。2020年4月1日起,证券、基金公司外资股比限制正式取消。2020年7月,中国证监会和中国银保监会发布《证券投资基金托管业务管理办法》,允许符合条件的外国银行在华分行和子行申请基金托管资格。截至2020年末,已有1家外资全资期货公司、8家外资控股证券公司和1家外资独资基金管理公司获批,有3家外资银行子行取得证券投资基金托管业务资格。

（六）投资者权益保护不断加强

"大投保"组织架构逐步健全。2011年12月,中国证监会投资者保护局成立。2014年12月,中证中小投资者服务中心有限责任公司成立。2019年3月,中国证监会成立投资者保护工作领导小组,进一步加强对投资者保护工作的统一领导。2020年5月,中证资本市场法律服务中心挂牌,是首个全国性证券期货纠纷专业调解组织。

完善投资者保护政策体系。2013年12月,国务院办公厅颁布《关于进一步加强资本市场中小投资者合法权益保护工作的意见》,构建了保护中小投资者合法权益的政策体系。2016年,中国证监会颁布《证券期货投资者适当性管理办法》,构建了全市场统一的适当性管理体系。2019年修订的《证券法》,设专章规定投资者保护制度,并探索了适应我国国情的证券民事诉讼制度。2018年,中国投资者网开设。2019年,"5·15全国投资者保护宣传日"首次设立。2016年,最高人民法院和中国证监会联合下发《关于在全国部分地区开展证券期货纠纷多元化解机制试点工作的通知》,2019年8月全国首例证券群体性纠纷示范案判决破题。2020年7月,中国证监会发布《关于做好投资者保护机构参加证券纠纷特别代表人诉讼相关工作的通知》。此外,从2012年起,中国证监会开始建设"资本市场诚信档案数据库",2014年正式向社会公开,向社会公众提供行政处罚、市场禁入、纪律处分等信息的查询服务。

（七）法治建设和监管效能持续增强

2020年3月1日，新修订的《证券法》正式实施，在全面推行证券发行注册制、大幅提高证券违法违规成本、加大投资者保护力度等方面取得突破。2018年10月，全国人大常委会对《公司法》有关股份回购的规定进行了修改完善，为规范和支持上市公司股份回购提供了法律依据。2019年6月，最高人民法院发布《关于为设立科创板并试点注册制改革提供司法保障的若干意见》；2020年8月，发布《关于为创业板改革并试点注册制提供司法保障的若干意见》，保障科创板和创业板等重大改革顺利实施。2020年12月，全国人大常委会审议通过《刑法修正案（十一）》，大幅提高资本市场违法犯罪成本。中国证监会通过设立证券期货违法违规行为举报中心、成立巡回审理办公室、启动债券市场统一执法、建立"总对总"案件线索平行移送机制、持续推动行刑衔接、优化执法资源配置、提升案件查处效率等，不断提升执法效能。2020年11月，中央深改委会议审议通过了《关于依法从严打击证券违法活动的若干意见》，为新时期证券执法司法工作提供了遵循依据。

简政放权和"放管服"改革。按照国务院统一部署，中国证监会大幅压缩资本市场行政审批事项，全面清理"口袋政策"和隐形门槛，加强事中事后监管，增强监管服务能力，激发市场活力。中国证监会行政审批事项由2012年的68项减少至2020年的32项。完善行业经营机构监管。以证券公司分类评价为抓手，督促完善法人治理和合规管理，构建以净资本和流动性为核心的风控体系，引导差异化、特色化和专业化发展。完善基金管理制度规范，明晰基金估值定价、流动性管理、杠杆风险控制等监管要求，落实资管新规，有效防范和控制风险。加强"合规、诚信、专业、稳健"的行业文化建设，健全声誉约束机制，打造良好行业生态。

提升证券期货监管效能。加强信息基础设施建设，完善中央监管信息平台，探索利用大数据、区块链、人工智能等新技术，提升科技监管能力。加强中介机构监管，压实责任，促进归位尽责。构建完整清晰的境外上市监管制度体系，打击跨境违法犯罪行为。强化交易所一线监管。贯彻纪检监察体制改革要求，加强监督体系建设，推动完善纪律监督、监察监督、派驻监督、巡视监督"四个全覆盖"的监督格局，强化重点领域、关键环节的监督检查，确保党中央决策部署在资本市场监管工作中落实落地。在国务院金融委的统一指挥协调下，强化与相关部委、地方党委政府和市场各方的沟通协作，增强监管工作合力。

第三节 资本市场发展成就

经过30年的发展，我国资本市场取得了举世瞩目的成就，市场规模、运行质量、包容性、透明度、开放度大幅提升，市场功能不断完善，综合竞争力显著提高，在社会主义市场经济运行中的作用日益增强，为服务实体经济发展、推动经济体制改革、建设现代金融体系、助推科技资本深度融合、支持全面建成小康社会作出了积极贡献。

一、资本市场发展取得巨大进步

（一）市场规模跻身世界前列

截至2020年末，沪深股市市值达79.72万亿元，居全球第二。债券市场托管余额达到115.59万亿元，居全球第二。商品期货市场成交量连续多年位居全球第一。沪深上市公司达4154家，涵盖国民经济90个行业大类，囊括七成以上国内500强企业，非金融上市公司利润总额相当于规上企业利润总额近半。民营上市公司在全部上市公司和战略新兴行业上市公司中的占比分别为63%和75%。新三板挂牌企业8187家，全国34家区域性股权市场挂牌企业超过3.4万家、展示企业超过12.9万家。上市公司和挂牌企业群体成为中国经济的"基本盘"。

（二）市场体系的包容性和适应性不断增强

股权债权、现货期货、公募私募、场内场外协调发展的多层次市场格局初步形成。主板、中小板、创业板、科创板等板块错位发展、有机互联，允许红筹企业、未盈利企业、同股不同权企业上市，制度包容性明显提升。公开发行公司债券全面实行注册制。截至2020年末，已上市商品、金融的期货和期权品种达到90个，覆盖国民经济主要领域。资本市场服务实体经济高质量发展的能力明显提升。

（三）基础制度的科学性和完备性稳步提升

股票发行注册制"存量+增量"改革试点成功落地，逐步实现从核准制到注册制的重要转变。放宽涨跌幅限制顺利实施，转融通机制持续改进，引入盘中临时停牌、有效价格申报范围等机制，定价效率有效增强。上市公司再融资的便捷性和制度包容性明显提高。退市渠道更加多元化，市场化、常态化退市机制初步形成。并购重组运作机制不断完善，资本市场并购重组主渠道作用日趋彰显。2015年至2020年12月，上市公司并购重组交易共计1.78万单，交易金额12.69万亿元，配套融资金额超过8800亿元，交易金额稳居世界前列。

（四）市场机构的服务能力和竞争力明显增强

基本形成了包括证券公司、基金管理公司、期货公司、私募基金管理人、投资咨询机构和会计、律师、评估等中介服务机构在内的多元化市场机构体系。截至2020年末，共有证券公司138家，基金管理公司133家，其他公募基金管理人14家，期货公司149家。公募基金产品数量达到7490只，资产管理规模从1998年底的107亿元扩大至19.89万亿元，涵盖股票型基金、混合型基金、债券型基金、货币市场基金以及ETF基金、FOF基金等产品类型。截至2020年末，在中国证券投资基金业协会登记的私募基金管理人24561家，管理规模15.97万亿元。

（五）资本市场生态的良性循环初步形成

长期制约市场稳定运行和功能发挥的体制机制问题逐步得到解决。支持上市公司做优做强的制度安排不断完善，证券期货经营机构的风控体系和内控制度逐步健全。督促市场主体严格依法履行信息披露义务，与司法机关密切协作，坚决打击证券违法犯罪活动，市场秩序明显改善。资本市场先后经受住了1997年亚洲金融危机、2008年国际金融危机、2015年股市异常波动、2020年新冠肺炎疫情冲击等重大风险挑战，股票质押、债券违约、私募基金等重点领域风险总体收敛，市场韧性显著增强。

（六）双向开放的广度深度日益扩大

沪港通、深港通、沪伦通等互联互通机制陆续建立并持续深化，QFII、RQFII、QDII等制度不断完善，跨境投融资便利程度显著提高。截至2020年末，沪深港通累计成交金额超过52.94万亿元，外资持股约占A股流通市值的4.9%。截至2020年末，共有296家境内公司到境外上市（H股），累计筹资3989.17亿美元。证券基金期货行业外资准入限制全部取消。截至2020年末，共有558家境外机构获批QFII资格。A股纳入多个国际知名指数。期货市场对外开放品种达到7个,境外投资者参与积极。证券期货国际监管合作不断加强,资本市场的国际影响力显著提高。

（七）市场法治供给持续完善

基本形成以《公司法》《证券法》《证券投资基金法》等基础法律为核心,以行政法规、司法解释、部门规章、规范性文件为主体,以交易所、结算公司、行业协会等组织自律规则为配套的资本市场法律法规体系。截至2020年末,与资本市场相关的法律、行政法规和法规性文件、司法解释和政策性文件、规章和规范性文件共计1250余件。投资者保护制度体系和组织体系不断健全,推动将投资者教育纳入国民教育体系。在世界银行营商环境评估中,我国"保护中小投资者"指标排名从2018年的第119位升至2019年的第64位,2020年再升至第28位,连创新高。

（八）集中统一的市场监管体系不断健全

中国证监会会机关、派出机构和系统单位共同构成了统一有序的全国资本市场监管体系。"四个敬畏、一个合力"理念深入人心,持续监管、精准监管、分类监管、专业监管不断深化,简政放权改革大力推进,公开性、透明度和可预期性持续提高。监管信息基础设施建设扎实推进,监管科技化、智能化水平有效提升。对证券期货违法违规行为"零容忍",推动形成行政执法、民事追偿和刑事惩戒相互衔接、互相支持的有机体系,监管执法的有效性、威慑力不断增强,违法违规成本大幅提升。

二、资本市场对于经济社会发展发挥了日益重要的作用

（一）有效促进了社会资本形成和实体经济发展

30年来,统一开放、竞争有序的资本市场逐步培育壮大,促进了社会资本形成和直接融资发展。资本市场累计实现股权融资超过21万亿元。直接融资存量规模81.9万亿元,约占社会融资规模存量的29%。"十三五"时期,新增直接融资41.1万亿元,占同期社会融资规模增量的32%。传统企业运用资本市场工具实现重组再造,推动了经济结构调整和优化升级,大量新兴行业企业和中小企业通过

资本市场筹集发展资金，促进能源、环保、高端装备、集成电路等重点行业和战略性新兴产业发展，有效支持了区域协调发展、军民融合、"一带一路"等国家战略实施。2020年初，面对突如其来的新冠肺炎疫情，中国证监会坚决贯彻党中央、国务院统筹推进疫情防控和经济社会发展的决策部署，迅速出台9条支持政策和20项具体措施。在国务院金融委的统一指挥协调下，坚定、理性、正常开市，尊重市场规律，强化政策协同和预期引导，释放出经济社会正常运行的积极信号，有力支持了企业疫情防控和复工复产。

（二）推动了企业股份制改造和国企改革

股份制与资本市场相生相伴。资本市场的发展为建立健全归属清晰、权责明确、流转顺畅的现代产权制度创造了良好条件，在国企改制和混合所有制改革中发挥了主渠道作用。截至2020年末，国有控股上市公司1160家，总股本、流通股本分别为3.75万亿股和3.32万亿股，总市值、流通市值分别达32.64万亿元和28.99万亿元。2015年至2020年12月，国有控股上市公司实现并购重组交易6540单，交易金额共计6.71万亿元，提升了产业集中度和竞争力。一大批传统和新兴企业通过股份制改革和上市建立了现代企业制度，不断做大做优做强。上市公司及证券基金期货行业还积极履行环境保护、绿色发展、脱贫攻坚等社会责任。

（三）有力促进了金融业改革开放和现代金融体系建设

资本市场的发展壮大改变了我国长期以来单纯依靠银行体系的融资格局，成为重要的货币政策传导渠道，在稳经济、稳金融、稳预期、防范化解金融风险等方面发挥了积极作用。资本市场为各类金融机构提供了资金运用和来源渠道，支持国有大型商业银行股份制改革、引入战略投资者和上市融资，及时补充资本金，增强了金融机构服务实体经济的能力。截至2020年末，A股市场共122家金融上市公司，流通市值12.0万亿元，占A股市场总流通市值的18.6%。此外，资本市场始终处在金融开放的前沿，有序推动市场、行业和产品对外开放和境内外市场互联互通，有力地促进了中国经济和金融体系与国际接轨。

（四）畅通了科技、资本与实体经济的良性循环

我国资本市场已经初步建立了与科技产业、风险投资无缝衔接的价值发现和

筛选机制，形成了多管齐下的创新融资支持体系，为不同类型、不同生命周期的企业提供多元化、差异化的金融工具和融资服务。资本市场作为"助推器"，积极促进科技与资本融合，带动了金融和实体经济良性循环。2020年末，A股上市公司中战略新兴产业相关公司家数占比达42.28%。

（五）拓宽了居民投资渠道和财产性收入来源

资本市场的发展壮大，使居民的投资品种由早期单一的储蓄，扩展到股票、国债、企业债、可转换公司债、证券投资基金、期货、期权等多种工具，财富效应逐步显现。截至2020年末，股票市场投资者总数达到1.78亿人。据统计，2011年至2020年，上市公司累计现金分红超过8.8万亿元。截至2020年末，公募基金累计向投资者分红3.27万亿元。同时，资本市场为社会保险投资保值增值、助力"三支柱"养老体系建设和社会保障体系完善提供了有力支持。

（六）有效推广了现代市场经济理念

资本市场"公开、公正、公平"原则贯穿于社会主义市场经济活动的始终。通过建立健全公司治理、信息披露、背信行为制裁等资本市场制度，有力地推动了民商事、行政、刑事法律制度完善。资本市场的建立发展和投资者教育的普及，推动契约精神、股权文化、公开透明、公平正义等市场经济观念逐渐深入人心。

THIRTY YEARS OF
CHINA'S CAPITAL MARKETS

中国资本市场
三十年

市场体系篇

第二章　多层次股权市场

第三章　交易所债券市场

第四章　期货及衍生品市场

第二章 多层次股权市场

> 股权市场是资本市场的典型形态。我国资本市场设立以来,多层次股权市场不断发展壮大,板块层次日益丰富,已经形成包括主板(中小板)、创业板、科创板、新三板以及区域性股权市场等在内的市场体系,为不同类型、不同成长阶段的企业提供多元化、差异化的融资服务,为完善现代企业制度、支持企业做优做强、促进创新创业、推动经济转型和结构调整发挥了不可替代的重要作用,有力地支持了实体经济高质量发展。

第一节 交易所股票市场

一、主板

主板市场是交易所股票市场的主体,主要接纳国民经济中的支柱企业、占据行业龙头地位的企业以及资产规模和经营规模较大的企业上市。我国资本市场设立早期,主板上市公司数量和市值占整个市场的绝大部分,代表着资本市场的基本面貌。

20世纪90年代初期,沪深交易所只有主板。上海证券交易所最初有8只股票上市交易(真空电子、飞乐音响、飞乐股份、爱使股份、延中实业、申华电工、浙江凤凰、豫园商城,俗称"老八股"),深圳证券交易所有5只股票上市交易(深发展、深万科、深金田、深安达、深原野,俗称"老五股")。1992年4月,国务院决定设股票交易所只限于上海、深圳两处,暂不再设新点。其他地区具备上市条件的股份制企业,可到上海、深圳异地交易。此后,地方各类股权交易中心经历清理整顿，沪深交易所逐步转变为全国性市场，伴随着90年代中后期国有企业改制上市进程加快，主板市场加速发展壮大。2000年9月之后，为筹备创业板市场，深交所主板暂停新股发行与上市，进入深化与完善的发展阶段。

2004年"国九条"发布后，股权分置改革、证券公司综合治理、提高上市公司质量等一系列重大改革加快推进，为主板市场发展创造了良好条件。2006年至2007年，工商银行、中国银行、中国石油、中国神华、中国铝业等关系国计民生的一批大型企业登陆主板市场，涵盖金融、能源、有色、钢铁等重点行业，主板市场的体量规模显著扩大，上市公司整体结构明显改善，对国民经济的表征度得到提升。此后，主板市场总体保持稳步发展态势。为服务国家经济转型升级和科技创新大局，2017年5月上交所开启"新蓝筹"行动。此后，药明康德、京沪高铁等一批持续盈利能力较强的新经济、高技术和传统产业转型升级企业在主板上市，逐步改变了以传统大盘蓝筹为主的主板市场格局。

截至2020年末，沪深两市主板市场上市公司2053家（见图2-1），占全部上市公司的49.42%；总市值51.90万亿元（见图2-2），占全部上市公司市值的65.10%，占2020年GDP比重为51.08%。其中，上交所主板市场上市公司数量为1585家，总市值为42.18万亿元；深交所主板市场上市公司数量为468家，总市值为9.72万亿元。

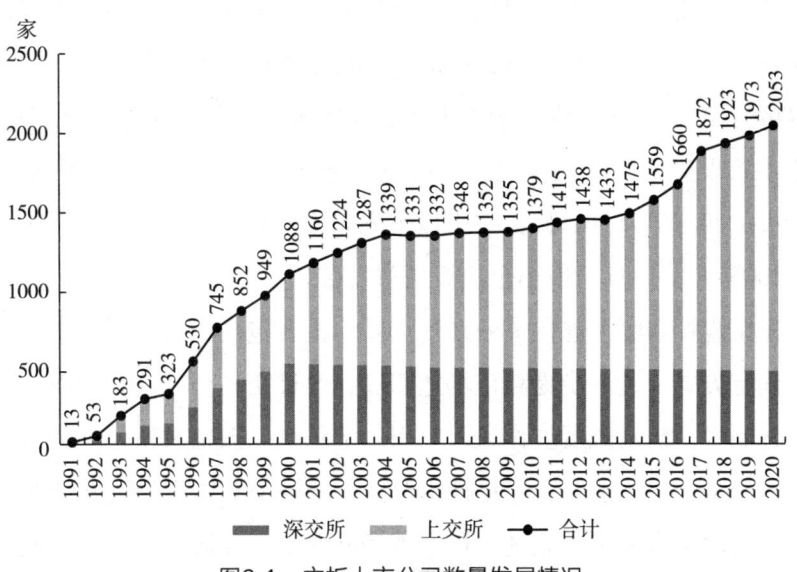

图2-1　主板上市公司数量发展情况

（资料来源：中国证监会）

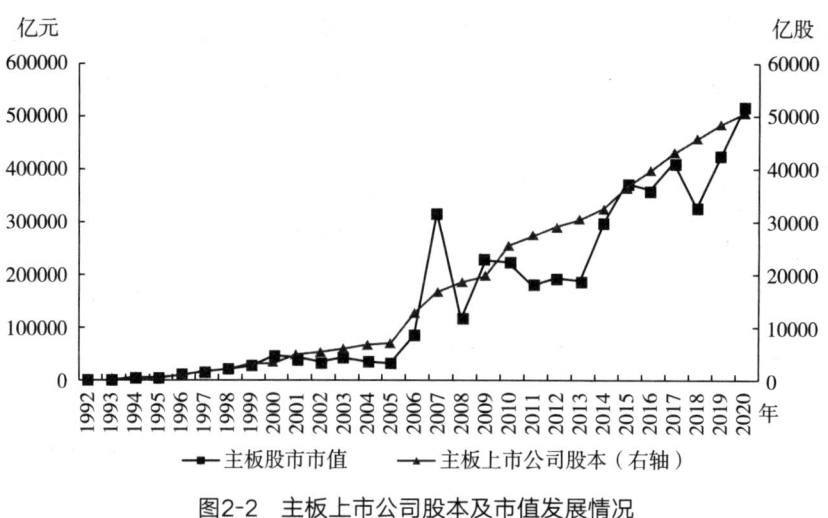

图2-2 主板上市公司股本及市值发展情况

（资料来源：中国证监会）

二、中小板

中小板（中小企业板）主要服务于中小企业，是多层次股权市场的重要组成部分。2004年5月17日，经国务院批准，中国证监会同意深圳证券交易所在主板市场内设立中小企业板块，并核准了中小企业板块实施方案。中小板的总体设计是在现行法律法规不变、发行上市标准不变的前提下，在深交所主板市场中设立一个运行独立、监察独立、代码独立、指数独立的板块，主要安排主板市场拟发行上市企业中流通股本规模相对较小的公司在中小板上市。

2004年6月25日，新和成、华兰生物、大族激光等首批8家公司在中小板上市交易，中小板设立之后呈现快速良好的发展势头，至2005年6月，中小板已有50只股票上市。2005年11月21日，中小板率先完成股权分置改革，成为第一个全流通板块。2005年12月1日，中小企业板指数发布。

中小板在监管制度上进行了一系列创新。主要包括：改进开盘集合竞价制度和收盘价确定方式，进一步提高市场透明度；改进交易公开信息披露制度以及异常波动停牌制度，防范过度炒作风险；引入涨跌幅、振幅及换手率的偏离值等监控指标，将异常交易股票纳入信息披露范围，增强交易监管的可操作性。

中小板的设立为中小企业进入资本市场开辟了重要通道，一批主业突出、具有成长性和科技含量的中小企业得以通过资本市场发展壮大，成长为细分行业龙头公司。中小板的发展为创业板推出积累了经验、奠定了基础。截至2020年末，中小板公司家数994家，总市值13.54万亿元，占全市场总市值的16.98%（见图2-3）。

2021年2月5日，为优化深交所板块结构，更好地满足不同发展阶段企业的融资需求，经国务院同意，中国证监会正式批复深交所合并主板与中小板，4月6日正式实施。合并后的主板发行上市条件与原中小板一致，原中小板证券类别变更为"主板A股"。

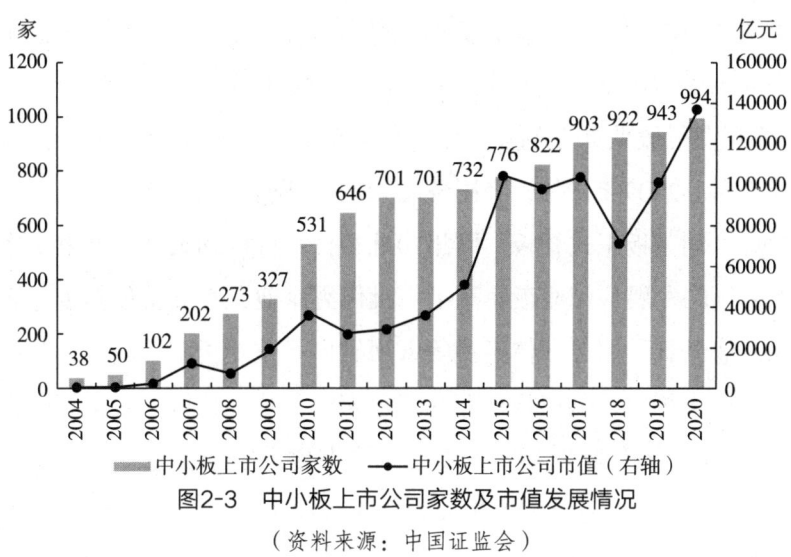

图2-3 中小板上市公司家数及市值发展情况

（资料来源：中国证监会）

三、创业板

创业板主要服务于成长型创新创业企业。2009年设立以来，在支持创新创业企业、服务国家自主创新、促进创投行业发展等方面发挥了十分重要的作用。

自1998年开始，在美国纳斯达克股市上涨、各国纷纷开设创业板的背景下，我国开始研究探索建立创业板市场。1998年12月，国家计委向国务院提出"尽早研究设立创业板股票市场问题"。1999年1月，深圳证券交易所向中国证监会正式呈送《深圳证券交易所关于进行成长板市场的方案研究的立项报告》。1999年8月，中共中央、国务院发布《关于加强技术创新、发展高科技、实现产业化的决定》，提出要培育有利于高新技术产业发展的资本市场，适当时候在现有的上海、深圳证券交易所专门设立高新技术企业板块。2000年4月，中国证监会向国务院报送《关于支持高新技术企业发展设立二板市场有关问题的请示》，提出二板市场的设立方案。2000年5月，国务院原则同意中国证监会意见，将二板市场定名为创业板市场。之后，由于美国互联网泡沫破裂，纳斯达克市场暴跌，全球创业板市场陷入调整，创业板设立暂缓。

2003年10月，党的十六届三中全会通过的《中共中央关于完善社会主义市场经济体制若干问题的决定》明确提出，要建立多层次资本市场体系，规范和发展主板市场，推进风险投资和创业板市场建设。2004年"国九条"提出，要分步推进创业板市场建设，完善风险投资机制，拓展中小企业融资渠道。2007年8月，国务院批复同意中国证监会上报的多层次资本市场体系建设方案，重点工作之一就是建设创业板市场。2007年9月，中国证监会重启创业板筹备工作。2008年3月，《首次公开发行股票并在创业板上市管理暂行办法》向社会公开征求意见，一年后正式公布。2009年10月，经国务院同意，证监会批准深交所设立创业板。同年10月23日，创业板正式开板。同年10月30日，首批28家公司上市交易。

经过十多年的发展，创业板集聚了一批优秀企业，在支持创新创业企业发展壮大、优化产业升级、服务实体经济等方面做出了重要贡献。同时，与经济高质量发展的内在要求相比，创业板还存在着包容性不足、板块同质化等问题。2019年8月，中共中央、国务院发布《关于支持深圳建设中国特色社会主义先行示范区的意见》提出，"研究完善创业板发行上市、再融资和并购重组制度，创造条件推动注册制改革"。为贯彻落实党中央、国务院决策部署，证监会经过深入调查研究，充分听取各方意见，制订了创业板改革总体方案。2020年4月27日，中央全面深化改革委员会第十三次会议审议通过《创业板改革并试点注册制总体实施方案》，强调指出要着眼于打造一个规范、透明、开放、有活力、有韧性的资本市场，推进发行、上市、信息披露、交易、退市等基础性制度改革，坚持创业板和其他板块错位发展，找准各自定位，办出各自特色，推动形成各有侧重、相互补充的适度竞争格局。2020年6月12日，证监会发布创业板改革并试点注册制相关制度规则。同年8月24日，创业板改革并试点注册制首批首发18家企业上市交易。

创业板改革并试点注册制是深化资本市场改革、完善资本市场基础制度、提升资本市场功能的重要安排，对于落实创新驱动发展战略、支持深圳建设中国特色社会主义先行示范区、助推粤港澳大湾区建设具有重大意义。截至2020年末，创业板共有上市公司892家（见图2-4），总股本4510.43亿股，流通股本3482.30亿股，总市值10.93万亿元，流通市值6.96万亿元。创业板积极服务国家创新驱动发展战略，支持创新型、成长型企业发展，7成以上公司属于战略新兴产业，8成以上拥有自主研发核心能力，9成以上为高新技术企业。

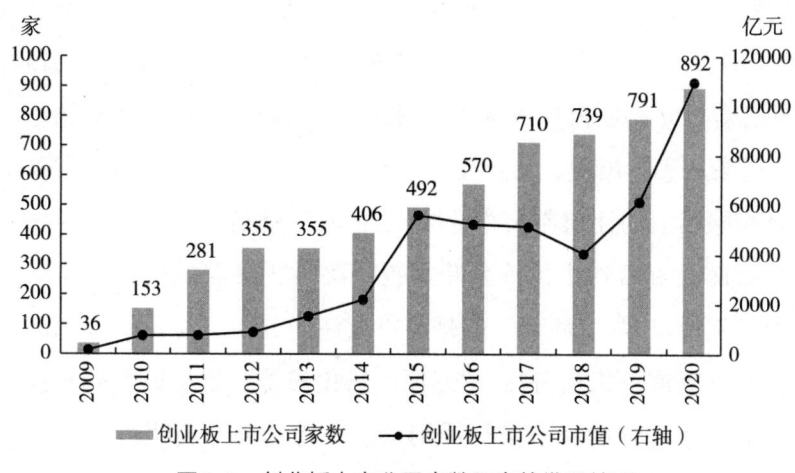

图2-4　创业板上市公司家数及市值发展情况

（资料来源：中国证监会）

四、科创板

科创板是2019年新设的板块，主要定位是坚持面向世界科技前沿、面向经济主战场、面向国家重大需求，主要服务于符合国家战略、突破关键核心技术、市场认可度高的科技创新企业。重点支持新一代信息技术、高端装备、新材料、新能源、节能环保以及生物医药等高技术产业和战略性新兴产业，推动互联网、大数据、云计算、人工智能和制造业深度融合，引领中高端消费，推动质量变革、效率变革、动力变革。

2018年11月5日，习近平主席在首届中国国际进口博览会开幕式上宣布将在上海证券交易所设立科创板并试点注册制，支持上海国际金融中心和科技创新中心建设，不断完善资本市场基础制度。证监会集全系统之力，落实好这一重大改革决策。在8个多月的时间里，证监会、上交所发布60多项部门规章、业务规则和配套实施细则，搭建起科创板试点注册制的制度框架。最高人民法院、国家发展改革委等就科创板司法保障、失信惩戒专门出台了文件，推动修订证券法，探索建立有中国特色的证券民事诉讼制度。

2019年1月23日，中央全面深化改革委员会第六次会议审议通过了《在上海证券交易所设立科创板并试点注册制总体实施方案》和《关于在上海证券交易所设立科创板并试点注册制的实施意见》。2019年1月28日，经党中央、国务院同意，中国证监会发布《关于在上海证券交易所设立科创板并试点注册制的实施意见》。2019年6月13日，科创板正式开板。同年7月22日，科创板首批25家公司上市交易，标志着设立科创板并试点注册制这一重大改革举措正式落地。

中国证监会从实际出发，初步建立了"一个核心、两个环节、三项市场化安排"的符合我国国情的注册制架构。"一个核心"就是以信息披露为核心，要求发行人充分披露投资者作出价值判断和投资决策所必需的信息，确保信息披露真实、准确、完整。"两个环节"就是将审核注册分为交易所审核和证监会注册两个环节，各有侧重，相互衔接。"三项市场化安排"就是设立多元包容的发行上市条件、建立市场化的新股发行承销机制、构建公开透明可预期的审核注册机制。

中国证监会高度重视防范审核注册过程中的廉政风险，围绕业务、岗位、职责、人员"四位一体"监督体系，对改革任务落实情况进行重点监督。2019年6月，中央纪委国家监委驻证监会纪检监察组建立专门工作机制强化对沪深证券交易所的监督，确保党中央重大决策部署到哪里，监督就跟进到哪里。

专栏2-1：科创板主要制度创新

科创板在试点注册制的同时，一揽子推进交易、退市、再融资和并购重组等关键制度创新。发行上市标准：取消了强制性盈利要求，综合考虑科创企业特点，为不同成长阶段、不同投票权架构、不同注册地的科创企业设置了多套上市标准。交易制度：科创板新股上市前5个交易日不设涨跌幅限制，此后日涨跌幅限制为20%。新股上市首日即可纳入融资融券标的，改进转融通机制，促进多空平衡。引入盘中临时停牌、有效价格申报范围等机制。退市制度：优化退市标准，以组合财务类指标取代单一连续亏损退市指标，增加交易类退市指标，简化退市程序，提高退市效率。上市公司持续监管：再融资实施注册制，建立小额快速融资制度。并购重组由交易所审核，涉及发行股票的实行注册制。允许上市公司子公司分拆上市。压实中介机构责任：试行保荐机构跟投制度。

科创板开市以来，市场运行总体平稳，改革理念有效落实，关键制度创新经受住了市场检验，对科技创新的引领示范效应逐步显现。截至2020年末，科创板共有上市公司215家，总市值3.35万亿元。科创板日益成为畅通科技、资本和产业良性循环的重要平台。

总体来看，30年来，交易所股票市场不断发展壮大，市场层次不断丰富，服务实体经济能力持续增强。截至2020年末，沪深两市上市公司合计4154家（见图2-5）。其中，主板2053家，中小板994家，创业板892家，科创板215家（见图2-6）。交易所股票市场为实体企业累计融资超过15.14万亿元（图2-7），为实体经济发展壮大提供了有力支持。

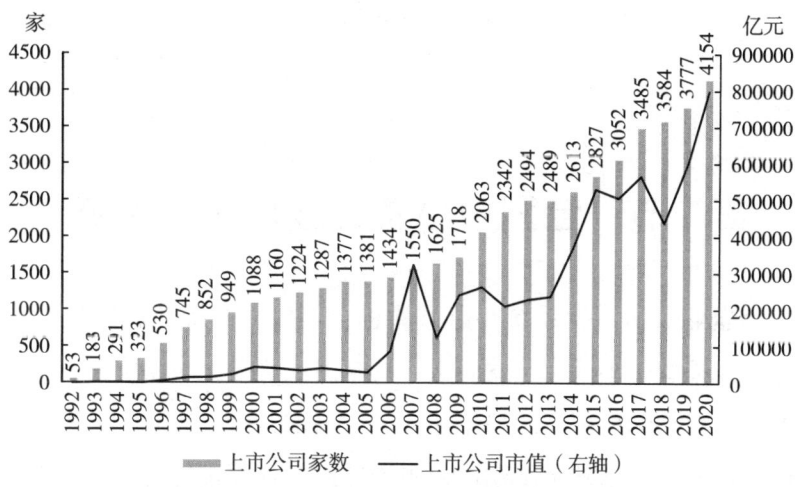

图2-5 中国境内上市公司家数年度变化情况

（资料来源：中国证监会）

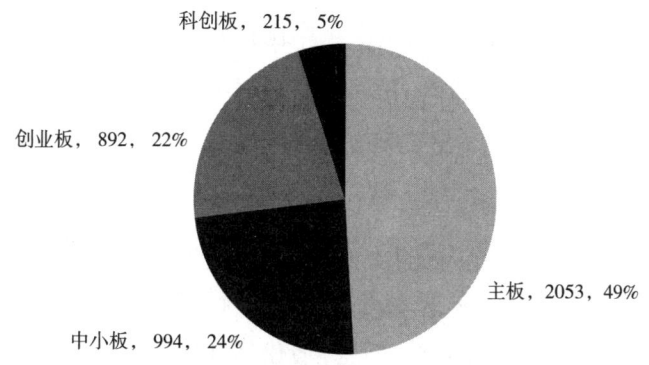

图2-6 2020年底交易所股票市场不同板块上市公司家数及占比

（资料来源：中国证监会）

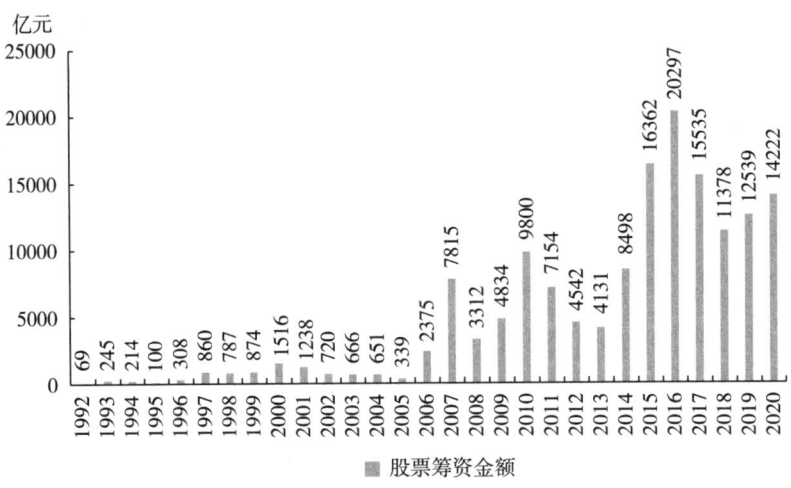

图2-7 交易所股票市场融资年度变化情况

（资料来源：中国证监会）

第二节 全国中小企业股份转让系统

全国中小企业股份转让系统（以下简称全国股转系统或新三板）是为创新型、创业型、成长型中小微企业发展服务的全国性证券交易场所，在多层次资本市场中具有承上启下的作用。2013年正式运营以来，新三板形成了一套有别于交易所市场的制度安排，基础制度建设稳步推进，监管方式持续完善，成为服务中小企业的重要平台。

2001年6月，为妥善解决STAQ和NET系统公司流通法人股的转让等历史遗留问题，经国务院同意、中国证监会批准，中国证券业协会发布《证券公司代办股份转让服务业务试点办法》，正式启动证券公司代办股份转让系统（"老三板"）。2001年11月，为妥善解决退市公司股份转让问题，中国证监会发布《亏损上市公司暂停上市和终止上市实施办法（修订）》，规定退市公司可以进入代办系统。2004年2月，中国证监会下发《关于做好股份有限公司终止上市后续工作的指导意见》，规定上市公司退市以后必须进入代办系统。2006年1月，经中国证监会批准，中国证券业协会发布《证券公司代办股份转让系统中关村科技园区非上市股份有限公司股份报价转让试点办法》及相应配套规则，拓展了代办系统的功能。

截至2010年底，共有126家公司在代办系统挂牌，其中原两网公司8家，退市公司44家，股份报价公司74家。

2012年7月，国务院批准设立全国中小企业股份转让系统，原代办股份转让系统和报价转让系统挂牌公司转入全国股转系统。同年8月，经国务院批准，中国证监会决定扩大非上市股份公司股份转让试点，首批扩大试点除中关村科技园区外，新增天津滨海、上海张江和武汉东湖3家高新技术园区。2013年1月，全国中小企业股份转让系统有限责任公司正式揭牌运营。2013年6月，国务院常务会议决定，将中小企业股份转让系统试点扩大至全国。同年12月，国务院发布《关于全国中小企业股份转让系统有关问题的决定》，全国中小企业股份转让系统挂牌公司纳入中国证监会非上市公众公司管理，实行公开转让、发行融资、并购重组，明确了建立不同层次市场间的有机联系、简化行政许可程序、建立和完善投资者适当性管理制度等问题。

自2013年正式运营以来，新三板市场迅速发展，挂牌公司数量显著增加。2016年至2018年，新三板陆续进行了一系列改革探索，涉及市场分层、投资者适当性、融资及交易制度等方面。其中，2016年6月市场实施分层管理，首批953家挂牌公司进入创新层。同年12月，挂牌公司数量突破1万家。2017年12月，新三板对市场分层、信息披露和交易制度进行优化改革。2018年4月，全国股转公司与香港交易所签署《合作谅解备忘录》，推出"3+H"两地挂牌制度，实现了企业同时在两地挂牌融资。截至2018年底，新三板累计实现股权融资超过4500亿元。同时，随着市场规模的快速增长和市场结构的变化，新三板快速发展过程中积累的问题逐步显现，包括融资功能下降、市场流动性不足、主动摘牌公司增加等，迫切需要进一步深化改革，提升市场功能。

按照党中央、国务院部署，证监会于2019年10月启动全面深化新三板改革，主要措施包括：一是引入向不特定合格投资者公开发行制度，完善定向发行制度。二是在现有基础层、创新层的基础上，设立精选层，承接完成公开发行、具有发展潜力的优质挂牌公司。三是建立精选层公司向交易所市场转板上市制度。四是分层次降低合格投资者门槛。五是优化交易制度，在精选层引入连续竞价制度。六是实施分类监管，着力优化市场生态，提高违法成本，引导挂牌公司规范发展。

2019年12月，证监会修订《非上市公众公司监督管理办法》，明确了发行人既可以在申请其股票挂牌的同时也可以在挂牌之后实施股票定向发行,增加企业的自主选择权。同月,全国股转公司修订发布《全国中小企业股份转让系统分层管理办法》,设置基础层、创新层和精选层,允许符合条件的创新层企业公开发行并进入精选层。2020年1月,全国股转公司发布实施了《股票公开发行并在精选层挂牌规则》及其配套规则,允许在新三板挂牌满12个月的创新层公司面向不特定合格投资者公开发行并进入精选层。2020年6月,证监会发布《中国证监会关于全国中小企业股份转让系统挂牌公司转板上市的指导意见》,允许符合条件的精选层公司转板上市。

2020年7月27日,精选层正式启动,市场形成了"基础层—创新层—精选层"梯次递进的结构。开市首月,精选层总体运行平稳,首批32只股票较发行价平均上涨3.26%。首批企业中,中小企业占比84.32%,民营企业占比87.5%。截至2020年末,新三板市场挂牌公司8187家,精选层、创新层、基础层挂牌公司分别为41家、1138家、7008家,其中民营企业占比93%,中小企业占比94%,现代服务业和先进制造业合计占比72%,总市值2.65万亿元。其中,精选层挂牌公司总市值848.07亿元。

第三节 区域性股权市场

区域性股权市场是主要服务于所在省级行政区域内中小微企业的私募股权市场,是多层次资本市场体系的重要组成部分,是地方人民政府扶持中小微企业政策措施的综合运用平台。

2008年以来,为了探索拓展中小微企业股权融资渠道,各地陆续批设了一批区域性股权交易市场。2011年11月出台的《国务院关于清理整顿各类交易场所切实防范金融风险的决定》和2012年7月出台的《国务院办公厅关于清理整顿各类交易场所的实施意见》,明确了包括区域性股权市场在内的地方各类交易场所运营的底线要求。2012年8月,中国证监会发布《关于规范证券公司参与区域性股权交易市场的指导意见(试行)》,从规范证券公司参与的角度,对区域性股权市场间接提出了规范要求。2013年《国务院办公厅关于金融支持小微企业发展的实施意见》和2014年《国务院关于进一步促进资本市场健康发展的若干意见》要求在清理整顿的基础上，将区域性股权市场纳入多层次资本市场体系。2015年，《中共中央 国务院关于深化体制机制改革加快实施创新驱动发展战略的若干意见》要求规范发展服务小微企业的区域性股权市场，加强不同层次资本市场的有机联系。2016年，"十三五"规划纲要提出"发展多层次股权融资市场，深化创业板、新三板改革，规范发展区域性股权市场"。

为进一步规范区域性股权市场发展，2017年1月，国务院办公厅印发《关于规范发展区域性股权市场的通知》，对区域性股权市场作出专门制度安排，明确区域性股权市场由所在地省级人民政府按规定实施监管，并承担相应风险处置责任；证监会对省级人民政府的监督活动进行指导、协调、监督，负责制定统一的区域性股权市场业务及监管规则，对市场规范运作情况进行监督检查，对可能出现的金融风险进行预警提示和处置督导。为贯彻落实国务院办公厅通知要求，保护投资者合法权益，证监会于2017年5月出台《区域性股权市场监督管理试行办法》，统一了区域性股权市场的业务和监管规则。2018年2月，证监会出台《区域性股权市场信息报送指引（试行）》，建立了区域性股权市场信息报送制度，实现与地方政府的信息共享机制。2019年6月，证监会以清理整顿各类交易场所办公室的名义印发《关于规范发展区域性股权市场的指导意见》，就落实市场定位、分类管理、业务发展、风险防范、政策支持等方面提出了要求。2019年新修订的《证券法》规定，按照国务院规定设立的区域性股权市场为非公开发行证券的发行、转让提供场所和设施，在法律层面明确了区域性股权市场的功能定位。在规范区域性股权市场活动同时，2020年，证监会启动了浙江省区域性股权市场制度和业务创新试点及北京区域性股权市场股权投资和创业投资份额转让试点、区块链建设试点等工作，区域性股权市场服务中小微企业的功能得到拓展。

目前，区域性股权市场监管制度框架已经建立，运行机制逐步健全，已基本步入规范发展的轨道。截至2020年末，全国共有34家区域性股权市场，基本呈现了"一省一市场"格局，共有挂牌企业3.47万家，展示企业12.93万家，托管公司5.24万家；投资者44.71万户；累计实现各类融资14196亿元；累计转让成交额2140亿元。

表 2-1　各省市区域性股权市场成立情况（截至 2020 年末）

设立时间	运营机构名称	所在省市
2010 年 8 月	石家庄股权交易所股份有限公司	河北
2010 年 8 月	天津滨海柜台交易市场股份公司	天津
2010 年 11 月	上海股权托管交易中心股份有限公司	上海
2010 年 12 月	湖南股权交易所有限公司	湖南
2010 年 12 月	贵州股权交易中心有限公司	贵州
2011 年 4 月	广西北部湾股权交易所股份有限公司	广西
2011 年 5 月	吉林股权交易所股份有限公司	吉林
2011 年 5 月	武汉股权托管交易中心有限公司	湖北
2011 年 10 月	海峡股权交易中心（福建）有限公司	福建
2012 年 10 月	新疆股权交易中心有限公司	新疆
2012 年 12 月	重庆股份转让中心有限责任公司	重庆
2013 年 2 月	辽宁股权交易中心股份有限公司	辽宁
2013 年 3 月	大连股权交易中心股份有限公司	大连
2013 年 6 月	青海股权交易中心有限公司	青海
2013 年 7 月	江苏股权交易中心有限责任公司	江苏
2013 年 7 月	天府（四川）联合股权交易中心股份有限公司	四川
2013 年 8 月	安徽省股权托管交易中心有限责任公司	安徽
2013 年 8 月	山西股权交易中心有限公司	山西
2013 年 11 月	齐鲁股权交易中心有限公司	山东
2013 年 12 月	甘肃股权交易中心有限公司	甘肃
2013 年 12 月	厦门两岸股权交易中心有限公司	厦门
2014 年 1 月	内蒙古股权交易中心股份有限公司	内蒙古
2014 年 1 月	陕西股权交易中心股份有限公司	陕西
2014 年 2 月	青岛蓝海股权交易中心有限责任公司	青岛
2014 年 9 月	海南股权交易中心有限责任公司	海南
2014 年 11 月	哈尔滨股权交易中心有限责任公司	黑龙江
2015 年 4 月	北京股权交易中心有限公司	北京
2015 年 6 月	宁夏股权托管交易中心（有限公司）	宁夏
2015 年 6 月	中原股权交易中心股份有限公司	河南
2015 年 7 月	江西联合股权交易中心有限公司	江西
2015 年 8 月	宁波股权交易中心有限公司	宁波
2018 年 4 月	深圳前海股权交易中心有限公司	深圳
2018 年 7 月	广东股权交易中心股份有限公司	广东
2018 年 9 月	浙江省股权交易中心有限公司	浙江

资料来源：中国证监会。

第四节　证券公司柜台交易市场

证券公司柜台交易市场也是我国多层次股权市场的组成部分，以交易协议产品为主，与场内市场相互协同、相互促进，共同服务实体经济。

证券公司柜台交易市场兴起。第一个股票柜台交易点在当时工商银行上海信托投资公司静安分公司成立，小小的柜台交易被评为"1986年全国十大经济新闻"之一。1987年9月，深圳12家金融机构出资成立中国第一家证券公司——深圳经济特区证券公司，开始在证券公司柜台交易股票。由于初期股票市场暴涨，沪深两地政府都出台了对柜台交易限价的措施，抑制投机交易。沪深交易所的开业，标志着股票交易从分散场外柜台交易转为交易所场内集中交易。1998年3月25日，为整顿金融秩序，防范金融风险，保持社会安定，促进证券市场健康发展，国务院办公厅发布《证监会关于清理整顿场外非法股票交易方案》，我国早期以股权交易为主的场外柜台市场告一段落。

证券公司柜台交易市场再启动。2012年12月21日，证券业协会发布《证券公司柜台交易业务规范》，启动柜台交易业务试点，首批有7家券商参与试点。重启的柜台交易不再以股权转让为主要业务，而是以协议交易为主，尝试开展报价交易或做市商交易机制，产品定位为私募产品。2013年初，中证机构间报价系统股份有限公司成立，为机构投资者提供了私募产品报价、发行、转让及相关服务的专业化电子平台，将部分传统柜台市场的业务转移到了电子化的交易平台上。在此期间，中国证监会颁布《关于规范证券经营机构涉嫌配资的私募资管产品的相关工作的通知》《关于进一步规范证券基金经营机构参与场外衍生品交易的通知》以及《关于进一步加强证券公司场外期权业务监管的通知》，证券业协会颁布《中国证券期货市场衍生品交易主协议》《场外证券业务备案管理办法》等规范文件，证券公司柜台业务逐步规范，为我国场外衍生品市场的进一步平稳健康发展奠定了制度基础。

截至2020年末，共有42家证券公司通过了中国证券业协会组织的专业评价，取得了柜台市场试点资格并开展柜台业务。主要有两类：一是资产管理类和债权类产品的销售业务，包括资管计划、银行理财、信托计划、私募基金、基金专户等；二是场外衍生品业务。截至2020年末，参与证券公司柜台交易的机构投资者账户数量4.43万个，个人投资者账户数量3002.49万个。2020年，柜台市场累计13305只产品发生转让，累计转让金额为235.57亿元。

第三章 交易所债券市场

> 债券市场是资本市场的重要组成部分，债券作为直接融资工具对国民经济发展具有重要推动作用。多年来，我国债券市场发展形成了银行间债券市场、交易所债券市场和柜台交易债券市场。交易所债券市场在改革创新中不断发展，市场规模稳步扩大，品种日趋丰富，形成了较为完备的制度框架、较为健全的交易结算基础设施和较为完善的市场化投资者保护机制，成为服务实体企业融资的重要场所。

第一节 发展历程

1981年1月，随着《中华人民共和国国库券条例》的颁布，我国启动改革开放以来的首次债券发行，共发行48.66亿元国库券。此后，企业债、政策性金融债相继推出，并形成了以信托公司和证券公司营业部柜台交易为依托的二级市场。1990年底，上交所成立并开展国债交易，建立了相对集中统一的全国性国债登记、托管体系，标志着交易所债券市场的建立。

1990年至1996年，交易所债券市场在探索中发展。1993年12月，上交所开展以国债现券折算标准券为交易标的的国债回购业务。交易所债券市场遵循价格优先、时间优先的原则，采用公开竞价的方式进行交易。与早期的柜台转让相比，债券交易成本大幅下降，信息透明度与及时性明显改善。

1997年6月，为防范信贷资金违规流入股市，贯彻实行分业经营和分业管理的需要，商业银行退出交易所债券市场，交易所债券市场发展受到一定影响。全国银行间债券市场建立，商业银行持有国债全部转由中央国债登记结算公司托管。1998年《证券法》通过，对公司债券的发行和上市作了特别规定，公司债券的发行仍采用审批制，但上市交易则采用核准制。国务院证券监督管理机构可以授权证券交易所依照法定条件和法定程序核准公司债券上市交易。2003年以后，证券公司历史积累风险暴露，交易所市场债券回购业务出现较大风险。中国证监会组织沪深交易所、中国证券登记结算公司，按照稳妥有序、分步实施、新老划断的原则，推进国债回购制度改革，成功化解了历史风险，为交易所债券市场发展夯实了基础。

2005年以来，交易所债券市场在规范中加快发展。2005年1月，经中国证监会批准，《标准券折算率管理办法》实施。2005年4月，上交所对大宗交易实施细则进行了适当调整，主要包括：降低进行大宗交易的数量门槛，取消大宗交易成交价格限制，取消公布买卖双方所在营业部名称。改良后的交易所大宗交易具备了银行间债券市场一对一谈判定价优势，使交易所债券市场在现有的连续撮合交易的基础上，增添了符合机构投资者交易特点的交易方式，有利于交易所债券市场逐步提高流动性和话语权。2005年12月，资产支持证券试点逐步启动。2006年11月，推出认股权证和分离交易的可转换公司债券。2007年7月，上交所推出固定收益证券综合电子信息平台，并引入做市商制度。2007年8月，中国证监会发布《公司债券发行试点办法》，启动了完全基于企业商业信用、无担保的上市公司债试点。2007年10月，我国首只公司债券——长江电力公司债在上交所成功上市。2012年5月，中小企业私募债试点启动。

党的十八大以来，债券市场体制机制不断完善，交易所债券市场改革发展加快，市场的深度和广度得到扩展。2014年11月，证监会修订发布《证券公司及基金管理公司子公司资产证券化业务管理规定》，取消了资产证券化业务的行政许可，实行事后备案和基础资产负面清单管理制度，简化了发行程序，扩大了基础资产范围。2015年1月，中国证监会发布《公司债券发行与交易管理办法》，将公司债券发行主体扩大至全部公司制法人，支持包括非上市公司在内的各类企业通过公开和非公开形式发行公司债券，交易所债券市场发行量和托管量大幅提升，公司债券品种逐步丰富。2016年11月，上海地方政府债在交易所成功发行。此后，地方政府在交易所发行债券的数量显著增加。2017年1月至2020年12月，地方政府在交易所债券市场累计发行地方政府债8.83万亿元。

2020年3月，为落实新《证券法》与国务院有关注册制通知规定，证监会发布《关于公开发行公司债券实施注册制有关事项的通知》，明确公开发行公司债券全面实行注册制，由证券交易所受理、审核，并报证监会履行发行注册程序，取消了资信评级机构从事证券评级业务行政许可，改为备案管理。2020年4月，证监会、国家发展改革委联合发文，推出基础设施领域不动产投资信托基金（REITs）试点。2020年12月，证监会会同人民银行、发展改革委联合发布《公司信用类债券信息披露管理办法》，对公司信用类债券发行环节、存续环节信息披露的基础性、原则性问题进行了统一和明确。

落实"零容忍"要求，严厉查处债券市场重大违法犯罪案件。对五洋建设、富贵鸟等案件的违法发行人和中介机构作出行政处罚。推动对债券犯罪行为的刑事追责，通过与公安机关的协作，推动厦门圣达威、浙江圣奇等案件以欺诈发行债券罪作出刑事判决。进一步加强债券市场执法，促进市场健康稳定发展。2018年12月，经国务院同意，中国证监会会同人民银行、发展改革委发布《关于进一步加强债券市场执法工作的意见》，建立债券市场统一执法机制，证监会依法对银行间债券市场、交易所债券市场违法行为开展统一的执法工作。

交易所债券市场的国际化水平逐步提高。2015年12月，中国证监会启动境外机构在交易所发行人民币公司债券（简称"熊猫债券"）试点。2016年1月，中国燃气控股有限公司发行10亿元公司债，成为首单非公开发行的熊猫债券；2017年3月，俄罗斯铝业联合公司在交易所发行了首只"一带一路"熊猫债券。

近年来，债券市场互联互通取得重要进展。2010年10月，中国证监会、人民银行、银监会联合下发《关于上市商业银行在证券交易所参与债券交易试点有关问题的通知》，启动上市商业银行在证券交易所参与债券交易试点。2010年12月，交通银行在上海证券交易所集中竞价交易系统达成3笔债券交易，标志着商业银行阔别交易所债券市场10余年后，再次进入交易所债券市场。2019年8月，中国证监会、人民银行、银保监会联合发布通知，扩大在交易所债券市场参与现券交易的银行范围。2020年7月，中国证监会与中国人民银行联合发布公告，同意银行间与交易所债券市场相关基础设施开展互联互通合作，商业银行可以选择通过互联互通机制或者以直接开户的方式进行交易所现券协议交易，进一步便利债券投资者，提升债券市场基础设施的服务水平和效率。

第二节 发展现状

市场容量稳步扩大。2015年至2020年，交易所债券市场累计融资已达31.11万亿元（见图3-1），其中非金融企业公司债累计发行12.74万亿元。截至2020年末，交易所债券市场托管量达16.33万亿元，是2010年的26倍（见图3-2）。在交易所市场存量债券中，公司信用类债券占61.66%，政府债券占9.23%，金融债券占14.96%，资产证券化产品占14.15%（见图3-3）。

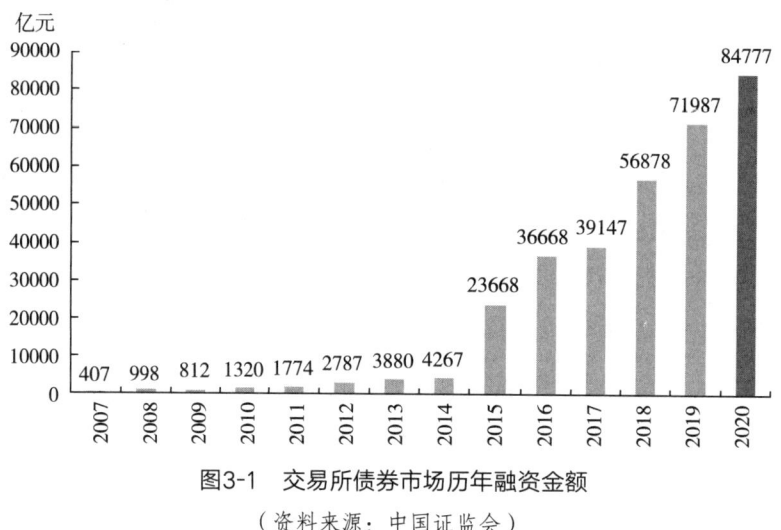

图3-1 交易所债券市场历年融资金额

（资料来源：中国证监会）

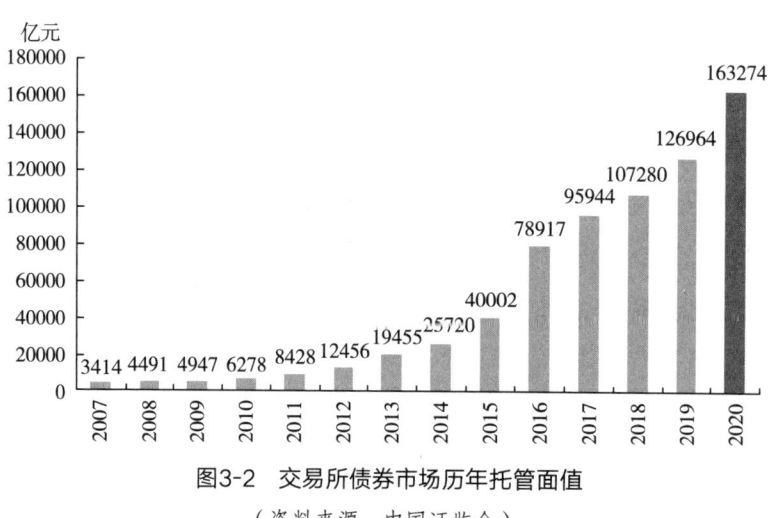

图3-2 交易所债券市场历年托管面值

（资料来源：中国证监会）

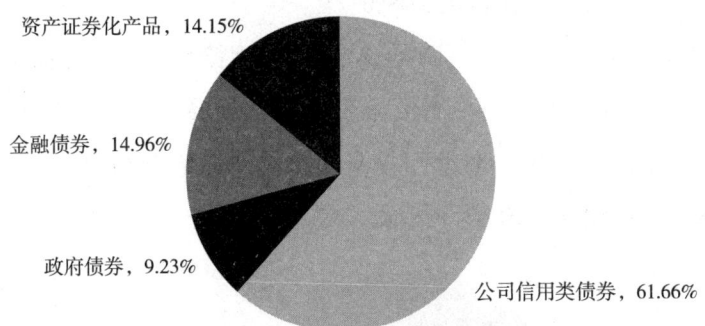

图3-3 交易所债券市场各类券种占比（截至2020年末）

（资料来源：中国证监会）

品种日趋丰富。相继创新推出扶贫专项公司债、创新创业债、绿色债、熊猫债、"一带一路"债等创新债券品种。发债企业所在贫困地区已覆盖贵州、安徽、湖南、重庆等全国十余个省市，募集资金用途涵盖异地扶贫搬迁、产业扶贫、生态扶贫等领域。截至2020年末，累计发行扶贫公司债及资产支持证券141只，发行规模764.99亿元。创新创业债券试点发行87只，发行规模235.63亿元。累计发行绿色债券（含ABS）282只，发行规模2907.37亿元。资产证券化稳妥发展，基础资产涵盖企业应收款、信托受益权、融资租赁资产、消费金融、基础设施收益权、小贷债权、商业不动产、住房租赁、类REITs等大类资产。2015年1月至2020年12月，资产支持证券累计发行5.01万亿元。其中，PPP资产支持证券共发行19只，累计发行181.44亿元；住房租赁资产证券化发行35单，累计融资金额345.5亿元；供应链金融ABS累计发行8016.98亿元。

机构投资者成为主体。交易所债券市场投资者结构日趋多元，形成了以证券、基金、银行、保险机构及其理财产品为主体的投资者结构。截至2020年末，交易所市场债券托管余额约为16.33万亿元，主要由证券基金及其产品、银行及其银行理财产品、保险公司等机构投资者持有。从投资者结构看，证券基金及其产品的持债规模约6.25万亿元，占比38.27%；银行持债规模1.70万亿元，占比10.41%；银行理财持债规模3.07万亿元，占比18.80%；保险公司的持债规模1.58万亿元，占比9.68%。普通个人仅可交易利率债、面向公众公开发行的公司债等品种。截至2020年末，个人投资者持债规模为822.1亿元，仅占交易所债券托管规模的0.50%，其中大部分为具有股权性质的可转债。扣除可转债后，个人投资者持债仅为128.59亿元，占比仅为0.08%。

机构间协议交易方式为主。债券交易的一般规律是大宗、低频，机构投资者间协议交易为主。2020年，交易所债券市场现券交易金额约为10.48万亿元（不含可转债），其中采用报价、询价等方式的协议交易金额约为9.64万亿元，占比91.98%；竞价交易金额约为0.83万亿元，占比7.92%。

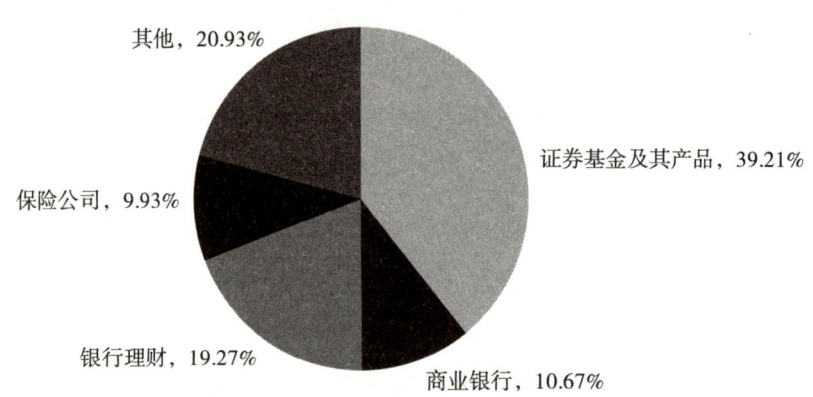

图3-4　交易所债券市场持有者结构（截至2020年末）

（资料来源：中国证监会）

成为民营企业债券融资的"主战场"。截至2020年末，交易所债券市场托管量约占全市场托管量的14.13%，但在全国非金融民营企业债券存量2.37万亿元的总盘子中，交易所债券市场的非金融民营企业债券1.67万亿元，约占70.41%。交易所市场积极开展民企发债信用保护工具业务试点，并推出"纾困专项债"，支持民营企业融资。截至2020年末，共创设信用保护工具73单，支持53家企业债券融资593.87亿元，交易所债券市场共发行纾困专项债892亿元。

交易基础设施不断健全。2007年上交所推出固定收益证券综合电子信息平台，引入做市商制度，与集中竞价系统相互补充，初步形成了多层次的债券交易体系。保险公司、证券投资基金、证券公司等成为交易所债券市场的重要参与主体。

监管效能稳步提升。建立了债券分类管理、债券受托管理人、债券持有人会议和跟踪评级等制度。严格落实信息披露义务，要求发行人全面、准确、及时披露可能影响到债券本息偿付的重大事项。形成了证监会、证监局、交易所、行业协会、登记结算机构"五位一体"的风险防控协作体系，推出特定债券转让、债券购回、债券置换等机制。推动最高法出台《全国法院审理债券纠纷案件座谈会纪要》,畅通债券违约司法救济渠道。建立债券市场统一执法机制,推动对债券犯罪行为的刑事追责,严厉查处债券市场重大违法犯罪案件。

第四章 期货及衍生品市场

> 期货市场具有价格发现、套期保值的重要功能。30年来，我国期货市场品种体系不断完善，市场功能不断深化，法规制度不断健全，市场监管和风控水平持续提升，有效满足产业企业的风险管理需求，在支持产业发展、服务"三农"和金融投资等方面发挥了积极作用。

第一节 发展历程

1988年，随着改革开放的深入推进，国务院提出要探索期货交易，七届全国人大一次会议政府工作报告提出，积极发展各类批发贸易市场，探索期货交易。有关部门开始研究论证建立期货市场的可行性。1990年7月，国务院批转《商业部等八部门关于试办郑州粮食批发市场报告的通知》后，期货市场建设开始起步。同年10月，郑州粮食批发市场开业，首先从现货交易入手，引入部分期货交易机制。至1993年，全国各类期货交易所达50余家，市场秩序一度混乱。1993年11月国务院发布《关于坚决制止期货市场盲目发展的通知》，1998年8月国务院发布《关于进一步整顿和规范期货市场的通知》，先后对期货市场进行清理整顿，大幅压缩期货交易所数量。至1999年，期货交易所整顿规范至3家，分别为上海期货交易所、郑州商品交易所和大连商品交易所。1999年6月，国务院发布《期货交易管理暂行条例》，此后《期货交易所管理办法》等配套规则和实施细则陆续发布，我国期货市场进入规范发展阶段。

2001年3月，国家"十五"规划首次提出"稳步发展期货市场"。2003年10

月《中共中央关于完善社会主义市场经济体制若干问题的决定》和2004年"国九条"进一步明确"稳步发展期货市场",为我国期货市场的规范发展指明了方向,期货品种上市步伐逐步加快。2004年,新上市了棉花、燃料油、玉米和黄大豆2号4个期货品种。2010年,中金所推出首个股指期货——沪深300股指期货。截至2012年末,我国期货市场共有上市期货品种31个,其中商品期货30个,金融期货1个。随着期货品种数量不断增多,交易量逐步增长,市场功能逐渐发挥,服务实体经济的能力不断增强。

期货市场法制进一步完善,国务院于2007年、2012年两次对《期货交易管理暂行条例》进行了修订,进一步要求期货市场加强基础制度建设,不断完善市场风险控制制度,为期货市场的稳步发展奠定了法规基础。在2007年的条例修订中,《期货交易管理暂行条例》修改为《期货交易管理条例》,金融期货、场内期权、设立期货投资者保障基金被正式写入。2012年的条例修订中,允许外国人参与境内特定期货品种交易,为国际化的原油期货上市及铁矿石等大宗商品期货的国际化打开了大门。

期货市场进入创新发展阶段。2012年以来,期货市场新上市期货、期权品种63个,在已上市期货期权品种中占比超过三分之二。产品体系涵盖农产品、能源、化工、金融等国民经济重要领域,为实体企业管理经营风险提供了重要工具。黄金、白糖、豆粕等18个期权成功上市,期权发展进入快车道。金融期货发展步伐加快,品种体系进一步完善,增加了上证50、中证500股指期货,推出了2年期、5年期、10年期国债期货品种。交易所期权品种更加丰富。2015年2月9日,首只场内期权——上证50ETF期权在上海证券交易所上市。2019年12月23日,上交所、深交所同时推出沪深300ETF期权,中金所推出沪深300股指期权。2017年,商品期权——豆粕、白糖期货期权先后上市。

期货市场开放加快。2018年3月,首个对外开放的期货品种原油期货上市,标志着我国期货市场打开了对外开放的大门。2018年5月,铁矿石期货正式实施引入境外交易者业务,这是我国首次已上市期货品种的对外开放。2020年1月1日,证监会取消期货公司外资股比限制,符合条件的境外投资者持有期货公司股权比例可至100%。2020年6月,摩根大通期货变更股权的申请获证监会核准,成为我国境内第一家外资全资控股的期货公司。境内期货产品逐步"走出去"。

2020年10月，上期所与挪威浆纸交易所开展合作，在挪威推出了基于上海纸浆期货价格进行结算的期货合约。

扩大"保险+期货"试点规模。2016年以来，证监会引导各商品期货交易所创新服务模式，推出农产品"保险+期货"试点并已连续5年写入中央一号文件，在稳定农业生产、促进农民增收、助力脱贫攻坚、服务乡村振兴等方面发挥了积极作用。截至2020年末，商品期货交易所在全国26个省（区、市）开展584个试点项目，推动61家期货公司与13家保险公司合作参与，品种涉及天然橡胶、棉花、白糖、苹果、红枣、大豆、玉米、鸡蛋、豆粕，保障现货规模约1200万吨，为约172万农户提供了价格和收入保障。

第二节　发展现状

2020年全国期货期权市场累计成交量为61.53亿手（单边），累计成交额为437.55万亿元（单边）。根据美国期货业协会的统计，2020年我国商品期货成交量占全球商品期货成交总量的63%，已连续12年位居世界第一；全球成交量排名前20的农产品和金属期货中，我国分别占14个和11个。截至2020年末，期货市场共上市90个期货期权品种，包括62个商品期货、18个商品期权、6个金融期货和4个金融期权。期货公司风险管理子公司场外衍生品交易规模不断扩大。月末未平仓名义本金从2015年底的17.75亿元（均为商品类场外衍生品交易）增加至2020年末的1565.04亿元（其中商品类场外衍生品规模占比约61%，金融类占比约39%）。

表 4-1　我国上市场内期货、期权品种

序号	合约名称	上市时间	上市地点	类别	类型
1	沪铝	1992-05-28	上期所	期货	有色
2	天然橡胶	1993-03-27	上期所	期货	农产品
3	沪铜	1993-03-31	上期所	期货	有色
4	普麦	1993-05-28	郑商所	期货	农产品
5	豆粕	2000-07-17	大商所	期货	农产品
6	豆一	2002-03-15	大商所	期货	农产品

续表

序号	合约名称	上市时间	上市地点	类别	类型
7	强麦	2003-03-28	郑商所	期货	农产品
8	郑棉	2004-06-01	郑商所	期货	农产品
9	燃料油	2004-8-25	上期所	期货	能源
10	玉米	2004-9-22	大商所	期货	农产品
11	豆二	2004-12-22	大商所	期货	农产品
12	白糖	2006-01-06	郑商所	期货	农产品
13	豆油	2006-01-09	大商所	期货	农产品
14	PTA	2006-12-18	郑商所	期货	化工
15	沪锌	2007-03-26	上期所	期货	有色
16	菜油	2007-06-08	郑商所	期货	农产品
17	LLDPE	2007-07-31	大商所	期货	化工
18	棕榈油	2007-10-29	大商所	期货	农产品
19	沪金	2008-01-09	上期所	期货	贵金属
20	螺纹钢	2009-03-27	上期所	期货	黑色
21	线材	2009-03-27	上期所	期货	黑色
22	早籼稻	2009-04-20	郑商所	期货	农产品
23	PVC	2009-05-25	大商所	期货	化工
24	沪深300	2010-04-16	中金所	期货	金融
25	沪铅	2011-03-24	上期所	期货	有色
26	焦炭	2011-04-15	大商所	期货	黑色
27	甲醇	2011-10-28	郑商所	期货	化工
28	沪银	2012-05-10	上期所	期货	贵金属
29	玻璃	2012-12-03	郑商所	期货	建材
30	菜粕	2012-12-28	郑商所	期货	农产品
31	菜籽	2012-12-28	郑商所	期货	农产品
32	焦煤	2013-03-22	大商所	期货	黑色
33	5年期国债	2013-09-06	中金所	期货	金融
34	动力煤	2013-09-26	郑商所	期货	能源
35	石油沥青	2013-10-09	上期所	期货	能源
36	铁矿石	2013-10-18	大商所	期货	黑色
37	鸡蛋	2013-11-08	大商所	期货	农产品
38	粳稻	2013-11-18	郑商所	期货	农产品

续表

序号	合约名称	上市时间	上市地点	类别	类型
39	胶合板	2013-12-06	大商所	期货	建材
40	纤维板	2013-12-06	大商所	期货	建材
41	PP	2014-02-28	大商所	期货	化工
42	热轧卷板	2014-03-21	上期所	期货	黑色
43	晚籼稻	2014-07-08	郑商所	期货	农产品
44	硅铁	2014-08-08	郑商所	期货	黑色
45	锰硅	2014-08-08	郑商所	期货	黑色
46	玉米淀粉	2014-12-19	大商所	期货	农产品
47	上证50ETF期权	2015-02-09	上交所	期权	金融
48	10年期国债	2015-03-20	中金所	期货	金融
49	沪镍	2015-03-27	上期所	期货	有色
50	沪锡	2015-03-27	上期所	期货	有色
51	上证50	2015-04-16	中金所	期货	金融
52	中证500	2015-04-16	中金所	期货	金融
53	豆粕期权	2017-03-31	大商所	期权	农产品
54	白糖期权	2017-04-19	郑商所	期权	农产品
55	棉纱	2017-08-18	郑商所	期货	农产品
56	苹果	2017-12-22	郑商所	期货	农产品
57	原油	2018-03-26	上期所	期货	能源
58	2年期国债	2018-08-17	中金所	期货	金融
59	铜期权	2018-09-21	上期所	期权	有色
60	纸浆	2018-11-27	上期所	期货	化工
61	乙二醇	2018-12-10	大商所	期货	化工
62	玉米期权	2019-01-28	大商所	期权	农产品
63	棉花期权	2019-01-28	郑商所	期权	农产品
64	橡胶期权	2019-01-28	上期所	期权	农产品
65	红枣	2019-04-30	郑商所	期货	农产品
66	尿素	2019-08-09	郑商所	期货	化工
67	20号胶	2019-08-12	上期所	期货	农产品
68	粳米	2019-08-16	大商所	期货	农产品
69	不锈钢	2019-09-25	上期所	期货	黑色
70	苯乙烯	2019-09-26	大商所	期货	化工

续表

序号	合约名称	上市时间	上市地点	类别	类型
71	纯碱	2019-12-06	郑商所	期货	化工
72	铁矿石期权	2019-12-09	大商所	期权	黑色
73	甲醇期权	2019-12-16	郑商所	期权	化工
74	PTA 期权	2019-12-16	郑商所	期权	化工
75	黄金期权	2019-12-20	上期所	期权	贵金属
76	沪深 300 股指期权	2019-12-23	中金所	期权	金融
77	华泰柏瑞沪深 300ETF 期权	2019-12-23	上交所	期权	金融
78	嘉实沪深 300ETF 期权	2019-12-23	深交所	期权	金融
79	菜粕期权	2020-01-16	郑商所	期权	农产品
80	LPG	2020-03-30	大商所	期货	能源
81	LPG 期权	2020-03-31	大商所	期权	能源
82	低硫燃料油	2020-06-22	上期所	期货	能源
83	动力煤期权	2020-06-30	郑商所	期权	能源
84	LLDPE 期权	2020-07-06	大商所	期权	化工
85	PP 期权	2020-07-06	大商所	期权	化工
86	PVC 期权	2020-07-06	大商所	期权	化工
87	铝期权	2020-08-10	上期所	期权	有色
88	锌期权	2020-08-10	上期所	期权	有色
89	短纤	2020-10-12	郑商所	期货	化工
90	国际铜	2020-11-19	上期所	期货	有色

资料来源：中国证监会官方网站。

第三节　市场组织和监管体系

一、市场组织

（一）上海期货交易所

1992年5月28日，经原物资部和上海市政府批准，上海金属交易所开业。1993年6月30日，经原商业部、原国家体改委和上海市政府批准，上海粮油商品交易所开业。1994年，经中国证监会批准，上海石油、建材、农资、化工等4家商品交易所合并组建上海商品交易所。1998年8月，国务院颁布《关于进一步整顿和规范期货市场的通知》，将上海金属交易所、上海商品交易所和上海粮油商品交易所3家交易所合并为上海期货交易所。1999年5月4日，上期所试营运。上市品种不断丰富，从交易所成立之初的3个增加至2020年末的25个，包括金属、贵金属、工业品、能源等期货期权品种。交易规模稳步增长，成交量从1999年的0.03亿手增长到2020年的21.29亿手，成交金额相应从0.24万亿元增长到152.80万亿元。对外开放有序推进，自原油期货对外开放以来，先后获得中国香港自动化交易服务（ATS）和新加坡认可的市场经营者（RMO）牌照，并被纳入欧洲证券及市场管理局（ESMA）的第三国交易场所交易后透明度评估正面清单。

（二）郑州商品交易所

1990年10月，经国务院批准，郑州商品交易所前身中国郑州粮食批发市场作为我国第一家期货交易试点单位正式开业。上市品种覆盖粮、棉、油、糖、果和能源、化工、纺织、冶金、建材等多个国民经济重要领域，截至2020年末，期货期权品种28个。交易规模稳步增长，成交量由1993年的67.50万手增长至2020年的17.02亿手，成交额由152.85亿元增长至60.11万亿元。服务方式不断丰富，构建了"公司+农户""订单+期货""保险+期货"等新模式，推动产业客户和农业生产经营主体利用期货市场规避风险。积极融入全球市场，PTA期货作为特定品种引入境外交易者，吸引境外客户积极参与。

（三）大连商品交易所

1993年2月28日，大连商品交易所成立。经过多年发展，交易品种体系日益完善，截至2020年末，已上市20个期货品种和7个期权品种。交易规模不断扩大，已成为全球最大的农产品、油脂、塑料、煤炭和铁矿石期货市场。2020年成交量22.07亿手（单边）、成交额109.20万亿元。国际合作有序推进，自铁矿石期货引入境外交易者以来，先后获得中国香港自动化交易服务（ATS）牌照和新加坡认可的市场经营者（RMO）牌照。目前与境外27家交易所签署了合作谅解备忘录。

（四）中国金融期货交易所

中国金融期货交易所于2006年9月8日成立。产品体系不断健全，已上市权益类、利率类两条产品线，共7个金融期货、期权品种，包括沪深300、上证50、中证500三个股指期货品种，2年期、5年期、10年期三个国债期货品种，以及沪深300股指期权。市场交易规模不断增加，截至2020年末，股指期货总成交量11.26亿手、总成交金额1055.70万亿元，国债期货市场总成交量7897.64万手、总成交金额81.75万亿元。国际交流合作不断增加，2015年与上海证券交易所、德意志交易所集团共同出资在德国法兰克福设立中欧国际交易所；2017年与上海证券交易所、深圳证券交易所、中巴投资公司和巴基斯坦哈比银行组成中方联合体收购巴基斯坦证券交易所40%股权，利用中巴资本市场助力中巴经济走廊建设，为"一带一路"提供金融保障。

（五）广州期货交易所

2020年10月，经国务院同意，中国证监会批准设立广州期货交易所。2021年4月19日，广州期货交易所正式揭牌。

二、监管体系日益完善

1993年11月，国务院决定对期货市场试点工作的指导、规划和协调、监管工作由国务院证券委负责，具体工作由中国证监会执行；未经证券委批准，不得设立期货交易所（中心）。2000年12月，中国期货业协会成立。2006年5月，中国期货保证金监控中心（2015年4月更名为中国期货市场监控中心）成立，负责期货保证金监控预警和期货市场运行监测监控。至此，我国期货市场监管形成了以中国证监会为核心，派出机构、期货交易所、中国期货市场监控中心和中国期货业协会为合力的"五位一体"期货监管工作机制，在防范市场风险、加强交易行为监管方面发挥了重要作用。

三、市场制度逐步健全

（一）账户管理体系

早期，在各期货交易所分散开户模式下，账户开立手续繁琐、流程重复、效率低下，客户账户资料不统一，基础信息不完善，无法确保客户资料的真实、准确和完整。为加强期货市场风险监控，落实开户实名制要求，提高期货市场开户效率，中国证监会于2009年9月发布《期货市场客户开户管理规定》，建立期货市场统一开户制度，授权期货保证金监控中心（以下简称监控中心）建立和维护期货市场客户统一开户系统，建立期货市场客户基本资料库，负责客户开户管理的具体实施。2009年11月，全国164家期货公司全部完成技术系统对接上线，期货市场统一开户系统全面运行。2011年11月，监控中心依托期货市场统一开户系统，正式启动期货市场账户规范工作。历时8个月，累计处理休眠账户和历史账户119.6万个，全市场正常交易的107.6万个账户（涉及86万个有效客户）全部纳入监控中心统一开户系统管理。账户规范工作完成后，期货市场形成了一整套完整的账户设置和审核体系，期货市场实名制和一户一码等基础制度得以全面落实，从源头上规范了市场，为期货市场监管、统计分析和行业诚信建设打下了坚实基础。截至2020年末，期货市场有效客户数186.3万个，其中，个人客户180.4万个，单位客户5.9万个，有效客户数较2012年账户规范工作完成后增长116.6%。

（二）风险管理制度

期货交易所通过制定保证金、每日结算、涨跌停板、持仓限额和大户持仓报告、风险准备金等制度安排，建立健全期货市场风险管理制度。

1999年颁布的《期货交易管理暂行条例》明确了期货交易所应当按照国家有关规定建立健全下列风险管理制度：保证金制度；每日结算制度；涨跌停板制度；持仓限额和大户持仓报告制度；风险准备金制度；中国证监会规定的其他风险管理制度。2007年4月15日，《期货交易管理条例》正式施行，根据期货市场风险特征，提出建立新的监管制度和措施，要求期货交易所在此前的风险管理制度安排的基础上，进一步加强基础制度建设，不断完善风险管理制度，包括设立期货投资者保障基金、建立期货保证金安全存管监控制度等。《期货交易管理条例》将"每日无负债结算制度"改为"当日无负债结算制度"。

（三）中央对手方建设

2012年《期货交易管理条例》修订之前，我国期货市场中央对手方制度一直处在探索阶段，该制度是否纳入法规存在争论。2004年，上海期货交易所在处理橡胶期货风险时，按照当时的交易所结算交割制度规定，介入交易对手双方之间，作为买方的卖方和卖方的买方，将买方存放在交易所的仓单作为抵押，向卖方支付了资金，以自己的信用保证合约履行，用中央对手方机制成功化解了交易对手方可能存在的违约风险。这是我国期货市场上首个期货交易所明确用中央对手方机制防范和化解风险的案例。

2012年4月，国际清算银行支付与市场基础设施委员会（CPMI）和国际证监会组织（IOSCO）联合发布了《金融市场基础设施原则》（PFMI）。2012年10月，国务院法制办、中国证监会对《期货交易管理条例》进行了修改，将期货交易所"保证合约履行"职责修改为"为期货交易提供集中履约担保"，进一步明确了期货交易所的"中央对手方"职责，为期货市场信用建设提供了制度保障。2014年11月，中国证监会在自评估工作基础上下发通知，正式启动对境内四家期货交易所和中国结算遵循PFMI的外部评估工作。2019年1月，中国证监会正式批准上期所、郑商所、大商所、中金所成为合格中央对手方（QCCP），并建立PFMI信息披露长期工作机制，这标志着我国期货市场在结算交割体系建设上已基本与国际监管标准接轨。

THIRTY YEARS OF
CHINA'S CAPITAL MARKETS

中国资本市场
三十年

市场主体篇

第五章　上市公司和挂牌公司

第六章　资本市场中介机构

第七章　机构投资者

第五章　上市公司和挂牌公司

> 上市公司是资本市场可持续发展的基石。30年来，伴随着改革开放深入推进和资本市场建立发展，我国上市公司和挂牌公司群体不断发展壮大，数量稳步增长，盈利能力不断增强，公司治理水平、信息披露质量不断提升，逐步发展成为我国经济中最活跃、最富创造力和竞争力的市场主体，在服务供给侧结构性改革、落实创新驱动发展战略、促进经济高质量发展中发挥着至关重要的作用。

第一节　上市公司发展历程

一、在股份制改革中应运而生

20世纪80年代初，国有企业改革在探索中前行，经历了放权让利、承包制等改革形式后，一些小型国有和集体企业开始启动股份制改革。1984年7月，北京天桥百货股份有限公司成立，是全国第一家正式注册的股份改革试点企业。1986年12月，国务院颁布《关于深化企业改革增强企业活力的若干规定》，允许各地可以选择少数有条件的全民所有制大中型企业进行股份制试点。1987年，党的十三大肯定了股份制试点成绩，一些大型国营企业加入股份制试点行列，部分企业公开发行股票。

1990年5月，原国家体改委发布《在治理整顿中深化企业改革强化企业管理的意见》，决定在上海和深圳进行股份制配套改革试点。同年8月，《国务院关于鼓励华侨和香港澳门同胞投资的规定》中规定，华侨和港澳同胞可以购买中国内地企业的股票和债券。随着股份制经济的深入发展，股票发行和交易规模不断扩大。截至1990年，全国共有4750家企业发行了各种形式的股票，共筹资42.01亿元，其中公开发行筹资17.39亿元。股份制改革为建立证券市场和公司上市创造了基础条件。1990年沪深交易所相继成立后，部分已实行股份制并完成公司制改造的企业登陆交易所，上交所"老八股"及深交所"老五股"成为中国首批上市公司。

二、在服务国企改革中加快发展

1990年前后，国有企业面临效益不高、约束软化和机制落后等挑战，一度出现"1/3亏损，1/3潜亏"的严峻局面，迫切需要转换经营机制，增加融资渠道，降低财务杠杆。改革实践中，承包制和租赁制的局限性越来越大，股份制改革则受到越来越多的关注，特别是1992年邓小平同志南方讲话扫除了对股份制经济和资本市场的顾虑，各地国有企业股份制改造热情高涨，形成了第一波上市热潮。1992年5月，原国家体改委发布《股份有限公司规范意见》，这是第一部关于规范股份制发展的专门规章。1993年经济过热后，国家加强宏观调控，同时对城镇国有企业资本结构进行优化，产生了更多的股份公司，带来了更大的上市融资需求。

1997年，亚洲金融危机爆发，我国经济面临下行压力，国有企业普遍面临更严峻的经营困境。当年的中央经济工作会议明确提出，用3年左右的时间，通过改革、改组、改造和加强管理，使大多数国有大中型亏损企业摆脱困境，力争到20世纪末使大多数国有大中型骨干企业初步建立起现代企业制度，国企改革"三年脱困"拉开了序幕。证监会提出，证券工作要努力为集中力量搞好一批关系国民经济命脉、具有经济规模、处于行业排头兵地位的国有大型企业改革和发展服务。1997年，300亿元规模的A股、B股及H股发行，重点支持国家确定的1000家重点企业、120家企业集团以及100家全国现代企业制度试点企业。同时，以搞好大中型国有企业为中心，培养和扶持一批竞争力较强的上市公司。经过三年的改革特别是改制上市，一批大型国有企业实现了脱困。

1999年，为解决国有商业银行不良资产问题，国务院先后成立四家直属资产管理公司。同时，中央政府运用外汇储备注资大型国有商业银行，引进战略合作者,推进商业银行股份制改革。在此基础上,四大商业银行随即展开首次公开发行上市工作。2005年10月,建设银行登陆H股,拉开了四大商业银行上市的序幕。2010年7月,农业银行在A股和H股先后上市,国有商业银行股份制改革上市圆满收官。

1999年9月,党的十五届四中全会审议通过《关于国有企业改革和发展若干重大问题的决定》,提出必须不失时机地整体推进国有企业的改革和发展,促进国有经济发展壮大。为完善社会保障体制,开拓社会保障资金新的筹资渠道,支持国有企业改革发展,我国于1999年和2001年先后两次进行国有股减持尝试,将部分暂不流通的国有股权通过资本市场实现流通。由于市场条件不够成熟等原因,有关部门暂停了减持的尝试。两次国有股减持虽然不以解决股权分置问题为直接目的,但由于涉及非流通股份通过二级市场流通变现,客观上为股权分置改革提供了宝贵的经验。

随着改革不断深入,上市公司营业收入持续增长,盈利能力和核心竞争力不断增强。截至2003年,上市公司数量1287家,其中国有控股上市公司占比超过70%。总市值4.25万亿元,总收入超过2.4万亿元,净利润超过1300亿元。

三、在深化改革中发展壮大

2003年10月,党的十六届三中全会通过了《关于完善社会主义市场经济体制若干问题的决定》,首次宣布社会主义市场经济体制初步建立,提出股份制是公有制的主要实现形式。2004年1月,"国九条"把大力发展资本市场上升到国家经济发展战略的高度。2005年10月,国务院批转证监会《关于提高上市公司质量的意见》,把提高上市公司质量作为推进资本市场改革发展的一项重要任务,从完善公司治理、解决突出问题、支持上市公司做优做强、完善监管机制等六个方面提出二十六条意见。2006年12月,国务院办公厅转发国资委《关于推进国有资本调整和国有企业重组的指导意见》,要求推进国有资本向重要行业和关键领域集中,加快国有大型企业股份制改革,大力推进国企改制上市和整体上市。

为贯彻落实党中央、国务院决策部署,证监会于2006年修订《上市公司收购管理办法》,明确了鼓励市场化收购的政策导向,向特定对象发行股份认购资产的试点也稳步推进,支持上市公司做优做强,鼓励上市公司控股股东、实际控制人将优质资产、优势项目向上市公司集中。2007年起，证监会先后发布《上市公司重大资产重组管理办法》《上市公司并购重组财务顾问业务管理办法》等一系列规章规则，进一步完善并购重组制度。市场化的上市公司并购重组和企业整体上市步伐明显加快，国有企业成为并购重组活动的重要力量。一些因早期改制不到位遗留的同业竞争、关联交易等问题也得到有效解决。同时，金融、能源、钢铁等一批关系国民经济命脉的大型骨干企业在沪深交易所上市。截至2010年底，A股大型蓝筹中，央企控股上市公司348家，占全部上市公司的16.87%；股本合计8732亿股；总资产达到10.09万亿元，首次突破10万亿元，约占全国规模以上工业企业总资产的20%。

民营企业借助资本市场平台迅速发展壮大。2002年6月，九届全国人大常委会第二十八次会议通过《中小企业促进法》，推动改善中小企业经营环境，促进中小企业健康发展。同年11月，十六大报告指出，必须毫不动摇地鼓励、支持和引导非公有制经济发展，为非公有制经济破除了体制性障碍。为贯彻落实"国九条"中关于建立多层次股票市场体系的要求，2004年5月，中小企业板获批设立，为中小企业进入资本市场开辟了专门通道。2005年2月，国务院印发《关于鼓励支持和引导个体私营等非公有制经济发展的若干意见》，进一步为非公有制经济发展创造了良好环境。2006年2月，国务院发布《国家中长期科学和技术发展规划纲要（2006—2020年）》，提出积极推进创业板市场建设，建立加速科技产业化的多层次资本市场体系。2009年10月，创业板开板，首批28家公司集中上市。中小企业板和创业板汇聚了电子、计算机、通信、新能源等行业的大批优秀民营上市公司，为资本市场发展注入新的活力。2010年，A股民营上市公司数量首次超过国有上市公司。截至2011年，A股上市公司共计2342家，其中，主板1415家，中小板646家，创业板281家；民营上市公司占比超过55%；总市值21.48万亿元，占当年GDP的45.55%。

四、经济发展"主力军"作用日益发挥

党的十八大以来，党中央、国务院多次就提高上市公司质量工作作出部署。2018年、2019年和2020年的中央经济工作会议均指出要提高上市公司质量。2019年7月，习近平总书记在中共中央政治局会议上要求，科创板要坚守定位，落实

好以信息披露为核心的注册制,提高上市公司质量。2019年11月,习近平总书记在上海考察时再次强调,设立科创板并试点注册制要坚守定位,提高上市公司质量。2020年10月,国务院印发《关于进一步提高上市公司质量的意见》,明确了新形势下提高上市公司质量工作的总体要求、实施路径和具体任务。证监会把提高上市公司质量作为上市公司监管的重要目标,全面落实各项工作要求,制定完善制度规则,推进解决重点问题,处置化解公司风险,推动上市公司质量提高工作落地见效。上市公司发展进入新阶段。

服务创新驱动发展。设立科创板并试点注册制、推进创业板改革,有力增强了资本市场的包容性和覆盖面,促进经济向创新驱动发展转型。截至2020年末,科创板共有上市公司215家、市值3.3万亿元;创业板注册制上市公司63家、市值近1.2万亿元。上市公司持续加大科技研发投入,加快科技成果应用。"十三五"以来,上市公司合计研发投入2.7万亿元。2019年,实体上市公司研发强度为2.1%,超过2019年规模以上工业企业的平均水平。战略新兴行业、科创板研发强度分别为上市公司平均水平的2.5倍和5倍。

服务供给侧结构性改革。2014年,全市场并购重组金额1.45万亿元,2015年至2020年,年均并购重组金额超过2万亿元,稳居全球并购市场前列。同时,改革完善并严格实施退市制度,持续探索创新退市方式,完善多渠道退出机制,促使"僵尸企业""空壳公司"及时出清。

服务国企"混改"。按照2015年8月中共中央、国务院印发的《关于深化国有企业改革的指导意见》的要求,一批国有企业通过增发、重组等方式实现混合所有制改革,推动上市公司在经营机制、治理结构上发生深刻变化。

专栏5-1:《关于进一步提高上市公司质量的意见》的主要内容

2020年10月9日,国务院颁布《关于进一步提高上市公司质量的意见》,从加快完善社会主义市场经济体制、建设现代化经济体系、实现经济高质量发展的高度,明确了提高上市公司质量的总体要求,提出了六个方面重点举措:

一是提高上市公司治理水平,强化治理底线要求,增强信息披露针对性和有效性。二是推动上市公司做优做强,完善资产重组、收购、分拆上市、再融资等制度,推动优质资源向资本市场集中。三是健全上市公司退出机制,严格退市监管,畅通主动退市、并购重组、破产重整等多元化退出渠道。四是解决上市公司突出问题,积极稳妥化解上市公司股票质押风险,限期解决占用担保问题,强化应对重大突发事件政策支持。五是提高上市公司及相关主体违法违规成本，加重证券违法违规行为的行政、刑事法律责任，完善证券民事诉讼和赔偿制度。六是形成提高上市公司质量的工作合力，持续提升监管效能，强化上市公司主体责任，压实中介机构责任，完善上市公司综合监管体系，共同营造支持上市公司高质量发展的良好环境。

经过多年发展，上市公司创新"领跑者"和产业"排头兵"作用日益凸显。一是规模显著增长。截至2020年末，沪深交易所共有上市公司4154家，总市值近80万亿元。与2012年底相比，公司家数净增长2/3，总资产规模增长1.5倍。二是在国民经济中的地位不断提升。实体上市公司数量仅占全国规上工业企业总数的1%，但利润总额占比近50%，利润总额增速好于全国规上工业企业。三是创新能力和发展活力不断增强。截至2020年末，战略新兴行业上市公司共1771家，占全部上市公司家数的43%；上市公司拥有专利数量166.5万个，约占全国有效专利数量的16%。四是回报投资者水平不断提高。党的十八大以来，上市公司累计现金分红金额近8万亿元。其中，2020年上市公司现金分红超过1.3万亿元，金额再创历史新高，是同期股权再融资规模的1.4倍。

第二节　股权分置改革

股权分置改革是我国资本市场完善市场基础制度和运行机制的重要变革，解决了上市公司历史遗留问题，为上市公司持续健康发展奠定了重要基础，推动资本市场实现转折性变化。在此过程中形成的宝贵经验，为之后的资本市场改革提供了很好的借鉴。

一、股权分置改革的背景

股权分置是指早期A股市场上市公司股份分为流通股和非流通股两种性质不同的股份，是资本市场历史遗留的制度性问题。当时，国有资产管理体制改革还处于初级阶段，现代化国有资本运营管理制度尚未完全建立，社会各方对股份制以及资本市场功能与定位的认识还不统一。为确保国有资产不流失，国有企业改制上市时采取了"存量不动、增量上市"的差异化制度安排，把上市公司股份划分为国有股、法人股、职工内部股和公众股，并规定国有股、法人股暂不上市流通，只能通过协议方式转让。这种安排被称为"股权分置"。截至2004年底，境内上市公司7149亿股总股本中，非流通股占64%，其中国有股在非流通股中占比74%。

作为特殊历史背景下的阶段性安排，股权分置为国有企业上市、建立现代企业制度创造了条件，为证券市场发展提供了探索空间，但也带来了一系列问题。比如，各类法人股不参与市场定价，资本市场定价机制严重扭曲，制约资源配置功能的有效发挥。公司股价难以对大股东、管理层形成市场化激励和约束，公司治理缺乏共同的利益基础。股份存在非流通股协议转让和流通股竞价交易两种价格，资本运营缺乏市场化操作基础。以统一现货价格为基础的各类衍生品创新无法有效开展。此外，股权分置也不符合国际通行做法，制约了资本市场国际化进程。

随着新股不断发行上市，股权分置对资本市场改革开放和稳定发展的不利影响日益突出。要解决这一问题，必然触及市场供求关系的根本性变化和各类股东重大利益的重新分配，市场敏感度和社会关注度高，实施和操作难度大。1999年至2001年探索开展的国有股减持试验，由于条件不成熟等原因导致市场下跌，有关部门随即暂停了这些尝试。之后股市持续低迷，资本市场长期积累的体制机制矛盾进一步凸显，市场改革和创新的各项措施都难以开展。社会各方对股权分置改革的呼声越来越大，改革势在必行。

二、股权分置改革的实施过程

2003年10月，党的十六届三中全会作出大力发展资本市场的决策部署，证监会党委形成了"尽快恢复市场信心、调整市场发展政策、加强市场基础性制度建设"的总体工作思路。2004年初发布的"国九条"进一步提出，要积极稳妥解决股权分置问题，在解决这一问题时要尊重市场规律，有利于市场的稳定和发展，切实保护投资者特别是公众投资者的合法权益，为改革工作指明了方向。同年7月，由证监会、财政部、国资委等部委组成的"积极稳妥解决股权分置专题工作小组"成立。同年12月，研究形成了"统一组织、分散决策"，以对价平衡两类股东预期收益的股权分置改革方案。

2005年4月，经国务院同意，证监会发布《关于上市公司股权分置改革试点有关问题的通知》，启动了股权分置改革试点。改革按照"统一组织、分散决策"的工作思路和"试点先行、协调推进、分步解决"的操作步骤推进。三一重工、清华同方、紫江企业和金牛能源成为首批4家试点公司。同年8月，在两批共46家上市公司改革试点顺利完成后，证监会会同国资委、财政部、人民银行、商务部联合发布《关于上市公司股权分置改革的指导意见》。随后，证监会制定了《上市公司股权分置改革管理办法》，国资委发布了《关于上市公司股权分置改革中国有股股权管理有关问题的通知》。这一系列规章和规范性文件明确了股权分置改革的基本原则、操作程序和管理方式。同年9月，股权分置改革转入全面推进阶段。

2005年11月，证监会、国资委等五部委组成的股权分置改革领导小组召开股权分置改革座谈会，对全面推进股权分置改革作出部署，以39家央企控股和11个省市135家地方国资控股上市公司为重点推进改革，形成示范效应。充分发挥上市公司、保荐机构和其他中介机构等市场主体的创新积极性，给予较大政策支持，引导对价支付方式创新，鼓励股权分置改革与并购重组组合操作。实践中逐步形成了一整套政策配套机制、地方政府组织领导机制、证券交易所方案指导机制和派出机构（证监局）落实督导机制。最后，各类不同的上市公司都逐一找到了解决股权分置改革难题的办法，在较短时间内完成了股权分置改革任务。

截至2007年底，沪、深两市共1298家上市公司完成或已进入股权分置改革程序，占应改革公司的98%；未完成改革的上市公司仅33家，股权分置改革在两年的时间里基本完成。

专栏5-2：首批股权分置改革试点公司

股权分置改革的关键是分散决策，对价是分散决策的核心内容。根据上市公司的实际情况和非流通股股东与流通股股东协商的结果确定对价方式，是股改"分散决策"的主要体现。对价方式主要有送股、派现、资产重组、权证、缩股、股份回购、注资、差价补偿等方式。

2005年5月10日，三一重工公布改革方案，拟10股送3股派8元现金，但遭遇市场用脚投票。后经非流通股股东与流通股股东深入交流，于24日修订为10股送

3.5股派8元现金,并主动提高减持门槛,做出增加两项重要减持条件的承诺。这一方案获得流通股股东的认可。6月10日,三一重工股权分置改革方案以流通股股东**93.44%**的赞成率顺利通过。

2005年5月11日,清华同方公布改革方案。拟向全体股东每10股转增4.75股,清华控股等五家非流通股股东支付其可获得的转增股份作为对价。稀释后,流通股股东每10股实际获得对价为3.56股。同时,非流通股股东承诺其股份上市后一年内不减持,并对其后减持比例做出承诺。6月10日,清华同方召开临时股东大会,由于流通股股东赞成率未达到三分之二,方案未获通过。2005年末,清华同方修订改革方案为流通股股东每10股获得股票3.8股,2006年1月23日,修订后的方案经股东大会表决通过。

2005年5月11日,紫江企业发布公告,拟以非流通股为支付对价,流通股股东每10股可获付3股,支付完成后紫江企业股份总数维持不变。同时,紫江集团等4家非流通股股东承诺一年内不减持,且约定了其后的减持比例和减持最低价。6月13日,紫江企业临时股东大会审议改革方案,参加表决的流通股股东以**76.97%**的赞成率通过改革方案。

2005年5月13日,金牛能源推出股权分置改革方案。唯一非流通股股东邢台矿业集团拟向流通股股东每10股支付2.5股股票为对价,并承诺在18个月内不减持,期满后的另18个月内,减持比例不超过金牛能源总股本的5%。18日股东大会召开,流通股东以**81%**的支持率通过了改革方案。

首批四家试点公司改革方案因公司情况不同而不尽一致。从结果看,三家获通过,一家在修订方案后通过。"统一组织、分散决策"的改革机制初见成效。两类股东沟通深入、博弈充分,体现出市场化特征,对后续改革的继续推进具有借鉴意义。

三、推进股权分置改革的主要经验

股权分置改革是资本市场利益关系的重大调整,要处理好几个重大关系:改革推进与市场稳定的关系;政府与市场的关系;国有股流通溢价与改革即期成本的关系;股权分置改革与后续资本市场综合改革的衔接关系。为保障改革稳妥推进、顺利完成,改革过程中采取了一系列行之有效的应对办法,形成了宝贵经验。

一是在党中央、国务院的坚强领导下,形成各方面积极配合的强大合力。在党中央、国务院的坚强决心和积极推动下,有关各方和社会各界从战略高度统一认识，成为推动改革的中坚力量。

二是尊重市场规律和人民群众的首创精神。股权分置改革涉及极为复杂的利益关系调整，在改革中高度重视改革的程序规范、信息公开和监管到位，充分发挥市场主体面对千差万别情况形成改革方案的智慧，创造性地产生了众多对价模式，形成了"统一组织、分散决策"的改革推进方式。

三是重视稳定市场预期。在改革试点阶段，各方认识存在分歧，市场对定价中枢预期不明。"开弓没有回头箭"的表态以及大市值公司重点推进的安排，及时稳定了市场预期，是改革快速推进和市场触底回稳的重要基础。

四是坚持市场化、法治化原则。股权分置改革的过程本身是我国资本市场法治建设的一次重大实践，也是一次广泛的产权制度教育。从最开始提出思路时将股权分置改革纳入合同法规范的范畴，到后来的分类表决制度设计，整个改革过程充分体现了市场化、法治化的特征。

四、股权分置改革的重大意义

股权分置改革是我国资本市场一项影响深远的重大制度变革，也是上市公司发展迈出的历史性一步。

确立了股票市场的全流通格局。结束了上市公司两类股份、两个市场、两种价格并存的历史，强化了各类股东的共同利益基础，为进一步发挥市场定价机制和资源配置功能、推进市场创新发展和提高上市公司质量创造了基础条件。

为资本市场其他制度改革创造了条件。为随后开展的以强化市场约束为核心的新股发行体制改革和企业并购重组市场化改革扫除了体制机制障碍，为创业板的推出和融资融券、股指期货等对冲业务的开展创造了条件。

推动上市公司规模和质量不断提升。股权分置改革在较短时间内以相对较低成本顺利完成，有力地增强了市场信心。国内外投资者对我国资本市场定价的认可度逐步提升。投资者参与程度和市场承载能力均明显增强，一大批关系国计民生的大盘蓝筹股实现平稳上市。

为资本市场重大改革探索了经验。股权分置改革开创性地构建了"统一组织、分散决策"这一市场化的问题解决机制，形成了成熟的改革组织方式和操作步骤，为之后的资本市场重大改革提供了有益借鉴。

第三节　上市公司信息披露体系建设

真实、准确、完整的信息披露是提升上市公司质量的重要基础。经过30年的改革发展，资本市场逐步建立起较为完整的上市公司信息披露制度体系和监管体系，信息披露的质量和效率不断提升。

一、信息披露探索起步

1991年6月，上交所"老八股"在《上海证券报》试刊号刊发了1990年经营状况说明书，仅用不到两个版面便全部刊发完毕。由于当时股份公司会计制度和财务报表还没有统一规范，说明书由上交所和大华会计师事务所根据简明实用原则进行了初步设计，包括公司概况、公司财务状况、重要事项以及股票发行和分红情况四项内容。1991年至1992年，深圳市政府出台《深圳市股份有限公司暂行规定（试行）》《深圳市股票发行与交易管理暂行办法》《深圳市上市公司监管暂行办法》等，对深圳市上市公司信息披露予以规范。上海市和深圳市发布的规则办法是对信息披露制度的早期探索。

在当时相对分散的制度规则下，信息披露规则、形式、内容等缺乏统一性，不同公司间的信息缺乏可比性。1993年《公司法》对上市公司的信息披露义务和责任作了规定。随着集中统一监管的推进，信息披露制度逐步实现了从地方性规范向全国性规范的过渡。一系列法规制度陆续出台，对上市公司信息披露的原则、形式、内容、格式、时间等作出了规定。其中，《股票发行与交易管理暂行条例》对招股说明书、上市公告书、定期报告、重大事件、误导性消息澄清等进行了规定。《公开发行股票公司信息披露实施细则（试行）》进一步明确了公告类型及发起人、中介机构、承销机构等责任。《公开发行股票公司信息披露的内容与格式准则》对信息披露的各项要求进一步细化。

总体上看，从1992年度报告开始，每家公司年报的篇幅迅速扩大为一个整版，文字说明部分包括公司基本情况、高级管理人员、财务指标分析、重大事项揭示等内容，资产负债表、损益表、财务状况变动表开始全部刊登。统一规范的信息披露制度开始成型。

二、制度体系不断完善

1999年,《证券法》对发行、交易以及上市公司提出了透明度要求,并首次以法律的形式明确了真实、准确、完整的信息披露质量要求。同年,《公司法》及《会计法》修订,进一步完善了信息披露相关要求。随后,证监会陆续颁布《关于完善公开发行证券公司信息披露工作的意见》《关于拟发行新股的上市公司中期报告有关问题的通知》等,沪深交易所陆续修订《股票上市规则》。在证监会及交易所等相关各方的高度重视和不懈努力下,信息披露制度逐步规范,可操作性不断增强,一套以基本法律为主,以相关的行政法规、部门规章、自律规则等为辅的信息披露制度体系开始形成。期间以"银广夏事件"和"蓝田事件"等为代表的一些虚假披露事件发生,进一步凸显了健全上市公司信息披露制度的重要性。

专栏5-3:银广夏事件

2001年8月,《财经》杂志发表封面文章《银广夏陷阱》。文章揭露深圳证券交易所上市公司银广夏1999年度、2000年度业绩绝大部分来自于造假。文章刊出后,在市场引起强烈反响。

随后,证监会开始对银广夏立案稽查。2001年9月3日,证监会公布对银广夏造假的稽查结果:查明银广夏通过伪造供销合同、伪造出口报关单、虚开增值税发票、伪造免税文件和金融票据等手段虚构利润;查明深圳中天勤会计师事务所及其签字注册会计师违反有关法律、法规,为银广夏公司出具了严重失实的审计报告。同时,证监会将该公司和会计师事务所有关涉嫌犯罪人员移送公安机关追究其刑事责任。

2002年4月23日,证监会行政处罚委发布对银广夏的行政处罚决定书。查明银广夏自1998年至2001年期间累计虚构销售收入104962.60万元,少计费用4845.34万元,导致虚增利润77156.70万元。2004年4月起,银川市中级人民法院共受理投资者起诉银广夏虚假陈述民事赔偿案103件,涉及847名投资人。2007年5月25日,银广夏以资本公积金转增股本,向中小股东支付543.5万股赔偿股份。此外,中天勤会计师事务所的营业执照被财政部吊销。

专栏5-4:蓝田事件

1996年,以养殖、旅游和饮料为主业的沈阳蓝田股份有限公司上市,上市后,总资产规模从2.66亿元发展到2000年底的28.38亿元,历年每股收益均在0.6元以上，最高达到1.15元，5年间股本扩张超过三倍，创造了"蓝田神话"。

1999年，证监会对蓝田股份出具《行政处罚决定书》，查实其存在四项违规事实。第一是在1996年股票发行申报材料中，伪造了一份沈阳市土地管理局的土地使用权处置方式批复、两份土地证以及三份沈阳市人民政府地价核准批复；第二是伪造了公司及下属企业三个银行账户1995年12月的银行对账单，共虚增银行存款2770万元；第三是在股票发行申报材料中，将公司股票公开发行前的总股本由8370万股改为6696万股，未作公开披露；第四是未在招股说明书中披露内部职工股的托管和交易情况。根据前述事实，证监会对蓝田股份处以罚款，对相关责任人处以警告并罚款。

2001年10月26日，中央财经大学研究人员发文对蓝田股份提出质疑。文章通过对蓝田股份的财务报告进行推理分析，认为蓝田股份的偿债能力逐步恶化，扣除各项成本和费用后，没有净收入来源，不能创造足够的现金流以维持正常经营活动，建议银行立即停止对蓝田股份发放贷款。文章引起广泛关注。

2002年1月，因涉嫌提供虚假财务信息，蓝田股份董事长等10名中高层管理人员被拘传接受调查。2002年3月，公司实行特别处理，股票简称变更为"ST生态"。2002年5月，因连续3年亏损，暂停上市。

2006年，修订后的《证券法》施行，新增了预披露、定期报告确认制度、相关信息披露义务人、民事责任的归责等多项规定，并进一步列举了应当及时披露的重大事项。围绕证券法的修订，监管机构进一步修订完善了信息披露规章制度。2007年1月，《上市公司信息披露管理办法》实施，这是我国首部全面细化规范上市公司信息披露行为的部门规章，明确了信息披露义务人应真实、准确、完整、及时、公平地披露信息的原则性要求，并对及时性、义务人保密义务、内部管理制度、重大事件分阶段披露等作出了详细规定。

2012年至2013年，证监会颁布了一系列信息披露准则，简化了披露内容，增加了非财务信息披露和自愿信息披露要求，逐步建立起差异化的信息披露制度。2014年后，证监会陆续修订《上市公司章程指引》《公开发行证券的公司信息披露内容与格式准则第2号——年度报告的内容与格式》《公开发行证券的公司信息披露编报规则第15号——财务报告的一般规定》等9个规范性文件，明确了优先股信息披露要求，强调了财务报表的重要性原则、个性化披露及会计准则的最新变化。交易所等自律监管单位各项细则陆续出台和修订，对信息披露的原则性规范、操作性规范、内容、形式及手段等作出了更加详细的规定，并参考了国际通行规范，信息披露制度体系不断发展完善。

强化信息披露与防控内幕交易相辅相成。内幕交易行为严重侵害投资者合法权益，违反公开、公平、公正的市场原则，妨碍了资本市场功能的有效发挥。2010年11月，证监会等五部委（局）颁布《关于依法打击和防控资本市场内幕交易的意见》，加强对资本市场内幕信息的管理，推动完善相关制度建设。2011年10月，证监会颁布《关于上市公司建立内幕信息知情人登记管理制度的规定》，内幕交易防控制度逐步完善。

经过多年的发展，以上市公司为主要责任主体的信息披露法规体系基本形成。主要包括《公司法》《证券法》等法律，《股票发行与交易管理暂行条例》等行政法规，《上市公司信息披露管理办法》等部门规章，以及内容与格式准则、编报规则和解释性公告等规范性文件和交易所业务规则等自律规范，有力地保障了信息披露的质量和效率。

三、完善以信息披露为核心的监管体系

党的十八大以来，证监会坚持依法全面从严监管理念，把强化信息披露监管放在更加突出的位置，不断完善披露制度、强化监管力度。一是完善信息披露规则体系。修订上市公司定期报告准则，建立完善上市公司强制性环境信息披露制度，以投资者需求为导向，进一步完善信息披露规则体系。二是持续规范上市公司股份减持行为，着力解决"清仓式"减持、"过桥减持"等乱象。三是修订发布停复牌业务规则，解决上市公司停复牌随意停、笼统说、停时长的问题。四是推进分行业监管，指导沪深交易所发布分行业信息披露指引。细化对股份增减持、股票质押及送转股监管等事项的信息披露要求。五是强化信息披露监管。强化交易所一线监管功能，加强信息披露问询力度。加强信息披露与二级市场交易的监管联动，提升监管效能。六是加大现场检查，坚持问题导向、风险导向，深入推进"双随机"现场检查，针对重组上市、年度报告、高送转、业绩承诺等事项组织开展专项检查，提升监管针对性。

为贯彻落实中央关于设立科创板并试点注册制的重要部署和要求，证监会分别于2019年3月和2020年6月颁布《科创板首次公开发行股票注册管理办法（试

行）》《创业板首次公开发行股票注册管理办法（试行）》等一系列重要制度，进一步强化以信息披露为核心的监管理念，推动各方归位尽责，让投资者自主进行价值判断，真正把选择权交给市场。具体来看，发行人作为第一责任人，负有充分披露投资者所需信息并确保信息披露真实、准确、完整、及时、公平的义务；投资者自行判断发行人的盈利能力和投资价值；中介机构对发行人的信息披露资料进行全面核查验证，供投资者决策参考；发行上市审核部门主要通过提出问题、回答问题及其他必要的方式开展审核工作，督促发行人完善信息披露。证监会以投资者需求为导向，使信息披露更好地为投资者服务。

财务造假严重挑战信息披露严肃性，打击财务造假是确保注册制下信息披露质量的重要手段。近年来，证监会加大对信息披露违法违规行为的打击力度，强化全面追责，体现从严要求。压实中介机构责任，对上市公司监管中发现的中介机构违法违规行为，同步追责、形成合力，查处了康得新、康美药业、獐子岛等财务造假案件，进一步夯实市场诚信基础，保护投资者合法权益。

2020年3月施行的新《证券法》对信息披露设置专章，从法律上系统完善了信息披露制度体系。主要包括：扩大信息披露义务人的范围；完善信息披露的内容；规范信息披露义务人的自愿披露行为；明确上市公司收购人应当披露增持股份的资金来源；进一步强化信息披露义务人的法律责任等。同年7月，证监会就《上市公司信息披露管理办法（修订稿）》向社会公开征求意见，完善信息披露原则规定，对照新《证券法》要求完善临时报告披露事项，强调董监高等相关主体的责任，明确控股股东、实际控制人的配合义务。同年9月，证监会发布《关于上市公司内幕信息知情人登记管理制度的规定（征求意见稿）》，进一步压实上市公司防控内幕交易的主体责任。

专栏5-5：《上市公司信息披露管理办法》的修订

（一）修订背景

信息披露是上市公司的法定义务，是解决投资者和管理层信息不对称问题的关键。2020年新《证券法》对信息披露设置专章规定，突出强调了信息披露的重要作用。为贯彻落实修法精神，进一步加强上市公司信息披露监管，证监会对《上市公司信息披露管理办法》作出进一步修订。

(二)主要修订内容

一是完善信息披露原则规定。上市公司监管的核心是督促企业真实、准确、完整、及时、公平地披露信息。此次修订对信息披露的基本原则进一步强调,新增了简明清晰、通俗易懂的原则要求,完善公平披露原则,同时明确自愿披露原则的相关要求。

二是完善临时报告事项。此次修订对临时报告的事项进行了完善,将"重大的购置财产的决定"明确为"公司在一年内购买、出售重大资产超过公司资产总额百分之三十,或者公司营业用主要资产的抵押、质押、出售或者报废一次超过该资产的百分之三十",将"公司的实际控制人及其控制的其他企业从事与公司相同或者相似业务的情况发生较大变化""公司分配股利、增资的计划,公司股权结构的重要变化"等事项纳入临时报告;对于同时发行公司债券的上市公司,增加债券临时披露事项,明确披露要求。

三是进一步强调董监高等相关主体的责任。此次修订进一步强调董监高、控股股东、实际控制人的责任,其一,强化董事会在定期报告披露中的责任,明确要求定期报告内容应当经董事会审议通过。其二,要求董事、监事和高级管理人员无法保证定期报告内容的真实性、准确性、完整性或者有异议的,应当在书面确认意见中发表意见并陈述理由,上市公司应当披露。上市公司不予披露的,董事、监事和高级管理人员可以直接申请披露。其三,明确信息披露义务人包括上市公司控股股东和实际控制人,公司的控股股东或者实际控制人对重大事件的发生、进展产生较大影响的,应当及时将其知悉的有关情况书面告知公司,履行信息披露义务。

四是其他修改。此次《上市公司信息披露管理办法》按照新《证券法》的相关规定,对指定媒体披露要求、会计师事务所的相关表述、法律责任等相关条文进行了调整,同时配合注册制对发行文件披露要求进行完善。

提高财务信息披露质量,是完善以信息披露为核心的监管体系的重要目标,关键在于促进各类市场主体对会计准则的统一有效执行。随着注册制等相关改革的推进,2020年11月,证监会对以往发布的上市公司执行会计准则监管问答和其他指导性意见进行了系统梳理整合,对涉及股权投资、企业合并、股份支付、金融工具、收入、非经常性损益等26类、53个具体会计问题的监管口径进行了规范并公开发布,进一步提高了会计监管透明度和有效性。

第四节 完善上市公司治理

公司治理是上市公司制度建设的核心内容。随着资本市场的不断发展，我国上市公司治理体系逐步建立健全，优秀上市公司群体不断成长，在国民经济中发挥了重要的示范作用。

一、探索建立现代企业制度

最早一批上市公司主要脱胎于国有企业，而国有企业从传统的"厂长经理负责制"演化而来，因此在初期就面临着一系列复杂的治理问题。

1993年，党的十四届三中全会通过《关于建立社会主义市场经济体制若干问题的决定》，明确提出要建立"产权清晰、权责明确、政企分开、管理科学"的现代企业制度。同年12月，《公司法》颁布，第一次从法律上明确了现代企业制度的基本法律形式，对规范股份有限公司的设立运作、股票发行和上市作出规定，特别是明确了"三会"治理结构，成为构建现代企业制度的起点。一些国有企业改组为有限责任公司或股份有限公司，规定公司章程，建立股东会、董事会、监事会，聘任高级经营管理人员，形成了形式规范的公司治理架构。1995年6月，国家经贸委印发《关于国务院确定的百户现代企业制度试点企业（实施方案）论证、审批工作的指导意见》，对国有大中型骨干企业进行公司制改组，大中型国有企业开始改制并上市。

尽管公司治理架构已经形成，但上市公司行为不规范、股东大会无法行使职权的现象仍比较普遍。1996年2月，证监会发布《关于规范上市公司股东大会的通知》，要求上市公司股东大会必须按照《公司法》的规定召开，并具体规定了召集和召开方式，要求公司保证全体股东享有平等的出席权、表决权，保证股东大会的职责和权力。1997年12月，证监会发布《上市公司章程指引》，规定公司根据需要可以设独立董事。1998年2月，证监会发布《上市公司股东大会规范意见》，对股东大会相关事宜进行规范。在各项法律法规和规章制度的推动下，上市公司迈出了向现代公司治理转型的第一步。

二、健全上市公司治理结构

2001年以来,为解决上市公司治理存在的"形似而神不至"、控股股东占用上市公司资金、内部监督与控制机制不完善及激励机制不到位等问题,证监会从高管人员责任、投资者法律保护、控股股东约束、董事会建设、信息披露、股权激励、分红等方面着力,解决上市公司治理机制的突出问题,夯实公司治理制度基础。上市公司治理进入规范化、制度化发展阶段。

2001年8月,证监会发布《关于在上市公司建立独立董事制度的指导意见》。2002年1月,证监会和国家经贸委联合发布《上市公司治理准则》,对股东大会、董事会、监事会、独立董事等的权利义务作出了系统性规定。2002年4月,证监会与国家经贸委决定共同开展以公司治理为重点的上市公司建立现代企业制度检查。为规范上市公司与关联方的资金往来,2003年8月,证监会与国资委联合发布《关于规范上市公司与关联方资金往来及上市公司对外担保若干问题的通知》。

2005年6月,证监会会同有关部门出台《关于集中解决上市公司资金被占用和违规担保问题的通知》,要求重点解决上市公司资金占用和违规担保问题,打好"清欠解保"攻坚战。同年10月,《关于提高上市公司质量的意见》对解决大股东占用上市公司资金和违规担保问题作出统筹安排。2006年6月,证监会推动修改《刑法修正案(六)》,增加了对此类情形按"背信损害上市公司利益罪"加以惩处的条款,对大股东和实际控制人侵占上市公司资产行为加大责任追究力度,防范前清后欠情况发生。至2006年底,399家公司完成"清欠"或进入"清欠"程序,涉及资金占用问题的上市公司家数和占用资金额同比分别下降93%和84%,基本解决了控股股东和实际控制人违规占用上市公司资金的问题。2007年3月,证监会发布《关于开展加强上市公司治理专项活动有关事项的通知》,在全体上市公司中开展为期3年的"加强上市公司治理专项活动",发现和整改治理问题万余个,进一步固本强基,促进了上市公司规范运作。

> **专栏5-6:上市公司"清欠解保"**
>
> 2003年8月,证监会与国资委联合发布《关于规范上市公司与关联方资金往来及上市公司对外担保若干问题的通知》,要求上市公司对其与控股股东及其他关联方所发生的资金往来、资金占用以及对外担保情况进行自查,并要求董事会制定

切实可行的解决措施。2005年,《关于提高上市公司质量的意见》进一步强调控股股东或实际控制人严禁侵占上市公司资金,对已经侵占的资金必须在2006年底前偿还完毕。同时要求坚决遏制违规对外担保,上市公司要根据有关法规明确对外担保的审批权限,严格执行对外担保审议程序,并采取有效措施化解已形成的违规担保、连环担保风险。

2005年6月,证监会发布《关于集中解决上市公司资金被占用和违规担保问题的通知》,要求重点解决上市公司资金占用和违规担保问题,打好"清欠解保"攻坚战。同年11月,证监会会同原银监会发布《关于规范上市公司对外担保行为的通知》,规范上市公司对外担保行为,严格控制上市公司对外担保风险,加大对涉及上市公司违规对外担保行为的责任追究力度。2006年,证监会会同有关部门出台了多项严格限制控股股东及其他关联方占用上市公司资金的规定,如《关于进一步加快推进清欠工作的通知》《关于进一步做好清理大股东占用上市公司资金工作的通知》等,会同地方政府和有关部门全面开展"清欠解保"工作。2006年6月通过的《刑法修正案(六)》新增了"背信损害上市公司利益罪",加大了对大股东和实际控制人侵占上市公司资产行为的责任追究力度,防止前清后欠。

集中"清欠解保"工作提高了上市公司的质量,保护了投资者的合法权益,强化了法人财产权的观念,促进了上市公司相关法律和制度的完善,取得了良好成效。

三、持续完善上市公司治理体系

党的十八大以来,证监会会同相关部委和地方政府,围绕强化公司治理、持续提高治理水平,做了大量工作,取得积极成效。在各方共同努力下,上市公司建立起了较为完善的治理架构和组织制度。

为持续推动提高上市公司治理的有效性,证监会不断完善制度规则,强化监管,形成了以《公司法》《证券法》为基础,以《上市公司治理准则》为核心,以公司章程、内部控制、独立董事、股权激励、员工持股等相关制度为延伸的治理体系,为上市公司治理实践提供了较好的制度基础,促进上市公司治理水平进一步提升。

完善重要基础性规则。2018年9月,证监会修订了《上市公司治理准则》,强化上市公司在环境保护、社会责任方面的引领作用,进一步加强对控股股东、实际控制人及其关联方的约束,推动机构投资者参与公司治理,对激励约束机制、信息披露等提出新要求。2020年，证监会组织开展上市公司治理专项行动，通过公司自查、现场检查、督促整改，切实提高公司治理水平。

进一步加强国有控股上市公司党建工作。修订后的《上市公司治理准则》专门增加了上市公司党建要求。依据《公司法》和《上市公司治理准则》第五条的规定，在上市公司中设立中国共产党的组织，开展党的活动。上市公司应当为党组织的活动提供必要条件。国有控股上市公司根据《公司法》和有关规定，结合企业股权结构、经营管理等实际情况，把党建工作有关要求写入公司章程。截至2020年末，已有1000余家国有控股上市公司完成党建入章工作。

专栏5-7：《上市公司治理准则》的修订

2002年1月，证监会和国家经贸委联合发布《上市公司治理准则》（以下简称《准则》），以《公司法》《证券法》为基础的上市公司监管法规体系不断完善。随着上市公司不断发展，公司治理中出现了一些新情况新问题，亟须对《准则》作进一步的修订完善。同时，1999年经济合作与发展组织（OECD）制定的《公司治理原则》，也分别于2004年、2015年完成两次修订。为吸收借鉴公司治理国际先进经验，更好地与国际接轨，有必要对《准则》进行修订。

2018年6月，证监会对《准则》进行修订，自6月15日起向社会公开征求意见。同年9月，修订后的《准则》正式实施。

修订后的《准则》共十章、98条，内容主要包括总则、股东与股东大会、董事与董事会、监事与监事会、高级管理人员与公司激励约束机制、控股股东及其关联方与上市公司、机构投资者及其他相关机构、利益相关者、环境保护与社会责任、信息披露与透明度、附则等。

修订的重点：一是要求上市公司在公司治理中贯彻落实创新、协调、绿色、开放、共享的发展理念，增加上市公司党建要求，强化上市公司在环境保护、社会责任方面的引领作用。二是针对我国资本市场投资者结构特点，进一步加强对控股股东、实际控制人及其关联方的约束，更加注重中小投资者保护，发挥中小投资者保护机构的作用。三是积极借鉴国际经验，推动机构投资者参与公司治理，强化董事会审计委员会作用，确立环境、社会责任和公司治理（ESG）信息披露的基本框架。四是回应各方关切，对上市公司治理中面临的控制权稳定、独立董事履职、上市公司"董监高"评价与激励约束机制、强化信息披露等提出新要求。

强化对"关键少数"的监管。新《证券法》进一步强化了控股股东和实际控制人的责任，大幅加大了行政处罚力度。证监会持续强化对"关键少数"的监管。对于违背诚实守信、勤勉尽责等义务，滥用控制权或优势地位，严重侵害公司及中小股东利益的行为"零容忍"，持续强化对控股股东、实际控制人的监督，督促董事、监事、高级管理人员忠实勤勉尽责。

着力解决突出问题。针对近年来大股东占用上市公司资金、违规担保抬头的现象，2019年，证监会推动出台《全国法院民商事审判工作会议纪要》，促进形成良好担保生态。2020年，《关于进一步提高上市公司质量的意见》对严肃处置资金占用和违规担保问题作出明确部署，坚持依法监管、分类处置，对已形成的资金占用、违规担保问题，限期予以清偿或化解；对限期未整改或新发生的资金占用、违规担保问题，严厉查处，构成犯罪的依法追究刑事责任。证监会会同地方政府和相关部门，共同推进上市公司资金占用、违规担保限期整改工作，切实维护上市公司和中小股东合法权益。

持续优化投资者回报制度。2012年，进一步完善分红相关规则，强化上市公司回报股东的意识。2018年11月，证监会、财政部、国资委联合发布《关于支持上市公司回购股份的意见》，进一步拓宽回购资金来源、简化实施程序、引导完善治理安排，有助于优化投资者回报形式，同时拓宽了股权激励的股份来源。交易所也出台相应实施细则，对上市公司回购股份行为加以引导和规范。

专栏5-8：提高上市公司分红水平

2001年，证监会发布了《上市公司新股发行管理办法》，规定上市公司申请再融资时，若最近3年未有分红派息，董事会需合理解释，主承销商应在尽职调查报告中予以说明。2004年"国九条"提出要采取切实措施改变部分上市公司重上市、重筹资、轻回报的状况，为投资者提供分享经济增长成果、增加财富的机会。同年证监会发布《关于加强社会公众股股东权益保护的若干规定》，将现金利润分配作为增发新股等的必要条件，2006年发布的《上市公司证券发行管理办法》则对再融资条件中涉及利润分配的部分提出了更高的要求。

2012年，证监会颁布了《关于进一步落实上市公司现金分红有关事项的通知》《上市公司监管指引第3号——上市公司现金分红》《关于鼓励上市公司兼并重组、现金分红及回购股份的通知》等多个督促上市公司重视现金分红的文件。经过近几年的持续落实，"铁公鸡"现象明显改善，上市公司回报投资者水平有所提高，

> 现金分红家数和规模逐年递增。2020年，超过2700家上市公司实施现金分红，总金额1.36万亿元，股息率已与标普500指数、道琼斯工业指数大体相当，超过同期一年期银行存款利率。

不断健全上市公司激励机制。股权激励和员工持股对于促进形成所有者和劳动者的利益共同体，调动公司高管及核心员工积极性、稳定员工队伍，完善公司治理机制等具有重要作用。2005年《公司法》《证券法》的修订消除了实施股权激励的法律障碍。2014年，证监会正式发布《关于上市公司实施员工持股计划试点的指导意见》，规范、引导上市公司实施员工持股及其相关活动。2016年，证监会正式发布《上市公司股权激励管理办法》，进一步明确了股权激励的实施要求，推动上市公司激励和约束机制不断强化。对科创板和创业板上市公司实行了更为灵活的股权激励制度，有效支持了科技创新。

> **专栏5-9：建立健全上市公司激励机制**
>
> 对股权激励的探索在2000年便已展开。直至《公司法》《证券法》修订，股权分置改革全面推进，国内实施股权激励的法律环境和市场环境不断完善，引入股权激励的需求日益迫切。证监会于2005年12月发布《上市公司股权激励管理办法（试行）》，2007年12月发布《关于上市公司股权激励备案工作有关问题的通知》，2008年3月发布《股权激励有关事项备忘录》，这些规章制度促进了上市公司建立健全激励与约束机制，对上市公司的规范运作与持续发展产生了积极影响。
>
> 2014年，证监会发布《关于上市公司实施员工持股计划试点的指导意见》，在上市公司中开展员工持股计划试点。2016年、2018年，两次修订《上市公司股权激励管理办法》，放宽股权激励条件，取消对外籍员工股权激励的有关限制。2019年、2020年，证监会先后发布《科创板上市公司持续监管办法》《创业板上市公司持续监管办法》，进一步扩大科技类、创新创业类企业股权激励的覆盖面，优化了股权激励实施程序。近年来，上市公司实施股权激励积极性不断提高，2017年至2020年，上市公司共计实施股权激励1551单，数量持续增长。

提高制度包容性。上交所和深交所分别于2019年3月和2020年6月发布了《上海证券交易所科创板股票发行上市审核规则》及《深圳证券交易所创业板股票发行上市审核规则》，允许符合条件的企业在科创板和创业板发行具有特别表决权的股份，上市公司表决权差异安排不断完善。

积极开展国际交流。受经济合作与发展组织（OECD）邀请，证监会于2017年9月加入国际公司治理委员会，学习借鉴国际经验，提升我国上市公司治理水平。积极参与国际规则标准的制订，提升我国公司治理的国际影响力。

第五节 新三板挂牌公司发展概况

目前，新三板形成了以《公司法》《证券法》和《国务院关于全国中小企业股份转让系统有关问题的决定》等法律、法规性文件为基础，以《非上市公众公司监督管理办法》《非上市公众公司信息披露管理办法》等部门规章和规范性文件为核心，以市场自律规则为主体的较为完备的监管制度体系，保障挂牌公司持续规范健康发展。

一、信息披露制度逐步健全

2012年9月，《非上市公众公司监督管理办法》正式实施，专章规定非上市公众公司信息披露的基本要求。此后，随着新三板市场不断发展，证监会陆续出台一系列信息披露配套规则，全国股转公司也初步构建了挂牌公司信息披露自律规则体系。2019年12月，证监会修订《非上市公众公司监督管理办法》，引导并推动公司健全治理机制，突出保护股东的合法权益，对违规对外担保、资金占用以及利用关联交易损害公司利益等情形，作出禁止性规定、明确法律责任。根据挂牌公司在规模、发展阶段、公众化程度等方面的情况，确立了差异化信息披露原则和要求。同月，证监会出台《非上市公众公司信息披露管理办法》，从新三板和挂牌公司实际情况出发，结合分层建立差异化信息披露体系，在披露形式、披露内容和信息披露事务管理方面进行差异化安排，证监会行政监管与全国股转公司自律监管相衔接，强化分工协作，形成高效监管机制，强化责任追究。新修订的《证券法》在信息披露专章中明确挂牌公司与上市公司负有同样的披露义务，为提升挂牌公司信息披露质量提供了法律保障。

新三板市场逐步建立了符合中小企业特点的信息披露规则体系，形成了差异化的信息披露制度安排。精选层公司披露标准与上市公司趋同；创新层公司适用优化调整后的现行制度；基础层公司在公众公司信息披露底线要求基础上，简化信息披露要求。与此同时，不断丰富行业信息披露指引，引导挂牌公司主动披露对投资者具有重大影响的行业经营性信息，提升信息披露的有效性和针对性。截至2020年末，全国股转公司已陆续发布了20多个分行业信息披露指引，对挂牌公司所属行业的覆盖率超过50%。

二、公司治理体系不断完善

《国务院关于全国中小企业股份转让系统有关问题的决定》要求申请挂牌的公司应当业务明确、产权清晰、经营规范、治理健全。《非上市公众公司监督管理办法》根据非上市公众公司特点，引导并推动公司在《公司法》《证券法》等法律法规框架下健全治理机制，突出保护股东的合法权益，促进公司依法自治，并针对容易出现的违规对外担保、资金占用以及利用关联交易损害公司利益等情形，作出禁止性规定并明确法律责任，督促挂牌公司提升治理水平。《非上市公众公司信息披露管理办法》从提升非上市公众公司信息披露质量的角度，对公司治理机制进行了规范。《关于加强非上市公众公司监管工作的指导意见》明确挂牌公司应当完善法人治理及内控体系，规范股东大会、董事会、监事会的运作。

从实践效果看，企业在新三板挂牌后，通过持续履行信息披露义务、完善公司治理机制、加强投资者管理等措施，公司经营及财务管理的规范度、透明度得到提升。近年来，大部分挂牌公司完善了募集资金管理等制度，超过95%的公司完成了对公司章程等内部制度的修订完善；近90%的挂牌公司聘任了董事会秘书，新三板董秘持证人数已过万人；超过96%的财务负责人具有会计师以上专业技术职业资格；设置董事会专门委员会的挂牌公司显著增加；公司治理基础制度逐步完善。

三、经营能力稳步提升

新三板着眼于解决创新型、创业型、成长型中小企业投融资对接的难题，拓宽资本市场服务中小企业和民营经济的覆盖面。设立以来，累计13392家企业挂牌，其中民营企业占比93%；累计6758家挂牌公司发行股票11374次，融资5292.98亿元，超1500家公司在亏损阶段获得融资，缓解了中小企业融资难问题；

累计实施并购重组1633次，涉及交易金额2188.72亿元，促进了企业资源整合和转型升级。

2019年年报数据显示，新三板挂牌公司营业收入、净利润稳步增长，盈利面保持稳定。挂牌公司平均营业收入2.17亿元，同比增长9.89%；平均净利润1033.52万元，同比增长14.50%；5072家公司实现盈利，占比72.93%。同时，运营质量稳步提升、效率保持稳定。挂牌公司平均经营活动现金流量净额达1650.22万元，同比增长60.77%，为平均净利润的1.6倍，69.76%的企业经营性现金流量为正。

2020年半年报数据显示，尽管受到新冠肺炎疫情的冲击，新三板挂牌公司业绩总体保持稳健。上半年挂牌公司平均营业收入8400万元，同比下降7.62%；平均净利润387.61万元，同比下降3.77%；4844家公司实现盈利，占比60.04%。2020年三季报显示，32家新三板精选层挂牌公司平均实现营业收入5.52亿元，同比上升2.66%；平均实现净利润5964.86万元，同比上升11.95%。

第六章 资本市场中介机构

> 中介机构是资本市场不可或缺的组成部分,是资本市场的"看门人",是直接融资的服务商。30年来,伴随着资本市场的发展壮大,证券公司、期货公司、投资咨询机构等中介服务机构获得了较大发展,业务类型逐渐丰富,专业人才不断增多,合规风控水平明显提高,综合竞争力不断增强,服务水平迈上新台阶,为资本市场的功能提升和作用发挥提供了重要支撑。

第一节 证券公司

证券公司是连接投资端和融资端的重要桥梁,发挥着投资银行功能,是资本市场最重要的中介服务机构。证券公司伴随着资本市场孕育而生,在资本市场发展中逐步壮大。2004年8月开启的为期三年的证券公司综合治理,在我国证券公司发展历程中具有里程碑意义,奠定了近十多年来证券业持续健康发展的重要基础。综合治理结束后,证券公司分类监管、合规监管、风控指标监管等日常监管平稳有序推进,客户资产安全得到有效保障,守住了不发生系统性金融风险的底线;行业坚持风控和创新并重,中介功能有效发挥并不断拓展,在服务实体经济、推动国企改革和民企纾困,以及推进注册制改革等方面发挥了重要作用。

一、早期设立与清理规范(1987—2003年)

早期的证券经营业态,从兼营到专营。1996年之前,银行、信托等兼办证券业务,证券专营机构逐步发展。早期出现的证券经营,主要以银行、信托公司等的证券业务部门、证券交易柜台和国债服务部、证券交易代办点等形式存在。1987年9月，我国第一家专业性证券公司——深圳经济特区证券公司成立，此后各地陆续设立了一批全国性证券公司和地方性证券公司。在此期间，一开始出现的是大量兼营证券业务的机构，逐步产生了专门经营证券业务的证券公司，但证券业务边界模糊，混业状态特征明显，缺乏统一有效规范。

实施"银证脱钩"，整治混业经营状况。一是1995年我国第一部《商业银行法》颁布，第四十三条规定："商业银行在中华人民共和国境内不得从事信托投资和股票业务，不得投资于非自用不动产。商业银行在中华人民共和国境内不得向非银行金融机构和企业投资。本法施行前，商业银行已向非银行金融机构和企业投资的，由国务院另行规定实施办法。"这一规定，奠定了银证分业的法律基础。二是1996年7月，中国人民银行发布《关于撤销及转让国有独资商业银行所属信托投资公司下设证券营业部有关问题的通知》，要求工农中建四大商业银行与所属信托公司脱钩；要求对那些经营状况差、经营不规范的证券营业部予以撤销，其他的证券营业部可以转让给证券公司和信托投资公司。要求除证券公司和信托投资公司外，其他金融机构一律不得新设证券交易营业部，已设立的一律在当年底撤销或转让。这确立了"银证脱钩"的操作规范。三是1997年亚洲金融危机爆发，同年12月，中共中央、国务院发布《关于深化金融改革，整顿金融秩序，防范金融风险的通知》，严格规范各类金融机构业务范围，坚决整治混业经营状况。通知要求中国人民银行和所有商业银行在1998年底前，与所属的信托、证券、保险公司和其他经济实体在人、财、物等方面彻底脱钩。这是按照第一次全国金融工作会议精神，有效应对亚洲金融危机所做出的重大决策。1998年5月，中国人民银行对证券经营机构的监管职能划入中国证监会。

实施"信证分业"，进行非法股票交易和证券交易中心的清理整顿。一是1998年6月《国务院办公厅转发中国证券监督管理委员会清理整顿证券经营机构方案》，决定对证券公司、经营证券业务的信托投资公司、财政系统经营股票业务的财政证券公司、国债服务部以及各类非法设立的证券经营机构和证券交易网点进行清理整顿。按照分业经营、分业管理的原则，实行证券经营机构与银行、财政和信托业彻底脱钩，实行证券经营机构分类注册、分类管理制度，将现有证券经营机构划分为综合类证券商和经纪类证券商。二是1998年9月《国务院办公厅转发证监会清理整顿证券交易中心方案的通知》发布，清理整顿包括所有未经人民银行或证监会批准，擅自设立的从事上海证券交易所、深圳证券交易所联网交易业务以及非上市公司股票、股权证和基金挂牌交易的证券交易中心，及其所属的证券登记公司，建立全国统一的证券市场交易、结算系统，促进证券市场的健康发展。三是1999年7月实施的《证券法》规定"证券业和银行业、信托业、保险业分业经营、分业管理。证券公司与银行、信托、保险业务机构分别设立"。《证券法》确立了"分业经营、分业管理"原则，为落实推进"银证脱钩""信证分业"以及清理整顿证券经营机构和交易中心等提供了法律保证。

以增资扩股等方式，探索积累化解风险经验。1999年，证监会明确了证券公司监管和营业部审批要求，证券公司分为经纪类证券公司和综合类证券公司，最低注册资本分别为5000万元和5亿元。信托公司在实施信证分业过程中，可单独或联合组建具有法人资格的证券公司，新设证券公司原则上需有20家以上的证券营业部，在组建前需全部归还挪用的客户保证金，并满足理顺股权关系等要求。商业银行、保险公司、财务公司等设立的证券营业部，原则上需在1999年6月30日之前由证券公司收购。此后，新设券商和增资扩股成为这一阶段证券公司发展的重要特征。此阶段以规范发展为主旋律，制定了证券公司管理、客户资金监控、内部控制等的办法和要求，加强了审计和年报监管，明确证券公司必须遵守三项"铁律"，即严禁挪用客户交易结算资金，严禁挪用客户委托管理的资产，严禁挪用客户托管的证券。增资扩股使证券业的资本规模有了较大的突破，证券业的注册资本金达到了1250亿元，证券公司的数量也发展到132家，成功处理了赛格、泛亚信托的证券业务部以及大连证券等风险事件。

二、综合治理与风险处置（2004—2007年）

证券公司暴露出来的主要风险。2003年底至2004年上半年，随着市场的持续低迷和结构性调整，南方、闽发、"德隆系"等部分证券公司风险问题充分暴露，证券行业风险集中爆发，面临第一次行业性危机。证券公司全行业财务和资金状况严峻，一批公司面临资金链断裂风险，部分证券公司难以维持正常经营，存在报表不实、账外经营严重，挪用客户资产、违规高息融资、造成巨额亏损，以及内控失效、股东蓄意掏空等问题，系统性风险不断积累、一触即发。这些问题和风险,既有分业脱钩的历史包袱问题,也有当时经济领域存在的诸多矛盾和弊端,还存在制度不健全、监管有效性不足、诚信合规意识淡漠等问题。据统计,2003年底全行业存在客户交易结算资金缺口640亿元,违规资产管理1853亿元,挪用经纪客户债券134亿元,股东占款195亿元;超比例持股99只,账外经营1050亿元;84家公司存在1648亿元流动性缺口。

2004年1月,"国九条"系统提出了推动资本市场改革发展的纲领性意见,并对加强证券公司监管,推动证券公司规范经营提出要求,明确"严禁挪用客户资产,切实维护投资者合法权益""采取积极有效措施做好风险处置工作""各地区各部门必须建立应对资本市场突发事件的快速反应机制和防范化解风险的长效机制"。2005年7月,国务院办公厅转发证监会《证券公司综合治理工作方案》,明确综合治理的基本思路、基本原则、近期目标和远期目标,并做出工作安排。根据方案,同年成立由证监会、人民银行牵头多部委参加的证券公司综合治理专项工作小组,工作小组办公室设在证监会。

证券公司综合治理的主要内容包括,加快完成摸清底数工作,明确整改并落实责任,强力督促证券公司整改;加大基础性制度改革,完善客户资金存管、国债回购、资产管理等基础性制度,完善证券公司监管法律法规体系;进一步加大监管力度,全面实行分类监管,建立公司业务范围和规模与其净资本动态挂钩的新机制,以及完善内控机制,加强对高管人员和股东的监管;支持优质公司规范发展,支持、引导一批抗风险能力差、经营发展前景不佳的公司进行合并重组。经过三年的综合治理,全行业共31家高风险公司得到平稳处置;27家公司进行了重组;清理账户1153万个。证券公司挪用客户交易结算资金、违规资产管理、挪用客户债券和股东占款、超比例持股等长期累积形成的巨大风险在全行业得以有效遏制和全面化解。同时,通过创新试点类公司和规范类公司评审等,遴选出了一批优质证券公司,在引领和促进行业规范发展、创新发展中发挥了关键作用。

综合治理取得了多方面重要成果:一是开展了证券行业第一次集中的大规模风险处置,证券公司历史遗留风险彻底化解,财务状况显著改善,资本实力和核心竞争力得以增强,合规经营意识和风险管理能力明显增强;二是以客户资产安全为基础,进行了客户交易结算资金第三方存管、国债回购、证券资产管理等一批基础性制度改革,逐步确立了以《证券公司监督管理条例》《证券公司风险处置条例》以及系列配套规章为主体的证券公司监管法规制度体系;三是建立健全日常监管、市场退出和投资者保护长效机制,探索出了分类监管、风险监管、合规监管以及客户资产安全、监管信息平台等有机融合的机构监管体系,监管的有效性、针对性显著增强,监管权威大幅提高;四是监管队伍得到了锤炼,监管经验在制度系统建设和向常规转化中得到了有效沉淀和传承,证监会机关、派出机构、自律组织协同协作机制有效建立,中国证券投资者保护基金有限责任公司、中国证券金融股份有限公司等在综合治理中产生或孕育,并成为我国资本市场稳定健康运行的长效机制重要组成部分。证券公司综合治理和风险处置,带来了证券业格局和生态的转折性变化,夯实了证券业持续健康和高质量发展的基础。

三、证券公司规范创新与高质量发展(2007年至今)

2007年证券公司综合治理基本结束后,证券公司各项监管制度进一步完善,证券行业在规范的基础上不断创新,在创新中进一步规范发展,逐步迈入高质量发展新阶段。

实施分类监管。2007年6月,发布《证券公司分类监管工作指引(试行)》,正式启动实施分类监管制度,开始对证券公司进行综合性评价,实施分类监管。2009年5月,证监会正式发布《证券公司分类监管规定》,确立分类监管的框架及指标体系。2010年5月、2017年6月和2020年7月,分别对《证券公司分类监管规定》进行3次修订。2020年修订后的规定,进一步体现合规、审慎的导向,明确行政监管措施、自律管理措施的扣分规则及调降级别依据,完善风险管理能力评价指标与标准,强化了风险管理能力加分指标的导向性;进一步适应专业化、差异化发展需要,优化业务发展状况评价指标,体现监管支持证券公司突出主业、做优做强,差异化、特色化发展的导向。至此,分类监管制度已实施13年,成为证券公司日常监管的重要抓手。

实行动态风控。2006年7月,证监会发布《证券公司风险控制指标管理办法》,确立净资本、风险资本准备等一系列风险控制指标。2008年,证监会修改完善了《证券公司风险控制指标管理办法》。2009年,证券业协会制定发布了《证券公司风险控制指标动态监控系统指引(试行)》,督促证券公司完善风险控制指标动态监控系统,加强压力测试。2016年6月,为增强证券公司风险控制指标体系的有效性和适应性，证监会修订了《证券公司风险控制指标管理办法》，明确了证监会可对风险控制指标计算标准和要求进行必要逆周期调节，进一步完善了以净资本和流动性为核心的证券公司风控指标体系。为适应新形势下风险管理和行业发展的需要，2020年1月，证监会发布了《证券公司风险控制指标计算标准规定》，进一步提升证券公司风险管理水平和抵御系统性风险能力。

加强合规监管。2008年8月施行《证券公司合规管理试行规定》，明确了合规管理的责任主体和基本框架，成为证券公司合规监管制度的开端。2017年6月颁布实施《证券公司和证券投资基金管理公司合规管理办法》，强化全员合规理念，厘清合规管理责任，加强合规履职保障，优化合规管理组织体系，促进合规管理全员化、全流程、全覆盖。

支持创新与业务拓展。2009年，中国证监会启动证券公司融资融券业务试点，2013年以来两融标的范围不断扩大，转融券业务平稳启动。2010年后，探索开展报价回购、约定购回式交易和现金管理产品3项创新试点，2013年推出股票质押式回购。2010年，中国证监会发布《发布证券研究报告暂行规定》《证券投资顾问业务暂行规定》，界定了证券投资咨询业务基本模式。2019年启动扩大基金投资顾问业务试点工作。此外，先后推出证券公司中间介绍业务（IB），出台《证券经纪人管理暂行规定》，支持证券公司开展跨境业务、结售汇业务试点，探索发展场外衍生品业务。

强化对股东及实际控制人的监管。2008年6月实施的《证券公司监督管理条例》，明确了对证券公司股东及实际控制人的监管要求。2019年中国证监会发布《证券公司股权管理规定》，提出证券公司股权管理应遵循"分类管理、资质优良、权责明确、结构清晰、变更有序、公开透明"的原则，明确穿透核查股权结构及资金来源，强化内外部追责等制度安排，进一步规范证券公司股东行为。

监管体系建设取得积极成效。进一步健全了以《证券法》《证券公司监督管理条例》等法律、行政法规为基础，以全面深化资本市场改革总体方案等政策文件为指导，以部门规章和规范性文件为主体，以行业自律规则为补充的制度体系。持续推进执行公开、管理公开、服务公开、结果公开，切实规范和约束市场主体及监管机关双方行为。按照有效管用原则，不断优化现场检查、非现场检查等日常监管手段。以2019年出台的《证券基金经营机构监管协作工作规程》为标志，证监会机关、证监局、自律组织"三点一线"的职责分工进一步明确，初步形成了总分结合、统筹协调、优势互补、信息共享的协作机制。按照零容忍要求，加大对各类违法违规的惩戒力度，净化行业生态。按照新《证券法》要求，进一步压缩证券公司行政许可数量，大幅清理不必要的备案报告事项，分批次对不适应新法要求或滞后于市场发展的规章、规范性文件以及其他涉及市场主体权利义务的文件予以修改或废止。

加大行业对外开放力度。2008年中国证监会进行证券行业对外开放评估，确立对外开放路径安排。2018年《外商投资证券公司管理办法》发布，允许外资持股比例放宽至51%，同年《证券公司和证券投资基金管理公司境外设立、收购、参股经营机构管理办法》发布，强化母公司对境外子公司的风险管控要求，提高跨境金融服务能力和国际竞争力。

加强行业文化建设。2019年8月，中国证监会专门成立了行业文化建设工作领导小组，并印发了《建设证券基金行业文化、防范道德风险工作纲要》，明确了行业文化建设的总体目标、工作思路、重点任务和机制保障，为加快建设"合规、诚信、专业、稳健"的行业文化、促进行业长远发展奠定了坚实基础。同年11月，召开了证券基金行业文化建设动员大会，对行业文化建设进行动员部署。此外，推动行业履行社会责任，2016年中国证券业协会向行业发起"一司一县"结对帮扶国家级贫困县，101家证券公司结对帮扶294个国家级贫困县，在2020年全部实现脱贫摘帽。

持续推进证券经营机构廉洁从业建设。一是始终坚持把思想政治建设摆在首位，组织证券经营机构深入学习领会、贯彻落实党中央和国务院重大决策部署，培育风清气正、合规、诚信的健康行业文化。二是完善证券经营机构公司治理机制，强化股东资质审核和高管人员任职备案管理，推动"三会一层"归位尽责，引导建立完善稽核审计、收入递延支付等核心内控制度，持续推动证券经营机构组织架构规范整改。三是出台证券经营机构及其从业人员廉洁从业规定，严厉打击违反廉洁规定行为，建立廉洁从业"负面清单"，将廉洁从业情况纳入分类评价体系和诚信档案。强化监管执法，落实"零容忍"方针，坚持"罚必双罚"，健全信息公示、通报机制，强化诚信约束，注重纪法贯通、行刑衔接，形成监管合力。

总体上看，过去30年，证券行业发生了脱胎换骨的变化。证券公司经历了早期兼营、混业和"银证脱钩""信证分业"背景下的清理整顿过程；经过2004年到2007年集中开展风险处置和综合治理，证券公司步入良性发展轨道；在2015年的股市异常波动中，行业机构经营总体稳健，经受住了市场波动的考验。近几年来，证券行业的规模实力、业务类型、内部治理及社会形象发生了显著深刻的变化。在监管持续推动下，证券公司回归本源，谋求差异化经营，重点加强核心业务综合竞争力和盈利能力建设，加快推进财富管理转型进程，坚持去通道、防嵌套和控杠杆，着力提升主动资产管理能力。截至2020年末，证券公司的风险覆盖率、资本杠杆率、流动性覆盖率等风控指标均大幅超过监管标准线，证券公司高质量发展具备了扎实的基础。138家证券公司总资产为8.90万亿元，净资产为2.31万亿元，净资本为1.82万亿元，客户交易结算资金余额1.76万亿元，受托管理资金本金总额10.51万亿元，证券行业从业人员33.41万人。2020年证券公司实现营业收入4484.79亿元，净利润1575.34亿元。

第二节　期货公司

期货公司是连接交易所和期货投资者的重要纽带，是期货市场功能发挥的重要中介，也是期货市场服务实体经济的"最后一公里"。30年来，随着我国期货行业整体实力和竞争力稳步提升，期货公司的业务也从较为单一的经纪业务逐步向投资咨询、资产管理、风险管理、境外业务等扩展，服务手段日益丰富。

一、期货公司发展概述

探索阶段的粗放式发展。1988年3月，政府工作报告提出"加快商业体制改革，积极发展各类批发贸易市场，探索期货交易"。1990年10月，经国务院批准，郑州粮食批发市场开始以现货交易为基础，引入期货交易机制，作为我国第一个商品期货市场开始起步。1992年9月，我国第一家期货经纪公司——广东万通期货经纪公司成立。由于缺乏宏观管理、统一指导和监管，一些地方和部门竞相争办期货交易所或以发展期货交易为目标的批发市场，盲目成立期货经纪公司。到1993年底，期货经纪公司达到300多家，期货兼营机构（银行、证券公司、信托公司）2000多家，期货经营机构运作不规范，市场操纵、经济纠纷和社会问题频发，各种问题亟待解决。

整顿、撤并期货经纪机构。1993年11月，国务院发布《关于坚决制止期货市场盲目发展的通知》，提出"规范起步、加强立法、一切经过试验和严格控制"原则，"一律暂停审批注册新的期货交易和经纪机构。已经成立的各种期货交易机构，要按照国务院即将发布的期货交易法规重新履行审核批准手续"。1997年12月，党中央、国务院《关于深化金融改革，整顿金融秩序，防范金融风险的通知》要求继续整顿、撤并现有期货经纪机构。1998年8月，国务院颁布《关于进一步整顿和规范期货市场的通知》，提出坚持"继续试点，加强监管，依法规范，防范风险"的原则，"取消所有非期货经纪公司会员的期货经纪资格""提高期货经纪公司最低注册资本金标准""期货经纪公司一律不得从事期货自营业务，代理业务要进一步清理整顿""完善年检制度""各期货经纪公司均不得从事境外期货业务"。这一阶段的整顿、撤并，使期货经纪公司数量从300多家降到200家左右，重组、关闭和清理了一大批期货兼营机构。

规范发展阶段。2004年7月《期货经纪公司保证金封闭管理暂行办法》发布，规定"期货经纪公司客户保证金必须全额存入从事期货交易结算业务的商业银行，与期货公司自有资金分户存放，封闭管理。严禁期货公司挪用保证金"。以此为基础，两年后期货保证金安全存管监控制度正式建立。2007年4月，证监会发布《期货公司风险监管指标管理试行办法》，建立动态风险监控和资本补足机制。2011年4月，《期货公司分类监管规定》发布实施。这一时期，期货公司业务及产品创新稳步推进，2010年4月中金所推出股指期货交易，国内期货市场进入了商品期货和金融期货共同发展的新阶段；2011年推出期货投资咨询业务；2012年推出资产管理业务及风险管理业务，期货公司设立风险管理子公司提供风险管理服务和相关衍生品场外交易服务；2012年9月《期货公司资产管理业务试点办法》发布实施。

创新发展阶段。党的十八大以来，我国期货市场创新发展势头加快。2013年2月，证监会修订发布了《期货公司风险监管指标管理办法》，增加了风险监管指标压力测试等条款。2014年10月《期货公司监督管理办法》发布实施，降低了准入门槛,完善了期货公司业务范围,明确了期货公司引进境外股东和设立境外机构的相关规定等。2017年4月,证监会对《期货公司风险监管指标管理办法》进行了修订,进一步强化了对期货公司的净资本约束。2018年中国人民银行《关于进一步明确规范金融机构资产管理业务指导意见有关事项的通知》和证监会配套细则发布,对证券期货经营机构资管产品的设立、运作、投资范围等进行了全面规范。2019年2月,证监会修订《期货公司分类监管规定》,引导期货公司提升服务实体经济能力。2019年6月,修订后的《期货公司监督管理办法》发布实施,就期货公司股东资质要求、持续经营时间和能力、境内子公司及境外机构管理等做出了明确安排。2020年2月,中国证监会与财政部、人民银行、银保监会联合发布公告,允许符合条件的试点商业银行和具备投资管理能力的保险机构,参与国债期货交易。2018年8月《外商投资期货公司管理办法》发布实施,有序引入优质境外金融机构投资境内期货公司。2020年1月1日起,取消期货公司外资股比限制,符合条件的外资金融机构持有期货公司股权比例可至100%。2020年6月,证监会核准摩根大通期货为我国首家外资全资控股期货公司。2020年12月2日,中国证监会依法核准山东港信期货有限公司设立,为期货市场清理整顿后首家核准成立的期货公司。

二、期货公司业务体系

目前,期货公司除传统经纪业务外,还包括期货投资咨询、资产管理、风险管理、境外子公司等业务,行业服务实体经济的能力稳步提升。具体如下:

经纪业务。根据《期货交易管理条例》等相关规定,期货公司可以经营商品期货经纪业务、金融期货经纪业务以及境外期货经纪业务。截至2020年末,期货公司代理交易额871.40万亿元、客户权益8215.82亿元。29家期货公司申请了公募基金销售业务。

期货投资咨询。2011年3月,中国证监会发布《期货公司期货投资咨询业务试行办法》,并自2011年5月起施行。截至2020年末,有121家期货公司具有期货投资咨询业务资格,投资咨询业务收入占期货公司佣金收入的比例不到1%,但投资咨询业务逐渐融入期货公司业务体系,成为期货公司服务客户的有机组成部分。

资产管理。我国期货资管业务起步较晚，2012年中国证监会发布《期货公司资产管理业务试点办法》开启"一对一"资管计划试点，2014年修改《期货公司监督管理办法》后放开"一对多"资管计划，期货业协会发布《期货公司资产管理业务管理规则（试行）》允许设立资管子公司，期货资管业务快速发展。2018年10月22日，为落实"资管新规"，证监会发布实施《证券期货经营机构私募资产管理业务管理办法》和《证券期货经营机构私募资产管理计划运作管理规定》，对证券期货经营机构资管产品的设立、运作、投资范围等进行了进一步规范。期货公司资管业务稳步发展。截至2020年末，存续资管产品1236只，受托资金规模2049.46亿元，期末净值2162.36亿元。

风险管理。2012年12月，期货业协会发布《期货公司设立子公司开展以风险管理服务为主的业务试点工作指引》，引导行业通过设立专业的风险管理子公司探索期货衍生品业务。

境外业务。为促进港澳经济发展，在CEPA框架下，中国证监会于2006年先后批准金瑞期货等6家期货公司在中国香港地区设立子公司。自2015年起，根据《期货交易管理条例》设定的许可事项，12家期货公司在香港设立子公司陆续获批。2016年，国务院发布《关于修改部分行政法规的决定》，将"期货公司设立、收购、参股或者终止境外期货类经营机构"事项由行政许可改为备案管理。

三、期货公司的监管架构及制度体系

目前，我国期货公司监管已经形成了以《期货交易管理条例》为核心，以《期货公司监督管理办法》《期货从业人员管理办法》《期货公司风险监管指标管理办法》《期货公司分类监管规定》等部门规章和规范性文件为主体的期货市场法规体系。经过多年规范发展，建立了一套以净资本、保证金安全存管、分类评价、投资者保障基金等为支撑的，符合实际、行之有效的期货公司监管基础制度。

保证金安全存管制度。为保护投资者合法权益，2004年7月《期货经纪公司保证金封闭管理暂行办法》发布实施，规定期货公司客户保证金须全额存入存管银行，与期货公司自有资金分户存放，封闭运行。此外，期货市场监控中心对保证金安全进行监控，通过将交易所、存管银行、期货公司三方数据进行比对，及时发现保证金挪用等行为，实现客户资金"看得清、管得住"。2012年，监控中

心共发生58单预警。至2019年，预警数量降至24单，减少58.62%。2020年7月中国证监会发布公告，为适应期货市场法规建设及业务发展需要，拟修订《期货经纪公司保证金封闭管理暂行办法》。

净资本监管制度。期货公司的经纪业务和资管业务涉及吸收或募集客户资金，同时期货交易实施保证金、当日无负债结算制度，交易具有杠杆性，风险突发性和外溢性强，要有充足的流动性来抵御风险。2017年4月发布并实施的《期货公司风险监管指标管理办法》重点从净资本、净资本与公司风险资本准备的比例、净资本与净资产的比例、流动资产与流动负债的比例、负债与净资产的比例、规定的最低限额结算准备金要求6项主要指标进行监管并设置预警和达标标准，实现资本约束，防范流动性风险。截至2020年末，行业净资产1350.01亿元，抗风险能力明显增强。

分类评价制度。为引导期货公司合规经营、稳健发展，2011年4月发布实施《期货公司分类监管规定》，并于2019年2月修订。期货分类以期货公司风险管理能力为基础，结合公司服务实体经济能力、市场竞争力、持续合规状况，对期货公司进行评价并确定期货公司类别。评价结果与期货公司缴纳期货投资者保障基金比例、期货公司新业务申请、净资本等挂钩。在监管实践中，分类监管已成为期货行业重要的监管抓手和引导工具。2020年，A类期货公司有40家，B类有93家。

投资者保障基金制度。为保护期货投资者合法权益，证监会于2007年4月19日发布《期货投资者保障基金管理办法》，并于2016年11月进行修订，要求期货公司和期货交易所按照手续费收入的一定比例缴纳，在期货公司严重违法违规或者风险控制不力导致保证金出现缺口，可能严重危及社会稳定和期货市场安全时，补偿投资者保证金损失，对投资者进行公平救助。截至2020年末，投资者保障基金规模达86.67亿元，在保护期货投资者合法权益、防范和化解期货市场风险方面发挥了重要作用。

"五位一体"监管协作机制。证监会期货部牵头抓总，负责规则制定、监督指导、统筹协调等职责；派出机构履行辖区监管责任制，负责一线监管和风险处置；期货交易所对会员开展自律监察，对期货交易行为开展一线监管；期货市场监控中心汇集期货市场数据资源，开展数据统计、风险监测和研究分析等工作；期货业协会对期货公司及其子公司实施自律监管。各相关单位各司其职，通力配合，形成监管合力。

期货居间人监督管理。期货居间人是期货市场重要参与群体，也是部分期货公司重要的外部营销力量。目前，有北京、上海、深圳等13个辖区的中国证监会派出机构或地方期货行业协会出台了本辖区的居间人管理办法或自律规则，但管理标准和尺度不尽一致。为厘清居间合作边界，加强对期货公司与除证券公司以外的机构及自然人开展居间合作的自律管理，2020年12月中国期货业协会发布《期货公司居间人管理办法（试行）》征求意见稿，有利于更好地保护投资者的合法权益，促进期货行业健康发展。

近些年，在中国证监会指导下，期货行业积极开展文化建设工作，构建"合规、诚信、专业、稳健、担当"的行业文化。依照中国证监会《证券期货经营机构及其工作人员廉洁从业规定》要求，中期协发布《期货经营机构及其工作人员廉洁从业实施细则》，明确期货经营机构及其工作人员廉洁从业的专项要求。中期协成立文化建设委员会，发布《期货经营机构诚信信息管理办法》《期货投资者信用风险信息共享管理办法》等制度，督促期货经营机构和从业人员落实诚信准则。

四、期货公司经营现状

业务范围情况。截至2020年末，全国有149家期货公司，148家具有金融期货经纪业务资格，129家具有资产管理业务资格，120家具有期货投资咨询业务资格。86家期货公司设立了88家风险管理子公司，开展期现结合、场外衍生品、做市等风险管理服务。21家期货公司设立了境外子公司，为国内企业"走出去"提供服务。

业务收入情况。2012年，期货公司仅可开展经纪业务以及投资咨询业务。此后，期货公司逐步增加了资管业务、基金销售、风险管理子公司等业务。2020年，期货公司经纪业务累计收入208.23亿元，占业务收入的91.21%；资管业务累计收入6.68亿元，占业务收入的2.92%；投资咨询业务累计收入1.26亿元，占业务收入的0.55%；基金销售业务累计收入0.84亿元，占业务收入的0.37%。风险管理子公司累计盈利11.29亿元，占期货公司总利润的4.95%。

代理客户数量与交易规模。截至2020年末，期货市场代理客户权益8215.82亿元。2020年代理期货成交量120.37亿手（双边），成交金额871.40万亿元（双边),其中商品期货成交额640.80万亿元(双边),金融期货成交额230.60万亿元(双边)。

第三节 投资咨询机构

经过三十年的发展,证券投资咨询机构已从早期单纯开展"股评"、荐股业务,发展出证券投资顾问业务、发布证券投资报告业务以及财务顾问业务、证券资讯服务业务等多种业态,规范水平和经营能力有所增强,差异化发展态势明显。一些证券投资咨询机构还通过取得基金销售资质拓展基金销售业务,在财富管理领域发挥了一定作用。

一、早期发展和规范

我国股市成立之初,借助广播电视等手段的荐股活动自发产生,由此带来的传播虚假信息、误导投资者等问题广受关注。1997年,国务院证券委颁布《证券、期货投资咨询管理暂行办法》。1998年,证监会颁布《证券、期货投资咨询管理暂行办法实施细则》,在规范证券期货投资咨询业务的同时,也注重证券信息传播的规范要求。2001年,证监会还发布了《关于规范面向公众开展的证券投资咨询业务行为若干问题的通知》。

二、对会员制业务的清理

1998年至2003年,借助卫星电视等媒体,以会员制方式,开办股评节目,并招收会员、收取费用,成为多数咨询机构的一种业务模式,带来了大量投诉,暴露了监管缺位等问题。2005年证监会发布了《会员制证券投资咨询业务管理暂行规定》,进行会员制业务清理规范,协调广电总局等分别出台参与媒体节目(栏目)规范要求,同步严厉打击非法证券投资咨询活动,维护了市场秩序。

三、业务模式的界定与拓展

2010年证监会颁布了《发布证券研究报告暂行规定》《证券投资顾问业务暂行规定》,界定了证券投资咨询基本业务模式,明确了底线要求。这两个规定,不仅是证券投资咨询机构从事证券投资咨询业务所必须遵循的基本业务规范,也是证券公司从事证券投资咨询业务所必须遵循的基本要求。

此外,为提高公募基金行业服务于居民财富管理需求的能力,2019年,证监会开展基金投资顾问试点工作。

四、发展现状

截至2020年末,证券投资咨询机构有83家,注册资本45.74亿元。总资产142.44亿元,净资产75.75亿元,分别较2012年增长650.87%、502.15%。共有员工19028人,其中取得证券投资咨询执业资格的人员3756人。

第四节 中介服务机构

会计师事务所、律师事务所、资产评估机构和资信评级机构等中介机构在提高市场信息披露和主体质量,减少信息不对称和道德风险问题,维护市场健康稳定发展方面发挥着基础性的"保驾护航"作用。30年来,伴随着多层次资本市场的发展,会计师事务所、律师事务所、资产评估机构和资信评级机构等的业务、人员、机构规模持续扩大,质量控制体系逐步完善,内部管理水平有效提升,服务资本市场和经济社会发展的能力不断增强。

一、会计师事务所

会计师事务所是资本市场的重要中介机构之一。经过多年发展,行业规模快速增长,专业履职能力不断增强,审计质量和信息透明度持续提升,"看门人"重要作用日益凸显,在促进上市融资和资源整合,提高市场运行质量等方面发挥了重要作用。

(一)会计师事务所和注册会计师证券资格设定初期(1992—2004年)

会计师事务所开始施行证券资格准入制度。在资本市场成立初期,我国注册会计师行业已恢复重建约十年时间,1991年前后,全国有会计师事务所459家,注册会计师6722人。1992年8月17日,财政部和国家经济体制改革委员会联合发布规定，要求符合规定范围的股份制试点企业，应委托经认可可以办理股份制试点企业业务的会计师事务所执行有关工作。1993年2月23日，财政部与证监会发布通知，明确会计师事务所证券资格监管由财政部和证监会负责。1998年12月我国第一部《证券法》颁布，规定国务院证券监督管理机构依法对会计师事务所的证券业务活动进行监督管理。由此，为资本市场提供服务的会计师事务所和注册会计师的市场准入制度初步设立。

会计师事务所监管制度逐步健全。1994年，财政部与证监会颁布了《"关于从事证券业务的会计师事务所、注册会计师资格确认的规定"的补充规定》，规定了申报证券业务许可证的注册会计师的条件和定期审批制度。1996年初和1997年底分别颁布了《会计师事务所、注册会计师从事证券相关业务许可证管理暂行办法》和《关于注册会计师执行证券、期货相关业务实行许可证管理的暂行规定》，提高了会计师事务所申请证券资格的条件，细化了证券相关业务许可证的申请程序，并规定财政部、证监会对取得许可证的会计师事务所和注册会计师符合申请条件的情况及执行证券期货相关业务的情况进行检查。至此，对会计师事务所证券资格的监管从事前审批向事后监管延伸。

注册会计师行业推行脱钩改制。1992年起，深圳原野、琼民源、四川红光、东方锅炉、银广夏等一系列上市公司虚假信息披露、舞弊案件的发生，引起了社会公众对审计责任的高度关注。证券监管部门在积极查处中天勤、四川蜀都和深圳同人等会计师事务所典型违规案件的同时，联合财政部等部委围绕提高注册会计师行业的独立性及专业胜任能力，出台了一系列政策，推动注册会计师行业的脱钩改制。1999年4月，财政部发布通知，规定"各级党政机关、政法机关和社会团体、事业单位、企业及其下属单位，必须与挂靠本单位或以本单位名义发起兴办的事务所在人员、财务、业务、名称4个方面进行脱钩"。1998年至1999年会计师事务所完成了脱钩改制工作，彻底改变了行业权属关系，为注册会计师独立、客观、公正执业奠定了体制基础。

会计师事务所执业许可变迁。2000年，财政部、证监会颁布《注册会计师执行证券、期货相关业务许可证管理规定》，再次提高了会计师事务所从事证券业务的条件，会计师事务所加快了合并步伐，具有证券许可证的会计师事务所由2000年初的106家减少至2001年底的71家。2003年，针对会计师事务所合并、分立增多的情况，财政部、证监会发布补充规定，对会计师事务所合并、分立后证券、期货相关业务许可证的管理作出规定。2004年，国务院发布《关于第三批取消和调整行政审批项目的决定》，决定取消"注册会计师执行证券、期货相关业务许可证核发"。至此，注册会计师的证券资格取消，仅保留对会计师事务所的证券资格监管。

（二）证券资格会计师事务所监管体系基本形成（2005—2011年）

会计师事务所监管体系基本形成。2005年修订的《证券法》规定"会计师事务所从事证券服务业务，必须经国务院证券监督管理机构和有关主管部门批准"，赋予会计师事务所证券服务业务的资本市场法定业务地位。证监会根据《证券法》的授权，建立对证券资格会计师事务所的全面监管制度，形成了涵盖资格管理、现场检查、稽查执法的监管架构；同时，构建证监会系统内的职责分工体系，制定《会计师事务所与资产评估机构证券期货相关业务监管责任制》，建立分工科学、职责明确、协调有力的监管体系。

会计师事务所检查与处理常态化。2007年，证监会制定《会计师事务所与资产评估机构证券期货相关业务现场检查工作规程（试行）》。2007年至2010年，证监会完成了对当时全国所有证券资格会计师事务所（61家）的现场检查，加强对会计师事务所的监督，促进提高执业质量。2007年至2011年，证监会累计对会计师事务所采取了20家次行政处罚，对注册会计师采取了48人次行政处罚或市场禁入。

会计师事务所规模结构逐步优化。2009年，国务院办公厅印发《国务院办公厅转发财政部关于加快发展我国注册会计师行业若干意见的通知》，推动注册会计师行业合并联合，做大做强。2010年初，行业推行特殊普通合伙转制，突出事务所的"人合"属性，注重质量管控和责任约束。

会计师事务所"走出去"。伴随着我国内地企业赴境外资本市场上市融资，我国境内会计师事务所也逐步"走出去"。境内会计师事务所通过在美国、英国等国家注册开展我国内地企业境外上市审计业务。同时，为推动解决内地企业在港上市"双重审计"问题，2010年12月，12家内地大型会计师事务所经财政部和证监会推荐、香港方面认可，获准采用内地审计准则为内地在港上市公司（H股企业）根据内地会计准则编制的财务报告提供审计服务。此外，会计师事务所还通过加入国际会计组织、在境外设立分支机构等方式拓展其他国际业务。

（三）证券资格会计师事务所监管体系日趋完善（2012年至今）

会计师事务所平稳发展。2012年1月，财政部、证监会联合颁布通知，进一步提高了会计师事务所申请证券资格的条件，对会计师事务所的组织形式、注册会计师人数、风险赔偿能力、审计业务收入等提出了更高的要求。至2013年底，全部证券资格会计师事务所完成特殊普通合伙转制。此后，证券资格会计师事务所的数量基本保持在40家左右，个别会计师事务所因重大违法违规行为被撤销证券资格。

会计师事务所监管体系日趋完善。2013年，证监会制定《会计师事务所与资产评估机构证券期货相关业务监管职责分工与协作规定》，构建了合作顺畅、协调有序、反应快速的综合审计监管体系。为进一步明晰年报审计监管、现场检查工作内容和流程，证监会印发《年报审计监管工作规程》《会计师事务所与资产评估机构证券期货相关业务现场检查工作规程》，规范系统各单位对会计师事务所的监管行为。2019年4月，证监会制定《会计师事务所从事资本市场财务报表审计业务监督管理措施实施工作指引（试行）》，规范会计师事务所从事资本市场财务报表审计业务监督管理措施的实施，统一监管标准。此外，还充分发挥证券交易场所在一线监管中的作用。

审批制向备案制转变。2020年3月1日，为进一步发挥市场机制决定性作用，促进形成优胜劣汰的证券审计市场生态，修订后的《证券法》取消了会计师事务所从事证券服务业务的资格审批，改为备案管理。根据新《证券法》要求，会计师事务所从事证券服务业务应当向证监会和财政部备案。2020年7月，证监会联合相关部门印发了《证券服务机构从事证券服务业务备案管理规定》，对会计师事务所的备案类型、备案材料、备案时限、备案要求等内容做出明确规定。截至2020年末，已在证监会和财政部备案的从事证券服务业务的会计师事务所共54家。

进一步强化事中事后监管。会计师事务所从事证券服务业务从审批制调整为备案制后，证监会多措并举强化会计师事务所事中事后监管。年报审计监管实施"三位一体"监管策略，以质量管理为核心，加强对"大所"和"新所"的监管；

以风险为导向,加强对高风险重点类项目的监管;以问题为导向,加强对重点审计领域的监管。年报审计后,实施全面检查、专项检查和专题检查。2020年,年报审计期间共对666个项目实施重点监管,年报审计结束后,对2家会计师事务所实施全面检查,对200多个项目实施专项检查,对80多个项目实施控股股东资金占用专题检查。根据监管情况,证监会共对会计师事务所采取了6家次行政处罚、113家次行政监管措施,对执业人员采取了12人次行政处罚、257人次行政监管措施。

二、律师事务所

律师事务所及其从业律师作为证券市场的重要参与主体,为市场提供专业的法律服务。经过30年的发展,从事证券法律业务的律师事务所及律师已经成为资本市场一支重要的法治力量。

1993年颁布的《股票发行与交易管理暂行条例》规定,律师事务所出具的法律意见书是申请公开发行股票的必备文件。1998年制定的《证券法》在法律层面明确规定律师事务所为法定专业服务机构,确立了其法定地位,明确了法定职责。2001年,证监会在《证券法》的基础上不断细化监管制度要求,出台了《公开发行证券的公司信息披露编报规则第12号——公开发行证券的法律意见书和律师工作报告》,为律师出具法律意见书和律师工作报告提供了指引。2002年,国务院印发了《国务院关于取消第一批行政审批项目的决定》,决定取消律师事务所及律师从事证券法律业务资格审批,这是国务院取消的第一批行政审批项目。自此,律师事务所及律师从事证券法律业务不再设置行政许可。

2005年修订的《证券法》将律师事务所作为一类重要的证券服务机构进行规制,要求其为证券的发行、上市、交易等证券业务活动制作、出具法律意见书,应当勤勉尽责,对所依据的文件资料内容的真实性、准确性、完整性进行核查和验证。2007年证监会联合司法部制定了《律师事务所从事证券法律业务管理办法》,明确了证券法律业务的范围及律师执业要求,规定了违规执业的法律责任。2010年证监会和司法部又联合制定了《律师事务所证券法律业务执业规则(试行)》和《律师事务所证券投资基金法律业务执业细则(试行)》,进一步明确了证券法律业务的核验规则以及制作法律意见书的基本要求,解决了律师执业"怎么做"的问题,同时为出台其他类型证券法律业务执业细则提供了经验。2019年,《证券法》再次修订。为落实修订后的证券法关于证券服务机构从事证券服务业务备案的新要求,2020年7月,证监会会同工业和信息化部、司法部、财政部,制定了《证券服务机构从事证券服务业务备案管理规定》。

三、资产评估机构

资产评估机构出具的资产评估报告是市场主体交易定价的主要参考依据,同时以财务报告为目的的评估也为提升上市公司财务信息披露质量发挥了重要作用。

1993年,原国家国有资产管理局和证监会联合颁布了《关于从事证券业务的资产评估机构资格确认的规定》,要求资产评估机构从事证券业务须经国家国有资产管理局和证监会批准,这成为对资产评估机构从事证券业务实行资格管理的开端。2004年,为规范证券资产评估市场,财政部、证监会对102家持有证券业务许可证的资产评估机构开展综合性检查,并暂停受理证券业务评估资格的申请和变更。

2005年修订的《证券法》规定,资产评估机构从事证券服务业务必须经国务院证券监督管理机构和有关主管部门批准。2008年,为进一步加强对资产评估机构从事证券服务业务的资格审批及监管工作,财政部、证监会联合颁布了《关于从事证券期货相关业务的资产评估机构有关管理问题的通知》,对证券资格资产评估机构的申请条件、退出机制及其监管做出较为详细的规定。同时,财政部、证监会重新启动了证券资格资产评估机构的审批工作。

2013年,证监会制定《会计师事务所与资产评估机构证券期货相关业务监管职责分工与协作规定》,构建合作顺畅、协调有序、反应快速的综合评估监管体系。2015年12月,证监会修订《会计师事务所与资产评估机构证券期货相关业务现场检查工作规程》,进一步贯彻落实监管责任制,规范对资产评估机构的检查行为。

2020年3月1日实施的《证券法》取消了资产评估机构从事证券服务业务的资格审批,改为备案管理。根据新《证券法》要求,资产评估机构从事证券服务业务应当向证监会和财政部备案。2020年7月,证监会联合相关部门印发了《证券服务机构从事证券服务业务备案管理规定》,对资产评估机构的备案类型、备案材料、备案时限、备案要求等内容做出明确规定。截至2020年末，已在证监会和财政部备案的从事证券服务业务的资产评估机构共102家。

四、资信评级机构

我国信用评级业诞生于20世纪80年代末。随着我国经济体制改革不断深化，我国的信用评级业逐步发展壮大。1987年2月，国务院发布《企业债券管理暂行条例》，同年中国人民银行开始下达全国发行债券计划额度，提出组建信用评级机构的设想和要求。1992年10月，经中国人民银行批准，第一家全国性信用评级机构——中国诚信证券评估机构设立。同年12月，《国务院关于进一步加强证券市场宏观管理的通知》，明确了债券信用评级作为债券发行审批的必要程序。1993年8月，《企业债券管理条例》规定，企业发行企业债券，可以经认可的债券评级机构资信评级。

1999年7月实施的《证券法》规定，国务院证券监督管理机构对资信评级机构的证券业务活动进行监督管理。2006年1月实施的《证券法》规定，资信评级机构从事证券服务业务，必须经国务院证券监督管理机构批准，审批办法由国务院证券监督管理机构制定。2007年8月，证监会颁布了《证券市场资信评级业务管理暂行办法》，明确了证券评级业务监督管理基本要求，包括业务许可、业务规则、监督管理、法律责任等内容。

2018年9月，人民银行、证监会联合发布公告，实现了银行间债券市场和交易所债券市场评级互认。2019年11月，中国人民银行、国家发改委、财政部和证监会联合发布《信用评级业管理暂行办法》，明确了信用评级机构、人员、业务管理的基本要求和基本执业规范。

2020年3月，新《证券法》发布实施，取消证券评级业务行政许可，改为备案管理。2020年7月，证监会发布了《证券服务机构从事证券服务业务备案管理规定》，明确了备案范围和备案程序等方面的要求。截至2020年末，完成证券评级业务备案的资信评级机构共12家。

第七章 机构投资者

> 30年来，伴随着资本市场的发展，证券投资基金快速壮大，社保基金、年金基金、保险资金等机构投资者逐步进入资本市场，投资者结构逐步得到改善，机构投资者的作用不断增强。

第一节 公募基金

30年来，我国公募基金在规范、发展和创新中逐步壮大，市场规模不断扩大，功能作用日益显现，已成为我国资产管理行业的主流产品和重要标杆，呈现出良好的发展态势。截至2020年末，我国境内共有基金管理公司133家，其他公募基金管理人14家，公募基金产品数量达到7490只，公募基金规模从1998年末的107亿元扩大到19.89万亿元。产品类型涵盖股票型基金、混合型基金、债券型基金、货币市场基金以及ETF基金、FOF基金等。

一、"老基金"的早期发展（1997年之前）

"老基金"的批设。1991年10月，中国人民银行武汉分行和深圳南山区政府分别批准设立"武汉证券投资基金"和"深圳南山风险投资基金"，是我国第一批投资基金。1992年，中国人民银行批准设立"淄博乡镇企业投资基金"。该基金为第一只公司型封闭式基金，首期募集规模1亿元人民币，基金章程规定，不低于60%的资金投向淄博乡镇企业，其余部分投资于国家债券、金融债券、企业债券和上市公司股票，该基金于1993年8月在上交所挂牌上市。此基金的设立揭开了证券投资基金业发展的序幕，并在1993年上半年引发了短暂的发展热潮。

"老基金"的发展及风险。1994年,我国进入经济金融治理整顿阶段,基金发展过程中积累的问题逐步暴露,多数基金资产状况趋于恶化,发展陷于停滞状态。这些1997年前设立的基金,市场通常称为"老基金",先后有70余只,总资产90多亿元,投资者约120万户。"老基金"市场的发展,积累了一定的运作经验,培养了一批基金管理人才。但由于经济过热和监管缺失,也集聚了大量风险。特别是欠缺统一监管法规,"老基金"普遍存在运作规范程度低、基金规模小、资产质量不高、信息披露不规范以及投机性严重等问题。

"老基金"的清理规范。根据全国第一次金融工作会议精神和关于清理老基金的有关规定,证监会从1999年到2002年对"老基金"进行了清理规范,将原来在各地证券交易中心挂牌交易的"老基金"规范为符合要求的封闭式证券投资基金。同时,为了妥善解决历史遗留问题,证监会准许这些"老基金"规范后在沪深交易所挂牌交易,并通过扩募、续期等方式弥补基金持有人的部分损失。到2001年4月17日,随着沈阳兴沈、沈阳久盛及富岛基金的摘牌,最后一批"老基金"告别沪深证券市场,"老基金"的清理规范工作至此基本结束,彻底解决了基金业发展的历史遗留问题。

二、公募基金监管框架确立与试点推进(1997—2004年)

(一)确立监管框架

1997年11月,国务院证券委颁布《证券投资基金管理暂行办法》,确立公募基金行业的基本制度和监管框架,为我国基金业的规范发展奠定了法制基础,拉开了行业规范发展的序幕。同月,《证券投资基金管理暂行办法(试行)》《证券投资基金基金契约的内容与格式》《证券投资基金托管协议的内容与格式》《证券投资基金招募说明书的内容与格式》《基金管理公司章程必备条款指引》发布。公募基金监管法规框架初步确立。

在市场化改革和"好人举手"等引领下,基金行业法治化、国际化进程逐步加快。在总结"老基金"清理规范经验和反思"基金黑幕"事件的基础上,2000年后,中国证监会加快建立健全基金行业制度体系。2001年5月,证监会颁布《关于申请设立基金管理公司若干问题的通知》,2002年1月,证监会颁布《关于基金管理公司设立审核程序有关问题的通知》,进一步明确了基金管理公司的审核程序。为履行加入WTO的承诺,证监会于2002年6月颁布《外资参股基金管理公司设立规则》,开始接受合资基金管理公司的设立申请。

(二)行业试点发展

1998年3月,经中国证监会批准,新成立的南方基金管理公司和国泰基金管理公司分别设立了规模为20亿元的两只封闭式基金——基金金泰和基金开元。由此,中国证券投资基金业从封闭式基金正式起步,标志着规范的证券投资基金开始成为中国基金业的主导方向。1998年至1999年,共批准了10家基金管理公司进行试点。在封闭式基金成功试点的基础上,2000年10月8日,中国证监会发布了《开放式证券投资基金试点办法》。2001年3月,华安基金获批成为第一家发行和管理开放式基金的试点公司,2001年9月,我国首只开放式股票型基金——华安创新基金诞生。为确保试点成功,中国证监会对基金管理公司的设立规定了较高的准入条件,明确了基金托管人在基金运作中的作用,建立了较为严格的信息披露制度。

伴随2000年后基金监管制度市场化改革,2002年至2004年9月,共有35家基金管理公司筹建申请获得批准,其中内资基金管理公司23家,合资基金管理公司12家。在此期间,基金业持续推进产品创新,如:2002年8月推出的我国第一只以债券投资为主的债券基金——南方宝元债券基金,2003年3月推出的我国第一只系列基金——招商安泰系列基金,2003年12月推出的我国第一只货币型基金——华安现金富利基金等。

三、《证券投资基金法》施行与基金业快速发展(2004—2013年)

(一)全面确立监管制度

《证券投资基金法》标志基金业发展进入新阶段。2004年6月我国《证券投资基金法》正式实施,在国家法律层面确认基金业在证券市场中的地位和作用,标志着我国基金进入快速发展的法制化轨道。为配合《证券投资基金法》的实施,中国证监会出台了《证券投资基金管理公司管理办法》《证券投资基金运作管理办法》《证券投资基金销售管理办法》《证券投资基金信息披露管理办法》《证券投资基金托管业务管理办法》《证券投资基金行业高级管理人员任职管理办法》

《基金管理公司特定客户资产管理业务试点办法》《证券投资基金评价业务管理暂行办法》等法规，对公募基金投资运作、销售管理、信息披露等进行了规范，确立了风险自担的产品设计和销售规范、强制托管制度、信息披露制度、公平交易制度以及严格的监管执法体制，为基金行业的健康发展提供了法规制度保障。

（二）行业快速发展

主体准入方面。2004年9月，《证券投资基金法》《证券投资基金管理公司管理办法》及配套通知颁布实施。2005年，基金管理公司外资股东持股比例上限提升至49%，一批合资基金管理公司随之设立。2月，中国人民银行、中国银监会、中国证监会联合颁布了《商业银行设立基金管理公司试点管理办法》，并于2005年、2007年、2012年陆续开展了三批银行设立基金管理公司试点工作。2012年10月，《证券投资基金管理公司子公司管理暂行规定》颁布，规范证券投资基金管理公司子公司准入发展。

产品不断丰富。2004年10月成立国内第一只上市开放式基金（LOF）——南方积极配置基金，同年底推出国内首只交易型开放式指数基金（ETF）——华夏上证50ETF。2006年5月推出国内首只生命周期基金——汇丰晋信2016基金。2007年7月推出国内首只结构化基金——国投瑞银瑞福基金，同年9月推出首只QDII基金——南方全球精选基金QDII基金。2008年4月推出国内首只社会责任基金——兴全社会责任基金，2009年5月推出ETF联接基金等。同时，随着一些封闭式基金陆续到期转为开放式基金，我国封闭式基金的数量不断减少。

四、《证券投资基金法》修订与基金业规范发展（2013年至今）

（一）进一步完善配套规则

党的十八大以来，基金管理公司的发展进入了新的发展阶段，法律法规更加健全，行业管理更加规范，市场化、法治化、国际化取得新的进步。基金行业坚守资管业务的本源，从注重规模的短期增长，转为注重高质量、可持续、均衡发展。

修订《证券投资基金法》及配套规则。2013年新《证券投资基金法》实施，证监会陆续配套出台了多项公募基金法规，包括《公开募集证券投资基金运作管理办法》《公开募集证券投资基金销售机构监督管理办法》《证券投资基金托管业务管理办法》《公开募集证券投资基金信息披露管理办法》《证券公司和证券投资基金管理公司合规管理办法》《证券期货投资者适当性管理办法》等，更加注重合规内控，加大投资者合法权益保护，防范化解重大金融风险。

规范私募资管业务。2016年以来，针对资管行业累积多年的乱象，证监会先后发布《证券期货经营机构私募资产管理业务运作管理暂行规定》《基金管理公司特定客户资产管理子公司风险控制指标管理暂行规定》《证券期货经营机构私募资产管理业务管理办法》及其配套规范性文件等监管规则，配合人民银行制定并发布《关于规范金融机构资产管理业务的指导意见》，持续推动行业降杠杆、去通道，压缩通道类业务，规范非标融资类业务，化解存量业务风险，引导证券期货经营机构回归资管业务本源，提升主动管理能力。截至2020年末，证券基金经营机构私募资管业务16.46万亿元，通道业务、跨周期集合资管产品等待整改业务规模明显下降，绝大多数产品完成杠杆比例的合规性调整，资管业务风险有效缓释。

（二）逐步迈向高质量发展

机构实力不断增强。截至2020年末，基金管理公司净资产超过1917亿元；人员数量2.51万。基金管理公司控股股东由最初的以券商、信托、银行为主逐步发展成为银行、券商、保险、信托、私募机构、专业人士等并存的多元化格局。新修订的《证券投资基金法》首次在法律层面鼓励公募基金管理人实行专业人士持股计划，并建立长效激励约束机制。2015年2月，首家自然人为主要股东的基金公司——泓德基金核准设立。

产品体系日益丰富。根据新《证券投资基金法》相关要求，证监会持续推动公募基金产品注册制改革和创新发展，截至2020年末，全行业公募基金规模19.85万亿元，为2013年底的6.57倍。此外，公募基金积极响应国家战略，推出国企改革、"一带一路"、科创主题、ESG主题、养老目标基金等权益类产品，推出商品基金等创新产品。

助力养老金保值增值。继2003年6家基金公司成为首批全国社会保障基金投资管理人之后，10家基金公司相继成为全国社会保障基金投资管理人。2015年8月国务院发布《基本养老保险基金投资管理办法》后，14家具备社保基金或企业年金投资管理经验的基金公司成为基本养老保险基金投资管理人。2005年8月，9家基金公司首批入选企业年金管理机构投资管理人。2016年《职业年金基金管理暂行办法》出台后，2018年11家公募基金管理人入选职业年金投管人。2018年2月，中国证监会发布《养老目标证券投资基金指引（试行）》，支持公募基金行业服务个人投资者养老投资。

行业文化与社会责任建设不断加强。2019年8月，证监会专门成立了行业文化建设工作领导小组，并印发了《建设证券基金行业文化、防范道德风险工作纲要》，明确了行业文化建设的总体目标、工作思路、重要任务和机制保障，为加快建设"合规、诚信、专业、稳健"的行业文化、促进行业长远发展奠定坚实基础。近年来，公募基金行业持续探索从环境、社会和公司治理出发，注重考察选股对象的社会责任履行情况，将ESG责任投资纳入投资决策。同时，公募基金积极参与上市公司治理，在发挥买方力量和机构投资者影响力方面进行了有益的探索与实践，成为资本市场重要的机构投资者。

专栏7-1：公募基金主要制度规则

基金投资运作制度规则。2004年6月，中国证监会发布《证券投资基金运作管理办法》，对基金的募集、基金份额的申购和赎回、基金的投资和收益分配、基金份额持有人大会等作出相应规定。2014年7月，中国证监会修订《公开募集证券投资基金运作管理办法》，进一步规范基金运作，强化对基金分散投资的要求，明确基金的杠杆上限，差异化控制基金的杠杆水平，明确基金关联交易要求，保护基金持有人合法权益，防范系统性风险。

基金销售制度规则。为配合《证券投资基金法》的发布实施，2004年6月，中国证监会发布《证券投资基金销售管理办法》，对基金管理人或代销机构宣传推介基金、发售基金份额、办理基金份额申购、赎回等活动进行系统性规范。2020年8月，证监会发布《公开募集证券投资基金销售机构监督管理办法》及配套规则，强化基金销售活动的持牌准入要求，优化基金销售机构准入、退出机制。

基金信息披露制度规则。2004年6月，中国证监会发布《证券投资基金信息披露管理办法》，明确应公开披露的基金信息范围，在基金募集信息、基金运作信息、基金临时信息披露等方面作出相应规定。2019年7月，中国证监会修订《公开募集证券投资基金信息披露管理办法》，强化基金管理人对基金重大关联交易、复杂基金风险揭示、基金清算等披露要求。

> 流动性风险管理制度规则。2017年8月，证监会发布《公开募集开放式证券投资基金流动性风险管理规定》，强化对公募基金尤其是货币市场基金的流动性风险管控，进一步完善开放式基金流动性风险管控指标体系。2020年7月，证监会发布《公开募集证券投资基金侧袋机制指引（试行）》，进一步丰富公募基金的流动性风险管理工具，缓解特定情形下因基金赎回引发的潜在系统性风险，防范先赎占优等行为，保障基金份额持有人合法权益。

第二节　私募基金

私募基金是指在中国境内，以非公开方式向投资者募集资金设立的投资基金。私募基金作为多层次资本市场的重要组成部分，在支持创业创新、推进供给侧结构性改革、提高直接融资比重、服务实体经济和居民财富管理等方面发挥了重要作用。

一、早期探索与主要历程

私募股权、创业投资基金。1985年，《中共中央关于科学技术体制改革的决定》提出"对于变化迅速、风险较大的高技术开发工作，可以设立创业投资给予支持"，首次提出"创业投资"的概念。早期的私募股权、创业投资基金行业发展主要依赖国资机构及外资机构推动。国资机构主要以原国家科学技术委员会出资的"中国新技术创业投资公司"和地方政府出资设立的以科技风险投资公司为名的创业投资机构为代表。2005年，发展改革委会同科技部、证监会等十部委发布了《创业投资企业管理暂行办法》，成为创业投资基金监管法律框架的基础。2006年新《合伙企业法》、2011年发展改革委《关于促进股权投资企业规范发展的通知》等法律法规的出台进一步完善了私募股权、创业投资基金发展的法律基础。这一时期，伴随着我国多层次资本市场的逐渐发展，以TMT和医疗健康为代表的新兴产业创投活动活跃，私募股权、创业投资基金行业取得了快速发展。

私募证券投资基金。私募证券投资基金是指以非公开方式募集设立并开展证券投资活动的私募基金，即《证券投资基金法》中明确的通过非公开募集方式设立的证券投资基金。2012年以前，私募证券投资基金没有明确法律依据和有效监管。私募投资管理机构通过与信托公司合作，由信托公司向特定投资人发行证券投资集合资金信托计划，而私募投资管理机构作为投资顾问实际控制信托计划的募集和管理。这种产品模式又叫做"阳光私募"，该模式使得私募契约、资金募集以及信息披露规范化、公开化，受到私募投资管理机构和投资者青睐。2009年1月，原银监会印发《信托公司证券投资信托业务操作指引》，"阳光私募"模式得到了监管的认可。

纳入监管的安排。2012年12月，全国人大常委会通过修订《证券投资基金法》将"非公开募集基金"纳入调整范围，确认了私募证券投资基金的法律地位，私募证券投资基金进入规范管理阶段。2013年6月，《中央编办关于私募股权基金管理职责分工的通知》，明确中国证监会负责私募股权基金监督管理。2014年2月，中央编办综合司印发《关于创业投资基金管理职责问题意见的函》，进一步明确证监会负责创业投资基金的监督管理。随着监管法律法规及自律规则的日渐完善，私募股权、创业投资基金进入规范发展时期。同年8月，证监会发布《私募投资基金监督管理暂行办法》，进一步明确私募基金含义，将各类私募基金统一纳入监管，确立了私募基金管理机构登记和私募基金备案制度，明确合格投资者的金额和资产要求，对私募基金的资金募集、投资运作和行业自律、创业投资基金等作出了规定。

二、登记备案制度的确立和完善

2013年6月，新《证券投资基金法》实施，奠定了基金业协会办理私募基金管理人登记和私募基金备案的法律基础。随后，《中央编办关于私募股权基金管理职责分工的通知》明确中国证监会负责私募股权基金的监督管理。中央编办于2014年进一步明确私募股权基金包含创投基金，且同意中国证监会授权基金业协会具体负责私募投资基金登记备案工作，履行自律监管职能。基金业协会于2014年1月发布《私募投资基金管理人登记和基金备案办法（试行）》，规定了私募基金登记备案的具体要求，明确私募基金不采取行政审批而采用备案制度，并于2月7日正式启动私募基金登记备案工作。

2016年2月，基金业协会发布《关于进一步规范私募基金管理人登记若干事项的公告》，从取消私募基金管理人登记证明、加强信息报送、法律意见书、高管人员资质要求四个方面加强了私募基金管理人登记有关要求。此后，在基金业协会备案的私募基金数量和基金规模快速增长。2018年以来，基金业协会《私募基金管理人登记须知》《私募投资基金备案须知》先后发布并更新，细化登记备案规范性要求，新申请登记机构数量明显下降，而行业规模总量持续增长。2020年12月证监会发布《关于加强私募投资基金监管的若干规定》，细化私募基金监管的底线要求，重点规范私募基金管理人名称和经营范围，优化对集团化私募基金管理人的监管，明确私募基金财产投资要求，强化管理人及从业人员等主体规范要求等。

三、行业现状与发展态势

行业规模。截至2020年末，在基金业协会登记的私募基金管理人24561家，备案私募基金96852只，管理基金规模15.97万亿元。其中，存续登记的私募股权、创业投资基金管理人14986家，管理正在运作的基金40261只，管理规模11.15万亿元；存续登记的私募证券投资基金管理人8908家，管理正在运作的基金53793只，管理规模3.78万亿元；存续登记的其他类私募投资基金管理人658家，管理正在运作的基金2786只，管理规模1.04万亿元；存续登记的私募资产配置类管理人9家，管理正在运作的基金12只，管理规模10.19亿元。

投资者结构。截至2020年末，私募基金投资者数量达约105.23万人，其中机构投资者占比16.35%，投资规模占比81.42%。从投资者集中度来看，90%的私募基金产品投资者数量在20人以下。

主要贡献。截至2020年三季度末，在协会备案的私募基金累计投资于境内未上市未挂牌企业股权、新三板企业股权和再融资项目数量达13.20万个，为实体经济形成股权资本金7.88万亿元，其中，2020年前三季度，私募基金投向未上市未挂牌股权本金规模净增量达到0.46万亿元，相当于同期新增社会融资规模的2%。私募基金在投中小企业项目6.58万个，在投本金2.16万亿元；在投高新技术企业3.75万个，在投本金1.58万亿元。

表 7-1 私募基金备案情况统计表

年份	管理基金只数（只）				合计（只）	基金规模（万亿元）				合计（万亿元）
	私募证券投资基金	私募股权、创投基金	私募资产配置类基金	其他私募投资基金		私募证券投资基金	私募股权、创投基金	私募资产配置类基金	其他私募投资基金	
2014	3825	3417		423	7665	0.49	1.43		0.21	2.13
2015	14553	8585		916	24054	1.79	3.07		0.22	5.07
2016	27015	17932		1558	46505	2.77	4.68		0.44	7.89
2017	32216	28465		5737	66418	2.29	7.09		1.72	11.10
2018	34440	34993		5209	74642	2.14	8.90		1.74	12.78
2019	41399	36468	5	3867	81739	2.45	9.74	0.0005	1.55	13.74
2020	54355	39802	10	2685	96852	3.77	11.06	0.001	1.15	15.97

资料来源：中国证监会。

第三节 其他机构投资者

在中国资本市场发展初期，投资者以散户为主。2000年，中国证监会提出"超常规发展机构投资者"。多年来，证监会持续推动发展机构投资者，并将其作为改善资本市场投资者结构的重要举措，全国社保基金、保险资金、基本养老保险基金、企业年金、职业年金等纷纷入市，机构投资者的队伍不断壮大，机构规模不断扩张，为促进资本市场平稳健康发展发挥着日益重要的作用。

一、全国社保基金及基本养老金

全国社保基金的设立与投资规范。为应对人口老龄化，弥补社保缺口，2000年8月，国务院决定设立全国社保基金，由全国社会保障基金理事会统一管理。2001年12月，《全国社会保障基金投资管理暂行办法》施行。2003年6月全国社会保障基金正式进入证券市场运作，6家基金公司管理的社保基金开始在二级市场购买股票及有关债券。2006年5月《全国社会保障基金境外投资管理暂行规定》施行，对社保基金境外投资管理人、托管人的条件及合同、境外投资的品种及比例、外汇管理等方面做出了要求。

基本养老金的委托投资。2015年8月，国务院颁布《基本养老保险基金投资管理办法》，社保基金理事会与各省（自治区、直辖市）人民政府签署委托投资管理合同，对受托管理的基本养老保险基金实行单独管理、集中运营、独立核算。目前，基本养老保险投资管理体系的模式是委托投资，即各省（自治区、直辖市）人民政府委托社保基金理事会管理的基本养老保险部分结余基金及其投资收益。自2016年底受托运营以来，基本养老保险基金累计投资收益额为850.69亿元，2019年投资收益率为9.03%，保值增值能力不断提高。

截至2019年底，全国社保基金累计投资收益额12464.06亿元，自成立以来年均投资收益率8.14%。全国社会保障基金理事会通过直接投资和委托投资两种方式进行市场化运作，成为资本市场重要机构投资者之一，资本市场也为社保基金提供了资产保值增值的渠道，为社会保障体系的完善提供了有力支持。

二、企业年金及职业年金

企业年金和职业年金构成了我国职业养老保障体系，从性质上来说属于补充养老保险计划，企业年金不具有强制性，职业年金具有强制性。

（一）企业年金

企业年金的产生与市场化运作原则的确立。2003年12月原劳动和社会保障部（现国家人力资源和社会保障部）颁布的《企业年金试行办法》和2004年2月人社部等四部委颁布的《企业年金基金管理试行办法》，确立了企业年金市场化运作原则，企业年金逐渐成为证券市场重要的机构投资者之一。2006年，联想集团公司企业年金计划成为我国首个企业年金计划。原劳动和社会保障部于2005年8月和2007年11月先后两次公开选择企业年金基金管理机构，第一批认定了37家机构，第二批选出24家机构。

管理办法的修订与税延模式的推出。2011年5月，修订后的《企业年金基金管理办法》实施，明确规定"投资股票等权益类产品以及股票基金、混合基金、投资连结保险产品（股票投资比例高于或者等于30%）的比例，不得高于投资组合企业年金基金财产净值的30%"，强调大类配置的需求及管理。2013年《关于企业年金 职业年金个人所得税有关问题的通知》的发布，标志着我国企业年金或职业年金在税务处理上采取了个人缴费部分延迟缴纳个人所得税的模式。截至2020年三季度末，全国企业年金积累基金规模2.09万亿元。截至2020年底，企业年金基金管理机构共计22家，其中基金管理公司11家，证券公司2家。

（二）职业年金

职业年金制度的建立。2008年国务院颁布《关于印发事业单位工作人员养老保险制度改革试点方案的通知》，初步规定事业单位工作人员基本养老保险和职业年金制度，与事业单位分类改革试点配套推进，确立了我国的职业年金制度。2011年，《事业单位职业年金试行办法》正式决定在五个省市试点事业单位养老制度改革。2015年，国务院颁布《关于机关事业单位工作人员养老保险制度改革的决定》并发布《关于印发机关事业单位职业年金办法的通知》，正式建立机关事业单位职业年金制度。

职业年金基金的投资要求。为规范职业年金基金管理，维护各方当事人的合法权益，2016年10月人力资源和社会保障部、财政部联合发布《职业年金基金管理暂行办法》，规定职业年金基金"投资股票、股票基金、混合基金、股票型养老金产品的比例，合计不得高于投资组合委托投资资产净值的30%"。2018年，职业年金全面启动投资运营。2019年，职业年金的受托人、投管人评选工作快速推进。在受托人评选方面，截至2019年底，已有包括中直机关、新疆维吾尔自治区、山东省在内共计30个职业年金项目完成受托人评选工作。

2020年12月30日，人力资源和社会保障部发布《关于调整年金基金投资范围的通知》，将企业年金基金和职业年金基金并称为年金基金，将"投资股票、股票基金、混合基金、股票型养老金产品（含股票专项型养老金产品）等权益类资产的比例"由"合计不得高于投资组合委托投资资产净值的30%"提高到40%。

三、养老金第三支柱

从全球看，建立政府、单位、个人责任共担的三支柱养老保障体系是实现养老金可持续性的关键。第一支柱是政府兜底的国家基本养老计划，第二支柱是雇主发起的职业养老计划，第三支柱一般指个人自愿参与、政府提供激励政策、市场化运作的个人养老计划，是该体系中富有效率的部分，是增强养老金制度灵活性、壮大养老金规模的重要一环。

20世纪90年代，我国逐步摸索建立多支柱的养老保障体系，但第三支柱个人补充养老发展滞后，目前处于制度顶层设计及个人税收递延型商业养老试点实施阶段。2018年5月，上海市、福建省（含厦门市）以及苏州工业园区正式启动我国个税递延商业养老试点，我国养老保障第三支柱改革从理论研究走向政策实践。

试点政策规定，试点期间，证监会指导基金行业做好在试点结束后纳入公募基金的相关准备工作。2018年2月，证监会在充分研究境外市场养老产品的基础上，制定《养老目标证券投资基金指引（试行）》，为国民养老储备增加了新的选择，满足养老资金理财需求。截至2020年末，共有115只养老目标基金获批，已成立103只，持有人户数达195.81万户，存续规模达到587.68亿元。

四、保险资金入市

早期的法律法规的限制。1995年《保险法》规定："保险公司的资金运用，限于在银行存款、买卖政府债券、金融债券和国务院规定的其他资金运用形式。保险公司的资金不得用于设立证券经营机构和向企业投资。保险公司的资金运用和具体项目的资金占其资金总额的具体比例，由金融监督管理部门规定。"

险资入市政策的探索和发展。2004年1月出台的"国九条"鼓励合规资金入市，"支持保险资金以多种方式直接投资资本市场"。2004年10月原保监会发布《保险机构投资者股票投资管理暂行办法》，对保险机构股票投资作出系统性的规定。

2015年修订的《保险法》，规定保险公司的资金运用限于银行存款，买卖债券、股票、证券投资基金份额等有价证券，投资不动产以及国务院规定的其他资金运用形式。2017年《关于进一步加强保险资金股票投资监管有关事项的通知》将保险资金股票投资活动分为一般股票投资、重大股票投资和上市公司收购等三类，实施差别化监管。2020年7月，银保监会发布《关于优化保险公司权益类资产配置监管有关事项的通知》，明确八档权益类资产监管比例，最高可达到占上季末总资产的45%。

党的十八大以来，保险资金运用制度改革不断深化，监管体系日趋健全，在资本市场和实体经济中发挥了更加重要的作用。截至2020年6月末，保险资金通过股票、直接股权、股权计划、股权投资基金等权益性投资为实体经济直接融资4.58万亿元，其中保险资金直接投资A股总体规模达2.08万亿元。

THIRTY YEARS OF
CHINA'S CAPITAL MARKETS

中国资本市场
三十年

市场制度篇

第八章　股票发行上市制度

第九章　再融资、并购重组和退市制度

第十章　交易结算制度

第八章 股票发行上市制度

> 30年来,资本市场股票发行制度改革始终坚持市场化、法治化、国际化方向,经历了审批制、核准制及核准制与注册制并行的阶段,以信息披露为核心的监管理念逐步深化,发行上市的覆盖面日益扩大,发行定价的市场化程度明显提高,市场内在约束机制不断健全,发行人、中介机构以及监管部门的职责边界日益明晰,投资者权益保护持续增强,有力促进了市场投融资功能的发挥,为引入"源头活水"提供了重要制度保障。

第一节 审批制阶段

一、"额度管理"阶段(1993—1995年)

1993年4月22日,国务院颁布《股票发行与交易管理暂行条例》,标志着全国统一的股票发行制度正式确立。在此时期,国务院证券委每年确定总体股票发行额度计划,下达给各省(区、市)和国务院有关部委,各省(区、市)和有关部委负责选择和推荐企业,证监会对推荐的企业进行复审并作出批准上市的决定。这个阶段共批准了105亿元面值的发行额度,有200多家企业发行股票,筹资400多亿元[①]。

[①] 额度是以股票面值计算的,在溢价发行条件下,实际筹资额远大于计划额度。

二、"指标管理"阶段（1996—2000年）

额度管理后期，出现了地方政府获得发行额度后进一步分解给若干企业的现象，导致上市公司规模普遍偏小，各地区和不同行业的分配方式也出现平均化趋势。为解决这些问题，国务院证券委公布了《关于1996年全国证券期货工作安排意见》，推行"总量控制、限报家数"的指标管理办法。国务院确定股票发行总规模后，证监会给各省（区、市）和有关部委下达家数指标，各省（区、市）和部委选择和推荐拟上市企业，证监会在总规模内给企业核定发行规模，进行复审并作出批准上市的决定。1996年、1997年分别确定了150亿股和300亿股的发行量，共有700多家企业发行，筹资4000多亿元。

三、审批制期间的定价与配售

这段时期，新股定价基本由政府指导确定，发行市盈率一般限定在15倍以下。新股的配售则先后出现了多种方式。1993年之前，新股配售采用限量发售认购证的方式，投资者需凭身份证购买认购证，确定一定的中签率，每张中签表可以购买一定数量的新股。1993年，为解决排队抢购、借身份证购买等不规范现象，采取无限量发售认购证的方式，中签率由市场供求决定。此后，为解决认购证发售时间长、工作量大、投资者排队以及资金抽血效应的问题，配售方式改为与银行储蓄存款挂钩的模式。这种模式又带来银行资金搬家等问题。1994年，新股配售增加"全额预缴款、比例配售"方式。1995年，新股配售增加了上网定价抽签方式[①]。1996年，证监会发布《关于股票发行与认购方式的暂行规定》，明确股票发行可采用"上网定价""全额预缴款""储蓄存款挂钩"三种发行方式之一。

第二节　核准制阶段

随着资本市场发展，审批制的弊端逐渐显现，主要是行政色彩较浓，资本市场发掘优质企业、动员社会资源的应有功能未能真正发挥。1999年实施的《证券

---

① 投资者按照发行公司和主承销商确定的发行价格，到证券公司填报申购股票的数量，证券公司冻结申购资金，对申购投资者以摇号抽签的方式进行新股分配。

法》规定"公开发行股票,必须依照《公司法》规定的条件,报经国务院证券监督管理机构核准"。伴随着《证券法》的落地实施,股票发行制度全面转向核准制。与审批制相比,核准制取消了股票发行"指标管理、行政推荐"的办法,从政府选择企业改为由市场中介机构培育、选择和推荐企业,同时承担相应的法律责任。

核准制阶段股票发行制度的主要特征有:一是发行审核逐步转向合规性审核和强制性信息披露,注重发挥发行审核委员会的审核功能。二是发行规模、发行价格主要由发行人和证券公司协商确定,鼓励创新发行方式。三是除国家产业政策禁止的行业外,企业只要符合条件均可以发行上市,股票市场的行业覆盖面大幅提升。具体而言,核准制又分为"通道制"和"保荐制"两个阶段。

一、"通道制"阶段(2001—2004年)

《证券法》实施后,证监会推出《股票发行审核委员会条例》《股票发行核准程序》《股票发行上市辅导工作暂行办法》等一系列规定,构建起核准制的基本框架。2001年3月17日,股票发行核准制正式启动。市场活力迅速提升,具备发行上市条件的企业数量明显增加。为平稳推动改革,证券业协会发布《关于证券公司推荐发行申请有关工作方案的通知》,提出证券公司推荐企业上市实行"证券公司自行排队,限报家数"的方案,即"通道制"。具体程序是,由证券监管部门根据各家证券公司的实力和业绩事先确定发行股票通道数量,证券公司按照"发行一家、再报一家"的原则推荐企业。截至2004年底,全国83家证券公司一共拥有318条通道。

二、"保荐制"阶段(2004年至今)

与审批制相比,核准制下的证券公司职责发生了实质性变化,这在客观上需要证券公司具备筛选企业的水准和严格的内部控制制度,同时也能为其行为承担责任。在经过短暂的通道制后,2003年12月,证监会发布《证券发行上市保荐制度暂行办法》,正式启动"保荐制"。保荐制下,公开发行股票必须由保荐机构推荐,保荐机构、保荐代表人及其他中介机构应当尽职调查,对发行人的申请文件和信息披露资料进行审慎核查,并对相关文件的真实性、准确性、完整性负连带责任。为确保保荐制顺利实施，证监会先后出台一系列制度规定，对股票发行审核制度进行了全面重构，最终形成了包含发行上市保荐制度、发行审核委员会制度、询价配售制度等在内的核准制规则体系。

（一）发行上市保荐制度

2004年5月10日，首批67家证券公司和609名考试成绩合格者被分别注册登记为保荐机构和保荐代表人。保荐制度的核心内容是对企业发行上市提出"双保"要求，即企业发行上市必须由保荐机构进行保荐，并由具有保荐代表人资格的从业人员具体负责保荐工作。这样既明确了机构的责任，也将责任具体落实到个人。作为保荐制度的基础性文件，保荐办法搭建了保荐制度的基本框架，设立了对保荐机构和保荐代表人的注册登记制度，明确了保荐责任和保荐期限，建立了监管部门对保荐机构和保荐代表人实行责任追究的监管机制。2005年，保荐制度明确写入新修订的《证券法》，得到了市场的普遍认同和支持。2006年，证监会进一步发布《保荐人尽职调查工作准则》，使保荐制度更具操作性。

（二）发行审核委员会制度

发行审核委员会（简称发审委）是依据《证券法》设立，对申请发行股票的公司进行审核、提出专业意见的机构，最初设立于1999年。2003年12月，证监会发布《股票发行审核委员会暂行办法》，根据需要对发审委制度作出改革：委员主要来自证监会以及会计师事务所、律师事务所的资深合伙人，表决方式为记名投票，取消发审委委员身份保密的规定，建立健全发审委员的问责和监督机制。2017年，证监会再次修订发审委制度，先后发布了修订后的《发行审核委员会办法》《关于加强发行审核工作人员履职回避管理的规定》和《关于加强发审委员履职回避管理的规定》，全面强化了对委员的管理和监督执纪问责。

（三）首次公开发行上市制度

2006年5月17日，证监会发布《首次公开发行股票并上市管理办法》，2009年3月31日，发布《首次公开发行股票并在创业板上市管理暂行办法》，对首次公开发行A股的条件、程序及信息披露要求进行了全面规范。按照制度要求，首次公开发行需要符合主体资格、独立性、规范运行、财务与会计、募集资金使用五个方面的条件，特别是需符合明确的财务指标要求，具有较强持续盈利能力。规则虽较以往拓宽了企业覆盖面，但服务创新创业企业的能力仍显不足。

（四）市场化定价与配售制度

核准制下，证监会多次进行新股定价的市场化改革。2004年8月，《证券法》取消了新股发行价格须经国务院证券监督管理机构批准的规定。作为配套措施，2004年12月，证监会发布《关于首次公开发行股票试行询价制度若干问题的通知》，在首次公开发行股票定价中实行询价制度。主要内容是，发行人及保荐机构向询价对象进行初步询价，确定发行价格区间，然后在发行价格区间内向询价对象进行累计投标询价，确定最终发行价格。初步询价的对象不少于20家机构投资者[①]。新股配售机制方面，发行人及其保荐机构首先向参与累计投标询价的询价对象配售股票[②]，之后再将其余股票以相同价格按照发行公告规定的原则和程序向社会公众投资者公开发行。为进一步健全新股发行体制，强化市场约束机制，证监会按照"分步实施、逐步完善"的思路，先后于2009年6月、2010年10月、2012年4月、2013年11月发布了一系列关于新股发行体制改革的指导意见（包括《关于进一步改革和完善新股发行体制的指导意见》《关于深化新股发行体制改革的指导意见》《关于进一步深化新股发行体制改革的指导意见》《关于进一步推进新股发行体制改革的意见》），重点对发行承销各关键环节的制度进行优化。这些改革总的方向是，不断强化市场约束，推动发行人、投资者、承销商等市场主体归位尽责，重视中小投资者的参与意愿，为后续注册制下市场化的发行承销体制安排做了探索。

第三节　试点注册制阶段

注册制的基本内涵是处理好政府与市场的关系，真正把选择权交给市场，最大限度减少不必要的行政干预。根据党中央、国务院部署，证监会坚持市场化、

[①] 包括符合证监会规定条件的证券投资基金管理公司、证券公司、信托投资公司、财务公司、保险机构投资者和合格境外机构投资者（QFII），以及其他经证监会认可的机构投资者。

[②] 发行价格以上的有效申购总量大于拟配售数量时，对有效申购进行同比例配售，比例为拟向询价对象配售的股份数量除以发行价格以上的有效申购总量，询价对象参与累计投标询价和配售应全额缴付申购资金。

法治化的改革方向，按照从科创板到创业板再到全市场的"三步走"布局，稳步推进注册制改革。

一、准备及试点过程

2013年11月，党的十八届三中全会审议通过的《中共中央关于全面深化改革若干重大问题的决定》中明确提出"推进股票发行注册制改革"。2015年12月，十二届全国人大常委会第十八次会议审议通过《关于授权国务院在实施股票发行注册制改革中调整适用〈中华人民共和国证券法〉有关规定的决定》，2018年2月，十二届全国人大常委会第三十三次会议决定，延长授权国务院在实施股票发行注册制改革中调整适用证券法有关规定期限，为在《证券法》完成修订之前推进注册制改革提供了法律依据。

2018年11月5日，习近平主席在首届中国国际进口博览会开幕式上宣布，"在上海证券交易所设立科创板并试点注册制"，标志着注册制改革进入启动实施阶段。2019年7月22日，适用试点注册制的首批企业在科创板上市交易。同时，全国人大常委会加快《证券法》修订进程，于2019年12月完成修订，2020年3月1日起施行，为注册制改革提供了法律保障。2020年2月，国务院办公厅发布《关于贯彻实施修订后的证券法有关工作的通知》，进一步明确了实施注册制的范围和步骤。2020年8月24日，创业板改革并试点注册制首批企业上市交易，存量市场注册制改革取得实质性突破。

设立科创板并试点注册制是一项增量改革。证监会根据我国国情，借鉴境外成熟市场发行制度的成功经验，系统研究制定设立科创板试点注册制的发行审核注册制度体系。2019年1月，证监会颁布《关于在上海证券交易所设立科创板并试点注册制的实施意见》。在此基础上，证监会制定《科创板首次公开发行股票注册管理办法（试行）》及其系列配套规则，并由上交所发布科创板发行审核规则、科创板上市委员会管理办法等文件，以及科创板股票发行上市审核问答，共同建立起科创板试点注册制的制度体系。

创业板注册制改革是存量板块的注册制改革试点，涉及范围广，实施难度大。2020年4月27日，中央深改委审议通过《创业板改革并试点注册制总体实施方案》后，在吸收借鉴科创板试点注册制改革做法的基础上，证监会于6月正式发布《创业板首次公开发行股票注册管理办法（试行）》《创业板上市公司证券发行注册管理办法（试行）》及相关配套规则，制订在审企业平移方案，实现平稳过渡；深交所发布创业板发行上市审核规则、创业板上市委员会管理办法等文件，以及创业板首次公开发行上市审核问答、创业板上市公司证券发行上市审核问答，搭建起创业板改革并试点注册制基础制度框架。

二、注册制改革的实施架构

证监会坚持尊重注册制基本内涵、借鉴国际最佳实践、体现中国特色和发展阶段三个原则，遵循从增量市场到存量市场，再到全市场施行的分步走实施步骤，初步建立了"一个核心、两个环节、三项市场化安排"的注册制架构。

"一个核心"就是以信息披露为核心，要求发行人充分披露投资者作出价值判断和投资决策所必需的信息，确保信息披露真实、准确、完整。将核准制下发行条件中可以由投资者判断的事项转化为信息披露要求，完善以招股说明书内容与格式准则为主体的信息披露规则体系，提高信息披露的针对性、有效性和可读性。推动市场各参与主体归位尽责，明确发行人是信息披露第一责任人，中介机构对发行人的信息披露资料承担核查验证和专业把关责任，投资者根据披露的信息审慎作出投资决策，自主判断投资价值。

"两个环节"就是将审核注册分为交易所审核和证监会注册两个环节，各有侧重，相互衔接。交易所审核主要通过向发行人提出问题、发行人回答问题的方式进行，督促发行人"讲清楚"、中介机构"核清楚"，使投资者"看清楚"，就企业是否符合发行上市条件和信息披露要求向证监会报送审核意见。证监会在注册环节对交易所审核质量及发行条件、信息披露的重要方面进行把关并监督。同时，综合运用多要素校验、现场督导、现场检查、监管执法等多种方式，落实信息披露责任，提高信息披露质量。

"三项市场化安排"包括：一是设立多元包容的发行上市条件。综合考虑预计市值、收入、净利润、研发投入、现金流等因素设置多套上市标准，不要求企业在上市前必须盈利，允许特殊股权结构企业、红筹企业上市。二是建立市场化的新股发行承销机制。对新股发行价格、规模等不设行政性限制，以机构投资者为主体进行询价、定价、配售,真正实现由市场供求决定价格。三是构建公开透明可预期的审核注册机制。在交易所成立上市委,实行合议制。

推进注册制改革的同时,证监会统筹推进交易、退市、再融资和并购重组等关键制度创新,改进各领域、各环节的监管,着力提升上市公司质量,夯实市场平稳健康发展的基础。

表 8-1 试点注册制下的发行上市条件

首次公开发行条件(根据2019年新修订的《证券法》整理)		
・具备健全且运行良好的组织机构; ・具有持续经营能力; ・最近三年财务会计报告被出具无保留意见审计报告; ・发行人及其控股股东、实际控制人最近三年不存在贪污、贿赂、侵占财产、挪用财产或者破坏社会主义市场经济秩序的刑事犯罪; ・经国务院批准的国务院证券监督管理机构规定的其他条件。 (证监会颁布的《科创板首次公开发行股票注册管理办法(试行)》和《创业板首次公开发行股票注册管理办法(试行)》细化了上述条件,两者唯一不同的是创业板没有"核心技术人员稳定"相关要求。)		
上市条件(根据上交所科创板股票上市规则、深交所创业板股票上市规则整理)		
	科创板	创业板
・符合证监会规定的发行条件; ・发行后股本总额不低于3000万元; ・公开发行的股份达到公司股份总数的25%以上;公司股本总额超过4亿元的,公开发行股份的比例为10%以上。		
市值及财务指标应当至少符合下列标准中的一项: ・预计市值不低于人民币 10 亿元,最近两年净利润均为正且累计净利润不低于人民币 5000 万元,或者预计市值不低于人民币 10 亿元,最近一年净利润为正且营业收入不低于人民币 1 亿元; ・预计市值不低于人民币 15 亿元,最近一年营业收入不低于人民币 2 亿元,且最近三年累计研发投入占最近三年累计营业收入的比例不低于 15%; ・预计市值不低于人民币 20 亿元,最近一年营业收入不低于人民币 3 亿元,且最近三年经营活动产生的现金流量净额累计不低于人民币 1 亿元; ・预计市值不低于人民币 30 亿元,且最近一年营业收入不低于人民币 3 亿元; ・预计市值不低于人民币 40 亿元,主要业务或产品需经国家有关部门批准,市场空间大,目前已取得阶段性成果。 医药行业企业需至少有一项核心产品获准开展二期临床试验,其他符合科创板定位企业需具备明显的技术优势并满足相应条件。		市值及财务指标应当至少符合下列标准中的一项: ・最近两年净利润均为正,且累计净利润不低于5000万元; ・预计市值不低于10亿元,最近一年净利润为正且营业收入不低于1亿元; ・预计市值不低于50亿元,且最近一年营业收入不低于3亿元。
发行人具有表决权差异安排的,或者红筹企业(营业收入快速增长,拥有自主研发、国际领先技术,同行业竞争中处于相对优势地位的尚未在境外上市),市值及财务指标应当至少符合下列标准中的一项:		
・预计市值不低于人民币 100 亿元; ・预计市值不低于人民币 50 亿元,且最近一年营业收入不低于人民币 5 亿元。		・预计市值不低于100亿元,且最近一年净利润为正; ・预计市值不低于50亿元,最近一年净利润为正且营业收入不低于5亿元。

三、试点注册制开局良好

科创板、创业板注册制试点以来,各项制度机制运行良好,我国资本市场正在发生深刻的结构性变化。

一是审核注册效率有效提升。审核注册全程在线,电子化留痕,标准、程序、内容、过程、结果公开,各环节都有明确的时限要求,企业从受理申请到完成注册平均用时5个多月。

二是资本市场服务实体经济发展的效果不断增强。注册制实施后,截至2020年末,已有17家未盈利企业、2家特殊股权结构企业、3家红筹企业在科创板上市。要素资源进一步向科技创新领域集聚,科技、资本和实体经济的高水平循环更加畅通。

三是发行人和中介机构责任进一步压实。建立执业质量评价机制,将保荐人资格与新股发行信息披露质量挂钩管理,适当延长保荐机构持续督导期。试行保荐机构"跟投"制度,加强保荐业务内部控制机制建设,强化廉洁从业要求。丰富监管措施类型,扩大人员问责范围,加大处罚力度。

四是市场生态明显改善。价值投资、长期投资理念日渐深入人心,投资行为渐趋理性,资本市场整体环境得到改善。

经过科创板和创业板两个板块的试点,股票市场注册制改革总体开局良好。2020年10月,《中共中央关于制定国民经济和社会发展第十四个五年规划和二〇三五年远景目标的建议》对"十四五"期间全面实行注册制改革提出了新要求,证监会将在总结科创板、创业板试点注册制经验的基础上,稳步在全市场推行注册制。

第九章 再融资、并购重组和退市制度

> 30年来，我国资本市场在基础性制度建设过程中，注重发挥市场机制作用，探索完善上市公司分类监管的制度机制，一方面，鼓励规范运作的上市公司运用再融资、并购重组等方式做优做强、提质增效；另一方面，逐步形成多元化的退市指标体系，对严重扰乱市场秩序、丧失持续经营能力、触发强制退市条件的企业，实现应退尽退，促进市场及时出清。

第一节 再融资制度

我国上市公司再融资经历了从1993—1998年单纯配股模式，到1998—2001年以配股为主、增发为辅的模式，再到2001—2005年发展成为增发与配股并重模式，最后在2006年定向增发推出后，逐渐走向多元化模式。改革历程主要围绕四个方面展开：一是不断适应市场主体需求，提高服务实体经济能力；二是遵循市场规律，逐步放松管制、精简优化发行条件；三是根据市场形势变化，及时调整监管重点，完善政策措施；四是不断强化信息披露要求，促进相关主体归位尽责。截至目前，再融资市场已经从单一配股，发展到公开增发、定向增发、可转债、配股和优先股等多种方式和工具并存，上市公司再融资数量不断增加，规模不断扩大。

一、配股

配股指的是上市公司向原股东按其持股比例配售一定数量新发行股票的融资行为，是我国证券市场最早出现的股权再融资方式，也是早期再融资的主要形式。1993年12月17日，证监会发布《关于上市公司送配股的暂行规定》，标志着配股正式推出。随后证监会于1994年、1996年先后调整配股发行条件，要求公司近3年内净资产税后利润率每年都在10%以上。1997—1998年，配股规模达到了高峰。随着1999年增发的推出，配股的热度开始下降。2001年和2006年配股条件进一步放宽，仅保留了发行规模不得超过发行前总股本30%、最近3年累计分配利润不少于最近3年年均可分配利润的30%等少数几项要求，但配股的数量仍然相对较少。

上市公司申请配股，根据《上市公司新股发行管理办法》（2006年）规定应符合以下要求：（1）拟配售股份数量不超过本次配售股份前股本总额的30%；（2）控股股东应当在股东大会召开前公开承诺认配股份的数量；（3）采用证券法规定的代销方式发行。控股股东不履行认配股份的承诺，或者代销期限届满，原股东认购股票的数量未达到拟配售数量70%的，发行人应当按照发行价并加算银行同期存款利息返还已经认购的股东。

二、公开增发

股票公开增发是上市公司向全部投资者（不特定对象）公开发行股份募集资金的融资方式。通常认为，上市公司增发最先出现于1998年6月，主要是为配合国家对纺织业的整体扶持和改造，支持不具备配股资格的上市公司再融资。2000年4月，证监会出台《上市公司向社会公开募集股份暂行办法》，正式确立增发品种，明确发行条件。此后，增发规模迅速扩大，但在实践中也出现了部分公司盲目融资、资金使用效率低下等问题。为降低市场风险，2002年证监会出台《关于上市公司增发新股有关条件的通知》，收紧增发条件。2005年，为了配合股权分置改革，增发暂停。2006年，证监会出台《上市公司证券发行管理办法》，对增发的发行条件进行调整，并在《证券发行与承销管理办法》中对增发中向原股东有限配售、网下配售比例、回拨机制等作了进一步规范。

上市公司实施公开增发需满足《上市公司证券发行管理办法》的规定：（1）最近3个会计年度加权平均净资产收益率平均不低于6%。扣除非经常性损益后的净利润与扣除前的净利润相比，以孰低者作为加权平均净资产收益率的计算依据。其中创业板仅需连续两年盈利，无净资产收益率要求。（2）除金融类企业外，最近一期末不存在持有金额较大的交易性金融资产和可供出售的金融资产、借给他人款项、委托理财等财务性投资的情形。（3）发行价格应不低于公告招股意向书前20个交易日公司股票均价或前1个交易日的均价。

三、非公开发行

非公开发行是指上市公司采用非公开方式向特定对象发行股票的融资行为，因此也被称为定向增发。伴随着股权分置改革的启动，2006年5月，证监会发布《上市公司证券发行管理办法》，首次确立上市公司向特定对象发行新股制度，即非公开发行。2007年9月，证监会发布《上市公司非公开发行股票实施细则》，对非公开发行的发行对象与认购条件、发行程序与方式等作了规范，非公开发行制度框架基本成形。由于相较于增发和配股，非公开发行门槛更低，不设盈利要求，发行价格更具吸引力，因此快速成为再融资的主要方式，2016年达到峰值1.7万亿元。与此同时，非公开发行市场中也暴露出定价机制不完善、部分公司过度融资等突出问题，为此，证监会于2017年2月出台系列措施，适度收紧了非公开发行政策。

2020年2月，为深化金融供给侧结构性改革，完善再融资市场化约束机制，增强资本市场服务实体经济的能力，助力上市公司抗击疫情、恢复生产，证监会再次修订再融资政策，修订内容主要包括优化非公开发行制度安排，适当放宽股份定价折扣和锁定期限制，上市公司实施非公开发行可选择董事会、股东大会决议公告日和发行期首日为基准日，提高发行对象上限，放宽发行数量上限，禁止各类"保底定增"等。2020年9月，证监会发布《上市公司再融资分类审核实施方案（试行）》，详细规定了再融资审核的差异化安排，对连续两年信息披露评价为A的上市公司采取快速审核，试行分类审核制度安排。2020年沪深两市共有392家上市公司推出非公开发行方案，合计募集资金超过8300亿元，服务实体经济的能力进一步增强。

四、可转债

可转换债券是指上市公司依法发行、在一定期间内依据约定的条件可以转换成股票的公司债券，属于《证券法》规定的其他具有股权性质的证券。1996年，我国决定选择有条件的公司进行发行可转债的试点。1997年，国务院证券委发布《可转换公司债券管理暂行办法》，首次对上市公司发行可转债进行规范。2001年，证监会发布《上市公司发行可转换公司债券实施办法》，明确了可转债的操作规程，极大地规范促进了可转债的发展。2006年，证监会发布《上市公司证券发行管理办法》，进一步明确了可转债融资的具体要求，对发行主体的财务、条款设计以及其他审核门槛都有所放松。2014年和2018年，证监会先后修订《上市公司重大资产重组管理办法》，明确支持上市公司在并购重组中将定向可转债作为支付工具。2019年12月3日，创业板上市公司新劲刚完成发行定向可转债购买资产的登记工作，这是A股市场首只完成发行登记的定向可转债，标志着定向可转债产品落地实施。2020年12月31日，证监会发布《可转换公司债券管理办法》，主要内容包括：通过完善交易转让、投资者适当性、监测监控等制度安排，防范交易风险，加强投资者保护；遵循"公开公平公正"原则，建立和完善信息披露、赎回回售、受托管理等各项制度，保护投资者合法权益；将新三板一并纳入调整范围，为未来市场的改革发展提供制度依据，同时对交易制度、投资者适当性等提出原则性的要求，为交易场所完善配套规则预留空间。此外，办法还对可转债的监管处罚、规则衔接等方面作出明确规定。

五、优先股

优先股是指在一般规定的普通种类股份之外另行规定的其他种类股份，其股份持有人优先于普通股股东分配公司利润和剩余财产，但参与公司决策管理等权利受到限制。2013年11月，《国务院关于开展优先股试点的指导意见》中提出优先股试点。2014年3月21日，证监会发布《优先股试点管理办法》，明确了优先股发行条件和交易等相关事宜。2014年11月14日，中国农业银行公告称，已完成400亿元优先股的发行，成为首个在境内发行优先股的上市公司。目前，优先股发行企业以银行为主，所募资金多用于补充银行资本。截至2020年末，已有51家企业发行优先股，累计融资8947.6亿元。

专栏9-1：A股首单优先股——中国农业银行

2014年5月9日，中国农业银行发布优先股发行预案，9月15日获证监会核准批复。此次优先股发行自2014年10月31日正式开始，至11月13日结束。发行规模为4亿股，每股票面金额为100元人民币，募集资金将依据监管部门批准用于补充中国农业银行的一级资本。此次发行的优先股以5年为一个股息率调整期，即股息率每5年调整一次，每个股息率调整期内每年以约定的相同票面股息率支付。首个股息率调整期的股息率通过询价方式确定为6.00%。

六、可交换债券

可交换公司债券是指上市公司的股东依法发行、在一定期限内依据约定的条件可以交换成该股东所持有的上市公司股份的公司债券。2008年10月，为缓解上市公司大小非解禁对股市的冲击，证监会发布《上市公司股东发行可交换公司债券试行规定》。此后受国际金融危机冲击，A股市场进入调整阶段，上市公司发行可交换公司债意愿不强。2012年，沪深交易所开始试点中小企业私募债券，推出中小企业可交换私募债。2013年，深交所发行首只可交换私募债"13福星债"。2014年4月，宝钢集团以其所持有的部分新华人寿保险A股股票为标的，发行40亿元的人民币可交换公司债，为A股首单公开可交换债。2014年，沪深交易所分别发布《可交换公司债券业务实施细则》，针对上市公司股东公开发行可交换债券的上市交易、信息披露、换股等相关事项作出明确规定。

专栏9-2：科创板再融资制度的改革要点

按照《关于在上海证券交易所设立科创板并试点注册制的实施意见》提出的"完善再融资制度，提高科创板再融资便利性"的要求，科创板再融资制度改革主要包括两方面内容：一是精简优化发行条件，以信息披露为核心开展审核。科创板再融资主要关注上市公司的规范运行，不再将盈利要求作为发行条件。除关注上市公司是否符合发行条件之外，将重点审核上市公司是否充分披露对投资者作出投资决策有重大影响的信息，是否充分揭示了公司经营面临的风险因素。二是优化审核程序，便利小额快速融资。科创板上市公司再融资审核区分向不特定对象发行证券和向特定对象发行证券，采取差异化的审核程序。此外，科创板再融资制度中设计了向特定对象发行股票适用的简易程序，对于运营规范的科创板上市公司，年度股东大会可以根据公司章程的规定，授权董事会决定向特定对象发行融资总额不超过人民币3亿元且不超过最近一年末净资产20%的股票。上交所受理简易程序的申请后，对于保荐人发表明确肯定核查意见的，将不再进行审核问询，自受理之日起3个工作日内出具审核意见并报中国证监会注册，证监会将自收到交易所审核意见后3个工作日内作出予以注册或不予注册的决定。

表 9-1 1993—2020 年上市公司再融资市场概况

募资金额单位：亿元

年份	定向增发		公开增发		配股		优先股		可转债		可交换债	
	家数	募资	家数	募资	家数	募资	家数	募资	家数	募资	家数	募资
1993					44	52			1	5		
1994			1	8	44	45						
1995					70	51						
1996					34	59						
1997					87	190						
1998			7	31	147	326			2	4		
1999	1	5	4	43	106	294						
2000			12	117	155	484			2	29		
2001			29	265	116	398						
2002	1	2	25	158	21	53			5	42		
2003			16	110	23	68			14	162		
2004			8	49	23	105			13	213		
2005			6	289	2	3						
2006	48	891	5	42	2	4			6	29		
2007	138	2586	19	608	7	228			10	107		
2008	106	1635	34	531	9	152			5	77		
2009	115	2657	14	251	10	106			6	47		
2010	149	2994	13	402	18	1438			8	717		
2011	174	3456	10	289	14	339			9	413		
2012	152	3214	5	105	6	52			4	157		
2013	264	3558	6	80	13	476			9	551	1	3
2014	464	6669	1	4	13	138	5	1030	12	311	3	56
2015	805	12123			6	42	12	2008	3	94	11	134
2016	804	16643			11	299	12	1623	12	227	58	573
2017	540	12705			7	163	1	200	23	603	92	1232
2018	267	7524			15	228	7	1350	78	1073	38	557
2019	248	6798	3	90	9	134	6	2550	106	2478	62	831
2020	346	8456	2	26	18	513	8	187	206	2475	41	460

资料来源：Wind。

第二节 并购重组制度

并购重组包括上市公司收购、重大资产重组、股份回购、吸收合并、分拆分立等方式，是上市公司利用资本市场盘活存量的重要方式，也是促进经济转型升级和结构调整的重要渠道。证监会出台并多次修订了《上市公司收购管理办法》《上市公司重大资产重组管理办法》及配套文件，形成了较为全面、系统、高效的制度体系，在激发市场活力、提高上市公司竞争力、促进资源优化配置等方面发挥了关键作用。

一、上市公司收购制度

（一）制度变迁

上市公司收购主要涉及股东层面的重大变化，如上市公司控制权转让、要约收购等。1993年国务院颁布的《股票发行与交易管理暂行条例》对上市公司收购制度的核心内容作出原则性规定，如股东权益变动披露、强制要约收购等。1993年9月，深圳宝安集团通过二级市场举牌上海延中实业，成为我国证券市场首例要约收购事件。

2002年，证监会发布《上市公司收购管理办法》（以下简称《收购管理办法》），并于同日发布了《上市公司股东持股变动信息披露管理办法》，这是首次以部门规章的形式规范上市公司收购活动和相关权益变动的信息披露行为，建立了强制性全面要约收购制度。

伴随我国加入WTO、产业结构调整和股权分置改革的推进，市场环境发生较大变化，为激发市场活力，2006年证监会调整归并了2002年《上市公司收购管理办法》和《上市公司股东持股变动信息披露管理办法》，形成了现行框架的收购管理办法，对收购人资格、收购程序、要约收购条件及要约收购豁免事项等作出细化规定，并明确了部分要约的制度安排[①]。

此后，为深化并购重组市场化改革，证监会先后于2008年、2012年、2014年对收购管理办法进行修订。2020年，鉴于新《证券法》对上市公司收购进行了完善，中国证监会对《收购管理办法》进行了配套调整，细化对大股东持股变动信息披露等监管要求，在要约收购豁免的行政许可取消后，相应强化事中事后监管。

---

① 一是将原来的强制全面要约收购制度调整为强制性（部分）要约机制，并且为收购人增加了以证券支付收购价款的收购工具，进而降低收购成本，避免复杂的审批程序；二是转换监管方式，基于重要性原则，根据持股比例不同采用差异化监管方式，充分发挥财务顾问对收购人事前把关、事后持续监督的作用，简化证监会审核程序。

（二）收购的主要方式

收购上市公司可以通过要约收购、协议收购、间接收购等方式。在上市公司收购行为中，收购人持股达到一定比例，应履行相应的权益变动披露义务。如果持股比例达到30%并继续收购的，应该以要约的方式进行，或者是符合免于发出全面要约的条件才可以继续以其他方式收购。

1. 要约收购。要约收购是指上市公司收购人以公开方式向被收购公司的所有股东发出购买其所持股票的要约，以实现收购目的的上市公司收购方式。根据收购数量不同可分为全面要约和部分要约，根据发起的原因可分为自愿要约和强制要约。要约收购主要适用于没有确定合作方的收购，也可以配合其他收购方式来巩固控制权。2003年6月12日，南京钢铁联合有限公司正式披露《南钢股份要约收购报告书》，这是证监会发布《收购管理办法》后首例触发强制要约义务的案例。

为进一步简化行政审批，规范收购行为，2019年12月修订后的《证券法》对要约收购的相关规定作了调整：一是取消了要约收购义务豁免的行政许可；二是加强对收购要约变更的限制，明确不得存在降低收购价格、减少预定收购股份数额和缩短收购期限等其他情形；三是建立区分类别股的要约制度[①]；四是将收购行为完成后的收购人持有的被收购公司股份锁定期延长为18个月。

2. 协议收购。协议收购指的是由收购人与上市公司特定的股票持有人就收购该公司股票的条件、价格、期限等有关事项达成协议，以实现收购目的的上市公司收购方式。协议收购与要约收购在信息披露、备查文件、履约保障等方面存在差异。达到强制要约界限后，满足免除强制要约条件可免于要约。

3. 间接收购。间接收购是指收购人不是上市公司的股东，但是通过投资关系、协议或通过其他安排收购上市公司。间接收购人拥有权益的股份达到或超过一个上市公司已发行股份的5%、未超过30%的，应当按照《收购管理办法》有关权益披露的规定履行报告、公告义务。收购人拥有权益的股份超过该公司已发行股份的30%的，若不满足免除强制要约条件，应当向公司所有股东发出全面要

[①] 上市公司发行不同种类股份的，收购人可以针对不同种类股份提出不同的收购条件。除发行普通股外，上市公司也可根据实际需求发行特殊种类股份，如优先股。

约。触发强制要约义务后，应受到与其他方式一样的监管。

二、上市公司重大资产重组制度

重大资产重组通常指上市公司及其控股或控制的公司在日常经营活动之外，购买出售资产和通过其他方式进行资产交易达到规定的比例，导致上市公司界定的主营业务收入、总资产以及净资产发生超过比例变化的行为。近年来，我国上市公司并购重组数量与规模不断上升，以南北车"A+H"换股合并为中国中车、宝钢换股吸收合并武钢等案例为典型，助推形成了一批在战略性重要行业中具有国际竞争力的优秀企业。

1998—2001年，为顺应实体经济发展和市场需要，支持国有经济战略性重组，证监会对上市公司重大资产重组首次进行了规范，主要有三个方面的文件要求：1998年，证监会公布《关于上市公司置换资产变更主营业务若干问题的通知》（简称"26号文"），这是关于上市公司重组活动的第一份监管文件。2000年，证监会发布《关于规范上市公司重大购买或出售资产行为的通知》，进一步明确了上市公司重大资产重组的各项量化指标以及相关的监管程序。2001年，证监会发布《关于上市公司重大购买、出售、置换资产若干问题的通知》，要求上市公司重大购买、出售、置换资产交易行为需提请发审委（重组委在当时尚未组建）进行审批。

之后，为进一步规范上市公司重组行为，保护广大投资者利益，证监会于2008年发布《上市公司重大资产重组管理办法》（以下简称《重组办法》），对重组的决策程序、信息披露、行政许可以及发行股份购买资产制度作出系统性规定。近年来，证监会以完善监管规则为抓手，以"放松管制、加强监管、推进创新、改进服务"为主线，深入推进市场化改革，先后于2011年、2014年、2016年、2019年、2020年五次修订《重组办法》。主要改革成果如下：

（1）2011年第一次修订。首次在部门规章层面明确借壳行为的监管标准，支持重大资产重组与配套融资同步操作，明确向非关联第三方发行股份购买资产的门槛限制。（2）2014年第二次修订。为适应新"国九条"和"放管服"的要求，取消对不构成借壳上市的上市公司重大购买、出售、置换资产行为审批，完善发行股份购买资产的市场化定价机制，完善借壳上市定义，明确对借壳上市执行与

IPO审核等同要求,进一步丰富并购重组支付工具,取消向非关联第三方发行股份购买资产的门槛限制和盈利预测补偿强制性规定要求等。(3)2016年第三次修订。为进一步规范重组上市行为,给"炒壳"降温,促进市场估值体系理性修复,完善重组上市认定标准,明确"累计首次原则"的适用期限为60个月,取消重组上市配套融资,提高对重组方的实力要求,延长相关股东股份锁定期,遏制短期投机和概念炒作,强化上市公司和中介机构责任,加大问责力度。(4)2019年第四次修订。为适应市场发展要求,取消借壳上市认定标准的"净利润"指标,将"累计首次原则"的期限进一步缩短至36个月,允许符合条件的资产在创业板借壳上市,恢复借壳上市的配套融资,强化了对业绩承诺履行的监管。(5)2020年第五次修订。根据2019年新《证券法》的内容做了适应性调整,进一步强化了控股股东、实际控制人等的责任。

2019年以来,证监会坚持注册制改革理念,按照市场化、法治化的原则,着力完善上市公司重大资产重组监管机制。2019年8月23日,证监会发布《科创板上市公司重大资产重组特别规定》(以下简称《重组特别规定》),对科创公司重大资产重组认定标准、发行定价机制、创新试点红筹企业并购重组等重点问题作出规定。2020年6月,发布《创业板上市公司持续监管办法(试行)》明确创业板公司发行股份购买资产实施注册制,由交易所进行审核,证监会作出注册决定。在信息披露要求方面,科创板和创业板重大资产重组规则明确并购重组信息披露必须真实、准确、完整,且易于投资者理解。在审核程序与审核时限方面,充分吸收现有并购重组审核"分道制""小额快速"等有益经验,构建透明、高效、电子化的审核机制,整体形成时间更短、预期更明确的审核安排。

> **专栏9-3:南北车换股合并**
>
> 南北车合并是我国资本市场首个"A+H"上市公司换股合并案例。两个经营状况良好、实力业绩相当的"A+H"股上市公司之间的重组合并在国内尚无先例,不仅涉及资产规模大、职工人数多,还因横跨内地香港两大资本市场导致影响因素复杂,操作难度大。为此,南北车重组合并在现行法律和政策框架下创造性提出了"对等合并"方式,并采取了先合并股份公司、后合并集团公司的重组步骤。2014年12月31日,中国南车原中国北车正式发布公告,启动合并。具体方式为:中国南车向中国北车全体A股换股股东发行中国南车A股股票、向中国北车全体H

股换股股东发行中国南车H股股票,并且拟发行的A股股票将申请在上交所上市流通,拟发行的H股股票将申请在香港联交所上市流通,中国北车的A股股票和H股股票相应予以注销。合并中,中国南车和中国北车的A股和H股采用同一换股比例进行换股,以使同一公司的所有A股股东和H股股东获得公平对待。经综合考虑多重因素并公平协商,确定换股比例为1∶1.10,即每1股中国北车A股股票可以换取1.10股中国南车将发行的中国南车A股股票,每1股中国北车H股股票可以换取1.10股中国南车将发行的中国南车H股股票。合并后的新公司中文名称拟更改为"中国中车股份有限公司",简称为"中国中车"。新公司同时承继及承接中国南车与中国北车的全部资产、负债、业务、人员、合同、资质及其他一切权利与义务。

在此后5个月内,双方合并方案先后获得股东大会的高票通过和有关监管部门的审核批准。2015年6月1日,中国中车股份有限公司(中国中车)正式成立。按照公告,此次合并后,新增A股股份共计111.38亿股,全部为无限售流通股,新增发行H股股份23.47亿股;中国中车总股本达272.88亿股,其中南车集团持股34%,北方机车车辆工业集团公司持股30.5%,北京北车投资有限责任公司持股1.66%。8日,中国中车同步登陆A+H股。2015年9月29日,由中国南车集团公司和中国北车集团公司重组合并而成的中国中车集团公司正式宣告成立,标志着历时将近一年的南北车重组工作圆满完成。

三、上市公司股份回购制度

股份回购是指公司收购本公司已发行的股份,是国际通行的公司实施并购重组、优化治理结构、稳定股价的必要手段,是资本市场的一项基础性制度安排。1993年《公司法》即对公司可以回购本公司股份的情形与股份处置作出了原则性规定。此后,上市公司对回购本公司股份进行了一些探索。2005年6月,中国证监会发布《上市公司回购社会公众股份管理办法(试行)》,对上市公司以集中竞价交易、要约等方式实施股份回购进行规范,要求上市公司报送回购股份备案材料。2005年《公司法》施行后,证监会针对市场形势变化,于2008年发布《关于上市公司以集中竞价交易方式回购股份的补充规定》,进一步规范集中竞价交易方式回购股份的行为。

2012年10月,国务院发布《关于第六批取消和调整行政审批项目的决定》,取消上市公司回购股份行政审批,据此,证监会不再要求回购股份须报经审批或备案。2013年12月,国务院办公厅发布《关于进一步加强资本市场中小投资者合法权益保护工作的意见》，要求完善股份回购制度，引导上市公司承诺在出现股价低于每股净资产等情形时回购股份。2015年8月，证监会与财政部、国资委、银监会联合发布《关于鼓励上市公司兼并重组、现金分红及回购股份的通知》提出，当股票价格低于每股净资产，或者市盈率、市净率任一指标低于同行业上市公司平均水平达到预设幅度时，鼓励上市公司主动回购股份，同时鼓励控股股东、实际控制人为回购提供资金支持。

2018年以来，为进一步完善股份回购制度，充分发挥股份回购制度的重要作用，证监会推动修改《公司法》关于股份回购的规定，联合财政部、国资委发布《关于支持上市公司回购股份的意见》，并指导沪深交易所抓紧修改完善配套实施细则。通过制度改革，赋予上市公司回购股份更多自主权，适当增加股份回购情形，简化股份回购决策程序，延长持有所回购股份期限；拓宽股份回购资金来源，支持实施股份回购的上市公司依法以简便快捷方式进行再融资；依法支持各类上市公司回购股份用于实施股权激励及员工持股计划；相应加强事中事后监管，强化违法责任追究机制。

四、上市公司分拆制度

上市公司分拆是指上市公司将部分业务或资产，以其直接或间接控制的子公司形式在证券市场首次公开发行股票上市或实现重组上市的行为。2004年，证监会发布《关于规范境内上市公司所属企业到境外上市有关问题的通知》，允许境内上市公司分拆子公司到境外上市，并对子公司的财务指标做出明确规定。此后，包括TCL集团、中集集团等境内上市公司成功分拆子公司到境外上市。2019年12月，证监会发布《上市公司分拆所属子公司境内上市试点若干规定》，明确分拆条件、规范分拆流程、强化中介机构责任等。截至2020年末，共有62家上市公司披露分拆方案，分拆试点总体平稳。

第二节　退市制度

我国资本市场建立初期就对上市公司退市安排进行了一系列探索。2001年，首批两家上市公司正式退市。此后经过多轮修改完善，已基本形成了一整套涵盖财务指标类、交易指标类、规范运作类、重大违法类的强制退市指标体系和主动退市机制安排,为下一步配合注册制改革推进、建立常态化退市机制、形成"有进有出、良性循环"的市场生态奠定了基础。

一、退市制度的初步确立

在我国资本市场发展初期,退市制度并不完备。1993年4月,国务院颁布实施的《股票发行与交易管理暂行条例》仅对被收购公司退市作了原则性规定。1994年7月实施的《公司法》第四章第三节专门规范了公司上市、信息披露和暂停上市、终止上市等内容,其中第一百五十七条规定了上市公司暂停上市的情形,第一百五十八条规定了上市公司终止上市的情形,并明确由国务院证券管理部门作出决定。1999年7月实施的《证券法》规定国务院证券监督管理机构可以授权证券交易所依法暂停或终止股票上市。

1998年4月,沪深交易所依据当年实施的《股票上市规则》,对财务状况或其他状况异常的上市公司股票交易实行"特别处理",并将这些股票简称为ST股,以提醒投资者股票有退市风险。1999年6月,沪深交易所同时出台《股票暂停上市相关事项的处理规则》,规定连续3年亏损的公司其股票应当暂停上市。公司暂停上市期间,交易所为公司股东及投资者提供特别转让服务,简称PT。为加强上市公司退市监管,2001年2月,证监会颁布《亏损上市公司暂停上市和终止上市实施办法》。随后,2001年4月、6月,PT水仙、PT粤金曼分别成为上交所、深交所第一家被终止上市的公司。

> **专栏9-4:A股"退市第一股"——PT水仙**
>
> 1999年7月起,沪深交易所推出上市公司PT制度。PT是英文Particular Transfer(特别转让)的缩写。上市公司连续3年亏损后,将在其简称前冠以PT,公司的股票交易也从正常的连续竞价交易转为特别转让交易,仅限于在每周五进行。到2000年,PT公司已经连续4年亏损,其交易虽受到限制但仍在继续,并未真正退市。
>
> 为保护投资者利益,维护市场生态,2001年4月5日,监管部门要求PT水仙等5家PT公司做好退市准备,并就存在终止上市的风险发布警示公告。4月10日,5家公司向上交所报送重组扭亏方案,其中PT农商社、PT网点和PT水仙3家公司申请延长宽限期。4月11日,上交所向证监会提交对5家PT公司重组方案的初步意见。

> 经审慎审议和质询后，上交所认为，PT农商社、PT网点提出的资产重组和扭亏措施较为切实可行，故同意其申请。而PT水仙缺乏债权人对债务重组的承诺和重组各方对在有限时间内完成资产重组必备程序的保证。为保护投资者和公众利益，上交所最终决定不给予PT水仙宽限期。2001年4月23日，PT水仙正式退出交易所市场，成为A股"退市第一股"。

随后，为解决借重组恶炒PT个股等问题，2001年11月，证监会修改了《亏损上市公司暂停上市和终止上市实施办法》，取消PT制度，沪深交易所不再为PT公司提供特别转让服务；并对因亏损被暂停上市的公司终止上市和恢复上市作出了规定。2003年2月，证监会出台补充规定，明确公司股票退市后转至代办系统事宜，建立了退市后的股票转让制度。2004年2月，证监会发布《关于做好股份有限公司终止上市后续工作的指导意见》，明确上市公司退市后可以申请重新上市。至此，我国资本市场初步形成了上市公司退市制度框架和以净利润为核心的退市指标体系。

二、退市制度的不断完善

2006年1月，新修订的《证券法》和《公司法》正式施行，有关上市公司退市的规定从《公司法》平移至《证券法》。

新修订的《证券法》确定了公司连续三年亏损将暂停上市，此后一年继续亏损将终止上市的制度，取消了争议较大的宽限期制度，并授权交易所自主规定暂停上市和终止上市的其他情形。将暂停、恢复、终止上市的权限从法律上直接赋予证券交易所，与国际成熟证券市场的做法接轨。2001年至2011年底，沪深两市共45家公司被强制退市，平均每年4家。

由于部分亏损公司频繁利用会计操纵规避退市，市场炒作垃圾股"壳资源"，严重扭曲定价机制，2012年证监会启动退市制度改革。新增了净资产、营业收入、审计意见类型以及成交量、交易价格等指标；严格退市程序，不再允许公司因破产重整或并购重组延期退市；新设风险警示板，引入退市整理期。2012年至2014年期间，共有*ST创智、*ST炎黄和*ST长油三家公司被强制退市。其中，2014年退市的*ST长油系A股首家退市的央企，显示出监管层严格执行退市制度的决心。

为将重大违法公司清出市场、给主动退市公司提供市场化机制，2014年证监会启动了新一轮退市制度改革。落实了重大违法强制退市安排，健全了主动退市机制，基本形成了涵盖财务指标类、交易指标类、规范运作类、重大违法类强制退市指标体系和主动退市机制安排。退市制度渐趋完善，极大震慑了一部分财务造假的上市公司，出现了多个首单案例：2015年4月，*ST二重申请主动退市；2016年3月，*ST博元成为第一家因重大违法而退市的公司；2017年6月，欣泰电气成为第一家因欺诈发行被强制退市的公司；2018年12月，中弘股份成为第一家因股价连续低于面值而退市的公司。

为进一步明确重大违法认定标准，2018年7月，证监会再次改革上市公司退市制度。强化证券交易所的退市制度实施主体责任，要求其完善重大违法强制退市的主要情形。同年11月，沪深交易所同时发布《上市公司重大违法强制退市实施办法》，明确了重大违法强制退市的具体情形和实施程序，新增了因行政处罚追溯调整导致财务指标触及退市的情形，特别引入了"五大安全"（国家安全、公共安全、生态安全、生产安全和公众健康安全）重大违法退市标准。2019年11月，长生生物成为第一家因严重违反"五大安全"而退市的公司，强烈传递了从严退市监管的信号。

三、注册制下的退市制度

2020年实施的新《证券法》进一步强化了证券交易所退市实施主体责任，明确由证券交易所规定终止上市情形，按照业务规则对公司股票终止上市。为配合注册制改革试点，2019年和2020年，科创板和创业板先后开展退市制度改革试点，财务类指标方面，取消单一的连续亏损退市指标，制定了净利润与营业收入的组合指标，侧重考量上市公司持续经营能力。交易类指标方面，在保留面值退市规则的基础上，增加市值持续低于一定门槛的指标。规范运作类指标方面，增加信息披露、规范运作存在重大缺陷且拒不改正的指标。重大违法类指标方面，进一步明确认定情形，增强可操作性。简化退市程序，取消暂停上市和恢复上市环节。

2020年10月，党的十九届五中全会提出，要建立常态化退市机制。2020年11月2日，中央深改委第十六次会议审议通过了《健全上市公司退市机制实施方案》，会议指出，健全上市公司退市机制是全面深化资本市场改革的重要制度安排，要坚持市场化、法治化方向，完善退市标准，简化退市程序，拓宽多元退出渠道，严格退市监管，完善常态化退出机制。为贯彻落实党中央、国务院的部署安排，证监会指导沪深交易所对退市相关规则进行修订，启动了新一轮退市制度改革。

> **专栏9-5：2020年12月沪深交易所主板（含中小板）上市公司退市制度改革要点**
>
> 改革思路：坚持市场化方向，契合注册制改革理念；完善财务类退市标准，力求出清壳公司；严格退市执行，压缩规避空间；简化退市流程，提高退市效率。
>
> 退市标准：新增扣非前后净利润孰低者为负且营业收入低于1亿元、市值低于3亿元、信息披露或规范运作存在重大缺陷、半数以上董事无法对年报或半年报保证真实准确完整、重大违法财务造假等退市指标，完善面值退市指标有关表述，全面优化现有财务类、交易类、规范类和重大违法类四类强制退市指标体系。其中，特别强调财务类指标交叉适用，加速出清丧失持续经营能力的"空壳"企业。
>
> 退市程序：取消暂停上市和恢复上市环节，退市流程大幅缩短。取消交易类退市情形的退市整理期设置，退市整理期首日不设涨跌幅限制，将退市整理期交易时限从30个交易日缩短为15个交易日。将重大违法类退市连续停牌时点从收到行政处罚事先告知书或法院判决之日，延后到收到行政处罚决定书或法院生效判决之日。

第十章　交易结算制度

> 交易结算制度与市场流动性、定价效率和运行安全密切相关，是资本市场运行的基础性制度安排。30年来，资本市场交易结算制度经历了从主要模仿境外市场到形成符合我国国情的制度体系，从交易结算一体运行到交易与结算分开、分别发挥市场功能作用，从早期保障交易的简单结算安排到提供多样化登记结算服务的证券市场基础设施，走过了不平凡的发展历程，在我国多层次资本市场体系建设中发挥着日益重要的作用。

第一节　交易制度

一、交易方式

按照交易中介的作用，可将价格形成方式划分为报价驱动和订单驱动两种形式。报价驱动主要是指做市商提供买卖双向报价，订单驱动主要是指竞价交易等投资者直接达成交易的方式。经过30年发展，我国证券市场主要形成了以集中竞价为主、多种方式并存的交易模式。

（一）集中竞价交易

集中竞价是交易所市场最主要的交易方式。1998年颁布的《证券法》第三十三条规定，证券交易应采用公开的集中竞价交易方式。集中竞价又分为集合竞价与连续竞价。随着资本市场的发展，单一交易模式不能满足不同类型投资者的交易需求，交易所探索了一些新的交易方式。2005年修订的《证券法》将交易所交易方式由集中竞价交易修改为集中交易或者国务院证券监督管理机构批准的其他方式，给交易方式的创新预留了空间。2019年修订的《证券法》保留了这一规定。

（二）做市商交易

做市商交易是报价驱动的，投资者按做市商报价与做市商进行交易，一般情况下，彼此之间不直接撮合。我国证券交易场所陆续在某些交易品种上尝试做市商交易制度。2004年12月，深交所在上市开放式基金试行主交易商制度。2007年7月，上交所推出固定收益证券综合电子平台，专门适用于国债、公司债、资产支持证券等固定收益产品的交易，并在其中推行一级交易商制度，以提高固定收益证券的交易效率。2009年1月，深交所在集中整合原大宗交易平台各项业务的基础上，推出了综合协议交易平台，为机构投资者协议交易提供服务，并支持主交易商制度。2014年8月，新三板挂牌公司股份转让推出做市商制度。此外，为提高股票期权交易的流动性、提高定价效率，沪深交易所分别于2015年1月、2019年12月，公布做市商业务指引并进行股票期权试点。

（三）大宗交易及其他交易方式

为适应证券市场规模不断扩大、机构投资者比例日益提高的趋势，2002年沪深交易所先后推出了大宗交易方式，主要服务于机构投资者间的大额证券买卖。2001年9月，证监会发布通知规范上市公司非流通股协议转让，2006年8月，沪深交易所出台上市公司流通股协议转让规则。2019年，科创板试点注册制开始引入盘后固定价格交易机制。2020年8月，创业板参照科创板引入盘后定价交易机制。

二、涨跌幅限制

我国股票市场建立之初，市场制度体系、投资者结构不够完善，为维持市场稳定，避免出现股价暴涨暴跌，借鉴日本、中国台湾等亚太市场的做法，实行涨跌幅限制。总体上看，主要经历了三个阶段。

（一）第一阶段：早期探索（1990—1991年）

这一时期市场初建，经验不足，涨跌幅限制幅度较小，且制度调整较为频繁，最小时为0.5%，最宽松时曾取消涨跌幅限制。上交所开业时，对股票交易实行5%的涨跌幅限制。此后，为限制市场过快上涨，上交所曾于1991年1月7日将全部股票的涨跌幅限制缩小至0.5%。1990年12月，深交所试营业期间，曾实行不对称涨跌幅限制，于1991年1月2日实行0.5%的对称涨跌幅限制。

（二）第二阶段：不设涨跌幅限制（1991—1996年）

1991年8月17日，深交所宣布全面取消股价涨跌幅限制，随后上交所也于1992年5月21日取消涨跌停板。沪深股市进入了4年多的不设涨跌幅限制的阶段，一直持续到1996年。

（三）第三阶段：恢复涨跌幅限制（1996—2018年）

1996年，为抑制市场过热，监管层出台了一系列措施。沪深交易所出台了关于对股票和基金交易实行价格涨跌幅限制的通知，规定自12月16日起所有上市股票及基金交易实行10%的涨跌幅限制制度。这一阶段，针对市场炒作绩差股的情况，对财务状况异常及面临退市风险的公司股票实行涨跌幅限制局部调整。除了10%的涨跌幅之外，对于个别股票，沪深交易所实行5%的涨跌幅限制。

（四）第四阶段：优化股票涨跌幅限制（2019年至今）

2019年以来，以科创板、创业板试点注册制为契机，交易制度进行了一系列机制创新：一是放开及放宽涨跌幅限制。新股上市前5个交易日不设涨跌幅限制，此后日涨跌幅限制为20%。创业板存量股票涨跌幅放宽至20%，提升流动性和活跃度。二是临时停牌机制，针对前5日无跌幅限制的情形，设置30%和60%两档，每档10分钟盘中临时停牌机制。三是引入"价格笼子"[①]。设置连续竞价阶段限价申报的有效竞价范围，买入申报价格不得高于基准价格的102%，卖出申报价格不低于卖出基准价格的98%，防控错单、恶意拉台等异常交易行为导致的股价大幅波动。四是引入以收盘价为成交价格撮合成交的盘后定价交易，满足机构投资者交易需求，减少尾盘价格波动风险。五是调整单笔申报数量，不再要求限价申报和市价申报的单笔申报数量为100股及其整倍数，而是规定单笔申报数量应不小于200股，且可以1股为单位递增等。

---

① "价格笼子"是指在连续竞价阶段，投资者限价申报委托交易时的有效申报价格范围。

三、停复牌制度

上市公司股票停复牌是指股票在场内交易过程中停止交易（停牌），一段时间之后再恢复交易（复牌）的制度，它关系到投资者交易权和市场流动性。沪深交易所《上市规则》《交易规则》规定，上市公司可以凭借交易所认为合理的理由向其所在交易所申请对其股票实施停牌与复牌；证监会和交易所也可以依据上述规则及其认为合理的理由对股票及其衍生品实施停牌与复牌。

1998年，沪深交易所首次在上市规则中规定，上市公司需要在定期报告、股东大会、澄清媒体报道等14种情形下进行停牌。随着信息技术的发展，投资者获取信息的渠道显著增加、速度明显加快，原先设计的停牌制度因停牌时间过长而频繁造成长时间的交易中断。在此背景下，2002年，沪深交易所将停牌的最短时间由此前的半天改为1小时。2008年，交易所取消定期报告和临时报告两种例行停牌，强化了警示性停牌的作用。2012年，取消股东大会召开日全天停牌、异常波动公告披露日1小时停牌和投资者沟通日全天停牌等三项例行停牌。至此，我国股票市场从过去以例行停牌为主的阶段进入以警示性停牌为主的新阶段，与国际市场逐步接轨。2015年1月，上交所发布《上市公司重大资产重组信息披露及停复牌业务指引》，对涉及重大资产重组的停复牌事项进行了规范。

总的来看，2018年以前，我国上市公司停牌次数多、时间长。2015年股市异常波动期间，部分公司为避免股票下跌而主动"停牌躲跌"，甚至形成"千股停牌"局面。2015年之后，证监会加强对停复牌的监管。2018年11月，证监会发布《关于完善上市公司股票停复牌制度的指导意见》，确立了"以不停牌为原则、停牌为例外，短期停牌为原则、长期停牌为例外，间断性停牌为原则、连续性停牌为例外"的总体原则，明确要求减少停牌事由、压缩股票停牌期限、严格停复牌程序、强化信息披露义务。停复牌制度改革扭转了随意停、长期停等乱象，维护了投资者知情权和交易权，改善了市场流动性。

四、回转交易机制

证券的回转交易是指投资者买入证券，在交收完成前，全部或部分卖出的行为。其中，日内回转交易（俗称T+0）是指投资者就同一标的（如股票）在同一个交易日内先买进后卖出或者先卖空后买进的行为。目前，我国股票市场实行的是T+1交易机制，即当日买入证券，在交收完成后，次日可卖出。我国回转交易制度主要经历了以下几个阶段。

（一）第一阶段：起步时实行T+1

沪深交易所在1990年开市交易之初采用T+1交易制度。上交所于1990年12月19日开市交易，初期为了抑制投机，设置了5%涨跌幅限制、T+1交易机制。开市后市场交易热情较高，上证综指出现连续6日涨停。1990年12月27日，上交所将5%的涨跌幅限制调整为1%，1991年1月7日进一步调整为0.5%。由于涨跌幅限制过于严格，股价频繁触发涨跌停，市场基本没有流动性。深交所初期也实施T+1交易，不设涨跌幅限制。

（二）第二阶段：实行T+0（1992—1994年）

1992年5月21日，上交所为了活跃市场交易，放开涨跌幅限制，实行T+0交易机制。随后，深交所于1993年11月22日也开始实行T+0交易。当时市场尚处于起步阶段，各项监管措施不完备，股票标的较少，取消涨跌幅限制并实施T+0交易后，引发了严重的投机炒作。

（三）第三阶段：恢复T+1（1994年至今）

1994年下半年，市场出现了过热的情况。为维护市场稳定，沪深交易所自1995年1月1日起将A股和基金交易恢复为T+1机制，并沿用至今。

（四）第四阶段：法律层面禁止T+0

1999年施行的《证券法》第一百零六条规定，"证券公司接受委托或者自营，当日买入的证券，不得在当日再行卖出。"2001年12月，沪深市场B股由T+0交易调整为T+1交易。

（五）第五阶段：部分品种实行T+0

2005年《证券法》修订时，取消了此前禁止T+0交易的规定。2013年以来，在股票市场坚持T+1制度的基础上，沪深交易所在一些小品种上实行T+0交易，如债券ETF、黄金ETF、跨境股票ETF等。此外，股指期货、股票期权均采用T+0交易制度。

五、融资融券机制

融资融券交易又称证券信用交易或保证金交易，是指投资者向具有融资融券业务资格的证券公司提供担保物，借入资金买入证券（融资交易）或借入证券并卖出（融券交易）的行为。2006年6月30日，证监会、沪深交易所先后发布《证券公司融资融券业务试点管理办法》及《融资融券交易试点实施细则》等制度规则。经过充分准备后，融资融券业务于2010年3月31日落地实施。2011年10月26日，证监会发布《转融通业务监督管理试行办法》，作为融资融券制度重要配套机制的转融通制度确立实施。

随着业务实践的深入，部分规则条款暴露出合约期限规定不够灵活、风险控制指标不够完善等问题。为进一步适应业务发展需要，沪深交易所自2015年起对《融资融券交易实施细则》做了相应修订。2019年8月，上交所和深交所完善了维持担保比例等规定。2019年以来，科创板与创业板允许新股上市首日即可纳入融资融券标的，推出转融券市场化约定申报，允许战略投资者获配股票参与转融通出借。

六、证券交易所前端风险控制制度

证券交易所前端风险控制，是指由交易所通过交易系统设置的对每笔交易在其申报后至交易达成前由交易系统自动执行的检查和监控措施，是我国交易所主要监管手段之一。20世纪90年代初我国证券市场起步时，采用无纸化交易和直接持有模式，交易系统具有每个投资者证券账户的持股数据，因此交易系统可在处理每笔卖出申报时自然首先检查该投资者证券账户持股是否足额，这是最初的股份卖空控制制度。1993年国债发行交易采用了无纸化方式和卖空控制，1995年1月股票T+0回转交易改为T+1交易，当日买入的股份次日才可以卖出，股票卖空控制制度基本定型。1996年，卖空控制和价格涨跌幅制度基本形成，我国境内证券市场的前端控制制度正式确立。随着2015年上证50ETF期权实施对资金前端监控，以及2017年为防范错单交易的《证券交易资金前端风险控制业务》的推出，交易前端风险控制得以进一步完善。

目前，交易前端风险控制措施主要包括以下方面：交易参与者身份；中介机构；投资者与中介机构关系；申报价格；申报数量；卖出数量；买入数量；回转交易；申报交易资金等。

七、第三方存管制度

证券公司客户交易结算资金第三方存管，是指按照《证券法》的有关规定，由商业银行作为独立第三方，为证券公司客户建立客户交易结算资金明细账，通过账户体系设计、健全对账机制以及投资者自我查询等方式建立起的有效保护客户交易结算资金安全的资金存放和管理体系。

1998年，监管部门在全面清理证券交易中心等的基础上，推行证券公司法人结算制度，客户交易资金交由证券公司法人保管。1999年施行的《证券法》第一百三十二条规定，客户保证金必须全额存入指定的商业银行，单独立户，不得挪用；第一百九十三条明确了挪用客户保证资金行为的法律责任。2001年，证监会发布《客户交易结算资金管理办法》，要求证券公司和证券营业部必须将客户交易结算资金全额存放于经报备的专用银行存款账户和在中国证券登记结算有限责任公司（简称中国结算）开立的清算备付金账户，证券公司、存管银行、中国结算定期向证监会报送数据，证监会通过各账户之间的勾稽关系监控客户交易结算资金。

2004年1月，国务院出台《关于推进资本市场改革开放和稳定发展的若干意见》，要求"改革证券、期货客户交易结算资金管理制度，研究健全客户交易结算资金存管机制"。2005年6月，经国务院批准，人民银行、财政部、证监会联合发布《证券投资者保护基金管理办法》，成立了中国证券投资者保护基金有限责任公司，投保基金公司掌握客户资金有关数据，如发现客户资金被违法动用，即向证监会报告。2005年7月，新修订的《证券法》要求全行业实施客户资金第三方存管，沿用至今。2006年7月，证监会发布《证券公司融资融券业务试点管理办法》，要求证券公司不得向交易结算资金未纳入第三方存款的客户进行融资融券。2008年6月，《证券公司监督管理条例》正式实施，在行政法规层面确立了第三方存管制度的基本框架。

第二节　登记结算制度

证券登记结算制度主要包括证券登记、证券账户管理、证券结算等。30年来，我国上市证券的登记结算业务经历了从分散到集中、从简单到复杂、从地方到中央、从手工处理到利用电脑系统运作、从便于技术操作到方便投资者体验的发展过程，结算效率和结算系统安全性不断提高。随着资本市场发展和改革创新，证券登记结算制度在不断优化完善。

一、证券登记制度

证券登记是指证券登记机构接受证券发行人的委托，通过设立和维护证券持有人名册确认证券持有人持有证券事实的行为。证券登记具有确定或变更证券持有人及其权利的法律效力，是保障投资者合法权益的重要环节。

在证券交易所的集中交易形成之前，股票采用发行人自办或证券公司代办的分散式登记，未引入证券托管及存管的概念，投资者主要通过直接占有实物股票确认所有权，一般为自行转让或通过证券交易柜台转让。1990年，上海有16个证券交易柜台和40个证券交易代理点，深圳有10个证券交易柜台；沪深两地有12只股票在柜台公开交易。

沪深交易所成立以来，证券登记经历了从分散登记向集中登记的转变。上海市场自上交所开业之初，就由内设的清算部负责登记结算业务，统一接受投资者办理名册登记并开立股票账户，实现了沪市的集中登记。1993年起，深圳市场推出"分布式登记"模式。各省市设立的57家地方登记公司，为当地投资者、上市公司提供相关登记服务；深圳证券登记公司则作为中央登记机构，汇集所有登记数据，为上市公司掌管股东名册，提供股票发行和过户登记、股息红利派发、协助召开股东大会等服务，形成了分层次的证券登记体系。随着市场发展和技术条件改善，1995年下半年，深圳证券登记公司逐步改变原来各地分散开户登记的模式，统一管理证券账户资料、实现证券账户在全国各地的通用，建立中央登记系统；同时，建立中央存管系统，直接集中管理证券公司的证券总账及其名下投资者明细账，实现了股份的集中管理。在此阶段，沪深市场还相继进行了证券无纸化模式的探索，全市场于1993年实现无纸化发行。1999年7月，《证券法》明确了法定集中登记存管制度。2001年3月，中国证券登记结算有限责任公司依据《证券法》在北京成立，同年10月，沪、深交易所所有证券登记结算业务划归中国结算承担。至此，《证券法》规定的全国集中统一运营的证券登记结算体制由此形成。与多家登记机构分布式登记相比，集中登记与中央存管一体，有利于实现所有权快速转移，也有利于集中统一监管。

> **专栏10-1：证券无纸化的实现**
>
> 1986年9月26日，新中国第一家代理和转让股票的证券公司——中国工商银行上海信托投资公司静安证券业务部营业，象征着我国中断了30多年的证券交易业务复苏，同时也带来了办理实物股票过户的需求。实物股票过户，在证券市场初期能够满足安全性和交易有效性，但随着交易量增加，实物凭证交收效率低下、人力成本过高等问题逐步凸显。
>
> 为解决实物股票交收效率低下和交易规模快速增长的矛盾，上交所从1991年开始进行无纸化尝试。1991年4月，上交所开始引入股票账户，同年5月回收股民手中的纸质股票，无纸化交易系统正式开始试运行。"老八股"实物股票回购主要集中在同年的7—9月。1991年12月，深交所、深圳证券登记公司发布了《股票集中托管方案实施细则》，规定"客户若要买进股票，必须在深圳市任一家或几家证券商处开设托管户头，买进的股票不再以实物股票交割""客户若要卖出股票，需先将股票托管"。1992年3月，多数交易活跃的股票均已集中托管到深圳证券登记公司，实现了"无票交易"。全市场在1993年实现了无纸化发行。

目前，我国证券市场是直接持有的证券账户体系，在部分产品和业务中适用间接持有。证券直接登记在投资者证券账户中，投资者证券持有记录直接登记在证券持有人名册上，投资者作为股东直接向上市公司等证券发行人主张和行使权利。同时，为适应不同产品和业务的需要，在B股、QFII、RQFII、沪深股通、融资融券等业务中采用间接持有模式，投资者通过特定机构账户持有证券，发行人名册上登记的证券持有人为对应的特定机构，投资者对发行人的权利转变为对特定机构的权利，或通过特定机构向发行人行使权利。

二、证券账户管理制度

证券账户是投资者进入证券市场交易的前提和基础，是记录证券及证券衍生品种持有及其变动情况的载体，是证券权属确认的依据。证券账户制度与证券持有制度密切相关，我国证券市场实行证券直接持有和证券账户实名制。证券市场发展前二十年，证券账户主要按照"分市场、分证券品种"的原则设置，同一投资者在不同市场参与不同证券品种的交易需开设多类账户。但在实践中，投资者持有多个账户不便于管理，交易所、监管机构也不便于交易监管和事后分析。为解决多账户造成的信息割裂和监管不便等问题，2012年，中国结算开展证券账户整合工作，并于2014年10月正式实施一码通账户体系。一码通账户作为投资者在证券市场的总账户，记录投资者的身份信息，并汇总记载其名下所有子账户内的证券持有及变动情况，实现了"一套账户、一套规则、一套系统"。一码通账户体系建立后，我国账户管理制度形成了以投资者为单位进行账户设置以及身份管理，将原来各自分散的不同市场账户依照同一投资者进行归集，构建了投资者身份的统一识别、投资者信息的统一归集、投资者证券资产统一登记的账户体系，实现了由账户管理向投资者管理的提升。

一码通账户体系建立后，证券现货市场的交易监管、投资者识别问题得以解决，但现货和金融期货市场的关联交易仍然无法实时监察。为解决跨期现市场交易行为监管，精准识别跨市场交易投资者，2015年9月，中国结算与期货市场监控中心联合启动了跨期现一码通体系建设工作，以一码通账户体系为基础将存量金融期货账户经权属确认后纳入一码通账户体系，并构建新开户环节即实时建立期现账户匹配关系、账户业务联动处理的跨期现一码通账户体系，相关技术系统在2016年7月底上线运行。至此，中国结算已逐步构建起一套以投资者为核心、全国统一的资本市场一码通账户体系。

在直接持有账户体系下，我国证券市场实行看穿式监管，一线监管部门可以直接掌握每个投资者的交易情况，便于市场监察和风险监测，也有利于保障投资者的财产安全。随着沪深港通正式实施，对于北向资金看穿监管的问题日益突出。为加强证券交易所一线监管和跨境监管执法，维护市场秩序，2018年9月，中国结算会同沪深交易所建立沪深港通北向交易投资者识别码制度。2020年1月，沪深港通南向交易投资者识别码制度正式实施，南向投资者将提供识别码等信息，这将有助于中国香港股票市场监管，维护沪深港通平稳有序运行。

三、证券结算制度

证券结算是指清算和交收,即按照确定的规则计算证券和资金的应收应付数额,并按照该结果划付证券和资金。从发展历程看,我国证券结算制度经历了分级结算体系的萌芽和演变阶段、分级结算和法人结算制度的最终建立阶段。

(一)分级结算的形成与演变

1990年沪深交易所成立之初,就确立了二级结算体制,证券市场的清算以证券公司营业部为单位,即交易所对证券公司营业部、证券公司营业部对投资者进行证券和资金清算交收。但因早期股票数量和交易规模较小,证券交收停留在实物交收阶段,导致各地证券公司需要在上海和深圳分别设立营业部,并向交易所的清算部门派出清算交割人员。随着1993年A股实现无纸化发行,沪市推出了三级清算体制,即上海证券中央登记结算公司与各地资金清算中心办理一级清算,各地资金清算中心对本地证券公司办理二级清算,证券公司对投资者办理三级清算。1996年深市推行就地结算机制,即由深交所委托深圳清算银行与异地清算代理机构进行该地区资金净额清算,清算代理机构与该地区证券公司进行清算,证券公司再与投资者进行清算。三级清算与就地清算机制在一定程度上解决了沪深证券交易所与异地证券公司之间交收手续复杂、交收效率低等问题,同时方便沪深交易所面向全国发展业务。20世纪90年代末,监管机构开始整顿证券市场,各地证券交易中心和各地证券登记公司相继关闭,三级清算体制和就地结算体制的历史使命宣告结束。

(二)分级结算与法人结算制度的最终确立

因初期的结算模式中存在结算对象过多、证券资金结算流程较长、清算交收法律关系混乱等问题,1998年证券交易所开始正式推行法人结算,证券公司以法人名义在证券登记结算公司开立资金交收账户,其所属证券营业部的证券交易的清算交收均通过该账户办理。1999年,法人结算制度全面推行。2001年后,中国结算在结算制度中确立了分级结算与法人结算制度。法人结算基本上取消了手工作业和实物划拨凭证,精简了资金结算环节,提高了证券资金结算效率,同时理顺了清算交收的法律关系,加强了证券公司作为法人对其下属营业部的集中管理,进一步降低了证券市场结算风险。法人结算的实施为证券市场的规范与发展奠定基础,是证券结算制度的一项重大改革。

(三)结算参与人管理与结算财务资源建立

结算参与人管理是结算制度的重要组成部分。在证券市场初期,结算主要靠证券营业部等参与。随着市场发展,结算机构法人结算制度的建立,进一步延伸出结算参与人清算交收,即专业机构与证券结算系统帮助投资者完成证券资金结算。目前,我国结算参与人分为证券公司类结算参与人、银行类结算参与人和其他机构类结算参与人。2006年,中国结算发布的《结算参与人管理办法》正式实施,对结算参与人准入、日常管理及综合评价等进行规范。

财务资源是结算机构防范本金风险和流动性风险的重要保障。目前,中国结算财务资源包括证券结算备付金、证券结算保证金、证券结算风险基金及其他资源。相关财务资源共同构建起结算机构防范结算风险的重要措施。

四、DVP制度改革

DVP(Delivery Versus Payment),即货银对付,又称券款对付,根据国际原则,DVP指的是一种连接证券交收和资金转账的证券结算机制,是控制结算系统本金风险的有效措施,也是金融基础设施普遍采用的基础性制度。目前沪深证券交易所现有担保交收的证券品种主要采用两种结算模式,一种是"证券T+0交收,资金T+1交收"结算模式,如A股、场内基金和部分债券等;另一种是传统DVP模式,如B股等。

我国证券交易结算系统主要依托结算备付金、结算保证金、结算风险基金、全额保证金、客户资金第三方存管、交易前端监控和投资者保护基金监控等风控制度防范结算风险,以事前控制为主,防止事后交收违约。这与境外市场没有事前控制,侧重于事后交收违约的DVP安排存在明显区别。

为适应资本市场改革发展需求与对外开放进程的加快、进一步完善登记结算基础性制度,证监会在2018年启动了DVP制度改革,成立DVP制度改革工作小组。本次DVP制度改革着眼于落实《证券法》促进资本市场进一步扩大对外开放要求,进一步提升结算制度风险防范能力,降低市场成本,重在解决结算制度存在的成本高、绷得紧、卡得严等突出问题,目前仍在推进中。

第三节 股指体系的构建和优化

股票指数是反映股票价格整体变动情况的基础指标,是投资者观察股市的"指示器"。30年来,伴随着境内资本市场发展,股票指数从无到有,从单一到多元,逐步形成了多层次、多领域、多元化的指数体系,涵盖主板、中小板、创业板、科创板、新三板等多个市场板块,已成为资本市场服务实体经济和国家发展战略的重要工具。

一、股票指数的历史沿革

境内股票指数最早可追溯到"静安指数"。该指数由工行上海信托投资公司静安证券营业部编制,基期为1986年9月26日,基点为100点,1989年初在工行上海信托投资公司的《1988年股票年报》上正式发布,成分股包含在上海柜台交易的全部6只股票。为使投资者及时了解沪市股票整体走势,1991年7月15日,上交所发布了境内第一条股票指数——上证综合指数(以下简称上证综指),初始样本股为1990年12月19日首批在上交所上市交易的8只股票,随后逐步增加A股指数、B股指数、行业指数,并先后发布上证30、上证50、上证180等多个有影响力的成份指数。此后,媒体普遍使用上证综指描述境内股市运行情况,投资者也习惯将上证综指作为境内股市的表征。时至今日,上证综指是境内外投资者广泛使用的观察我国资本市场走势最具影响力的指数。

1995年1月23日,深交所发布了境内第一条成份指数——深证成分指数(以下简称深证成指),基期为1994年7月20日,基点为1000点。深证成指作为反映深市运行状况的基准指数,逐渐被投资者接受和认可,逐步确立了深市代表性指数的地位。此后,深交所又陆续发布深证100、创业板指等成分指数。

作为设立股指期货市场的重要配套安排,2005年4月8日,沪深交易所联合发布沪深300指数。同年8月,沪深交易所共同出资成立中证指数有限公司,由其负责编制维护沪深300等跨市场指数。截至2020年末,沪深300指数跟踪产品92只,产品规模合计2621亿元,已发展成为境内跟踪产品数量及规模最多的指数。

> **专栏10-2：沪深300指数概况**
>
> 沪深300指数采用自由流通股本加权，基期为2004年12月31日，基点为1000点。成份股按以下方法选取：首先在符合上市时间要求的A股中剔除过去一年日均成交金额排名后50%的股票，然后在剩余股票中选取过去一年日均总市值最大的300只股票。沪深300指数于每年6月和12月的第二个星期五的下一个交易日进行定期调样。为保持指数稳定性，沪深300指数定期调样时采用缓冲区规则，即每次调整的成分股数量不超过30只，并优先保留成交金额排名前60%、总市值排名前360位的原成分股。

随着境内多层次资本市场的发展，中小板、创业板、科创板相继设立。2006年1月24日，中小板指对外发布，基期为2005年6月7日，成分股数量为100只。2010年6月1日，创业板指对外发布，基期为2010年5月31日，成分股数量为100只。2020年7月22日，科创50指数对外发布，基期为2019年12月31日，成份股数量为50只。上述3条指数基点均为1000点，均以成交金额为门槛、按总市值排名选股，采用自由流通股本加权。

随着境内资本市场的发展以及指数体系的不断完善，基于指数的各种投资产品陆续出现。2002年11月8日，境内第一只指数基金——华安上证180指数增强型证券投资基金正式成立。2004年12月30日，境内第一只交易型指数基金——华夏上证50ETF成立。2010年4月16日，沪深300股指期货上市，为境内第一个股指期货产品。2015年2月9日，上证50ETF期权上市，为境内第一个股票期权产品。2019年12月23日，沪深300股指期权上市，为境内第一个股指期权产品。这些指数衍生品丰富了境内股市指数化投资和风险管理工具，截至2020年末，公募基金共有指数型产品1075只，其资产规模达1.81万亿元，占公募基金资产总规模的9.10%。

二、优化指数编制

从境内外实践来看，指数编制并非一成不变，而是随着市场发展从新股计入时间、加权方式等因素不断进行优化调整。近年来，为增强股指的代表性和表征功能，借鉴境外经验，境内股指编制优化工作加快推进。2015年5月，深证成指正式实施样本股扩容，样本数量从40只扩大到500只。2017年至2019年，沪深300

指数先后采取了调整缓冲区规则、及时剔除停牌和风险警示股票等优化措施。2019年，深证成指选样方法由按总市值、自由流通市值、成交金额综合排名选股调整为以成交金额为门槛、按总市值排名选股。

上证综指市场关注度高，2019年之前仅在新股计入时间方面做过3次调整。为提高上证综指的代表性，2020年6月19日，上交所正式公告修订上证综指编制方案，并于7月22日正式实施。本次优化主要包括三个方面：一是延长新股计入指数时间。将新股纳入上证综指时间由新股上市后第11个交易日调整为上市后1年，并设置大市值新股快速计入机制，即上市以来日均总市值排名在沪市前10位的股票于上市满3个月后计入。二是剔除风险警示股票。三是计入科创板股票。此次上证综指优化调整进一步提高了指数编制的科学性与合理性，更加准确地表征上海市场的整体表现。

THIRTY YEARS OF
CHINA'S CAPITAL MARKETS

中国资本市场
三十年

对外开放篇

第十一章　资本市场双向开放

第十二章　国际合作与交流

第十一章 资本市场双向开放

> 30年来,我国坚持利用国际国内两个市场、两种资源,学习借鉴国际最佳实践经验,在互利共赢的基础上,稳步推进资本市场对外开放。境内外市场互联互通持续深化,跨境投融资渠道逐步拓宽,行业准入不断扩大,跨境监管和执法合作日益提升,资本市场双向开放取得重大成就,服务实体经济的能力不断增强,国际影响力明显提升。

第一节 B股市场和企业境外上市

改革开放初期,我国企业发展逐步吸引了国际投资者的关注。与此同时,在国内资金供给有限的情况下,企业对外资的需求较为迫切。因此,在资本市场建立之初,就在交易所设立了B股,并允许境内企业赴境外上市,拉开了双向开放的序幕。

一、B股市场

B股是指人民币特种股票,以人民币标明面值,以美元或港元认购和交易。1992年2月21日,首只B股——上海真空电子器件股份有限公司在上交所上市。

1995年12月国务院发布的《关于股份有限公司境内上市外资股的规定》和1996年5月国务院证券委发布的《股份有限公司境内上市外资股规定的实施细则》,对申请发行境内上市外资股作出规定。截至1994年,沪、深两地B股公司筹集资金24.56亿美元,一定程度上缓解了企业的外汇资金短缺问题。之后,随着外汇资金逐渐充裕、国内企业境外上市不断增加,B股筹资功能逐渐弱化,市场交易低迷。1999年5月中国证监会发布《关于企业发行B股有关问题的通知》，取消了发行B股的企业所有制限制；2000年4月中国证监会发布《上市公司向社会公开募集股份暂行办法》，允许B股公司公开增发融资；2001年2月中国证监会发布《关于境内居民个人投资境内上市外资股若干问题的通知》，允许境内居民投资B股。这些措施在一定程度上促进了B股市场的发展。2014年5月9日，国务院发布《关于进一步促进资本市场健康发展的若干意见》，提出"稳步探索B股市场改革"。截至2020年末，沪深两市B股上市公司93家，其中，上交所48家，深交所45家，B股市场总股本为282.22亿股，总市值为0.12万亿元。

二、境内企业境外上市

境内资本市场建立之初，股份制企业境外上市工作启动。1993年7月15日，青岛啤酒成为首家在香港联交所上市的境内企业。为规范企业境外上市行为，1994年8月国务院发布《关于股份有限公司境外募集股份及上市的特别规定》，1997年6月国务院发布《关于进一步加强在境外发行股票和上市管理的通知》，1999年9月中国证监会发布《境内企业申请到香港创业板上市审批与监管指引》，建立了境内企业和境外中资控股企业到境外上市的法规制度。同时，中国证监会制定了相应规章，明确了境内企业境外上市的申请和审核程序、公司章程必备条款、公司治理、规范运作要求等事宜。

1997年亚洲金融危机爆发后，国有企业改革和改制上市加快推进，中石油、中石化、中国电信、中国移动等一批国有企业相继改制重组后在中国香港、纽约、伦敦、新加坡等地上市。2002年8月国家外汇管理局和中国证监会联合发布《关于进一步完善境外上市外汇管理有关问题的通知》，2003年6月《内地与香港关于建立更紧密经贸关系的安排》签署。之后，内地企业赴香港上市的数量进一步增加，H股公司成为香港市场重要组成部分。2004年7月，中国证监会发布《关于规范境内上市公司所属企业到境外上市有关问题的通知》，规范境内上市公司所属企业到境外上市的行为。2005年9月，深交所上市公司海王生物下属的海王英特龙在香港公开发行，并在香港联交所创业板上市。

2007年3月，中国证监会发布《关于境外上市公司非境外上市股份集中登记存管有关事宜的通知》，完善了境外上市公司非境外上市股份的管理工作，为这部分股份在境内外有序流通创造了条件。

表 11-1 境外上市外资股（H 股）筹资统计（截至 2020 年 12 月 31 日）

年度	家数			退市家数	净增家数	筹资额（亿美元）
	首次发行	增资发行	可转换债券			
1993	6	0	0	1	5	10.49
1994	11	0	0	3	8	22.34
1995	2	1	0	1	1	3.79
1996	6	1	1	1	5	12.12
1997	17	2	2	2	15	46.85
1998	2	2	0	0	2	4.57
1999	3	0	0	1	2	5.69
2000	6	0	0	0	6	67.90
2001	8	1	0	3	5	8.82
2002	16	1	0	3	13	23.23
2003	18	3	2	2	16	64.92
2004	18	8	1	4	14	78.26
2005	12	12	0	1	11	206.47
2006	23	11	0	4	19	393.48
2007	7	15	1	2	5	126.97
2008	5	6	0	0	5	45.56
2009	6	8	0	0	6	156.36
2010	7	15	0	0	7	353.80
2011	7	6	0	2	5	116.24
2012	10	6	0	2	8	158.75
2013	10	10	0	3	7	174.18
2014	21	17	0	2	19	369.59
2015	36	19	0	5	31	454.47
2016	18	11	2	3	15	245.83
2017	15	18	1	2	13	277.61
2018	17	19	1	0	17	209.75
2019	22	11	0	0	22	135.80
2020	14	13	0	0	14	215.34
合计					296	3989.17

资料来源：中国证监会。

为便利境内企业特别是中小企业融资，2012年12月中国证监会发布《关于股份有限公司境外发行股票和上市申报文件及审核程序的监管指引》，取消境外上市财务门槛，简化审核程序。2014年底以来，中国证监会进一步简化企业境外上市审核内容，取消发行定价限制，并对外公布审核进度。2017年7月，中国证监会明确H股公司境外再融资可以申请"一次核准、分次发行"。同年12月，H股"全流通"试点启动，按照积极稳妥、循序渐进的原则，以"成熟一家、推出一家"的方式有序推进试点。参与试点的企业和相关股东，在满足试点条件的前提下，可自主决定流通数量及比例等事宜，自主协商形成有利于公司长远发展的"全流通"方案。在总结评估试点情况的基础上，2019年11月，H股"全流通"改革全面推开。

> **专栏11-1：H股"全流通"改革**
>
> 长期以来，H股公司境内未上市股份境外上市流通缺乏明确的机制安排，该等股份无法在境外流通，市场价值难以得到完整体现。为解决市场关切，中国证监会于2018年开展H股"全流通"试点，依法核准联想控股（混合所有制企业）、中航科工（国有控股企业）和威高股份（民营企业）三家企业实施"全流通"，效果良好。在试点基础上，中国证监会于2019年11月14日发布《H股公司境内未上市股份申请"全流通"业务指引》，全面推开H股"全流通"改革。截至2020年11月，中国证监会依法核准15家企业H股"全流通"申请，共有246名股东持有的172.67亿股境内未上市股份获批参与H股"全流通"。
>
> H股"全流通"改革有利于促进H股公司各类股东利益一致和公司治理完善，助力境内企业更好地利用境内外两个市场、两种资源获得发展，也有利于中国香港资本市场发展。

第二节 合格境内外机构投资者制度

从2002年开始，我国逐步建立完善合格境内外机构投资者制度。引入合格境外机构投资者，增加了我国资本市场的长期资金供给，壮大了机构投资者队伍，促进改善了公司治理，有助于提高上市公司质量。

一、QFII、RQFII制度

合格境外机构投资者（QFII）、人民币合格境外机构投资者（RQFII）制度是我国在资本项目尚未完全开放的情况下，主动开放资本市场、引入国际证券资本的过渡性制度安排。在新兴市场对外开放进程中，韩国、印度、巴西等国和我国台湾地区均实施过QFII制度。借鉴上述国家和地区的经验，我国境内分别于2002年和2011年建立QFII制度与RQFII制度，允许合格境外机构投资者投资境内资本市场。

2002年11月，中国证监会、中国人民银行联合发布《合格境外机构投资者境内证券投资管理暂行办法》，开始QFII制度试点。2003年5月，瑞士银行和野村证券株式会社成为首批QFII。2006年8月，在总结试点经验的基础上，中国证监会、中国人民银行、国家外汇管理局联合发布《合格境外机构投资者境内证券投资管理办法》，中国证监会同时发布配套规则，进一步完善QFII制度。2012年7月，中国证监会发布《关于实施〈合格境外机构投资者境内证券投资管理办法〉有关问题的规定》，进一步放松管制，加强监管，优化QFII制度。

2011年12月，中国证监会、中国人民银行、国家外汇管理局联合发布《基金管理公司、证券公司人民币合格境外机构投资者境内证券投资试点办法》，启动RQFII试点。2013年3月，中国证监会、中国人民银行、国家外汇管理局联合发布《人民币合格境外机构投资者境内证券投资试点办法》，进一步扩大试点范围。

近年来，QFII、RQFII制度改革提速。2018年6月，国家外汇管理局宣布取消QFII、RQFII本金锁定期限制，取消资金汇出20%的比例限制，允许开展外汇套期保值交易。2019年9月，国家外汇管理局宣布取消QFII总额度限制，RQFII试点国家和地区及额度限制，以及QFII、RQFII单家机构投资额度限制，并于2020年5月正式实施。2020年9月，经国务院批准，中国证监会、中国人民银行、国家外汇管理局联合发布《合格境外机构投资者和人民币合格境外机构投资者境内证券期货投资管理办法》（以下简称《QFII、RQFII办法》），中国证监会同步发布配套规则。《QFII、RQFII办法》及配套规则自2020年11月1日起施行，主要内容包括：一是降低准入门槛，便利投资运作，将QFII、RQFII资格和制度规则合二为一；二是稳步有序扩大投资范围，新增允许QFII、RQFII投资全国中小企业股份转让系统挂牌证券、私募投资基金、金融期货、商品期货、期权等，允许参与债券回购、证券交易所融资融券、转融通证券出借交易；三是加强持续监管，加强跨市场监管、跨境监管和穿透式监管，强化违规惩处。截至2020年末，共有558家境外机构取得合格境外投资者资格，合格境外投资者境内资产合计12314.35亿元，其中股票类资产10038.21亿元，持股市值占A股流通市值的1.26%。

QFII、RQFII制度在促进资本市场稳定健康发展方面发挥了积极作用。一是为境内资本市场引入了长期资金。从QFII、RQFII机构类型看，资产管理公司、商业银行、证券公司、保险公司分别占70%、8%、8%、4%，境外央行、主权基金、高校捐赠基金、养老金等合计占10%，成为我国资本市场重要的长期投资者。二是促进了境内金融机构服务水平和竞争力的提升。境内证券公司、期货公司、基金管理公司、商业银行等金融机构为QFII、RQFII提供经纪、研究支持、投资管理、托管等服务，促使境内机构不断改进服务、增强竞争力和影响力。三是推动了人民币国际化进程。RQFII拓宽了离岸人民币资金投资渠道，增加了境外金融机构对人民币的需求，密切了境内外金融市场之间的相互联系。四是积累了跨境投资方面的监管经验。中国证监会与中国人民银行、国家外汇管理局建立了有效的分工协作监管机制，通过对QFII、RQFII实施有效监管，确保跨境投资平稳有序进行，为进一步扩大资本市场对外开放积累了监管经验。

二、QDII、RQDII 制度

为便利境内资金投资境外资本市场，我国分别在2006年和2014年推出合格境内机构投资者（QDII）和人民币合格境内机构投资者（RQDII）制度，允许合格境内机构投资者投资境外金融市场。

2006年4月，中国人民银行决定，为深化外汇体制改革，支持贸易投资便利化，促进国际收支基本平衡，允许符合条件的银行、基金公司和保险机构集合境内资金或购汇进行境外理财投资，为合格境内机构投资者制度的建立创造了条件。2006年8月，我国第一只QDII基金——华安国际配置基金以非公开募集形式先行试点。2007年6月，中国证监会发布《合格境内机构投资者境外证券投资管理试行办法》及配套规则，对境内机构投资者资格条件和审批程序、境外投资顾问、资产托管、资金募集、投资运作、信息披露等方面作出规定，正式开展证券经营机构的QDII制度试点。2007年10月，首批公开募集的4只QDII基金开始投资。截至2020年末，171家QDII机构获得投资额度1257.19亿美元，投资主体涵盖银行、银行理财子公司、基金公司、证券公司、信托公司、保险公司等。

2014年11月，中国人民银行发布《关于人民币合格境内机构投资者境外证券投资有关事项的通知》，建立RQDII制度。2018年6月，中国人民银行发布《关于人民币合格境外机构投资者境内证券投资管理有关问题的通知》，要求人民币合格机构投资者开展境外投资，不得将人民币汇出境外购汇。

第三节 互联互通机制

互联互通机制是我国资本市场双向开放的重要举措。近年来，我国资本市场互联互通逐步深化，广度、深度不断拓展，大幅度提升了跨境资本流动效率，为投资者提供了便捷的跨境投资渠道，促进了境内外市场的融合共赢。

一、沪深港通

沪港通和深港通，是指上交所、深交所分别与香港联交所建立的股票市场交易互联互通机制，便利两地投资者相互买卖对方交易所上市的规定范围内的股票。

2014年4月10日，中国证券证监会和香港证监会发布《中国证券监督管理委员会 香港证券及期货事务监察委员会 联合公告》，决定原则批准上交所、港交所、中国结算、香港结算开展沪港股票市场交易互联互通机制试点。2014年11月17日，沪港通业务正式启动，沪港两地证券市场成功实现联通。2016年8月，中国证监会与香港证监会发布联合公告，批准建立深港股票市场交易互联互通机制。2016年11月，中国证监会和香港证监会发布联合公告，决定批准深交所、香港联交所、中国结算、香港结算正式启动深港通。2016年12月5日，深港通正式启动。

沪深港通开通以来，交易结算机制和监管制度持续完善。2018年5月1日起，互联互通每日额度扩大至原来的4倍，其中沪股通及深股通每日额度调整为520亿元人民币，港股通每日额度调整为420亿元人民币。2018年9月26日和2020年1月13日，沪深港通北向和南向"看穿式"监管机制分别实施。2019年10月28日不同投票权架构公司股票首次纳入港股通标的，2020年11月27日沪深港三所就科创板股票、在港上市生物科技公司纳入沪深港通标的达成一致。此外，A股市场还在停牌机制、尾盘交易机制、外资持股上限管理方式等方面做了优化完善。

沪深港通机制建立后，总体运行平稳。截至2020年末，沪港通成交金额累计达28.75万亿元,其中北向沪股通20.39万亿元,南向港股通8.36万亿元;深港通成交金额累计达24.19万亿元,其中北向深股通19.81万亿元,南向港股通4.39万亿元。沪深股通渠道下境外投资者持股市值2.34万亿元,占A股流通市值的3.64%,成为外资配置A股的主要渠道。

资本市场互联互通机制和合格机构投资者制度的持续完善,为A股纳入国际指数创造了条件。2018年6月1日,明晟公司(MSCI)基于5%的纳入因子,把中国A股纳入MSCI新兴市场指数。2019年11月进一步将纳入因子提高至20%。2019年6月,富时罗素首次将A股纳入其全球股票指数系列。2020年6月,A股纳入因子如期提升至25%。2019年9月,标普道琼斯一次性将A股以25%因子纳入其全球宽基指数。截至2020年末,国际指数纳入的A股公司数量已占上市公司总数的近三分之一。

二、沪伦通

2015年10月,习近平主席对英国进行国事访问期间,中英政府宣布"双方支持上交所和伦交所就互联互通问题开展可行性研究"。在中英两地监管部门大力支持下,上交所与伦交所通力合作,完成互联互通可行性论证、业务方案和实施准备。

2019年6月17日,中国证监会和英国金融行为监管局发布了沪伦通《联合公告》,批准上交所和伦交所开展沪伦通。按照《联合公告》的安排,初期从存托凭证起步。沪伦通存托凭证业务包括东西两个业务方向。东向业务是指符合条件的伦交所上市公司在上交所主板上市中国存托凭证(简称CDR)。西向业务是指符合条件的上交所的A股上市公司在伦交所主板发行上市全球存托凭证(简称GDR)。在试点初期,GDR发行人可以在伦敦市场融资。CDR发行人仅可以在上交所上市,而不在境内融资。存托凭证和基础股票之间可以相互转换,并因此实现了两地市场的互联互通。同日,中英双方在伦交所举行沪伦通启动仪式。华泰证券发行的沪伦通下首只全球存托凭证(GDR)在伦交所挂牌交易。截至2020年末,已有4家A股上市公司通过沪伦通机制在伦交所发行上市GDR。

沪伦通是中英金融领域务实合作的重要内容,对拓宽双向跨境投融资渠道、促进中英两国资本市场共同发展、助力上海国际金融中心建设产生了积极影响。

第四节　证券基金期货行业开放

2001年12月加入世界贸易组织（WTO）后，我国坚持"引进来"与"走出去"相结合，逐步提升行业对外开放水平。近年来，证监会坚决贯彻落实中央关于新一轮高水平对外开放的战略部署，扎实推进证券基金期货行业高水平双向开放，并取得重要进展。

一、外资机构"引进来"

（一）证券公司

根据加入WTO的承诺，我国允许外资参股设立合资证券公司外资持有比例不超过33%，经营范围限于股票和债券承销、B股经纪、债券经纪和自营等业务。2002年6月，中国证监会发布《外资参股证券公司设立规则》，明确规定证券公司外资持股比例和经营范围等；2003年，中国证监会批准了加入WTO后设立的首家合资证券公司——华欧国际。2007年进一步修订《外资参股证券公司设立规则》，发布《证券公司设立子公司试行规定》，允许符合条件的合资证券公司扩大业务范围。

2012年，在第四次中美战略与经济对话成果中，我国承诺允许外国投资者在合资证券公司中持有不超过49%的股份，合资证券公司可从事股票和债券的承销和保荐，允许合资证券公司在持续经营满两年以上且符合有关条件的情况下申请扩大业务范围。

党的十八届三中全会提出"扩大金融业对内对外开放"，为我国证券业对外开放指明了方向。2017年8月，国务院发布《关于促进外资增长若干措施的通知》，要求"持续推进证券业对外开放"。2017年11月，我国对外宣布将单个或多个外国投资者直接或间接投资证券、基金管理和期货公司的投资比例限制放宽至51%，上述措施实施三年后，投资比例不受限制。2018年4月28日，经国务院批准，中国证监会发布《外商投资证券公司管理办法》，允许外资持股比例达到51%。

为贯彻落实党中央、国务院关于扩大金融业对外开放的决策部署，2019年6月，中国证监会宣布了9项进一步扩大资本市场对外开放的政策措施。2019年

7月20日,国务院金融委发布《关于进一步扩大金融业对外开放的有关举措》,将原定于2021年取消证券公司外资股比限制的时点提前到2020年。2020年3月13日,中国证监会明确自2020年4月1日起取消证券公司外资股比限制。截至2020年末,共有15家合资证券公司,其中有7家外资持股比例超过51%。

> **专栏11-2:2019年中国证监会宣布进一步扩大资本市场对外开放的9项政策措施**
>
> 一是推动修订QFII/RQFII制度规则,进一步便利境外机构投资者参与中国资本市场。
>
> 二是按照内外资一致的原则,允许合资证券和基金管理公司的境外股东实现"一参一控"。
>
> 三是按照内外资一致的原则,合理设置综合类证券公司控股股东的净资产要求。
>
> 四是适当考虑外资银行母行的资产规模和业务经验,放宽外资银行在华从事证券投资基金托管业务的准入限制。
>
> 五是全面推开H股"全流通"改革,更好服务企业发展。
>
> 六是加大期货市场开放力度,扩大特定品种的范围。
>
> 七是放开外资私募证券投资基金管理人管理的私募产品参与"港股通"交易的限制。
>
> 八是研究扩大交易所债券市场对外开放,拓展境外机构投资者进入交易所债券市场的渠道。
>
> 九是研究制定交易所熊猫债管理办法,进一步便利境外机构发债融资。

(二)基金管理公司

根据加入WTO的承诺,我国允许外国证券经营机构来华设立合资基金管理公司,从事国内证券投资基金管理业务,外资在加入时的持股比例最多可达33%,加入3年内可增加至49%。2002年6月,中国证监会发布《外资参股基金管理公司设立规则》,对合资基金管理公司的境外股东和参股比例等作出进一步规范。2002年12月,首家合资基金公司——招商基金管理有限公司获批成立。2004年9月,中国证监会发布《证券投资基金管理公司管理办法》,明确合资基金管理公司的外资比例不得超过49%。

2018年以来,基金业对外开放步伐加快。2018年4月28日允许基金管理公司外资持股比例达到51%,2020年4月1日取消基金管理公司外资股比限制。截至

2020年末,共有44家合资基金管理公司,占比33.3%。

证券投资基金托管业务加速开放。2020年7月10日,中国证监会和中国银保监会联合修订《证券投资基金托管业务管理办法》,允许外国银行在华分行申请基金托管资格,净资产等财务指标可按境外总行计算。执行中,外国银行在华子行一体适用。截至2020年12月,中国证监会已核准渣打银行、花旗银行和德意志银行在华子行的证券投资基金托管业务资格。

(三)期货公司

2007年11月底,商务部等部委颁布《外商投资产业指导目录(2007年修订)》,自12月1日起外资可以投资期货公司。2018年8月24日,中国证监会发布《外商投资期货公司管理办法》,符合条件的境外投资者持有境内期货公司股比可达51%。2020年1月1日,中国证监会取消期货公司外资股比限制。同年6月9日,中国证监会核准摩根大通期货变更股权申请,摩根大通期货成为我国境内第一家外资全资控股的期货公司。

(四)私募基金

2016年以前,按照《外商投资产业指导目录(2015年修订)》关于"证券投资基金管理公司"的要求,境外机构没有在境内设立控股公司开展私募证券投资基金业务的合法途径。为落实第七、八轮中美战略与经济对话、第七轮中英经济财金对话中有关对外开放的承诺,2016年6月,《私募基金登记备案相关问题解答(十)》发布,明确符合条件的外资私募证券投资基金管理人可在中国开展私募证券投资基金管理业务。截至2020年末,基金业协会共登记33家外资私募证券投资基金管理人,其中外商独资32家,合资1家,备案的100只产品规模为135.25亿元。

二、中资机构"走出去"

随着我国综合国力增强,国内企业参与国际资本市场的融资活动不断增多,居民和企业投资境外证券期货产品的意愿日趋增强,境内证券期货经营机构实施"走出去"战略,积极拓展跨境业务。部分境内证券期货经营机构在香港设立子公司,建立跨境业务平台。

为依法有序推动证券基金经营机构"走出去",2018年9月,中国证监会发布

《证券公司和证券投资基金管理公司境外设立、收购、参股经营机构管理办法》，主要内容包括维持适当门槛，整合两类机构走出去条件；规范业务范围，完善组织架构，明确过渡期要求；要求母公司加强管控，强化对境外子公司重大事项的管理等。2019年修订的《证券法》取消了对证券公司在境外设立、收购、参股证券经营机构的事前审批，改为事后备案管理。截至2020年末，34家证券公司在中国香港、新加坡、老挝共设立、收购或参股35家经营机构，26家基金管理公司在中国香港设立或收购26家经营机构。截至2020年末，期货公司在境外共设立21家一级子公司，其中20家位于中国香港，1家位于新加坡。

第五节　特定产品开放

近年来，我国资本市场对外开放的产品体系持续完善，境内外投资者的可投产品范围稳步扩大、投资便利度不断提升。

一、期货特定品种开放

2015年6月26日，中国证监会发布《境外交易者和境外经纪机构从事境内特定品种期货交易管理暂行办法》，建立了期货市场对外开放制度。按照成熟一个推出一个的思路，期货市场对外开放以特定品种的方式稳步推进。2018年3月26日，原油期货成功上市，成为我国首个对外开放的期货品种。同年5月4日，铁矿石期货引入境外交易者，成为我国首个对外开放的已有品种。此后，PTA、20号胶、低硫燃料油和国际铜期货先后作为特定品种引入境外交易者。2020年12月22日，棕榈油期货成为第7个特定品种。目前，国际化的期货品种总体运行平稳，相关产品价格的国际影响力不断增强。

> **专栏11-3：我国原油期货上市**
>
> 2018年3月26日，中国原油期货在上期所上海国际能源交易中心正式挂牌交易。作为我国首个对外开放的期货品种，原油期货从酝酿到正式上线历经17年的不懈努力，其成功上市是我国期货市场国际化的积极探索，对于形成反映中国和亚太地区石油市场供需关系的价格体系、助力我国金融市场对外开放意义重大。

> 原油期货总体方案为"国际平台、人民币计价、净价交易、保税交割",在平台建设、交易和交割方式、市场参与主体等制度安排上均有重大突破。为强化风险管理,原油期货沿用我国期货市场现行有效的监管体系,对境外交易者实行与境内交易者相同的"一户一码"、账户穿透等制度。上市以来,市场运行稳健,参与者稳步增加,各业务环节运作衔接顺畅,功能发挥效应逐步显现。

二、熊猫债券与"一带一路"债券

2015年12月,中国证监会启动了境外机构在交易所发行人民币公司债券(俗称"熊猫债券")的试点工作,支持符合条件的香港企业在交易所市场发行"熊猫债券"融资,在我国公司债券现行制度框架内选择优质境外企业试点发行人民币债券。2016年1月,中国燃气控股有限公司发行10亿元公司债,成为首单非公开发行的熊猫公司债券。2016年3月,越秀交通基建有限公司发行10亿元公司债,成为首单公开发行熊猫公司债券。截至2020年末,熊猫公司债累计发行79单,发行金额1282.70亿元。

中国证监会积极稳妥推进境内和"一带一路"沿线国家和地区的优质企业在沪深交易所发行"一带一路"债券。2017年3月,俄罗斯铝业联合公司在交易所发行了首只"一带一路"熊猫债券,发行规模15亿元。2018年1月,红狮控股集团有限公司作为境内企业首次发行"一带一路"公司债券。2018年3月,沪深交易所分别发布《关于开展"一带一路"债券试点的通知》,进一步明确了"一带一路"债券的发行主体范围和相关制度安排,相关主体可以通过三种方式在沪深交易所发行"一带一路"债券融资:一是"一带一路"沿线国家(地区)政府类机构在交易所发行的政府债券;二是在"一带一路"沿线国家(地区)注册的企业及金融机构在交易所发行的公司债券;三是境内外企业在交易所发行,募集资金用于"一带一路"建设的公司债券。截至2020年末,沪深交易所共发行"一带一路"债券33只,发行规模403.5亿元。

三、内地与香港基金产品互认

2015年5月22日,中国证监会与香港证监会签署《关于内地与香港基金互认安排的监管合作备忘录》,并发布配套规则《香港互认基金管理暂行规定》,规定自当年7月1日起允许符合一定条件的内地与香港基金,按照简易程序获得认可或许可在对方市场向公众投资者进行销售。互认实施初期,基金类型从运作成熟、简单透明的产品做起,包括常规股票型、混合型、债券型及指数型(含交易型开放式指数基金)。其中,香港互认基金在内地公开销售,应当成立1年以上,资产规模不低于2亿元人民币(或者等值外币),不以内地市场为主要投资方向,在内地的销售规模占基金总资产的比例不高于50%。2015年12月18日,中国证监会宣布,首批7只内地香港互认基金注册完成。截至2020年末,29只获批的北上互认基金中有25只在境内公开销售,合计销售保有净值约172.62亿元。50只获批的南下互认基金中有22只开始在中国香港地区公开销售,合计销售保有净值约5.70亿元。

四、ETF互通

2018年10月,中国证监会与日本金融厅签署《关于促进两国证券市场合作的谅解备忘录》,就进一步加强证券市场领域合作达成共识,提出"深化对中日ETF互通的可行性研究,便利本地投资者通过该机制投资于对方市场的ETF产品"。2019年4月22日,首届"中日资本市场论坛"期间,上交所与日本交易所集团签署ETF互通协议,双方约定合作建立两地市场ETF互通机制,计划分别上市以对方市场ETF为投资标的的ETF,具体由中日两国基金公司分别通过现行QDII和QFII机制设立ETF,并将全部或绝大部分基金资产投资于对方市场具有代表性的ETF产品。同年6月25日,首批8只产品在上交所与东京证券交易所同时上市。自中日ETF互通开通以来,ETF产品表现整体向好,运作平稳,丰富了跨境基金产品体系,是我国资本市场扩大开放的重要探索。

2019年2月,中共中央、国务院印发《粤港澳大湾区发展规划纲要》,指出要有序推进金融市场互联互通;8月,《关于支持深圳建设中国特色社会主义先行示范区的意见》中提出,有序推进与港澳金融市场互联互通,并建立资金和产品互通机制。深港ETF互通是两地资本市场深化合作、推进高水平双向开放、服务粤港澳大湾区和深圳先行示范区建设的重要举措。2020年10月23日,深港ETF互通开通仪式在深交所、港交所同时举行,首批4只产品在两个交易所同时上市,为两地投资者提供更加多元的投资选择。

第十二章 国际合作与交流

> 30年来，监管机构、证券期货交易场所和行业自律组织逐步加强对外交流与合作，主动参与国际金融治理规则制定，我国资本市场的国际地位和影响力日益增强。

第一节 跨境监管与执法合作

中国证监会加强与境外金融监管机构和国际金融组织的广泛合作，积极建设双边、多边监管合作机制，共同打击跨境证券违法犯罪行为，维护资本市场的透明、公正和高效，切实保护投资者合法权益。

一、确立跨境监管合作的法律基础

1994年，国务院发布《关于股份有限公司境外募集股份及上市的特别规定》，赋予中国证监会与境外证券监管机构签订谅解备忘录、开展跨境执法合作的权限。2005年《证券法》明确国务院证券监督管理机构可以和其他国家或者地区的证券监督管理机构建立合作机制，实施跨境监督管理。

2019年修订的《证券法》进一步明确了证券跨境监管合作的基本原则和具体要求，第一百七十七条明确国务院证券监督管理机构可以和其他国家或者地区的证券监督机构建立监督管理合作机制，实施跨境监督管理。要求境外证券监督管理机构在中国境内进行调查取证等活动，应当在跨境监管合作框架下进行。

此外，《证券法》明确了域外适用效力，第二条第四款增加了关于证券法必要的域外效力的规定，对扰乱境内市场秩序、损害境内投资者合法权益的境外证券发行交易活动，依法处理并追究法律责任。

二、深化跨境合作

（一）建立监管合作机制，打造良好监管合作关系

中国证监会与境外监管机构签署监管合作谅解备忘录，是境外金融机构进入中国资本市场、境内金融机构赴境外市场投资展业的必备条件。1993年6月19日，中国证监会、上交所、深交所、香港证监会、香港联交所共同签署了关于证券事务的《监管合作谅解备忘录》，成为中国证监会签署的第一份监管合作谅解备忘录（以下简称备忘录）。截至2020年末，中国证监会已与66个国家和地区的证券期货监管机构签署了双边备忘录，并与德国联邦金融监管局、法国金融市场管理局等多个境外监管机构签署了备忘录附函，就具体合作事项作出补充约定。中国证监会与境外监管机构建立合作框架，开展人员培训、监管信息互换和跨境执法协查等合作活动。

（二）积极参与跨境执法多边合作机制，提高执法合作水平

2007年4月，中国证监会成为国际证监会组织（IOSCO）《关于磋商、合作和信息交换的多边备忘录》的签署方，建立跨境执法合作机制。一是携手打击跨境违法行为。在IOSCO多边备忘录的框架下，中国证监会与境外监管机构通过跨境协查合作，加大对跨境证券违法行为的打击力度。2019年中国证监会共办理境外协查请求222件（含中国香港），为境外监管机构的执法活动提供支持；中国证监会商请10个境外证券监管机构办理40件执法协查请求，协助查处跨境证券违法违规行为。二是为互联互通提供执法保障。2014年和2016年，中国证监会与香港证监会共同签署了《沪港通项目下中国证监会与香港证监会加强监管执法合作备忘录》及《内地与香港股票市场交易互联互通机制下中国证监会与香港证监会加强监管执法合作备忘录》，为两地互联互通项目下的跨境监管和执法合作夯实了基础。

（三）强化跨境审计监管协作，严厉打击财务造假行为

中国证监会高度重视对会计师事务所的监管执法，积极推进与境外审计监管

机构的合作。截至2020年末，在IOSCO多边备忘录等执法合作框架下，中国证监会已向多家境外监管机构提供28家境外上市公司相关审计工作底稿，其中向美国证监会和美国公众公司会计监督委员会（PCAOB）提供的共计17家。2013年，中国证监会、中国财政部与美国PCAOB签署了执法合作谅解备忘录，建立了在执法项下向PCAOB提供审计工作底稿的合作机制。截至2020年末，已向PCAOB提供了4家在美上市公司审计工作底稿。中美双方积极探索会计师事务所日常检查的合作模式，于2016年至2017年对1家在PCAOB注册的中国会计师事务所开展了试点检查，并就联合检查方式保持沟通。

第二节　国际组织交流与合作

中国证监会积极参加国际多边、区域性和双边对话，主动参与国际金融治理机制建设，促进不同市场相互借鉴、共同发展。

一、积极参与证券监管国际合作与交流

（一）深入参与国际证监会组织（IOSCO）工作

IOSCO是证券监管领域最重要的国际组织和证券监管国际标准的制定者。中国证监会于1995年加入IOSCO，成为其正式会员。2006年至2012年，中国证监会主席担任IOSCO执委会副主席。2009年，中国证监会加入IOSCO技术委员会。2012年以来，中国证监会成为其理事会常任理事。一直以来，中国证监会主动参与相关国际政策与标准的制定，注重吸收借鉴国际最佳实践与有益经验。

（二）增进与其他国际组织的交流与合作

近年来，中国证监会积极参与世界银行、国际货币基金组织（IMF）、经济合作与发展组织（OECD）等国际组织工作。一是参与由世界银行和IMF联合开展的金融部门评估规划（FSAP）项目。2017年FSAP评估报告积极评价了中国证监会在防控风险、加强监管、深化改革、推动发展等领域取得的成绩，认为中国在投资者保护和市场风险监测方面的先进做法值得其他市场借鉴。二是参加世界银行营商环境评估工作。近年来我国营商环境排名大幅跃升，体现出我国在保护

中小投资者权益方面所做的长期努力。三是加入OECD公司治理委员会，积极支持和参与《G20/OECD公司治理原则》的实施工作，持续完善我国上市公司治理结构。四是配合参与二十国集团（G20）、金融稳定理事会（FSB）、金融行动特别工作组（FATF）等多边框架下的务实合作，积极落实与资本市场相关的金融监管改革承诺。

（三）充分发挥中国证监会国际顾问委员会的作用

经国务院批准，2004年6月中国证监会国际顾问委员会成立。国际顾委会是中国证监会的专家咨询机构，由境外金融监管高级官员、金融机构高管以及知名专家学者担任委员，现有委员15名，其中主席、副主席各1名。自2004年成立以来，国际顾委会每年召开一次会议，为促进中国证监会借鉴国际经验、加强国际交流合作、推进资本市场双向开放和稳定发展发挥了积极作用。

专栏12-1：中国证监会国际顾问委员会第十七次会议

中国证监会国际顾问委员会第十七次会议于2020年11月18日召开。会议研讨了国际经济金融形势和跨境监管合作相关议题。会议建议，面对新冠肺炎疫情下错综复杂的国际政治经济格局演变，中国证监会应当努力发挥资本市场在完善金融结构、促进经济复苏、降低宏观杠杆率和支持绿色可持续发展等方面的独特优势与重要作用，坚持改革开放，深化多边合作，共同应对全球风险与挑战。与会委员支持中美监管机构通过友好协商，妥善处理分歧，增进互信合作，共同打击上市公司财务造假等违法违规行为，保护投资者合法权益。

二、交易场所和自律组织积极参与国际合作

随着我国资本市场国际影响力不断提升，交易所、结算机构、行业组织积极参与国际和地区行业组织，发挥日益重要的作用。2002年10月沪深交易所成为世界交易所联合会正式会员，2012年10月上期所、郑商所、大商所和中金所成为其正式会员，2018年6月全国股转公司成为附属会员。截至2020年10月，上交所、深交所、中金所、中国结算、中国投保基金、中国证券业协会和中国证券投资基金业协会已成为IOSCO附属会员。此外，交易所和行业自律组织还积极参加其他国际和地区性行业组织，并在世界交易所联合会等多个国际组织中担任了重要职务。

近年来，我国证券交易所积极探索通过多种国际合作方式，抓住"一带一路"倡议重要机遇，促进中国资本市场与国际市场接轨。2015年11月，上交所、中金所和德意志交易所集团合资成立中欧国际交易所。2017年3月，上交所、深交所、中金所、中巴投资有限责任公司以及巴基斯坦哈比银行完成了巴基斯坦交易所40%的股权收购。2018年5月，上交所和深交所成功竞得孟加拉国达卡证券交易所25%股权。2018年7月，上交所持股25.1%的阿斯塔纳国际交易所（AIX）在哈萨克斯坦正式开业。2019年6月，由上交所、深交所和上交所公益基金会联合设立上海交易所国际交流合作中心，为资本市场服务"一带一路"建设提供有力支持。

THIRTY YEARS OF
CHINA'S CAPITAL MARKETS

中国资本市场
三十年

风险防控篇

第十三章　资本市场典型风险事件处置

第十四章　资本市场重点领域风险防范化解

第十三章　资本市场典型风险事件处置

纵观世界资本市场400多年的发展历史，资本市场的发展与风险一直相伴而生。从早期的密西西比泡沫、南海泡沫，到1929—1933年的大萧条，再到最近30多年接连爆发的1987年股灾、1997年亚洲金融危机、2007年美国次贷危机以及之后的国际金融危机，与资本市场相关的重大风险历历在目。中国资本市场设立30年来，在波动中成长，在曲折中前行。在党中央、国务院的坚强领导下，在有关方面的协同配合下，证监会牢牢坚持稳中求进工作总基调，坚持市场化、法治化、国际化方向，扎实推进资本市场改革开放，不断完善风险防控的体制机制安排，及时有效防范化解重点领域风险，促进资本市场长期平稳健康发展。

第一节　"8·10"事件始末

20世纪90年代初，我国股票发行实行的是额度管理。1992年2月，国务院批准上海、深圳两地股票公开发行规模和企业数量，其中深圳市有深南玻等12家企业拟公开发行股票3亿元。经过反复论证，深圳市政府确定新股发行沿用此前采取的购表抽签方案。具体方案为，发售新股抽签表500万张，中签率为10%，每人一次可持10个身份证购买10张抽签表，每张收费100元，每张中签表可认购1000股，未中签的还可以参加可转债的抽签。根据深圳市人民银行、工商局、公安局、监察局联合发布的公告，1992年8月9日至10日将在全市303个金融机构网点同时发售抽签表。

当时，股票市场总体处于供不应求的状态，新股发行价格远低于二级市场价格，赚钱效应较强，投资者认购积极，各地投资者大量收购身份证购买股票抽签表。据不完全统计，1992年8月9日上午抽签表正式发售时，排队人数已达120万人。由于排队人数众多，500万张抽签表早上9点开始发售，不到10点就被抢购一空。在这个过程中，许多网点销售秩序出现混乱。有的网点出现营私舞弊的现象，有的网点工作人员安插亲友插队买表，个别网点工作人员甚至从内部购买抽签表后高价倒卖。抽签表很快售罄，未购买到表的投资者不满情绪上升，舞弊现象的出现进一步加剧了广大群众的气愤情绪。1992年8月10日晚间，有群众打着"反腐败、反舞弊、要求公正"的标语到深圳市政府门前游行示威，围观群众和游行群众越来越多，个别不法分子甚至乘机闹事，使用暴力，出现打、砸、抢的行为。

"8·10"事件发生后，深圳市委、市政府召开紧急会议，决定采取应急措施，并发布紧急公告。一是明确指出擅自游行示威是非法的，要坚决打击打、砸、抢行为。二是表态坚决查清、严肃处理新股抽签表发售过程中的舞弊行为。三是增加抽签表供给。1992年8月11日下午开始，在各网点新增发售500万张新股认购抽签表兑换券。8月12日凌晨，兑换券基本售完，秩序较为良好。"8·10"事件导致深证综指遭受重创，从8月10日的310点跌至8月14日的285点，跌幅为8.1%。上证指数也出现大幅下跌。

1992年8月27日至9月5日，国务院办公厅、人民银行、国家体改委和国务院特区办组成联合调查组，对深圳市发售1992年新股抽签表发生的问题进行了调查研究，认为"8·10"事件的发生主要与决策失误、监管不力、营私舞弊、宣传导向存在偏差有关，并就妥善处理后续工作，查处营私舞弊人员，进一步搞好股票市场试点提出了工作建议。一个半月后，国务院证券委和中国证监会成立。

第二节　"327"国债期货事件始末

1992年下半年，我国经济出现偏热势头，宏观政策收紧，国债市场运行低迷，部分国债品种深度跌破面值。为提升国债市场吸引力，增加二级市场活跃度，1992年12月28日，上海证券交易所推出12个品种的国债期货标准合约。

327是国债期货合约的代号，该期货合约的标的是1992年发行、1995年6月到期兑付的3年期国债92（3），发行额度为246.79亿元，票面年利率为9.5%，其基础价格为票面价值100元加上3年合计利息28.50元，共计128.50元。当时，国内通货膨胀率居高不下，政府一般会对国债进行保值补贴和贴息。因此，保值补贴率的多少以及是否会进行贴息成为了影响327国债期货价格的主要因素。投资者对此看法不一。以万国证券、辽宁国发（集团）股份公司为代表的机构认为国家不会贴息，普遍看空。以中国经济开发投资公司为代表的机构认为国家会贴息，大举做多。双方在148元价格附近大规模建仓，形成多空对峙格局。

1995年2月23日上午，政府贴息的消息基本明朗。327国债期货价格出现明显上涨，交易量显著增加，做空机构出现大额亏损。部分做空机构开始止损，由空翻多。截至当日16时20分，上交所国债期货共成交5200亿元，超过日均交易金额的10倍以上。其中，空方持仓440万张，市场价格为151.30元。按此计算，空方当天浮亏26亿元。16时22分至16时30分，国债期货交易的最后8分钟，万国证券在大量透支保证金的情况下，连续在327国债期货合约上抛出2070万张卖单，成交1044.92万张，将327国债期货合约价格从151.30元打压至147.50元，导致当日开仓的多头全线爆仓。按此计算，万国证券盈利42亿元。

万国证券的蓄意违规行为，使国债期货市场发生严重混乱。事件发生后，有关部门采取了一系列措施。一是宣布异常交易无效。1995年2月23日晚10点左右，上交所宣布，23日16时22分13秒之后的交易异常，是某会员公司为影响当日结算价而蓄意违规，16时22分13秒之后的所有"327"品种的交易无效。该部分成交不计入当日结算价、成交量和持仓量。二是加强国债期货监管。暂停国债期货竞价交易，开设协议平仓专场，实行涨跌停板制度，对超规定标准持仓的仓位采取强行平仓，严禁会员公司之间相互借用仓位，严格国债期货资金使用管理。三是对万国证券提供短期拆借资金，应付挤兑。

1995年3月22日，由监察部牵头，中国证监会、财政部、最高人民检察院、中国人民银行、国家保密局等部门组成联合调查组，调查"327"国债期货事件。经过调查，"327"国债期货事件的直接责任方万国证券公司，违规联手操作，擅自超限额持仓，在市场异常波动、价格不断上扬的巨大压力下，严重违反交易规则，大量抛空单打压价格，造成了市场的极大混乱。有关部门根据有关法规，对有关责任人员分别作出开除公职、撤销行政领导职务等纪律处分和调离、免职等组织处理，涉嫌触犯刑法的移送司法机关处理。监管部门还对违反规定的证券机构进行经济处罚，取消相关期货经纪公司从事期货经纪业务资格。

1995年5月17日，中国证监会经请示国务院同意下发紧急通知，从5月18日起在全国范围内暂停国债期货交易试点。

2013年9月6日，5年期国债期货合约在中国金融期货交易所上市交易，标志着我国期货衍生品市场发展进入了一个新的阶段。

第三节　2015年股市异常波动的应对

A股市场发展30年来，也经历了成长中的烦恼，出现了数次比较大的波动。其中，2015年股市异常波动引起国内外高度关注。当时，我国已成为全球第二大经济体，股市市值最高超过70万亿元，市场下跌速度快，冲击当量大。党中央、国务院审时度势，果断决策，相关部门迅速行动，依法打好"组合拳"，遏制了股市恐慌情绪，防范住了一次可能发生的系统性风险。

一、股市异常波动过程

2014年7月起，我国股市在经历近5年的震荡调整后，开始恢复性回升，继而出现快速上涨，2014年7月初至2015年6月12日，上证综指、深证综指累计分别上涨152%和186%。截至2015年6月12日，上证综指、深证综指市盈率分别达到25倍和70倍。2015年3月12日至2015年6月12日，沪深两市日均成交金额1.48万亿元，单日成交金额最高达2.36万亿元，相比2014年日均约3000亿元的成交金额大幅增加。交易结算资金余额最高达3万亿元。投资者通过场内融资、结构化资管产品及场外配资等各种形式大规模加杠杆操作。经历过快上涨后，2015年6月15日开始，股指出现三轮大幅下跌。第一轮是2015年6月15日至7月8日，上证综指、深证综指17个交易日分别下跌32%和40%，大量获利盘回吐，各类杠杆资金加速离场，股指期货与现货指数交互下跌，市场多次出现千股跌停、千股停牌。第二轮是2015年8月18日至26日，A股与全球主要股指联动下跌。7个交易日上证综指、深证综指均下跌27%。第三轮是2016年前2个月，上证综指、深证综指分别下跌24%和29%。2016年1月1日起，A股市场引入熔断机制。1月4日、7日两个交易日A股市场因股指触发熔断阈值暂停交易，1月8日熔断机制暂停。

二、应对股市异常波动的主要措施

股市异常波动反映了我国股市不成熟，包括不成熟的交易者、不完备的交易制度、不完善的市场体系、不适应的监管制度。为应对股市异常波动，解决市场失灵问题，有关各方果断出手、迅速行动、综合施策，稳定市场，稳定人心。主要采取了以下措施：

一是注入流动性和平衡供求。人民银行以多种形式向市场提供流动性。中证金融公司采取市场化、多渠道方式筹集资金入市。中投公司、全国社保基金、证券公司、保险公司协同入市。鼓励国有上市公司及其大股东增持、回购股票。暂停新股发行，限制上市公司大股东和董监高6个月内减持。

二是完善市场规制。通过修订证券公司融资融券规则、调整银行业金融机构风控标准等措施，允许合约展期或调整担保品，缓解强制平仓压力。多种方式扩大证券公司融资渠道，允许证券公司发行与转让短期公司债券。提高股指期货交易保证金，限制日内投机开仓标准，提高交易手续费，抑制过度投机。

三是净化市场环境。证监会开展专项执法行动，对市场反映强烈、严重危害市场秩序的重大违法违规行为开展批次性的集中打击，严厉查办虚假陈述、内幕交易、操纵市场、非法经营证券业务、编造传播虚假信息等120起典型案件。大力清理场外配资，对参与场外配资的恒生电子等公司立案查处，规范证券公司信息系统外部接入行为。对出现异常交易的证券账户、涉嫌违法违规的股指期货账户采取限制交易措施。

四是加大政策支持力度。中共中央、国务院发布《关于深化国有企业改革的指导意见》。人民银行宣布降息降准。证监会、财政部、国资委、银监会四部委发文鼓励上市公司兼并重组、现金分红、回购股份。财政部、国税总局暂免征收持有期限超过1年的上市公司股票红利税。银监会鼓励银行业金融机构为上市公司回购提供质押融资。保监会提高保险资金投资蓝筹股票比例等。

上述措施对缓解流动性压力、改善市场预期、提振市场信心、营造良好的股市运行环境发挥了积极作用。在各方共同努力下，股市日均换手率、相对价差、价格冲击成本等主要流动性指标逐步好转，市场流动性枯竭基本消除，股市恐慌情绪得到初步遏制，没有造成严重的跨市场、跨机构风险传染，防范住了可能发生的系统性风险。尽管还有第二轮、第三轮下跌，但不再连续出现千股跌停、千股停牌的现象。2015年7月，境外媒体撰文指出，"中国监管层的联合发力让股市救市措施终见成效，一系列政策组合拳显示了本次政府坚决救市的态度"。

证监会深刻总结反思股市异常波动教训，将稳定市场、修复市场、建设市场有机结合起来，大力清理整顿各类非法配资，稳妥有序化解处置杠杆风险，完善并购重组、再融资、减持等制度，着力补齐制度短板，切实强化市场监管，净化市场生态环境。目前，股市杠杆资金较2015年高峰时下降约80%。2019年以来，在国务院金融委的统一指挥协调下，持续推进金融供给侧结构性改革，全面深化资本市场改革开放，加强市场基础性制度建设，坚定不移发挥市场内在机制作用，健全资本市场风险防控的体制机制，"零容忍"打击违法违规行为。在各方共同努力下，资本市场韧性和抗风险能力明显提升，经受住了中美经贸摩擦升级、新冠肺炎疫情等一系列外部冲击考验。

第十四章 资本市场重点领域风险防范化解

> 近年来,受周期性、结构性、行为性等因素影响,股票质押、债券违约、私募基金等资本市场重点领域风险有所抬头。证监会会同相关部门,加强风险监测和预警,完善风险防范处置工作机制,多管齐下、多措并举推动相关风险缓释和化解,上述重点领域风险总体收敛。

第一节 上市公司股票质押风险

一、主要背景

股票质押是上市公司股东将其所持有的股票依法出质,并融入资金的行为。1999年,首单质押业务产生。初期主要是银行、信托开展此类业务,以场外质押为主。2013年之后,场内质押业务快速发展,股票质押整体规模持续扩大,涉及上市公司数量、高比例质押大股东数量均明显增加。截至2018年底,涉及股票质押的上市公司数量达3433家,质押股份数量6345亿股,最多时有702家上市公司的第一大股东质押比例超过80%。股票质押已经成为了覆盖场内外市场、涉及众多上市公司、对二级市场具有重要影响的业务。

2018年以来,经济下行压力加大,民营企业经营扩张放缓,金融市场环境趋紧,二级市场股价持续下跌,前期粗放式、过度增长的股票质押融资业务风险加速暴露。在质押股票数量过多、余额过大、比例过高、期限错配的情况下,股价下跌导致股票质押融资跌破平仓线或出现违约,引发集中平仓、冲击市场平稳运行的担忧,加剧了风险传导和市场负面预期。2018年,股票质押风险暴露高峰时,触及平仓线的质押股票市值最高超过8000亿元。

二、化解股票质押风险采取的措施

近两年来,证监会会同有关部门,牢牢坚持底线思维,按照控增量、消存量的总体思路,从融资供需两端、场内场外市场两侧持续发力,平稳有序推进风险的防范化解工作,坚决避免集中平仓对股票市场平稳运行带来冲击。

一是强化场内业务监管。修订发布《证券公司风险控制指标计算标准》,提高股票质押融资业务相关风险资本准备计算标准,从源头上抑制证券公司业务盲目扩张冲动。修订发布股票质押融资业务相关自律管理规则,明确单只股票质押比例不得超过50%、质押率不得超过60%等量化风险管控要求,防止过度融资。督促证券行业强化风险管控,暂停证券公司参与场外股票质押融资业务,对股票质押融资增幅较大的证券公司加大监管力度。优化股票质押融资违约处置规则,便利风险出清。鼓励证券公司加强客户协商,通过市场化手段稳妥化解违约风险,减少二级市场直接处置。

二是压实大股东主体责任。修订发布上市公司股票质押公告格式指引,通过分层次信息披露要求,发挥市场的自我约束作用,引导大股东审慎办理质押融资。压实人股东风险化解主体责任,推动大股东采取多种方式压降质押比例,避免质押风险传导至上市公司。

三是推动跨部门协同监管。推动优化融资环境,更好地满足企业合理融资需求。推动商业银行、信托公司向银保监会及时完整报送股票质押信息,加强场内外股票质押信息交换,强化风险摸排和动态监测。加强市场舆论引导,推动市场理性认识股票质押风险实质,避免过度解读。

经过上述努力,股票质押风险形势较风险高峰时期明显改善,总体呈现趋势性好转态势。截至2020年末,共有2632只个股涉及股票质押融资业务,较2018年初下降801只,降幅23%,"无股不押"局面明显改观。高比例质押公司从最高峰的702家下降至294家。质押融资余额1.84万亿元,较2018年初减少26%,质押市值占A股市值比例较2018年末下降4.3个百分点。

第二节 债券违约风险

从成熟市场发展历程看,违约是债券市场市场化运行的必然现象,随着经济周期波动,债券违约率也随之上下变化。近年来,我国债券市场"刚性兑付"逐步打破。2014年,超日债违约成为近年来公募债券违约的首单案例。2018年以来,随着经济环境变化,债券市场信用风险事件有所增多,以交易所债券市场为例,2018年、2019年的债券违约金额分别为502亿元、575亿元,其中民营企业债券违约占比较高,少数国有企业信用风险也开始暴露。当前,我国债券违约率处于正常区间,信用风险总体可控。但未来一段时间,债券市场到期兑付压力仍然较大,债券违约风险仍需要高度重视。

为防范化解处置债券违约风险,证监会坚持市场化、法治化原则,会同多部门综合施策,维护债券市场正常秩序。

一是建立健全风险防控体系。明确内部职责分工,建立证监会、证监局、交易所、行业协会、登记结算机构"五位一体"的风险防控协作体系。与38个省和市的地方政府签订合作备忘录,强化在债券违约处置、打击逃废债等方面的协作。

二是加强风险排查监测。建立以受托管理人为抓手的多层次信用风险防范体系,证券业协会于2017年3月发布实施《公司债券受托管理人处置公司债券违约风险指引》。开展定期全面风险排查和不定期重点风险排查,提前做好违约风险应对,形成风险债券分类台账和责任倒查机制,重点追究突发违约的受托管理人责任。对已发生的违约事件分类施策,推动通过流动性支持、出售资产、债务重组、破产重整等不同方式化解风险。

三是加快债券市场生态建设。出台特定债券转让机制和匿名拍卖机制,解决违约债券的流通问题。推出债券购回、债券置换等债务管理工具,以减小兑付压力、缓释信用风险。协调推进发行人破产重整,支持持有人通过诉讼、仲裁等途径合法维权。2020年7月,证监会与人民银行、发改委密切合作,推动最高法出台《全国法院审理债券纠纷案件座谈会纪要》,优化债券纠纷案件审理程序,畅通法治化救济渠道,强化债券领域民事追责。

四是强化债券市场监管执法。对债券市场违法行为开展统一执法,加大对造假发行人及涉案中介机构的监管执法力度,推动对债券领域违法犯罪行为的刑事追责,坚决打击违法违规行为,保障投资者合法权益。

五是加大对民营企业债券融资支持力度。组织开展交易所债券市场信用保护工具业务试点,探索通过信用增进工具减少投资者购买民企债券的顾虑。支持符合条件的机构发行"纾困专项债",建立"绿色通道",提高发行效率。

第三节 私募基金风险

一、总体情况

近年来,私募基金行业发展较快,机构数量一度呈现爆发式增长态势,从2014年底的5388家大幅增加至2015年底的2.5万家。据不完全统计,截至2018年底,全国有近100万家机构名字中含有"投资""资产管理""基金"等字样。真私募与"伪私募""类私募""乱私募"并存,甚至一些高风险机构以私募基金之名,行非法集资和诈骗之实。

二、化解处置私募基金风险采取的措施

私募基金风险的出现,反映了相关市场主体规范运作水平不高、信用体系不完善、市场约束不强、监管制度环境有待完善等问题。证监会会同有关部门着力构建私募基金综合监管体系,稳妥有序做好私募领域风险防范处置工作。

一是推动完善私募基金监管法规制度。初步形成《证券投资基金法》《私募投资基金监督管理暂行办法》和自律规则等多层次的监管规则体系,逐步建立现场检查、风险应急处置、监管分工协作等工作机制,推动行业底线性要求和《私募基金管理条例》出台。

二是持续加大检查出清力度。证监会组织开展私募专项检查,分类处理,打击违法违规行为,地方证监局对私募机构开展现场检查近1900家次,处理处罚近600家次,指导基金业协会通过自律方式清理1.4万余家"空壳""失联"等私募机构。

三是强化私募基金风险监测预警。建设监管信息监管系统，构建风险监测指标体系，提高风险线索发现和预警能力。开展"线上+线下"全行业风险摸排，摸清风险底数，形成风险台账，分类施策，综合整治。通过组织风险排查，降低行业运行风险。

四是加强监管协作。与公安部签订执法协作备忘录，与地方政府建立信息共享和情况通报机制。推动构建部际联动、央地协作的风险防范处置机制。化解处置"阜兴系""金诚系"等重点私募基金风险。

五是推进私募基金行业生态建设。提升行业治理水平和专业能力，引导社会理性客观认识私募基金的性质、作用与风险，优化创投基金"反向挂钩"减持政策，畅通退出通道，引导社会理性客观认识私募基金的性质、作用与风险，多渠道、多场景开展私募基金投资者教育，倡导理性投资。

THIRTY YEARS OF
CHINA'S CAPITAL MARKETS

中国资本市场
三十年

法治监管篇

第十五章　法治保障

第十六章　监管体系

第十七章　投资者保护

第十五章　法治保障

> 资本市场是规则导向型市场，市场属性极强，规范要求极高。30年来，适应资本市场发展壮大的需要，证监会始终坚持市场化、法治化方向，立足国情，借鉴国际最佳实践，大力推动资本市场法治建设，法律体系日臻完善，执法效能不断提升，司法保障逐步加强，诚信建设全面推进，走出了一条具有中国特色的资本市场法治建设道路，对保障资本市场健康运行发挥了重要作用。

第一节　资本市场法律法规体系建设

经过长期发展，我国资本市场形成了一套以《公司法》《证券法》《证券投资基金法》等法律为核心，以行政法规、部门规章、司法解释、规范性文件为主干，以证券期货交易所、登记结算机构、行业协会等组织的自律规则为配套，具有中国特色的资本市场法律规范体系。截至2020年末，与资本市场相关的法律、行政法规、司法解释和政策性文件有近500件，规章规范性文件近750件，涵盖了发行上市、交易结算、公司治理、机构监管、信息披露、并购重组等资本市场各方面，总体实现了有法可依、有章可循，有力支持和保障了资本市场改革创新与稳定发展。

一、资本市场基础性法律法规初步确立

（一）初期探索的全国性和地方性法规

党的十一届三中全会把党和国家的工作重心转移到经济建设上来。1981年

1月,国务院颁布《国库券条例》,标志着债券发行市场在改革开放后重新开启。地方逐渐开始推行股份制试点,1984年至1986年,上海、北京、福建等省市出台了地方性法规,规范证券发行等行为。1987年3月,国务院先后颁布《企业债券管理暂行条例》和《关于加强股票、债券管理的通知》,允许中国境内具有法人资格的全民所有制企业发行债券,但对发行股票则保持审慎态度。

为适应社会主义市场经济的需要,建立和发展全国统一、高效的股票市场,国务院于1993年4月22日颁布《股票发行与交易管理暂行条例》,这是中华人民共和国成立后第一部规范股票发行与交易行为的法规。该条例在较长时间内成为规范全国范围内股票发行和交易行为的基本法规。

（二）资本市场基础性法律法规陆续出台

《公司法》颁布。为适应建立现代企业制度的需要,规范公司的组织和行为,保护公司、股东、债权人的合法权益,维护社会经济秩序,《公司法》于1993年12月29日颁布,并于1994年7月1日实施。《公司法》确立了我国公司的法律地位及其设立、组织、运行和终止等的基本法律准则,核心内容是规范有限责任公司和股份有限公司法人治理结构。同时,《公司法》对上市公司定义、股票上市条件、股票上市程序、股票上市交易、股票境外上市、上市公司信息披露、股票暂停上市、股票终止上市以及公司债券发行和转让等内容进行了规定,是最早规范证券市场的法律,为公司制确立和资本市场发展奠定了法律基础。

《证券法》颁布。20世纪90年代末,我国股票数量由最初的几十只增加到近千只,投资者数量也增加了几十倍。为适应市场快速发展的立法需要,《证券法》于1998年12月29日颁布,并于1999年7月1日实施。《证券法》对证券类型、证券市场监督管理体制、证券发行、证券交易、上市公司收购、证券交易所、证券公司、证券登记结算机构、证券服务机构、证券业协会和法律责任等作出规定。《证券法》是我国资本市场的基础性法律,它的颁布标志着证券市场在我国社会主义市场经济中的重要地位得到了法律确认,为规范我国资本市场发展提供了法律保障,为防范化解市场风险、培育发展市场、保护中小投资者合法权益提供了法律依据,是我国资本市场法治发展史上重要的里程碑。

《证券投资基金管理暂行办法》颁布。为有效解决"老基金"发行运作不规范、参与主体职责不清、投机性严重等问题,经国务院1997年11月5日批准,国务院证券委于1997年11月14日颁布《证券投资基金管理暂行办法》，对证券投资基金的设立、募集与交易，基金托管人、基金管理人和基金份额持有人权利义务、投资运作与监督管理等作出规定。我国证券投资基金业进入规范发展阶段。

《期货交易管理暂行条例》颁布。1993年和1998年的两次期货市场清理整顿，大幅减少了期货交易所、期货经纪公司和期货交易品种数量。在清理整顿的基础上，1999年6月，国务院颁布《期货交易管理暂行条例》，确立了期货市场的地位及监管体制，明确了期货交易所的设立、职责、业务规则、组织机构和会员管理以及期货经纪公司设立、业务范围、基本规则、监督管理等内容。我国期货市场进入法治化发展阶段。

此外，为了惩治破坏社会主义市场经济秩序犯罪，1999年12月25日，《刑法修正案（一）》通过，完善了内幕交易，编造并传播证券、期货交易虚假信息和操纵证券、期货市场等罪名的构成要件。

二、资本市场法律法规体系逐步健全

2001年12月，我国正式成为世贸组织成员，我国经济金融加速融入全球体系。在这一时代背景下，资本市场借鉴国际经验，加快推进市场化、法治化改革，切实维护市场秩序，防范金融风险，保护投资者合法权益。

《证券投资基金法》颁布。《证券投资基金管理暂行办法》颁布后，经过近5年规范发展，我国证券投资基金已初具规模。截至2002年6月，我国已上市基金56只，规模达936亿元，净值907亿元，约占当时我国股市流通市值的6%。为大力发展机构投资者、规范基金运作行为、完善基金管理公司内部治理结构，同时履行入世后放宽外资参股基金行业的承诺，2003年10月28日，《证券投资基金法》颁布，并于2004年6月1日实施，基金行业迎来首部法律。《证券投资基金法》对基金管理人、基金托管人、基金募集、基金份额的申购与赎回、基金的运作与信息披露、基金份额持有人权利等内容进行了规定，促进了证券投资基金和证券市场的健康发展。

《公司法》和《证券法》联动修订。为推动股票发行市场化定价，明确公司债券上市流程，2004年8月28日，《公司法》《证券法》作了小幅修正。2005年10

月27日,《公司法》《证券法》全面联动修订,在为市场创新提供支持的同时,也加大了对市场的监管力度,有助于规范市场行为,维护市场秩序,营造良好的投资环境,提供有效的权利保障机制。

专栏15-1:2005年《公司法》和《证券法》主要修订内容

一是积极稳妥推进市场创新。本次修订的《证券法》拓宽了证券市场创新的法律空间:将证券衍生品种的发行、交易纳入证券法的调整范围,丰富了市场产品;在坚持分业管理的前提下,增加了"国家另有规定的除外",为证券业和银行业、信托业、保险业的相互融合创造了条件;允许依法开展融资融券交易;允许现货交易以外的其他交易方式,使期货、期权等交易成为可能,丰富了交易机制;明确规定"依法拓宽资金入市渠道",将国有企业和国有资产控股的企业不得炒作股票的规定修改为"国有企业和国有资产控股的企业买卖上市交易股票的,必须遵守国家有关规定",为各类合规资金投资证券市场提供了法律保障;规定公开发行的证券可申请在证券交易所上市,也可申请在国务院批准的其他交易场所转让,丰富了多层次的市场体系。

二是切实加大对投资者的保护力度。突出强调了对投资者尤其是中小投资者合法权益的保护,补充完善了相应的制度,如建立证券投资者保护基金制度;强化了对投资者证券和资金安全的保护措施;完善股东对公司事务的知情权;进一步明确上市公司股东、董事、监事、高级管理人员的诚信义务及民事责任;补充和完善了内幕交易、操纵市场、欺诈客户等违法行为的民事赔偿制度。

三是完善上市公司治理和监管。针对上市公司治理存在的突出问题,本次修订《证券法》时引入上市公司董事、高级管理人员对公司定期签署书面确认意见的制度,要求上市公司董事、监事、高级管理人员应当保证上市公司所披露的信息真实、准确、完整,并加重其在虚假陈述中的赔偿责任;完善了上市公司收购制度,将收购方的实际控制人纳入监管范围,将强制性全面要约收购调整为允许比例要约收购,增加了收购制度的弹性,提升了市场资源配置效率。本次修订的《公司法》突出了对公司治理结构的要求,健全了董事会制度,强化了监事会职权,并专节设立"上市公司组织机构的特别规定",就上市公司购买、出售重大资产或者重大担保,独立董事,董事会秘书,关联董事回避等制度做出了规定;完善了信息披露制度,细化了法律责任。

四是促进证券公司的规范和发展。完善证券公司设立制度,提高证券公司设立条件,对其股东特别是大股东的资格做出要求;对证券公司实行按业务分类监管,改变将证券公司分为综合类证券公司和经纪类证券公司的单一业务监管模式;

> 建立以净资本为核心的监管指标体系,确立证券公司高级管理人员任职资格管理制度;增加了对证券公司及其股东、董事、监事、高级管理人员的监管措施,明确了法律责任。同时,本次修订的《证券法》拓展了证券公司的业务创新空间,如开办融资融券、资产管理业务、到境外设立分支机构等,提升证券公司的国际竞争力。
>
> 五是完善证券发行、上市制度。为规范公开发行制度,完善统一监管,明确了公开发行和非公开发行的界限;为进一步提高发行审核透明度,规定了证券发行前公开披露信息的制度,强化社会公众的监督;肯定了证券发行、上市保荐制度,进一步发挥中介机构的市场服务职能;将证券上市核准权赋予证券交易所,强化交易所的监管功能。此外,本次修订的《证券法》调整了证券登记结算制度,充实了证券监管机构的执法权限和手段,细化了对证券违法行为的处罚等。

为适应期货市场发展,拓展期货监管范围,2007年3月,国务院对《期货交易管理暂行条例》作了全面修订,形成《期货交易管理条例》,将适用范围从原来的商品期货交易扩大至商品、金融期货和期权合约交易,着力保护期货交易各方的合法权益和社会公共利益,推动了期货市场健康发展。

为增强证券犯罪条文可操作性,提高证券犯罪处罚力度,严厉打击证券犯罪,2006年6月,《刑法修正案(六)》通过,确立了"背信损害上市公司利益罪",有效遏制了大股东违背忠实义务、侵占上市公司资产的问题。2009年2月,《刑法修正案(七)》通过,增加了"利用未公开信息交易罪",修改"内幕交易、泄露内幕信息罪",确立了"老鼠仓"和利益输送行为的刑事责任,大大提高了对违法行为的司法威慑力度。

这一时期,为积极稳妥解决股权分置问题,自2005年4月起,证监会先后出台《关于上市公司股权分置改革试点有关问题的通知》《关于上市公司股权分置改革的指导意见》《上市公司股权分置改革管理办法》等一系列文件,推动了股权分置改革顺利进行。为巩固证券公司综合治理成果,2008年4月和6月,国务院先后颁布《证券公司风险处置条例》和《证券公司监督管理条例》,搭建了证券公司监管主要框架,强化证券公司风险监管和客户资产安全监管,完善市场准入和市场退出安排,将证券公司治理监管延伸到大股东、实际控制人等方面,为证券公司持续健康发展奠定了法律基础。

三、新时代资本市场法治建设稳步推进

《证券投资基金法》修订。随着经济和金融体制改革的不断深化与资本市场的快速发展,我国基金业发生了很大变化,当时《证券投资基金法》的部分规定已不能完全适应市场发展新形势和基金监管的需要,迫切需要进行修改。2012年12月28日,《证券投资基金法》修订,并于2013年6月1日实施,该法对增强行业公信力和市场吸引力,促进培育养成专业、长期、理性的投资文化,推动资本市场稳定健康发展,具有重要而深远的意义。

专栏15-2:2012年《证券投资基金法》主要修订内容

一是适当扩大调整范围。新《证券投资基金法》明确了"公开募集"与"非公开募集"的界限,将私募基金作为具有金融属性的金融产品纳入规制范围,并在基金合同签订、资金募集对象、宣传推介方式、基金登记备案、信息资料提供、基金资产托管等方面,设定与公募基金明显不同的行为规范和制度安排。同时,按照功能监管的理念,统一金融机构私募基金业务的执业规则和监管要求,对名为公司或者合伙企业、实为私募基金的机构,适用相同的监管标准。

二是以放松管制、加强监管为导向,促进公募基金向财富管理机构全面升级转型。一方面,新《证券投资基金法》在市场准入、投资范围、业务运作等方面为公募基金大幅"松绑":第一,简政放权,大幅弱化行政审批,减少对基金管理人的任职核准项目,取消基金托管人的任职核准,取消基金管理人设立分支机构核准、5%以下股东变更核准,以及变更公司章程条款审批等项目,将基金募集申请由须作出实质性判断的"核准制"改为仅需作合规性审查的"注册制";第二,从主要股东的资质等方面,降低基金管理人的市场准入条件,允许基金管理人通过专业人士持股等方式,强化激励约束机制;第三,在控制风险的基础上,扩大基金财产的投资范围,适当放松基金关联交易和从业人员买卖证券的限制;第四,为合伙制基金管理人、保险资产管理公司等金融机构及符合条件的私募基金管理人从事公募业务,商业银行之外的其他金融机构从事基金托管业务,留足法律空间。另一方面,新《证券投资基金法》立足于防范业务风险、切实保护投资者合法权益,在行为要求、监督管理和责任追究等方面同步"收紧":第一,将基金管理人的股东及其实际控制人纳入监管范围,防范其擅自干预基金经营活动,禁止其要求基金管理人利用基金财产进行利益输送;第二,要求基金管理人和基金托管人计提风险准备金,增强抵御风险的能力;第三,有针对性地增加从业人员"基金份额持有人利益优先"的利益冲突处理原则,补充其勤勉尽责、诚实信用等受

托义务,禁止其从事"老鼠仓"交易等背信行为;第四,进一步丰富查封、冻结等执法手段和监管措施,加大监管权力和责任,特别是补充了接管、托管、撤销等对基金管理人的风险处置措施;第五,增补大量法律责任条款,明确市场禁入制度,提高处罚力度,增加违法成本,健全民事赔偿、行政处罚、刑事制裁相协调、全覆盖、多层次的责任体系。

三是以市场化为重点,促进中介服务机构和行业自律的作用发挥。第一,健全基金治理结构,补充了基金份额持有人大会的"二次召集"制度,同时,参照公司治理的机理和有限合伙企业的运行机制,允许基金份额持有人大会设立常设机构,增加部分基金份额持有人作为基金管理人并承担无限连带责任的规定。第二,发挥中介机构的作用。新《证券投资基金法》完善了基金销售机构、基金份额登记机构、律师事务所、会计师事务所等机构的监管规定,补充了基金销售支付、估值、投资顾问、评价、信息技术系统服务等机构的监管规定。允许基金管理人将投资决策之外的非核心业务外包。第三,鼓励行业自律管理。专门增加了"基金行业协会"一章,详细规定了协会的性质及组成、组织构架及主要职责等内容,专门规定了协会履行私募基金管理人登记、基金产品备案的职责。

《公司法》专项修正。为完善股份回购制度,充分发挥股份回购制度在优化资本结构、稳定公司控制权、提升公司投资价值、建立健全投资者回报机制等方面的重要作用,2018年10月26日立法机关对《公司法》第142条公司股份回购条款进行修正,增加回购情形,适当简化回购决策程序,建立健全股份公司库存股制度,为上市公司通过股份回购开展并购重组,优化治理结构提供了有力法律支持。

《证券法》全面修订。为贯彻落实党的十八届三中、四中全会精神,着力满足股票发行注册制改革的立法需求,2015年12月,十二届全国人大常委会第十八次会议通过了授权国务院在实施股票发行注册制改革中调整适用《证券法》有关规定的决定,为在《证券法》全面修改工作完成前推进股票发行制度改革提供了法律依据;2018年2月,十二届全国人大常委会第三十三次会议又做出决定,将上述授权期限延长两年至2020年2月29日。2019年12月28日,为贯彻落实注册制改革决策部署,建立健全多层次资本市场体系、加强投资者保护,推动证券行业创新发展,加强事中事后监管,《证券法》再次全面修订,修改166条、删除24条、新增24条。本次《证券法》修订,系统总结了多年来我国证券市场改革发展、监管执法、风险防控的实践经验,在深入分析证券市场运行规律和发展阶段性特点的基础上,作出了一系列新的制度改革完善,为证券市场全面深化改革落实落地,有效防控市场风险,提高上市公司质量,切实维护投资者合法权益,促进证券市场服务实体经济功能发挥提供了坚强的法治保障。

专栏15-3：2019年《证券法》主要修订内容

一是全面推行证券发行注册制度。在总结上海证券交易所设立科创板并试点注册制的经验基础上,新证券法贯彻落实十八届三中全会关于注册制改革的有关要求和十九届四中全会完善资本市场基础制度要求,按照全面推行注册制的基本定位,对证券发行制度做了系统的修改完善。同时,考虑到注册制改革是一个渐进的过程,新证券法授权国务院对证券发行注册制的具体范围、实施步骤进行规定,为有关板块和证券品种分步实施注册制留出了必要的法律空间。

二是显著提高证券违法违规成本。新证券法大幅提高对证券违法行为的处罚力度。如对于欺诈发行行为,从原来最高可处募集资金百分之五的罚款,提高至募集资金的一倍；对于上市公司信息披露违法行为,从原来最高可处以六十万元罚款,提高至一千万元；对于发行人的控股股东、实际控制人组织、指使从事虚假陈述行为,或者隐瞒相关事项导致虚假陈述的,规定最高可处以一千万元罚款等。同时,新证券法对证券违法民事赔偿责任也作了完善。

三是完善投资者保护制度。新证券法设专章规定投资者保护制度,包括区分普通投资者和专业投资者,有针对性地做出投资者权益保护安排；建立上市公司股东权利代为行使征集制度；规定债券持有人会议和债券受托管理人制度；建立普通投资者与证券公司纠纷的强制调解制度；完善上市公司现金分红制度。为适应证券发行注册制改革的需要,新证券法探索了适应我国国情的证券民事诉讼制度,规定投资者保护机构可以作为诉讼代表人,按照"明示退出""默示加入"的诉讼原则,依法为受害投资者提起民事损害赔偿诉讼。

四是进一步强化信息披露要求。新证券法设专章规定信息披露制度,包括扩大信息披露义务人的范围；完善信息披露的内容；强调应当充分披露投资者作出价值判断和投资决策所必需的信息；规范信息披露义务人的自愿披露行为；明确上市公司收购人应当披露增持股份的资金来源；确立发行人及其控股股东、实际控制人、董事、监事、高级管理人员公开承诺的信息披露制度等。

五是完善证券交易制度。优化有关上市条件和退市情形的规定；完善有关内幕交易、操纵市场、利用未公开信息的法律禁止性规定；强化证券交易实名制要求,任何单位和个人不得违反规定,出借证券账户或者借用他人证券账户从事证券交易；完善上市公司股东减持制度；规定证券交易停复牌制度和程序化交易制度；完善证券交易所防控市场风险、维护交易秩序的手段措施等。

六是落实"放管服"要求取消相关行政许可。包括取消证券公司董事、监事、高级管理人员任职资格核准；调整会计师事务所等证券服务机构从事证券业务的监管方式，将资格审批改为备案；将协议收购下的要约收购义务豁免由经证监会免除，调整为按照证监会的规定免除发出要约等。

七是压实中介机构市场"看门人"法律职责。规定证券公司不得允许他人以其名义直接参与证券的集中交易；明确保荐人、承销的证券公司及其直接责任人员未履行职责时对受害投资者所应承担的过错推定、连带赔偿责任；提高证券服务机构未履行勤勉尽责义务的违法处罚幅度，由原来最高可处以业务收入五倍的罚款提高到十倍，情节严重的，并处暂停或者禁止从事证券服务业务等。

八是建立健全多层次资本市场体系。将证券交易场所划分为证券交易所、国务院批准的其他全国性证券交易场所、按照国务院规定设立的区域性股权市场等三个层次；规定证券交易所、国务院批准的其他全国性证券交易场所可以依法设立不同的市场层次；明确非公开发行的证券，可以在上述证券交易场所转让；授权国务院制定有关全国性证券交易场所、区域性股权市场的管理办法等。

九是强化监管执法和风险防控。明确了证监会依法监测并防范、处置证券市场风险的职责；延长了证监会在执法中对违法资金、证券的冻结、查封期限；规定了证监会为防范市场风险、维护市场秩序采取监管措施的制度；增加了行政和解制度，证券市场诚信档案制度；完善了证券市场禁入制度，规定被市场禁入的主体，在一定期限内不得从事证券交易等。

十是扩大证券法的适用范围。将存托凭证明确规定为法定证券；将资产支持证券和资产管理产品写入证券法，授权国务院按照证券法的原则规定资产支持证券、资产管理产品发行、交易的管理办法。同时，考虑到证券领域跨境监管的现实需要，明确在我国境外的证券发行和交易活动，扰乱我国境内市场秩序，损害境内投资者合法权益的，依照证券法追究法律责任等。

2020年12月26日，《刑法修正案（十一）》通过，并于2021年3月1日起正式施行。本次刑法修改，是继2019年证券法修改完成后涉及资本市场的又一项重大立法活动。主要包括：与以信息披露为核心的注册制改革相适应，大幅提高欺诈发行、信息披露造假等犯罪的刑罚力度；强化对控股股东、实际控制人等"关键少数"的刑事责任追究；压实保荐人等中介机构的"看门人"职责；拓宽欺诈发行犯罪的规制范围，增加新型操纵市场行为，与《证券法》修订保持有效衔接。

《期货交易管理条例》先后于2012年10月、2013年7月、2016年2月和2017年3

月多次修订,主要是明确期货交易场所、完善期货交易所职能、规定其他期货经营机构从事期货投资咨询业务的要求等,旨在规范商品期货、金融期货的交易行为,维护期货市场秩序,促进期货市场发展。

30年来,证监会高度重视规章、规范性文件制定工作。经过多年发展,建立了覆盖证券发行上市、上市公司及公众公司监管、证券交易结算、证券公司等中介机构监管、公募基金监管、私募市场及区域性股权市场监管、期货及衍生品监管、监管执法和对外开放等资本市场运行各方面各环节的规章、规范性文件,形成了较为完备的制度规范体系。与此同时,证监会同步做好制度规则的清理整合。自1999年12月证监会发布《关于废止部分证券部门规章的通知》至今,已发布14批次废止证券期货规章的决定。2020年以来,为贯彻落实新证券法及国务院"放管服"改革有关精神等,进一步提升资本市场法规体系规范化水平,证监会持续开展证券期货规章制度系统性清理,不断把相关工作向纵深推进。除集中组织对规章、规范性文件进行清理外,还着力清理监管问答、部函、通报、监管动态等制度文件。截至2020年末,分四批"打包"修改、废止制度文件168件。与此相应,证监会加快职能转变,扎实推进行政审批制度改革,2013年至2020年末,共计取消38项行政许可事项,以及证券公司变更业务等4项中的部分情形。

第二节 资本市场执法体制建设

证券期货执法作为证券监管的基础职能和核心工作,是维护公开、公平、公正的市场秩序,确保资本市场法律实施,促进资本市场稳定健康发展的根本保障。证监会坚决贯彻党中央、国务院决策部署,认真落实"建制度、不干预、零容忍"的工作要求,依法从严打击资本市场各类违法违规活动,持续完善执法体制机制建设,强化稽查执法力度,不断提升执法效率,显著提高违法违规成本,通过逐步构建起权威高效、立体多元的资本市场执法体系,严肃市场纪律,维护市场秩序,为资本市场高质量发展营造了良好的市场环境。

一、稽查执法

近三十年来,稽查执法逐步形成了统一指挥、科学分工、密切协同、运转高效的执法体系,在我国资本市场历次发展关键时期发挥了不可替代的重要作用,成为防范化解重大风险、保护投资者合法权益的有力保证。

(一)集中统一的稽查体制逐步形成

1993年8月,国务院证券委授权证监会查处证券违法违规行为,证监会在法律部设立稽查处,负责重大证券违法案件、综合性案件的调查和审理处罚,会内各业务部、室负责各自业务范围内一般证券违法案件的调查和审理处罚。

1995年11月,证监会设立稽查部,负责证券市场违法案件调查和审理处罚。1996年3月和11月,证监会分两批对35家省市证监会、证管办进行了授权,明确地方证券监管部门稽查办案工作职权。1998年9月,证监会将稽查部更名为稽查局,建立垂直管理体制,在9个大区设立9个证管办,在除西藏以外的派出机构设立稽查处。

1999年12月,证监会发布《中国证监会调查处理证券期货违法违规案件基本准则》《中国证监会调查处理证券期货违法违规案件证据准则》《中国证监会办理交办证券期货违法违规事项的规定》等规范性文件,稽查工作步入法制化、制度化、规范化轨道。

2000年9月,证监会确立由稽查局统一主管案件的立案、听证、调查、审理处罚,法律部、会计部参与把关的机制,并在9个大区设立稽查局,与证管办一个机构两块牌子,负责大区内证券期货违法违规案件。2001年4月,九大区稽查局正式挂牌成立。

2002年6月,证监会发布《关于调整部分稽查工作职能的通知》,将原稽查局更名为稽查一局,负责调查证券欺诈发行、虚假陈述等违法违规案件,同时成立稽查二局,专司查处市场操纵和内幕交易案件。

2007年11月,证监会决定将稽查一局、稽查二局合并为稽查局(首席稽查办公室),并成立稽查总队专门负责承办跨区重大案件,稽查执法实现统一管理。

2012年12月,稽查总队设立上海支队、深圳支队。2013年8月,上海、深圳专员办分别与稽查总队上海支队、深圳支队合署办公,明确了专员办的稽查执法职能,主要负责重大案件调查。

目前,证券行政执法已形成稽查局协调指挥,稽查总队、派出机构、交易所各司其职、多位一体的工作机制,逐步确立了"统一指挥、分工协作、查审分离"的执法体制。同时，在日常稽查执法过程中，注重加强与工信部、中国人民银行、审计署、银保监会等部门的协同配合。与银保监会联合印发银行资金电子化查询工作意见，优化涉案资金查询机制。与最高检、最高法和银保监会、公安部等部门联合推进银行资金账户电子化查询结果证据化工作。

（二）加强与公安机关协作，提高精准打击能力

证监会高度重视与公安机关的执法协作机制建设，不断增强执法合力。2002年1月，公安部设立证券犯罪侦查局，派驻证监会，负责侦查证券犯罪。随后，行政刑事执法合作不断强化。2008年4月，公安部在北京、大连、上海、武汉、深圳、成都设立证券犯罪侦查局直属分局，直接承办证券期货领域重特大刑事案件。不断优化与公安机关的执法合作机制，加强在联合调查、情报导侦、信息共享、分析研判、培训交流等方面合作的广度和深度，共同打击各类证券期货违法犯罪。2019年以来，对54起案件启动情报导侦，快速突破罗山东系列案、金逸影视案等一批社会高度关注、违法性质恶劣的重大典型案件，推动吴承泽跨境操纵市场、獐子岛财务造假等重大案件办理。2020年累计向公安机关移送8个批次共计99起涉嫌证券期货犯罪案件，通报17起涉嫌犯罪线索。截至2020年末，近十年来，证监会及派出机构累计向公安机关移送案件及线索596件，对证券期货各类违法违规行为形成有力震慑。

（三）强化稽查执法权限

1993年《股票发行与交易管理暂行条例》仅规定证监会有权进行调查及检查。1998年《证券法》规定了5项监管措施，即调查取证、询问、查阅复制记录、封存、查询账户及申请司法冻结。2005年修订的《证券法》新增现场检查、查阅复制财产登记及通讯资料、限制股票买卖、查询银行账户，以及经证监会主要负责人批准，可以自行启动冻结或者查封等措施。2019年修订的《证券法》进一步增加要求被调查人报送资料、扣押文件资料、通知出入境管理机构限制相关人员出境、责令改正、监管谈话、出具警示函等措施。

（四）进一步提升稽查执法效能

2018年5月，印发《稽查执法科技化建设工作规划》，开展数据集中、数据建模、取证软件、质量控制、案件管理、调查辅助等"六大工程"建设。成立了

证券期货违法违规案件线索分析处理中心和证券期货违法违规行为举报中心。出台改进和加强证券期货违法违规线索发现处理工作的专门文件，提升线索发现精准度。实行案件分层分类分级管理，突出执法重点。编制证券期货违法违规案由清单，强化依法办案。制定案件调查证据基本规范和类案调查证据规范，规范执法程序和标准。2019年11月，确立"总对总"线索平行移送机制，完善公司机构类、异常交易类案件线索发现机制，突出对重大案件线索的及时发现和快速查处。强化稽查执法与日常监管的工作协同，落实辖区监管责任制，突出稽查部门重点查办重大案件职责，持续优化执法资源配置，集中查办了一批市场关切、影响恶劣的上市公司恶性违法案件，其中信息披露违法案件数量占新增案件数量的比例由2016年的13%提高至2020年的27%。

始终坚持依法监管、从严执法，坚决打击各类违法违规行为。截至2020年末，近10年来证监会启动调查3990件，其中立案调查涉嫌信息披露违法案件516件、涉嫌操纵市场案件339件、涉嫌内幕交易案件809件、涉嫌利用未公开信息交易案件111件，严肃查办了一批情节严重、影响恶劣的大案要案，对市场形成强有力的震慑和警示。

2019年以来，围绕进一步提升稽查处罚效能的重点改革任务，证监会调整稽查执法案件查处机制和工作流程，优化线索筛查和协作机制建设，着力构建重点突出、前台驱动、合理分工、高效协同、相互制衡的监管执法新格局。2020年11月2日，中央全面深化改革委员会第十六次会议审议通过了《关于依法从严打击证券违法活动的若干意见》，指出"要加快健全证券执法司法体制机制，加大对重大违法案件的查处惩治力度，夯实资本市场法治和诚信基础，加强跨境监管执法协作，推动构建良好市场秩序"，标志着"零容忍"打击重大证券违法活动上升到了一个新高度。

二、行政处罚

（一）"查审一体"阶段

1992年10月证监会成立之初，尚无行政调查和处罚权。1993年8月，国务院证券委授权证监会查处证券违法违规行为。同年11月，证监会颁布《中国证券监督管理委员会调查处理证券违法违纪案件试行办法》，由案件调查部门同时负责案件的审理和处罚工作，实行"查审一体"的行政执法体制。

（二）"查审分离"的确立

随着资本市场快速发展，早期形成的"查审一体"行政执法体制愈发不适应新形势下的执法需要。2002年4月25日，证监会颁布《关于进一步完善中国证券监督管理委员会行政处罚体制的通知》，将案件调查权与审理处罚权分离，并同时设立行政处罚委员会，负责案件审理及处罚，由证监会有关业务部门负责人、派出机构主要负责人兼任委员，日常工作由法律部负责。"查审分离"体制初步确立。

（三）成立独立的行政处罚委员会

2006年10月，证监会在认真总结2002年"查审分离"实践经验的基础上，借鉴发达国家在监管机构中设立相对独立的履行审理处罚职责的"行政法官"制度，对证券执法体制进一步进行了改革。其中，最重要的成果是经国务院批准，于2007年设立了专职化的行政处罚委员会及其办公室，专司违法违规案件的审理、听证、作出处罚决定以及后续处罚类行政诉讼的应诉答辩工作，法律部不再承担具体案件审理工作。这在我国行政管理体系中尚属首例。

2011年，作为我国行政执法体制的重大创新和依法行政典范，以独立的行政处罚委员会及其办公室为主要特点的证监会"查审分离"行政执法体制获得首届"中国法治政府奖"。

为使行政处罚工作更加贴近市场，2017年3月和2020年1月，行政处罚委员会分别在上交所、深交所和中金所设立巡回审理办公室，就近审理交易所市场相关违法案件，进一步发挥行政处罚防风险、促发展和保稳定的重要作用。

（四）行政处罚权全面下放

2010年10月26日，证监会发布《中国证券监督管理委员会派出机构行政处罚试点工作规定》，确定从2010年11月1日起在上海、广东、深圳三个证监局开展派出机构行政处罚试点工作。2013年7月23日，在全面总结前期试点经验基础上，证监会发布《中国证券监督管理委员会派出机构行政处罚工作规定》《派出机构行政处罚备案工作规则》，正式启动行政处罚权全面下放准备。2013年10月1日，正式实施全面授予派出机构行政处罚权工作。

党的十九大以来，证监会坚决贯彻落实党中央、国务院关于对违法违规行为"零容忍"的决策部署，持续强化行政处罚与自律管理、日常监管、诚信惩戒、退市监管、民事赔偿、刑事追责的衔接配合，通过构建"立体追责"体系大幅提高违法成本，康得新、康美、獐子岛等一批恶性财务造假和信息披露违法案件被依法从严处罚并被移送司法机关追究刑事责任。同时，进一步强化行政处罚委员会对各派出机构行政处罚工作的监督指导协调职责，2020年，各派出机构共作出行政处罚决定236件，较2018年增长30%。

历经近30年从"查审一体"到"查审分离"的探索，中国资本市场行政处罚领域已经形成了由独立的行政处罚委员会及其巡回审理办公室负责重大、疑难、复杂案件审理，其他案件主要由各派出机构在行政处罚委员会统筹指导下自行审理的富有中国特色的组织架构体系。证监会的行政处罚体制机制更加成熟、更加定型。据统计，2013年至2020年末，证监会系统共计作出行政处罚决定1814项、市场禁入决定197项，罚没款总额341.92亿元，依法从严打击违法行为的行政执法态势已初步形成，为资本市场改革发展提供了有力行政执法保障。

表15-1　2013—2020年行政处罚情况

年份	行政处罚决定（项）	市场禁入决定（项）	罚没款总额（亿元）
2013	79	21	7.28
2014	158	18	4.7
2015	177	11	11
2016	221	21	42.8
2017	224	25	74.79
2018	310	22	106.41
2019	296	33	41.83
2020	349	46	53.11
总计	1814	197	341.92

资料来源：中国证监会。

专栏15-4：康得新信息披露违法及财务造假案

2019年1月，康得新复合材料集团股份有限公司（以下简称康得新）因无力按期兑付15亿元短期融资券本息，业绩真实性存疑，引起市场的广泛关注和高度质疑。经查，康得新通过虚构销售业务和虚构采购、生产、研发、产品运输费用等方式，虚增营业收入、营业成本、研发费用和销售费用，在2015年至2018年年度报告中均虚增利润，总额达115亿余元。此外，康得新还存在未及时披露关联担保和未如实披露募集资金使用情况的信息披露违法行为。最终，证监会对康得新及实际控制人钟玉等13人作出行政处罚，对钟玉等4人采取终身或10年证券市场禁入措施，并将相关责任人员移送公安机关追究刑事责任，深交所也同步启动康得新的重大违法退市程序。

康得新案是我国资本市场历史上查办的造假金额最高的违法案件。本案的查处，再一次向市场彰显了证监会对财务造假"零容忍"的执法态度，以及综合运用行政、民事、刑事以及退市监管等多种惩戒手段对违法行为立体追责，进而提高违法违规成本的执法理念。

专栏15-5：獐子岛公司信息披露违法及财务造假案

獐子岛集团股份有限公司（以下简称獐子岛公司）2018年1月31日发布公告称公司盘点时发现部分海域的底播虾夷扇贝存货异常，可能导致2017年度全年巨额亏损，引起市场高度关注和广泛质疑。证监会迅速组织力量予以查办，经查，在2014年、2015年已连续两年亏损的情况下，獐子岛公司利用海底库存及采捕情况难发现、难调查、难核实的特点，不以实际采捕海域为依据进行成本结转，导致财务报告严重失真，2016年通过减少记录成本、营业外支出的方法将利润由亏损披露为盈利，2017年将以前年度已采捕海域列入核销海域或减值海域，夸大亏损幅度违法情节特别严重，严重扰乱证券市场秩序，严重损害投资者利益，社会影响极其恶劣。

本案的查证是证监会科技执法建设成果的一次实战检验。本案涉及对深海养殖水产品底播、捕捞、运输和销售记录的全过程追溯，调查难度极大，证监会充分依托科技执法手段，借助卫星定位数据，对相关数据进行深入分析挖掘，最终认定獐子岛公司的违法事实。

三、行政和解

2013年12月，《国务院办公厅关于进一步加强资本市场中小投资者合法权益保护工作的意见》提出，"探索建立证券期货领域行政和解制度，开展行政和解试点。"

2015年2月，证监会颁布《行政和解试点实施办法》（以下简称《实施办法》），随后又会同财政部颁布《行政和解金管理暂行办法》，正式开展试点。《实施办法》明确，行政相对人涉嫌实施虚假陈述、内幕交易、操纵市场或欺诈客户等违反证券期货相关法律、行政法规和相关监管规定的行为，符合相关条件的，可以适用行政和解程序。

2019年新修订的《证券法》增加规定，在被调查的当事人纠正涉嫌违法行为、赔偿投资者损失并履行承诺时，监管机构可以决定终止调查，为构建有中国特色的行政和解制度奠定了法律基础。证监会依照新《证券法》的规定，在总结实践经验基础上对《实施办法》进行了修改完善，起草形成《证券期货行政和解实施办法（征求意见稿）》，并正在推动出台专门的行政法规。

截至2020年末，试点以来证监会共收到35起行政和解申请，其中正式受理2起案件，分别是2019年的"高盛亚洲、高华证券涉嫌操纵市场和混合操作案"、2020年的"上海司度涉嫌非法利用他人证券账户案"。两案共涉及7家主体，最终均达成和解协议。"高盛案"中，高盛亚洲、高华证券合计缴纳和解金1.5亿元人民币。"司度案"中，上海司度以及中信期货、国信期货、富安达基金、千石资本等共计缴纳和解金6.85亿元人民币。

四、行政复议

行政复议是指公民、法人或者其他组织认为行政主体的具体行为侵犯自身合法权益，依法向行政复议机关提出复查该具体行政行为的申请，行政复议机关依照法定程序对该行为进行合法审查、适当性审查的一种法律制度。证监会秉承依法行政理念，结合资本市场特点和执法监管实践，不断健全和完善行政复议工作。1999年，证监会探索建立相对独立的行政复议合议机构，成立复议与诉讼委员会。2007年，证监会正式组建行政复议委员会，将复议决策权进一步独立出来，与"查审分离"的创新执法体制相适应，形成了行政复议独立审查裁判机制。2010年，《行政复议办法》明确"设立行政复议委员会"。2019年，证监会设立行政复议委员会专职委员，专门负责重大疑难复杂案件的主审、主持复议案件的听证、参加所有复议委员会会议及研究、指导复议审理中存在的重要法律问题，进一步提高了证监会行政复议的公信力、专业性和权威性。

截至2020年末，证监会行政复议委员会自成立以来，共办理行政复议案件1912件，在提高证监会行政复议工作的质量和效率、增强行政复议制度公信力等方面取得了良好的效果,对正确处理资本市场法律关系,维护市场秩序,保护投资者合法权益发挥了积极作用。

第三节 资本市场司法保障建设

在资本市场发展壮大的过程中,司法系统给予了大力支持。30年来,司法机关紧紧围绕经济发展大局,充分履行职能作用,依法保护投资者合法权益,依法支持证券监管机构有效行使监管职能。截至2020年末,围绕资本市场改革发展,先后制定了近150件司法解释和司法政策文件,统一了证券期货案件的法律适用标准,为建设规范、透明、开放、有活力、有韧性的资本市场提供了强有力的司法服务和保障。

一、保护投资者合法权益

2002年,通海高科、东方电子、银广夏、蓝田股份等上市公司重大虚假陈述事件被相继揭露,严重侵害投资者合法权益。对此,最高人民法院于2003年出台《关于审理证券市场因虚假陈述引发的民事赔偿案件的若干规定》,对证券市场因虚假陈述引发的民事赔偿案件的界定、受理与管辖、诉讼方式、虚假陈述的认定、归责与免责事由、共同侵权责任、损失认定等问题做出规定,为打击证券虚假陈述违法行为提供了可操作的标准和规范。

为完善证券期货纠纷多元解决机制,畅通投资者诉求表达和权利救济渠道,夯实资本市场基础制度和保护投资者合法权益,2016年,最高人民法院会同证监会发布《关于在全国部分地区开展证券期货纠纷多元化解机制试点工作的通知》,确立了"示范诉讼+委托调解"的示范判决机制;2018年发布《关于全面推进证券期货纠纷多元化解机制建设的意见》,在全国范围内推动建立完善证券期货纠纷多元化解机制。

为落实对资本市场违法犯罪行为"零容忍"的工作要求,进一步完善符合中国国情、具有中国特色的证券集体诉讼制度,最高人民法院于2020年7月31日发布《关于证券纠纷代表人诉讼若干问题的规定》,对证券代表人诉讼制度适用的具体程序作了细化规定。证券纠纷代表人诉讼制度有力促进了《证券法》相关规定的落地实施，有利于充分发挥投资者保护机构职能，降低投资者维权成本，维护投资者合法权益。

二、完善刑事责任追究机制

为明确欺诈发行、内幕交易、操纵市场等证券、期货犯罪行为的追诉标准和行刑衔接工作要求，2001年，最高人民检察院、公安部发布《关于经济犯罪案件追诉标准的规定》。为进一步依法有效惩治证券、期货违法犯罪，2011年，最高人民法院、最高人民检察院会同证监会出台《关于办理证券期货违法犯罪案件工作若干问题的意见》。

为依法惩治证券、期货犯罪，促进证券、期货市场稳定健康发展，保护投资者合法权益，2012年，最高人民法院、最高人民检察院出台《关于办理内幕交易、泄露内幕信息刑事案件具体应用法律若干问题的解释》，确立了打击相关证券期货违法犯罪行为的司法依据。2019年6月，最高人民法院、最高人民检察院出台《关于办理利用未公开信息交易刑事案件适用法律若干问题的解释》，细化了利用未公开信息交易犯罪的构成要件和量罚标准，明确了"未公开信息"范围界定、"明示、暗示他人从事相关交易活动"认定、违法所得计算等重要问题，调整了本罪入罪和加重处罚的情节标准。同时出台《关于办理操纵证券、期货市场刑事案件适用法律若干问题的解释》，对《刑法》操纵市场犯罪的构成要件和量罚标准等作了进一步的细化和明确，进一步加大对操纵市场行为的惩戒力度。

2014年10月，十八届四中全会明确提出，要健全行政执法和刑事司法衔接机制。为完善行政执法与刑事司法的有效衔接，国务院、最高人民检察院、最高人民法院先后颁布《行政执法机关移送涉嫌犯罪案件的规定》《人民检察院办理行政执法机关移送涉嫌犯罪案件的规定》《关于加强行政执法机关与公安机关、人民检察院工作联系的意见》《关于在行政执法中及时移送涉嫌犯罪案件的意见》，为行政、司法机关之间行刑衔接实践提供了依据。

三、保障科创板和创业板等重大改革落地实施

为保障科创板、创业板注册制改革顺利进行，统筹推进发行、上市、信息披露、交易、退市等资本市场基础制度改革，保护投资者合法权益，最高人民法院专门制定了系统性、综合性司法文件。2019年6月，发布《关于为设立科创板并试点注册制改革提供司法保障的若干意见》，就保障科创板试点注册制改革、提高违法违规成本、完善与注册制改革相适应的证券民事诉讼等方面提出了17项举措。2020年8月，发布《关于为创业板改革并试点注册制提供司法保障的若干意见》，在充分借鉴科创板司法保障意见的基础上，结合创业板改革相关成果，从增强为创业板改革并试点注册制提供司法保障的自觉性、依法保障创业板改革并试点注册制顺利推进、依法提高市场主体违法违规成本、依法有效保护投资者合法权益等四个方面提出了10条举措。

同时，最高人民法院出台《关于审理上市公司破产重整案件工作座谈会纪要》《全国法院民商事审判工作会议纪要》《全国法院审理债券纠纷案件座谈会纪要》等，针对资本市场发展与监管的特殊需要，从司法审判方面提供制度保障。

四、保障自律管理有效实施

为正确及时地管辖、受理与证券交易所监管职能相关的诉讼案件，2005年，最高人民法院出台《关于对与证券交易所监管职能相关的诉讼案件管辖与受理问题的规定》，保障了交易所自律管理的有效实施。为及时管辖、审理与中国证券登记结算有限责任公司履行职能相关的诉讼案件，2007年，最高人民法院颁布《关于中国证券登记结算有限责任公司履行职能相关的诉讼案件指定管辖问题的通知》，指定中国证券登记结算有限责任公司及其分支机构所在地的中级人民法院分别管辖以中国证券登记结算有限责任公司或其分支机构为被告、第三人的相关第一审民事和行政案件。为维护正常的证券交易结算秩序，保障执法机关依法执行公务，2008年，最高人民法院、最高人民检察院、公安部、中国证监会等4个单位联合发出《关于查询、冻结、扣划证券和证券交易结算资金有关问题的通知》。

五、完善金融审判体系

2018年3月28日,中央全面深化改革委员会第一次会议审议通过了《关于设立上海金融法院的方案》。同年4月27日,第十三届全国人大常委会第二次会议作出《关于设立上海金融法院的决定》。同年8月20日,上海金融法院正式挂牌成立。上海金融法院的管辖范围为应由中级人民法院受理的第一审证券、期货、信托等金融民商事纠纷,以金融机构为债务人的破产纠纷,以上海市辖区内金融监管机构为被告的涉金融行政案件等。审理对上海市基层人民法院作出的第一审金融民商事案件和涉金融行政案件判决裁定提起上诉的案件。

2020年12月30日,中央全面深化改革委员会第十七次会议审议通过了《关于设立北京金融法院的方案》。会议强调,设立金融法院是服务保障国家金融战略实施、营造良好金融法治环境、促进经济健康发展的重要举措。

六、行政应诉

行政诉讼是解决行政争议,保护公民、法人和其他组织合法权益,监督行政机关依法行使职权的重要法律制度。做好行政应诉工作是证监会的法定职责。截至2020年末,证监会及其派出机构共办理行政诉讼案件856件,其中800件发生在近十年内。特别是,2015年新《行政诉讼法》实施以及立案登记制改革以来,行政诉讼案件的受理条件大幅降低,证监会及其派出机构应诉712件,行政诉讼案件终审胜诉率维持在98%,在维护监管权威和公信力方面取得显著效果。

第四节 资本市场诚信体系建设

资本市场是信用市场。证监会扎实贯彻落实党中央、国务院关于加强社会信用体系建设的决策部署,积极推进诚信档案数据库建设,建立健全诚信监管制度机制,加速构建跨部门、跨领域的诚信约束与监管协同大格局,不断夯实资本市场诚信基础。初步建立起以资本市场诚信法律制度为依据,以完善资本市场诚信数据库为基础,以健全部际信息共享与联动奖惩机制为核心的资本市场诚信建设体系,在提升监管有效性和市场诚信水平方面发挥了越来越重要的作用。

一、资本市场诚信法律制度体系

高度重视诚信法律制度建设。2004年1月,《国务院关于推进资本市场改革开放和稳定发展的若干意见》提出,"加强法制和诚信建设,提高资本市场监管水平"。为落实国务院部署,证监会于2006年制定了《中国证券期货市场诚信建设实施纲要》,明确提出要建立比较完备的诚信法规体系。2012年11月,党的十八大提出,"加强政务诚信、商务诚信、社会诚信和司法公信建设"。2014年5月,《国务院关于进一步促进资本市场健康发展的若干意见》进一步提出,"加强社会信用体系建设,完善资本市场诚信监管制度,强化守信激励、失信惩戒机制"。同年6月,国务院印发《社会信用体系建设规划纲要(2014—2020年)》,将金融领域信用建设作为"深入推进商务诚信建设"的重要内容之一。为落实党中央、国务院指示精神,2016年,证监会印发《资本市场诚信建设实施意见(2016—2020年)》,部署一段时期内资本市场诚信建设工作,特别提出要健全资本市场诚信法律制度体系。

在资本市场诚信建设探索推进的过程中,证监会一直将法律制度体系建设作为基础工作不断推动完善。2012年7月,《证券期货市场诚信监督管理暂行办法》公布,作为首部资本市场诚信规章,在全国首届诚信论坛上被评选为"全国诚信建设制度创新十佳事例"。2018年3月,证监会进一步修改完善,形成了《证券期货市场诚信监督管理办法》。2019年,证监会特别推动在新修订的《证券法》中增设诚信专门条款,进一步明确了证券市场诚信档案制度的法律地位,有利于强化对市场主体的诚信约束,促进市场规范运作。

不断加强诚信自律准则体系建设。2017年4月,中国上市公司协会制定了《中国上市公司诚信守则》。2018年10月,期货业协会发布了《期货行业诚信准则》。2019年7月,证券业协会发布了《证券公司信用风险管理指引》等,引导行业相关机构遵法守信。

二、资本市场诚信档案制度

健全资本市场诚信档案数据库。2008年,我国资本市场第一个统一的"诚信档案"正式建成并运行。2012年,证监会开始建设"资本市场诚信档案数据库",

进一步扩充诚信档案覆盖的主体范围和内容范围，并拓展诚信档案数据库的功能应用。2014年，依托诚信数据库建立了证券期货市场失信记录公开查询平台，向社会公众提供行政处罚、市场禁入、纪律处分等信息的查询服务。2019年，平台正式对部分严重违法失信主体进行专项公示，以震慑违法失信主体，并引导各类主体依法诚信经营。

诚信档案数据库成效明显。截至2020年末，诚信档案数据库共收录主体信息100.9万余条，包括市场机构7.8万余家和人员93.1万余人，行政许可信息3.28万余条，监管执法信息3.50万条，部际共享信息2371万余条；证券期货市场失信记录公开查询平台共收录信息1.79万余条，累计公示严重违法失信主体1000余个，为社会公众提供查询总量达1460万余次，日均4.15万余次。

三、资本市场诚信监管体制机制

证监会建立了从失信惩戒、约束到守信激励、引导等一系列制度机制，强化对市场主体及其行为的诚信约束、激励。一方面，推进监管环节的诚信约束激励；另一方面，建立市场主体之间的诚信状况查询制度，强化市场交易活动中的自我诚信约束。

依托社会信用体系建设部际联席会议，推进部际信用监管协同。2015年以来，证监会参与签署部际诚信联合奖惩合作备忘录43份。2015年12月，牵头联合21个部委出台了《关于对违法失信上市公司相关责任主体实施联合惩戒的合作备忘录》；2019年6月，联合7家中央单位发布《关于在科创板注册制试点中对相关市场主体加强监管信息共享完善失信联合惩戒机制的意见》，通过部际协作强化对相关市场主体的失信惩戒。

建立失信惩戒机制监督履行公开承诺和证券期货行政罚没款。2018年3月，证监会会同发改委等6家单位，分别与铁路总公司和民航局联合发布了《关于在一定期限内适当限制特定严重失信人乘坐火车推动社会信用体系建设的意见》《关于在一定期限内适当限制特定严重失信人乘坐民用航空器推动社会信用体系建设的意见》，对相关当事人、责任人采取限制措施，促进了监管公信力、执法威慑力与市场诚信度的提升。实施两年多以来，证监会向全国信用信息共享平台推送29批、共计319名特定严重失信人信息，通过有关部门联动实施的信用惩戒，督促79名逾期不缴纳罚没款当事人缴款近1.71亿元，10名上市公司相关责任主体履行相关公开承诺。

四、资本市场诚信文化建设

证监会按照党中央、国务院的有关要求，立足资本市场实际，创新工作形式，大力开展诚信宣传教育与诚信文化建设活动。以"6.14信用记录关爱日""12.4国家宪法日"等主题日为契机，开展丰富多样的诚信宣传活动，营造崇尚、践行诚信的市场氛围。从诚信宣传着手，通过诚信座谈、诚信主题演讲比赛、诚信征文、最佳实践总结推广等活动，注重潜移默化，积极引导市场参与主体守信、尚信；从警示教育着手，将市场参与主体背信失信的情况公之于众，强化社会监督；从诚信创建活动着手，通过签署"诚信公约"、开展"诚信建设年"活动等形式加强宣传引导。此外，按照社会信用体系建设部际联席会议总体安排，响应中宣部"诚信建设万里行"的主题，组织媒体开展系列报道。

第十六章　监管体系

统一高效协同的监管体系是资本市场规范、有序运行的基础。30年来，资本市场监管体系由分散监管、多头监管逐步形成集中统一的监管体制，行政监管、自律监管与市场自我约束相结合，监管有效性持续提升，有力地维护了资本市场秩序。特别是近年来，在党中央和国务院的坚强领导下，证监会坚决落实"打造一个规范、透明、开放、有活力、有韧性的资本市场"的战略部署，持续推进"放管服"，坚持"建制度、不干预、零容忍"，加快监管职能转变和功能完善，持续提升监管执法能力，坚决守住不发生系统性金融风险底线。

目前，证监会机关19个职能部门和机关党委、4个直属事业单位、38个派出机构和交易所、行业协会、中国结算等系统单位共同构成了统一有序的全国证券期货监管体系。其中，证监会机关负责制定、修改和完善证券期货市场规章规则，拟定市场发展规划，办理重大审核事项，指导协调风险处置，组织查处证券期货市场重大违法违规案件，指导、检查、督促和协调系统监管工作。派出机构受证监会垂直领导，负责辖区内的一线监管工作。相关系统单位对其会员及证券期货交易活动进行一线监管和自律监管，构成证券期货监管活动的有效补充。

第一节　集中统一证券监管体制的确立

改革开放催生了资本市场，监管体制也随着市场的发展而不断完善。早期市场的地方性特征较为明显，证券监管格局以中国人民银行为主，国家计委等多部门和地方政府分散管理。

1991年4月，国务院根据中国人民银行上报的《关于建立股票市场办公会议制度的请示》，建立了股票市场办公会议制度。1992年8月，国务院召开部分省市负责人参加的股票市场试点工作座谈会，期间突发了"8·10"事件，国务院果断决策加快建立集中统一证券监管机构的进程。1992年10月12日，《国务院办公厅关于成立国务院证券委员会的通知》决定撤销原国务院证券管理办公会议，成立国务院证券委员会，成立中国证券监督管理委员会，证监会受国务院证券委员会指导、监督检查和归口管理。

1992年12月，《国务院关于进一步加强证券市场宏观管理的通知》要求加强证券市场宏观管理，理顺、完善证券市场管理体制，明确规定证券委是国家对全国证券市场进行统一宏观管理的主管机构，证监会是证券委监管执行机构，强调证监会"由有证券专业知识和实践经验的专家组成"，按事业单位管理。国务院有关部门和地方人民政府行使部分证券管理职能。1993年3月，国家人事部和国务院证券委批复证监会"三定方案"，明确证监会为国务院直属事业单位。

1993年11月，党的第十四届三中全会通过《中共中央关于建立社会主义市场经济体制若干问题的决定》，提出要监管各类金融机构，维护金融秩序，银行业与证券业实行分业管理。国务院决定将期货市场试点工作交由证券委负责，证监会具体执行。1995年2月，国务院重新核定证监会"三定方案"，明确证监会为国务院直属副部级事业单位，增加了配合有关部门审批设立证券经营机构、对证券业协会的业务活动进行监管、对期货交易所和期货经纪机构的设立进行审核并监管其业务活动等职责。

1997年7月，亚洲金融危机爆发。同年9月，党的十五大明确提出，"依法加强对金融机构和金融市场包括证券市场的监管，规范和维护金融秩序，有效防范和化解金融风险"。同年11月，第一次全国金融工作会议决定"建立全国统一的证券期货监管体系"，由"证监会统一负责对全国证券、期货业的监管"。1998年3月，国务院决定撤销证券委，将其全部职能和人民银行对证券经营机构的监管职能划入证监会，证监会成为国务院直属正部级事业单位。原地方证券管理部门划归证监会，成为其派出机构。同年8月，国务院再次核定证监会"三定方案"，进一步明确证监会是全国证券期货市场的主管部门。

全国集中统一的证券监管体制得到法律确认。1998年12月，我国颁布的第一部《证券法》第7条规定,"国务院证券监督管理机构依法对全国证券市场实行集中统一监督管理。国务院证券监督管理机构根据需要,可以设立派出机构,按照授权履行监督管理职责。"2005年10月修订的《证券法》和2019年12月修订的《证券法》维持了该项规定。

第二节 证监会内设职能部门的充实和优化

1992年10月,刚成立的中国证监会仅有8个职能部(室),即办公室、发行部、交易部、机构部、上市公司监管部、法律部、研究信息部、国际业务部,并设置首席律师和首席会计师,人员管理实行聘任制。

在加快金融体制改革、实行银行业与证券业分业管理的背景下,规范市场发展、推进股份制试点等工作任务繁重,证券监管资源和能力严重不足。1995年3月,按照证监会"三定方案",证监会内设部门增至13个,新增稽查部、海外上市部、期货部、人事部和首席会计师办公室。

1997年亚洲金融危机爆发,国内非法证券活动猖獗,证券公司违规经营和期货市场突发事件增多。面对严峻的形势和更加繁重的监管任务,1998年3月,经国务院批准,在国务院证券委和证监会合并的背景下,证监会13个内设职能部门调整为办公厅、发行监管部、市场监管部、机构监管部、上市公司监管部、基金监管部、期货监管部、稽查局(首席稽查办公室)、法律部(首席律师办公室)、会计部(首席会计师办公室)、政策研究室、国际合作部和人事教育部。

进入21世纪以来,面对加入WTO新形势下提升监管能力的需求,以及应对市场调整之后的金融风险防范、化解和处置,2002年证监会稽查局调整为稽查一局和稽查二局,增加派出机构工作协调部、党委宣传部和监察局。2004年国务院再次核定证监会"三定方案",进一步调整充实证监会职能,将原中央金融工委的部分职责划入证监会,还特别设立了证券公司风险处置办公室。

2007年美国次贷危机爆发,党的十七大提出要加强和改进金融监管,防范和化解金融风险。适应新的形势,国务院批准证监会对证券执法机构进行调整,设立行政处罚委员会,将稽查一局、二局合并为稽查局,设立稽查总队,稽查执法能力显著增强,"查审分离"体制正式确立。

此后，为落实《证券法》修订、期货市场发展、创业板市场监管，以及加强投资者合法权益保护的需要，证监会职能部门进一步调整和完善。2008年设立了非上市公众公司监管部。2009年将期货监管部调整为期货监管一部和期货监管二部，同年设立创业板发行监管部等。2010年取消监察部，增设纪委监察局、机关党委。2011年将纪委监察局合并入监察局，增设投资者保护局。2012年在非上市公众公司监管部增设清理整顿各类交易场所办公室，将上市公司监管部调整为上市公司监管一部和上市公司监管二部。2012年6月，为做好资本市场长期性、前瞻性、全局性和规律性问题的研究，北京证券期货研究院（2015年更名为中证金融研究院）设立，为证监会直接管理的政策研究机构，定位为决策支持中心、战略智库和理论学术基地。

2013年之后，证监会继续优化部门设置，加强对债券、私募基金等的监管，促进市场创新，打击违法证券期货活动等，将上市公司监管一部和上市公司监管二部合并为上市公司监管部，将期货监管一部、二部合并为期货监管部，取消创业板发行监管部，增设公司债券监管部、创新业务监管部、私募基金监管部，在打击非法证券期货活动局内设立清理整顿各类交易场所办公室。2014年，明确人事教育部兼党委组织部职能，党委宣传部兼党委群工部职能，监察局兼纪委职能。2015年取消了创新业务监管部。2016年新设了内审部。

2019年10月，党的十九届四中全会强调要推进国家治理体系和治理能力现代化。为适应新时代资本市场高质量发展和深入推进全面深化资本市场改革的需要，整合监管资源，提高监管能力，2019年以来，证监会新设了科技监管局，将私募部、打非局合并为市场监管二部。至此，证监会职能分工和专业支持体系进一步完善，设有19个内设职能部门和机关党委、4个直属事业单位。证监会在全国各省、自治区、直辖市和计划单列市设立36个证券监管局和上海、深圳2个证券监管专员办事处。同时，证监会不断创新选人用人机制，开拓人才引进渠道，整合和优化全系统人力资源。截至2020年末，证监会机关和派出机构在编工作人员3278人，其中会机关767人、派出机构2511人，平均年龄为38岁。其中，拥有博士和硕士学位的人员占74.2%。一支高素质、专业化和年轻化的监管队伍逐步成长壮大。

第三节　一线监管能力持续增强

在我国证券市场发展初期,地方政府下辖的证券管理部门在地方证券管理中发挥着主要的作用,包括按照当地政府要求,承担上市企业预选和推荐工作,服务地方经济发展。

1997年8月,在上海和深圳两市设立证监会证券监管专员办公室。1998年4月,地方证券监管体制进行了改革,将原地方证券管理部门划归证监会,作为证监会派出机构,从隶属地方政府到中央集中管理,从为地方推荐企业上市转为进行市场监管。

1998年9月,原地方证券管理部门变为证监会派出机构并统一挂牌,在天津、沈阳、上海、济南、武汉、广州、深圳、成都、西安设立9个证券监管办公室,下辖25个省、自治区、计划单列市的证券监管特派员办事处,在北京、重庆两个直辖市设立直属证券监管办事处。同时,证监会还明确派出机构的内设部门和主要职责。

2000年9月,根据稽查工作需要,经国务院批准,证监会在天津、沈阳、上海、济南、武汉、广州、深圳、成都、西安9个证券监管办公室内分别设立稽查局。同年,证监会成立派出机构协调工作委员会,下设协调工作办公室,对派出机构开展指导、协调、检查和服务。

2003年9月,证监会颁发《派出机构监管工作职责》和《派出机构监管工作规程之一(试行)》,进一步明确派出机构工作职责,并就相关单位、部门之间的联动、协作加以规范。

2004年,根据国务院《关于中国证券监督管理委员会派出机构设置和人员编制的批复》,证监会在全国的11个监管办和25个特派办统一更名为证券监管局,保留上海和深圳证券监管专员办事处,全面推行辖区监管责任制,加强监管协作,增强监管合力。

> **专栏16-1:辖区监管责任制确立**
>
> 2004年,证监会下发《上市公司辖区监管责任制工作指引(试行)》,确立辖区监管责任制,并在上市公司监管中试行,随后推广至证券期货经营机构、会计

中介机构的监管。由此形成由证监会机关进行指导、协调、检查、督促，证监局履行一线监管职责、承担本辖区监管责任的监管模式，即辖区监管责任制。

辖区监管责任制主要是按照属地监管原则，全面赋予派出机构一线监管职责，包括了解辖区情况，主动揭示风险，采取措施处置风险，维护辖区市场稳定；现场与非现场检查相结合，做好持续监管，推动市场主体规范运作；依法履行稽查任务，打击证券期货市场违法违规行为，保护投资者合法权益。

在日常监管中，证监会、派出机构和交易所各司其职、各负其责，上市公司监管形成了"三点一线"（证监会、派出机构、证券交易所）特色，期货监管形成了"五位一体"（证监会、派出机构、期货交易所、期货业协会、期货监控中心）布局，监管资源得到优化配置，监管协作和合力有效增强。

此后，证监会持续优化辖区监管安排，加大"放管服"力度，增强一线监管能力和有效性。2007年，建立配套的监管工作评价制度，定期对派出机构监管工作进行评价。2008年12月，证监会授权各派出机构审核基金管理公司设立分支机构。2009年8月，进一步明确派出机构对辖区内上市公司、证券期货经营机构以及中介服务机构的监督管理职责。2011年2月，证监会授权派出机构审核证券机构变更公司章程重要条款等5项行政许可事项。2015年10月，证监会颁布《派出机构监管职责规定》，进一步明确派出机构监管职责包括对辖区有关市场主体实施日常监管、防范和处置辖区有关市场风险、对证券期货违法违规行为实施调查、作出行政处罚、证券期货投资者教育和保护以及证监会授予的其他职责等。

此外，行政处罚试点工作有序推进。2010年11月，证监会在上海、广东、深圳证监局正式开展行政处罚授权试点工作，授权事项包括"自办案件"立案、调查、审理、处罚及执行等，试点派出机构应当接受行政处罚委员会的监督和指导，在向当事人发出事先告知书前向行政处罚委备案。

第四节　自律管理体系建设

一、早期自律管理的探索

1990年，上海证券交易所和深圳证券交易所成立，在两个交易所的章程中，均明确会员的条件及权利义务，要求会员遵守交易所章程规定，接受交易所管理和监督,由此形成了最早的自律管理。考虑到当时全国统一的证券监管体制尚未形成,地方政府对证券交易所管理进行直接管理,交易所的自律管理对早期资本市场的建设、运行发挥了关键作用。

1987年,我国第一家证券公司——深圳经济特区证券公司成立,之后陆续设立了独立的证券公司、证券业务部和证券服务网点。1991年8月,经中国人民银行批准,中国证券业协会成立。

1992年,国务院发布《关于进一步加强证券市场宏观管理的通知》,要求充分发挥证券行业自律性组织的作用,明确上交所、深交所由当地政府归口管理,由证监会实施监督。1993年4月,国务院颁布《股票发行与交易管理暂行条例》,规定上市公司或会员违反本条例时,证券交易所或其他证券业自律性管理组织,有权根据章程或者自律准则给予制裁。同一时期,大商所、郑商所先后设立,负责期货交易的组织管理和会员服务等。

1995年12月,时任国务院副总理朱镕基视察上海证券交易所,提出"法制、监管、自律、规范"的基本方针,不仅为资本市场监管奠定了基调,也为交易所自律管理指明了方向。同年6月,全国证券期货监管工作会议首次指出,"证券、期货交易所承担着一线监管的重任"。到1996年,沪深交易所在市场监察、持有人名册、股份管理以及数据清算等方面的一线监管作用显著增强。与此同时,登记结算对市场的基础性作用得到了高度重视,探索构筑"一级托管、集中结算、分级管理"的模式,加大了对投资者开户、股份托管和转托管、股份清算过户、配股认购、新股发行、资金对账的规范力度。

二、自律组织的扩展与自律管理功能的提升

证券期货交易所和行业协会依法不断完善职责定位,建立健全证券期货行业自律管理体系,形成了覆盖行业机构、从业人员、诚信管理和业务活动的自律管理工作体系,成为行政监管体系的有效补充,其功能地位也得到了国家法律的确认。《证券法》《证券投资基金法》以及《期货交易管理条例》等,均界定了交易所、行业协会和登记结算机构的自律组织定位,明确了相关的权利义务要求。

(一)市场交易结算自律组织方面

1999年,上海金属交易所、上海粮油商品交易所和上海商品交易所合并,组

建形成上海期货交易所。2006年中国金融期货交易所在上海正式挂牌,同年中国期货保证金监控中心有限公司成立。2020年,广州期货交易所被批准筹建。期货市场在全国形成了比较良好的布局,期货保证金监控中心的成立为维护客户保证金安全和风险防控发挥了重要作用,在监管体制上形成了"五位一体"的布局。

2013年,全国中小企业股份转让系统揭牌成立,承接原代办股份转让系统所有业务,中国证券业协会退出业务管理。2001年,中国证券登记结算有限责任公司成立,沪深交易所的结算公司成为中国结算的分公司。2013年新三板成立后,中国结算成立了对口服务的北京分公司。由此,证券交易与登记结算的自律管理功能分开,整体提升了市场组织的自律管理功能和证券基础设施的支撑能力。2019年,随着科创板注册制和创业板注册制改革成功落地,交易所一线监管得到进一步加强,自律管理作用更加突出。

(二)行业自律组织方面

中国证券业协会成立之初由人民银行管理。1995年3月,按照国务院重新核定的证监会"三定方案",中国证券业协会的业务活动由证监会进行管理。经过5年的筹建,2000年中国期货业协会成立,2004年国务院明确证监会归口管理期货业协会。2012年2月,中国上市公司协会成立。同年6月,中国证券投资基金业协会成立。同年12月,资本市场学院成立。此外,地方的行业协会或同业公会也相继成立,发挥自律管理和服务功能。这些行业性的自律组织,除发挥自律、服务、传导等功能外,还根据证监会授权或功能发挥要求,在市场发展的不同阶段,承担了行业规范和一线监管的相应职责。

第五节 监管科技能力建设

扎实推进监管科技是资本市场完善监管体制机制的一项重要任务。证监会高度重视监管科技工作,不断完善监管科技体系,确定了改革的整体思路、实现路径和重点工作。近年来,证监会稳步推进监管科技基础能力建设,加快构建新型监管模式,进一步增强监管效能,努力实现"数据让监管更加智慧"的愿景。

一、监管科技组织架构有序建成

1997年5月,证监会信息中心成立,负责行业技术监管工作。2003年4月,全国金融标准化技术委员会证券分技术委员会(证标委)成立,负责证券、期货业标准化技术归口工作。2004年,证监会成立网络与信息安全保障协调小组;2008年5月,在原协调小组基础上成立证券期货业信息化工作领导小组及其办公室和专家委员会。2012年9月,中证资本市场运行统计监测中心有限责任公司(以下简称中证监测)成立,承担证券期货业监管大数据中心的建设、运行和维护,协助统筹监管大数据分析需求。2015年7月,中证技术成立,作为证券业基础设施的核心技术服务商。2017年,证监会启动监管科技建设工作。2018年8月,印发《中国证监会监管科技总体建设方案》,标志着监管科技建设工作顶层设计完成,并进入全面实施阶段。2020年5月,《证监会科技监管任务分工方案》印发,证监会系统各单位、部门科技监管工作职责进一步明确;同月,中证监测更名为中证数据有限责任公司(以下简称中证数据);6月,证监会科技监管局成立。随后,科技监管局、信息中心完成"三定"。目前,以科技监管局和信息中心为一体,中证数据和中证技术为两翼的"一体两翼"监管科技组织架构初见成效,初步构建了由科技委、专家咨询委、科技监管局、信息中心、中证数据、中证技术及证监会系统相关单位、部门组成的监管科技体系。

二、监管科技建设工作稳步推进

2014年之前,资本市场监管科技总体处于1.0阶段,工作内容主要是通过采购或研制成熟高效的软硬件工具或设施,满足会内部门和派出机构基本办公和特定工作的信息化需求,提升监管工作的数字化、电子化、自动化、标准化程度。

2014年开始,监管科技进入2.0阶段。工作内容主要是通过不断丰富、完善中央监管信息平台功能,优化业务系统建设,实现跨部门监管业务的全流程在线运转。2014年5月,证监会启动中央监管信息平台建设。2017年12月,行政许可系统、私募投资基金监管系统等6个业务子系统上线运行。2018年1月,会计监管系统上线运行。同年9月27日,市场监管系统上线运行。中央监管信息平台中央数据库、大数据平台、统一数据采集与交换系统、统计监测系统、风险监测系统等也于2018年完成项目工程验收。

经过6年建设,中央监管信息平台已完成了基础设施模块"一网""一库""四通道"的建设工作,启动了21个业务监管系统建设,集中了26个数据源单位的历史数据,正式上线运行18个系统,平台基本建成,整体由建设阶段转换至应用及运行维护阶段,证监会日常监管的信息系统功能群基本形成。截至2020年末,已先后完成40余个监管业务信息系统建设,整合成"一个库"。通过提供统一的数据采集、数据存储和数据访问服务,支撑宏观监管和各业务监管系统建设,初步实现了跨部门监管业务的全流程运转,初步满足了监管部门事前、事中、事后监管需要,有效提升了监管效能。

目前,监管科技正处于3.0阶段。工作核心是建设一个运转高效的监管大数据平台,综合运用电子预警、统计分析、数据挖掘等数据分析技术,围绕资本市场的主要生产和业务活动,进行实时监控和历史分析调查,辅助监管人员对市场主体进行全景式分析、实时对市场总体情况进行监控监测,及时发现涉嫌内幕交易、市场操纵等违法违规行为,履行监管职责,维护市场交易秩序。

第十七章　投资者保护

我国拥有全球规模最大、交易最活跃的投资者群体。截至2020年末，全市场投资者总数共计17778.44万。其中，自然人投资者17735.78万，占全市场投资者比重为99.76%；持股市值50万元以下的中小投资者16959.09万，占全市场投资者比重为95.39%。切实维护投资者合法权益，既是关系亿万百姓利益的民生工程，也是确保资本市场长期稳定发展的基础性工程。尊重投资者、敬畏投资者、保护投资者，是资本市场践行以人民为中心发展思想的具体体现。

资本市场建立以来，投资者保护制度体系和组织框架逐步完善，理性投资文化不断深入人心，行权维权机制日趋健全，将保护投资者合法权益贯穿在发行上市、市场交易、机构监管、稽查执法等方面的"大投保"理念已然确立。

第一节　投资者保护制度体系和组织框架

经过长期发展，我国资本市场逐步形成了以《公司法》《证券法》等法律为基础，以部门规章、司法解释、规范性文件为主干的具有中国特色的投资者保护制度体系，覆盖投保领域各个方面，为投资者保护提供了坚实的制度保障。

一、投资者保护制度体系不断发展

（一）投资者保护制度初步建立

1992年12月，《国务院关于进一步加强证券市场宏观管理的通知》提出"投资者缺乏必要的风险意识",并将"保护广大投资者的利益"作为成立证券委和证监会的目的之一。1993年4月,国务院颁布《股票发行与交易管理暂行条例》,将"保护投资者的合法权益"作为主要宗旨。随后,《禁止证券欺诈行为暂行办法》于1993年8月由国务院批准、1993年9月由证券委发布。1993年12月29日,《公司法》颁布,明确规定股东享有知情权、分红权、转让权、投票权等权利。1998年12月29日,《证券法》颁布,正式将"保护投资者的合法权益"作为立法目的之一,并从信息披露、禁止欺诈投资者以及法律责任等方面予以落实。2004年1月,《国务院关于推进资本市场改革开放和稳定发展的若干意见》颁布,将"保护投资者特别是社会公众投资者的合法权益"作为指导思想和任务之一。

2005年10月,《公司法》《证券法》进行了修订,进一步明确投资者保护制度。《公司法》在总则部分明确规定股东享有资产收益、参与重大决策和选择管理者等权利,并在后续章节完善股东知情权、分红权、投票权等权利,增加建议质询权、临时提案权、提起股东派生诉讼等权利和累计投票制。《证券法》提高了信息披露要求,细化禁止欺诈投资者规定,完善发行人及其内部人以及中介机构法律责任追究机制,建立证券投资者保护基金制度等。

(二)投资者保护机制日渐成熟

党中央、国务院文件对投资者保护做出整体规划。2013年11月12日,党的十八届三中全会通过《中共中央关于全面深化改革若干重大问题的决定》,明确提出"优化上市公司投资者回报机制,保护投资者尤其是中小投资者合法权益"。2013年12月25日,国务院办公厅颁布《关于进一步加强资本市场中小投资者合法权益保护工作的意见》,从我国资本市场实际情况出发,以投资者需求和合法权益保障为导向,构建资本市场中小投资者权益保护的制度体系,从健全投资者适当性制度、优化投资回报机制、保障中小投资者知情权、健全中小投资者投票机制、建立多元化纠纷解决机制、健全中小投资者赔偿机制、加大监管和打击力度、强化中小投资者教育和完善投资者保护组织体系9个方面提出80多项政策举措。

《证券法》修订设立投资者保护专章。新《证券法》设立投资者保护专章,对长期以来投资者保护工作中的重点难点问题进行系统性规定,做出许多颇具亮点的安排:

将"依法开展投资者教育"明确为证监会职责,明确了投资者保护机构的法律地位和职能,全面提升投资者保护力度。

确立有中国特色的证券集体诉讼制度。针对长期以来投资者维权贵、救济难的痛点问题,新《证券法》第九十五条第三款规定,投资者保护机构受50名以上投资者的委托,可以依法作为代表人,按照"默式加入、明示退出"的原则,代表因同一违法行为遭受损害的投资者利益参加民事赔偿诉讼。同时还明确了先行赔付、行政和解、专业调解等多种维权救济路径,有力保障投资者求偿权。

强化市场违法违规主体的民事责任。明确发行人控股股东、实际控制人在欺诈发行、信息披露违法中的过错推定、连带赔偿责任等,新增相关主体不履行公开承诺应赔偿投资者损失的相关规定,规定利用非公开信息交易、编造传播虚假信息等违法行为应承担民事赔偿责任。

将投资者适当性管理制度入法,确立"卖者有责",实行举证责任倒置,加大对证券公司违反适当性义务的处罚力度。

完善有利于中小投资者保护的上市公司治理机制。要求上市公司建立股东投票权征集制度、完善现金分红制度,规定上市公司章程中应明确分配现金股利的具体安排和决策程序。

强化债券投资者保护。要求公开发行债券的公司设立债券持有人会议,保障债券持有人行使权利。同时,要求公开发行公司债券的发行人为债券持有人聘请债券受托管理人,并允许在债券未按期兑付时,债券受托管理人有权以自己的名义提起、参加民事诉讼或者清算程序。

二、投资者适当性管理制度持续完善

(一)投资者适当性管理体系开始构建

2007年开始,证监会、相关交易所和行业协会陆续在基金销售、创业板、金融期货、融资融券、全国股转系统、私募投资基金等市场、产品或业务中建立起投资者适当性制度,如《证券公司资产管理业务了解客户规则(试行)》(2008年7月)、《创业板市场投资者适当性管理暂行规定》(2009年6月)、《股指期货投资者适当性制度实施办法(试行)》(2010年2月)、《证券公司融资融券业务管理办法》(2011年10月)、《上海证券交易所债券市场投资者适当性管理暂行办法》(2011年

12月)、《全国中小企业股份转让系统投资者适当性管理细则(试行)》(2013年2月)等,判断标准主要包括财务状况、投资经验、产品认知和诚信状况等。

(二)建立统一的投资者适当性管理制度

2016年12月12日,证监会颁布《证券期货投资者适当性管理办法》(以下简称《办法》),建立统一的适当性管理制度,自2017年7月起施行。《办法》共43条,针对适当性管理中的实际问题,主要规定了以下制度安排:一是形成依据多维度指标对投资者进行分类的体系,统一投资者分类标准和管理要求。二是明确产品分级的底线要求和职责分工,建立层层把关、严控风险的产品分级机制。三是规定经营机构从了解投资者到纠纷处理等各个环节应当履行的适当性义务,全面从严规范相关行为。细化其具体内容、方式和程序。四是突出对于普通投资者的特别保护,向投资者提供有针对性的产品及差别化服务。五是强化监管职责和法律责任,针对各项义务制定相应罚则,确保适当性义务落到实处。《办法》的出台实施,标志着我国资本市场投资者合法权益保护的基础制度建设又向前迈进了重要一步。

2020年10月,根据新《证券法》相关规定,为进一步明确证券公司的法律责任,证监会发布第177号主席令,对《证券期货投资者适当性管理办法》有关内容进行调整。

三、建立完善"一体两翼"投资者保护组织体系

资本市场投资者保护工作涉及链条长、范围广,需要"自上而下"的统筹规划。2011年底,证监会成立投资者保护局,统筹推动全市场投资者保护工作,与2005年成立的负责证券公司风险监测、投资者保护状况评价、证监会"12386"服务热线运维等工作的中国证券投资者保护基金公司,以及2014年成立的专门为中小投资者自主维权提供教育、法律、信息、技术等服务的中证中小投资者服务中心一起,共同构成投保工作的"一体两翼"。2019年,专门成立证监会投资者保护工作领导小组,将各业务领域的投保工作统筹起来,从更高层面研究部署投保领域的重点工作和重大政策。

经过几年的实践,初步形成了投保局牵头抓总、投保基金和投服中心等专门投保机构具体落实,交易所、行业协会、派出机构等系统各单位共同参与,市场

经营主体履行主体责任的投资者保护组织体系。

第二节　培育理性投资文化

为引导投资者理性、客观分析投资环境，秉持长期投资、价值投资、理性投资理念，证监会、交易所、行业协会、教育部门、市场主体形成合力，共同推进投资者教育工作。

一、投资者教育开始普及

2000年10月，上交所成立投资者教育中心，出版《投资者手册》和"投资者教育丛书"等十余种出版物，在网络和报纸设置教育专栏。2001年，深交所成立投资者教育工作小组，编制投资者服务丛书10余种，设立投资者教育网站。2001年，证监会培训中心增加投资者教育职责。同年10月，证监会向各派出机构下发《关于开展明确证券市场各方责任教育的通知》，要求派出机构集中一段时间开展明确证券市场各方责任的教育工作。

2006年以后，投资者教育开始向资本市场细分领域深入。2007年5月，证监会发布《关于进一步加强投资者教育、强化市场监管有关工作的通知》，为加强投资者教育工作提供指导性意见。2007年6月，证监会成立投资者教育办公室，负责投资者教育专项检查、督促落实工作。各派出机构相继成立"投资者教育领导小组"，交易所、行业协会等自律组织及证券期货经营机构也组建了投资者教育领导机构及工作机构。

二、投资者教育多渠道开展

持续建设投资者教育基地。2015年10月，证监会颁布《关于加强证券期货投资者教育基地建设的指导意见》及配套的《首批投资者教育基地申报工作指引》。2018年3月，证监会发布《证券期货投资者教育基地监管指引》，明确对投资者教育者基地监管的职责分工、协作方式、监管措施和考核指标等。截至2020年末，共命名143家国家级和省级投资者教育基地。

推动投资者教育逐步纳入国民教育体系。为促进投资者教育纳入国民教育体系持续化、普及化、常态化、标准化，2019年3月，证监会、教育部联合发布《关于加强证券期货知识普及教育的合作备忘录》，为推动投资者教育纳入国民教育体系提供了政策依据。证监会主要负责三方面工作：一是统筹利用好各地证券期货投资者教育基地，提供必要的学生实训和教师培训服务。二是充分利用证券期货经营机构、行业协会、自律组织等的专业优势，开展证券期货系列公益讲座活动。三是针对不同年龄段学生认知发展水平，合作编写公益性证券期货知识读本，与高等学校合作建设精品在线开放课程等。截至2020年末，22个省（直辖市）在学科课程和教材中融入证券期货知识，其中，上海、广东、四川、天津等地编写了《理财教育读本》和"国民金融教育之青少年五德财商系列教材"等中小学教材；31个省（直辖市）在高校和职业学校开设证券期货知识课程。投资者教育活动已走进社区大学、老年大学、少数民族地区和党校等，累计开发证券期货学习资源2万余种，举办各类学习活动6万余场，惠及3000多所学校、5000多万学生。

设立"5·15全国投资者保护宣传日"。2019年证监会将每年5月15日设为"全国投资者保护宣传日"，在全社会倡导理性投资文化，建立监管部门主导推动、相关部门联动、行业主动尽责、公众积极参与的投资者保护长效机制，促进全社会形成尊重投资者的良好环境。

开展理性投资系列教育活动。证监会围绕监管中心工作，持续开展了"公平在身边""正确认识私募远离非法投资""投资者保护·明规则识风险""理性投资从我做起""走近科创你我同行"等投资者教育专项活动。2020年，以"学习贯彻新《证券法》保护投资者合法权益"为主题，举办第二届"5·15全国投资者保护宣传日"活动；证券监管系统各单位同步在全国各地开展了形式多样的投资者保护宣传活动。历次活动共投放投教产品10万余种，开展投教活动数十万场，覆盖数亿人次。

第三节　中国特色投资者行权维权机制

近年来，特别是党的十八大以来，证监会针对我国以中小投资者为主的市场结构特点，立足倾斜保护中小投资者的原则，针对投资者行权难、维权难、赔偿难等现实问题，探索创新了一批具有中国特色、符合资本市场实际情况的投资者权益救济安排。

一、投资者行权机制不断优化

（一）投资者行权机制初步建立

2004年12月，证监会发布《关于加强社会公众股股东权益保护的若干规定》，抑制上市公司控制权滥用现象，主要包括试行公司重大事项社会公众股股东表决制度、完善独立董事制度、加强投资者关系管理、实施积极的利润分配办法、加强对上市公司及其高级管理人员的监督等。2005年7月，证监会发布《上市公司与投资者关系工作指引》，加强上市公司与投资者之间的信息沟通，完善公司治理结构。

（二）打造中小投资者服务平台

建设运行"12386"服务热线。2013年9月，证监会开通运行"12386"中国证监会服务热线，作为接收投资者民事纠纷投诉、咨询、建议的公益服务渠道。2015年5月，明确热线可在全国范围直拨，并免除投资者长途话费。截至2020年末，"12386"服务热线共处理投资者诉求59万余件。

开通运行中国投资者网。2018年5月，中国投资者网（https://www.investor.org.cn/）及公众号开通，网站功能包括在线教育、在线调解、在线诉讼支持、在线股东权利征集和行使等。截至2020年末，累计发布信息6.2万余条，累计浏览量192万人次，其中在线调解平台登记案件1570起，投资者获赔金额1300余万元。

搭建网上行权平台。2011年11月，深交所推出"互动易"网上互动平台，投资者沟通交流平台建设开始落地。2013年7月，上交所推出"上证e互动"平台，搭建投资者与上市公司沟通交流桥梁。2019年5月，深交所"互动易"全新改版升级。各派出机构建设了"投资者之家""投资者委员会""投资者联络站"等实体联络平台。

（三）优化机制保障投资者基本权利

完善投票机制。在上市公司监管制度中，明确网络投票、累积投票、中小投资者单独计票等规定。近五年来，上市公司股东大会采用网络投票和实施累积投票分别为3000余家和近4000家,共30000余次和10000余次;实施中小投资者单独计票的公司3000多家,共近80000次。

开展持股行权。2016年5月,持股行权试点启动,由投服中心通过购买每家上市公司1手股票,以股东身份示范引导中小投资者依法行权维权,督促完善上市公司治理。截至2020年末,投资者服务中心共计持有4133家上市公司股票(包括213家科创板公司),共计行权2680场,累计行使股东权利3490次。

> **专栏17-1:持股行权典型案例**
> **——投服中心联合股东成功召开*ST毅达临时股东大会**
>
> 本案是一起在*ST毅达公司董事、监事集体"失联"的情况下,投服中心联合其他股东成功召开临时股东大会的案例。*ST毅达股票被法院裁定给某证券公司用以抵偿债务,该证券公司管理的资管计划因此成为*ST毅达公司第一大股东,但该上市公司董事、监事集体"失联",无法进行正常信息披露。投服中心联合*ST毅达的前两大股东召集了该公司临时股东大会,推动形成新的董事会、监事会。此次临时股东大会召集权的行使,取得了较好效果:一是推动了公司治理正常化进程,临时股东大会的召开,成功组建了新的董事会、监事会。二是充分发挥了持股行权示范的作用,激发了广大投资者参与公司治理的热情,形成了良好的示范效果。

二、投资者维权机制多元化发展

(一)投资者维权机制初步构建

2002年1月,最高人民法院发布《关于受理证券市场因虚假陈述引发的民事侵权纠纷案件有关问题的通知》。2003年1月,发布《关于审理证券市场因虚假陈述引发的民事赔偿案件的若干规定》,主要内容包括一般规定、受理与管辖、诉讼方式、虚假陈述的认定、归责与免责事由、共同侵权责任、损失认定等方面。

(二)持续完善各项维权机制

先行赔付制度。2013年5月、2014年7月、2017年6月,投保基金公司分别针对万福生科、海联讯、欣泰电气三件欺诈发行案件,探索开展由保荐机构或大股东对投资者予以先行赔付,由保荐机构或大股东出资成立专项补偿基金,投保基金公司担任专项基金管理人。三项赔付人数总计3.4万人、金额达5.09亿元,赔付比例均在95%以上。

> **专栏17-2:上市公司欺诈发行先行赔付案例**
>
> 2016年5月,欣泰电气股份有限公司由于IPO申请文件存在虚假记载、上市后披露的定期报告中存在虚假记载和重大遗漏,收到中国证监会《行政处罚和市场禁入事先告知书》。2017年8月,正式摘牌退市。众多投资者因公司退市出现损失,如不能依法获得赔偿将引发涉众纠纷。为化解欺诈发行责任人与投资者的群体性纠纷,欣泰电气保荐机构兴业证券出资设立规模为5.5亿元人民币的"欺诈发行先行赔付专项基金",用于赔付适格投资者遭受的损失。这起案例是我国资本市场因上市公司欺诈发行退市,保荐机构先行赔付投资者损失的首次尝试,对推进证券期货纠纷多元化解工作有重要意义。

证券期货纠纷多元化解机制。2016年5月,最高人民法院、证监会联合发布《关于在全国部分地区开展证券期货纠纷多元化解机制试点工作的通知》,在北京、上海等31个地区联合开展试点工作。2018年11月,最高人民法院、证监会在总结试点工作经验的基础上,联合发布《关于全面推进证券期货纠纷多元化解机制建设的意见》(以下简称《意见》),推广试点经验。《意见》从四个方面提出25条意见,巩固和深化证券监管部门和人民法院系统的协作,建立健全有机衔接、协调联动、高效便民的多元化纠纷解决机制。截至2020年末,共有证券期货调解组织35家,专(兼)职调解员1400余人,共受理纠纷案件约2.3万件,投资者获得约98亿元补偿。

> **专栏17-3:投资者与上市公司虚假陈述赔偿纠纷案例**
>
> 本案是一起上市公司因虚假陈述侵权行为,被投资者诉讼索赔并最终以调解方式结案的典型案件。C上市公司因披露的公司年报隐瞒重大关联交易,构成虚假陈述侵权行为,受到证监会行政处罚。此后100多名投资者以C公司构成证券虚假陈述侵权行为为由向上海市一中院提起诉讼,要求公司赔偿股价下跌给投资者造成的损失。法院立案后将案件委托证券期货调解组织进行调解。
>
> 本案争议点集中在虚假陈述侵权行为造成损失的计算方法和系统性风险的扣除上。调解员对各种计算方法的优劣进行归纳比较,对双方当事人各自坚持采用的方法进行一一核算,并对系统性风险因素的扣除比例进行认真测算,最终形成

> 了双方满意的调解方案。此案的成功调解对于上市公司虚假陈述纠纷化解具有积极示范作用：一是便捷高效化解矛盾。有助于实现投资者权益救济和维护市场稳定、公司发展之间的平衡，实现"案结事了人和"的多赢局面。二是有效节约司法资源。法院和相关调解组织建立诉调对接机制，有利于快速定纷止争，帮助投资者低成本维权。

建立"总对总"证券期货纠纷在线诉调对接机制。为更好地应用科技手段提高证券期货矛盾纠纷调解效率，节省投资者维权成本，2020年3月，中国证监会与最高人民法院共同推动"人民法院调解平台"与"中国投资者网证券期货纠纷在线解决平台"实现数据交换、互联互通。截至2020年末，法院调解平台有全国2800多家各级法院接入，35家调解组织已全部入驻中国投资者网，成功调解上海、浙江、北京等地3批虚假陈述案件，投资者获赔金额1400万余元。

维权诉讼制度。主要包括证券支持诉讼、股东代表诉讼和证券集体诉讼。证券支持诉讼方面，2017年5月，投服中心首例支持诉讼"匹凸匹"案胜诉，14名投资者合计获赔233.89万元。截至2020年末，投服中心累计提起31起支持诉讼，诉讼请求约1.19亿元，判决获赔总人数为618人、总金额约5586万元。股东代表诉讼方面，2018年5月，投服中心提起的首例股东代表诉讼"海利生物"案胜诉，诉讼确认该公司章程部分条款无效。证券集体诉讼方面，为落实新《证券法》第九十五条第三款的规定，最高人民法院发布《关于证券纠纷代表人诉讼若干问题的规定》。2020年7月，证监会发布《关于做好投资者保护机构参加证券纠纷特别代表人诉讼相关工作的通知》，为投资者保护机构开展代表人诉讼试点工作奠定了制度基础。

"示范判决+专业调解"制度。针对证券市场同类案件存在的多方起诉、重复审理的问题，建立"类似案件类似处理"的"示范判决+专业调解"机制。截至2020年末，上海金融法院、深圳市中级人民法院、厦门市中级人民法院出台了具体落实规定；投保基金公司、投资者服务中心、浙江证券业协会等调解组织，在相关证监局和人民法院支持指导下，开展了"示范判决+专业调解"实践，共涉及2000余名投资者、8家上市公司，为投资者挽回损失约1.37亿元。

证券期货领域行政和解制度。2015年证监会会商财政部建立起证券期货行政和解制度。该制度有利于提高执法效率、及时弥补受害者损失，是一种较好的兼顾法律效果和社会效果的新型综合执法方式。截至2020年末，成功达成和解协议6起。

经过30年的不懈努力，我国投资者保护状况得到国际社会的充分认可，世界银行《2020年营商环境报告》中我国"保护中小投资者"指标从第119名提升至第28名。

THIRTY YEARS OF
CHINA'S CAPITAL MARKETS

中国资本市场
三十年

党的建设篇

第十八章　推进证监会系统党的建设

第十八章　推进证监会系统党的建设

> 30年来，中国证监会始终坚持党对资本市场工作的全面领导，坚决贯彻党中央关于加强党的建设和全面从严治党各项战略决策，特别是党的十八大以来，证监会党委切实增强"四个意识"，坚定"四个自信"，坚决做到"两个维护"，全面落实党中央、国务院关于资本市场改革发展稳定的一系列重要部署，将党的政治优势、组织优势和资本市场的一般规律结合起来，全面提升证监会系统党的建设质量，坚持政治与业务贯通融合，为实现资本市场高质量发展提供坚强保证。

第一节　全面加强党的建设

中国证监会党委始终坚持履行管党治党政治责任，深入贯彻党的建设总要求，领导指导系统各级党委落实主体责任，发挥党委把方向、管大局、保落实的重要作用，不断提高系统党的建设质量。党的十八大以来，以政治建设为统领，持续加强政治建设、思想建设、组织建设、作风建设、纪律建设，把制度建设贯穿其中，牢牢把握资本市场政治属性和市场属性，推动证券期货监管系统党的建设向纵深发展。

一、政治建设

中国证监会牢牢把握正确政治方向，坚持以毛泽东思想、邓小平理论、"三个代表"重要思想、科学发展观、习近平新时代中国特色社会主义思想为指导，坚决贯彻执行中央关于加强政治建设的系列党内法规和决策部署。党的十八大以来,坚决抓好政治建设这个党的根本性建设,牢牢把握资本市场政治属性和市场属性,以政治建设统领资本市场各项工作。

增强"两个维护"的政治自觉。中国证监会党委牢固树立政治机关意识,带头贯彻落实《中共中央关于加强党的政治建设的意见》,坚决把党的政治要求贯彻落实到资本市场改革发展各项工作中。建立健全落实党中央决策部署和习近平总书记指示批示的督查机制,严格执行重大事项请示报告制度。及时传达学习习近平总书记对资本市场的一系列重要指示批示精神,建立贯彻落实情况"回头看"常态化工作机制。认真贯彻习近平新时代中国特色社会主义思想和党的十八大以来历次中央全会以及中央纪委全会、中央经济工作会议、全国金融工作会议等重要讲话和文件精神,用党的理论指导监管实践,把党建工作和业务工作同谋划、同部署、同落实。严格落实党建工作责任制、意识形态工作责任制,制定《证监会党委班子主体责任清单》,强化各级党委把方向、谋大局、定政策、促改革的能力,确保党中央决策部署贯彻落实。

强化政治担当。坚持把监管好、建设好、发展好资本市场作为担当的重点。加强资本市场顶层设计,2014年5月推动出台"新国九条",2019年制定出台《全面深化资本市场改革总体方案》。稳步推进多层次市场体系建设和股票发行注册制改革,推动设立科创板并试点注册制、创业板改革并试点注册制顺利落地,稳步推进一系列关键制度创新,全面启动新三板改革,大力推动提高上市公司质量,不断完善市场基础制度体系,稳妥推进资本市场高水平双向开放。深刻汲取2015年股市异常波动教训,严格控制股市杠杆水平,推进强监管、防风险,积极稳妥化解重点领域风险,维护资本市场平稳运行,更好地支持实体经济发展。

二、思想建设

中国证监会不断加强政治理论学习,坚持用党的创新理论武装头脑和指导资本市场改革发展工作。党的十八大以来,围绕深入学习贯彻习近平新时代中国特色社会主义思想,把坚定理想信念作为党的思想建设的首要任务,认真组织开展系列主题教育活动,进一步坚定理想信念和政治立场,提升党性意识和政治素养,为推动资本市场改革发展奠定坚实的思想基础。

坚持用党的创新理论武装头脑。制定并严格执行《中国证监会党委理论学习中心组学习规则》，将学习贯彻习近平总书记重要讲话和贯彻党章党规作为重要政治任务。通过专题集中学习研讨、专家理论辅导等，充分发挥"关键少数"的示范和表率作用。通过证监会党校班、专题班、网络学习班等形式，组织开展系统各层次党员干部的专题培训，全系统共成立300多个青年理论学习小组，积极构建学习型党组织，推动理论学习成果转化为实际工作成效。

扎实开展主题教育活动。党的十八大以来，中国证监会系统认真组织开展党的群众路线教育实践活动、"三严三实"专题教育、"两学一做"学习教育，采取脱产培训、专题研修、专家辅导、主题党日活动等，着力提高党员干部的马克思主义理论素养。2019年6月以来，在全系统深入开展"不忘初心、牢记使命"学习教育，把握"守初心、担使命、找差距、抓落实"总要求，开展"资本市场践行党的初心使命"大讨论，将学习教育、调查研究、检视问题、整改落实贯穿各方面全过程，推进习近平新时代中国特色社会主义思想和资本市场监管实践相融合。

加强党性修养和廉政教育。持续抓好全系统的理想信念教育，增强广大干部与以习近平同志为核心的党中央保持高度一致的自觉性、坚定性。坚持党对资本市场意识形态工作的统一领导，建立健全证监会新闻发言人和例行新闻发布会制度，引导和塑造市场预期，为资本市场改革发展稳定营造良好的舆论环境。加强全系统党员领导干部的纪律教育、政德教育、家风教育，筑牢拒腐防变的思想防线。以廉洁文化为突出主题和重要内容，倡导"忠诚专业进取 公开公平公正"的监管文化导向，营造建功新时代、争创新业绩的工作氛围。

加强监管文化建设。2020年12月，证监会党委印发《中国证监会党委关于加强系统监管文化建设的实施意见》，明确了"打造一个规范、透明、开放、有活力、有韧性的资本市场"的监管目标，"四个敬畏、一个合力"的监管理念，"忠诚专业进取 公开公平公正"的价值准则，为推动系统监管文化建设提供纲领性指导。同时，提出了2021—2023年分阶段推进监管文化建设的工作要求，制定了加强宣传引导、完善工作制度、健全工作机制、丰富文化载体、创新文化品牌等16项切实可行的措施，保障监管文化建设顺利推进。

三、组织建设

中国证监会始终把党的组织建设放在重要位置。党的十八大以来,贯彻习近平总书记选人用人重要思想,严把德才标准,坚持公正用人,把政治标准放在第一位,在选准人用对人上下功夫,努力打造忠诚干净担当的高素质监管干部队伍。

加强系统各级领导班子建设。严格落实班子成员"一岗双责",认真执行民主集中制、民主生活会、"三会一课"等基本制度,严肃党内政治生活,营造风清气正的政治生态。严格要求各级领导班子认真贯彻落实《中国共产党党内监督条例》,强化系统党内监督,努力做到早提醒、早纠正。2020年3月,制定《中国证监会系统单位党风廉政建设工作评价办法》。认真落实《党政领导干部选拔任用工作条例》要求,坚持新时期好干部标准,严把干部选用政治关、品行关、能力关、作风关、廉洁关,真正把好干部选出来用起来。制定出台《关于进一步激励证监会系统干部担当作为的实施意见》,激励干部在推进资本市场改革开放发展稳定中担当作为。2020年,创新年轻干部选用方式和途径,在证监会系统开展优秀年轻副职推选工作,调整补充优化会系统单位部门领导班子。

持续加强干部和人才队伍建设。落实好领导干部个人事项报告、轮岗交流、任职回避、公务回避等制度规定。2019年制定《证监会系统工作人员与监管对象交往管理办法》,规范系统工作人员与监管对象交往行为,构建"亲""清"监管关系。建立健全系统单位和部门"一把手"任期制度,推进干部轮岗交流常态化制度化,落实干部能上能下机制,注重在服务实体经济、资本市场改革攻坚、金融风险防范、疫情防控等重大任务中发现和选拔干部。大力选拔使用优秀年轻干部,加强专业人才队伍建设,通过增强职业荣誉感、拓宽锻炼成长渠道、专业培训等多种渠道,努力培养复合型领导干部和各个层级的"专门家"。

全面推动系统基层党组织建设。认真贯彻落实《中国共产党支部工作条例(试行)》,以组织体系建设为重点,2019年实施"支部建设质量提升"计划,大力推进基层党支部标准化、规范化建设。明确要求系统各单位加强党支部的思想政治工作、从严管理教育党员和党的群众工作,严格执行"三会一课"制度,完善支部工作激励机制,健全领导干部带头讲党课、谈心谈话等制度,丰富组织生活,提高组织生活质量,提升基层党组织的政治功能和组织力。

四、作风建设

中国证监会认真贯彻落实党中央关于加强党的作风建设的决策部署，不断强化党的作风建设，努力纠正和解决工作中可能存在的脱离群众、形式主义、官僚主义等突出问题。党的十八大以来，全面贯彻落实以习近平同志为核心的党中央关于加强党的作风建设的重要精神，严抓中央八项规定精神落实，着力从作风建设这个环节突破，努力推动党的作风建设取得新成效。

将保持党和人民群众的血肉联系作为加强作风建设的根本。近年来，通过投资者"12386"热线、定期问卷调查、专家和业界座谈会、信访举报热线等渠道，听取广大投资者意见建议和批评，围绕资本市场支持科技创新、服务实体经济发展、助力脱贫攻坚等主题，广泛深入开展调查研究。加强对涉及广大投资者的重要决策事项的事前沟通、事中宣传解读和事后实施反馈。健全证券期货纠纷多元化解机制。2020年5月至8月，中国证监会在全系统部署开展了为期3个月的作风问题专项整治活动，深入排查作风建设方面存在的突出问题和薄弱环节，积极解决发行审核电子化程度不高、再融资审核时间较长、行政许可受理服务水平有待提升等市场反映较为集中的问题。

深入落实中央八项规定精神。制定出台《中国证监会党委关于贯彻执行中央八项规定实施细则精神的规定》，提出25条具体实施意见并持续修订完善，严格要求全系统各级党组织和党员领导干部落实接待、会议、公务出国（境）、办公用房、公务用车等具体规定，严肃查处公款出国旅游等违反中央八项规定的行为。紧盯关键时间节点、关键部门，加强教育提醒和监督管理，始终保持高压态势，切实防止"四风"反弹回潮。

切实整治形式主义、官僚主义。近年来，把整治形式主义、官僚主义作为正风肃纪、反对"四风"的首要和长期任务。2019年贯彻落实党中央关于"基层减负年"的决策部署，制定实施《证监会关于解决形式主义突出问题的若干措施》等，从精简文件数量、严控会议数量和规模、规范督查检查考核、深入调查研究等六方面整改，力求实效。重点整治影响党中央权威和集中统一领导、影响中央政令畅通的形式主义、官僚主义，以及不担当、不作为、慢作为、乱作为、假作为等严重影响改革发展的突出问题，持续强化党的作风建设。

五、纪律建设

中国证监会落实管党治党要求，不断加强党的纪律建设，持续健全监督体系，加强会系统的纪律监督检查，严格要求工作人员廉洁从政、秉公执法。党的十八大以来，全面贯彻落实新时代党的纪律建设新要求，把纪律建设摆在更加突出的位置，把纪律和规矩挺在前面，坚持党委的主体责任、纪委的监督责任"两个责任"同向发力，强化监督执纪问责，大力加强党风廉政建设和反腐败斗争，持续推动系统全面从严治党向纵深发展。

严守党的政治纪律和政治规矩。会党委带头并要求系统各级党组织和广大党员干部必须始终保持政治上的高度自觉和清醒，严守政治纪律和政治规矩，严格遵守党章党规党纪，牢记"五个必须"，严防"七个有之"，始终做政治上的明白人。严格执行党员领导干部个人有关事项报告制度。认真贯彻中央巡视工作方针，深化政治巡视，强化政治监督，确保习近平总书记重要指示批示和党中央重大决策部署在证监会系统不折不扣贯彻落实。建立健全纪检监察、组织人事、巡视审计、督查信访、会计稽查等监督相互联动的工作机制，不断提高常规巡视、专项巡视和机动式巡视相结合的巡视全覆盖质量。

抓住"关键少数"和关键环节强化监督。建立并完善任职谈话、日常提醒、集中约谈、巡视反馈、审计谈话、定期会商等机制，强化对系统各单位"一把手"和班子成员的监督。严格落实问责条例、纪律处分条例，加强督察考核，加大问责力度，推动"两个责任"落地落实。持续完善公权力监督制约机制，制定会系统公权力清单，明确防止利益冲突的具体规定，建立重大决策和重要审核事项回避、离职回避、稽查执法和行政许可说情备案等制度，健全重点部门、关键岗位权力运行监督制约和廉政风险防控机制，切实把权力关进制度的笼子。

严肃监督执纪问责和防控廉政风险。以"六大纪律"为标尺，运用实践好执纪的"四种形态"，立足抓早抓小持续发力。紧盯关键节点，加强廉政提醒，强化对系统各单位财经纪律执行情况的巡视、检查和审计。紧抓"四风"问题的查处，对顶风违纪行为严查快办。多次组织开展系统党风廉政警示教育活动，结合具体案例，强化对系统各级党员干部的警示警醒。制定《证券期货经营机构及其工作人员廉洁从业规定》，推动廉洁文化建设。

六、制度建设

中国证监会始终将制度建设作为重要抓手贯穿于推动资本市场改革发展稳定的始终，不断完善管党治党制度体系和资本市场法律法规体系建设。党的十八大以来，认真贯彻落实习近平总书记关于加强党的制度建设的总体要求，以党章为根本，以党中央出台的党内法规为指引，完善制度执行的保障机制，推动制度管党、依规治党，依法全面从严监管。坚持思想建党与制度治党同向发力，党内制度建设与市场监管制度建设一体推动，持之以恒加大制度改革力度，以制度指引方向、规范行为，全面提高资本市场治理效能。

大力加强党内法规制度建设。认真履行加强党内法规制度建设的主体责任，及时学习贯彻党章和党内监督条例、巡视工作条例、纪律处分条例等党内法规制度，紧密结合工作实际，在党的组织、领导、自身建设、监督保障等方面出台了一系列配套制度和实施办法，完善党委理论中心组学习规则，出台巡视工作实施办法和工作规划（2018—2022），制定党委问责、运用监督执纪"四种形态"、持续开展谈话、干部选拔任用和轮岗交流、激励干部担当作为、优化干部考核机制等工作实施办法，确保党中央各项决策部署得到坚决贯彻落实。

强化制度执行和落地见效。把政治建设摆在首位，严格落实"三会一课"、民主评议党员、领导干部双重组织生活等基本制度，加强基层党组织建设，全面加强系统领导班子和干部队伍建设。及时召开会系统全面从严治党会议，对纪律和规矩提出严格要求，结合金融反腐败的典型案例，加强警示教育和党风廉政建设，推进作风建设专项督查反馈问题的整改，严厉查处违反党内法规行为，加大制度执行的检查力度，为全面从严治党向纵深发展提供保障。

第二节 扎实推进全面从严治党

中国证监会党委、中央纪委国家监委驻证监会纪检监察组认真贯彻落实党中央关于全面从严治党、党风廉政建设和反腐败工作部署，完善"两个责任"同向发力、协调互动的制度机制，强化监督执纪问责，推动纪检监督、监察监督、巡视监督、审计监督贯通联动，坚持反腐败无禁区、全覆盖、零容忍，持续推进证券期货监管系统党风廉政建设和反腐败工作。

一、全面加强纪检监察专责监督

不断深化纪检监察体制改革。2004年4月，中国证监会设立监察局，加强证监会系统纪律监督检查。党的十八大以来，国家监察体制改革稳步推进，组建国家监察委员会，与中央纪委合署办公，全面加强党对反腐败工作的集中统一领导。按照深化中央纪委国家监委派驻机构改革要求，2015年11月，中央纪委驻中国证监会纪检组正式设立。2016年3月，证监会机关纪委成立，进一步强化对证监会机关干部的监督。2018年6月，中央纪委国家监委驻中国证监会纪检监察组设立，同时履行监察职能。按照《关于深化中央纪委国家监委派驻机构改革的意见》，在中央纪委国家监委的统一领导下，驻证监会纪检监察组不断提升派驻监督全覆盖的质量和效果。证监会系统各派出机构、稽查总队、各会管单位纪委和机关纪委立足监督专责，形成上下贯通的监督合力。

切实强化政治监督。驻证监会纪检监察组和证监会系统各级纪检机构履行政治监督核心职责，围绕执行党的政治纪律和政治规矩情况开展监督检查，以强监督推进强监管，党中央重大决策部署到哪里，监督检查就跟进到哪里，为资本市场重大改革工作提供坚强保障。在监督工作中，突出重点领域，强化监督检查。2016年至2017年，对证监会发行部等重要权力部门开展廉政监察。2018年至2019年，对稽查局、稽查总队、处罚委等行政执法全链条公权力运行进行监察监督。针对注册制改革带来的公权力运行重心下移，2019年6月和2020年1月，先后成立科创板和创业板监督工作组，围绕业务、岗位、职责和人员四方面开展重点监督。2020年7月，建立专门工作机制，对沪深证券交易所实行重点监督。同时，制定注册制改革廉政监督任务清单，建立核心业务人员廉政档案，完善嵌入式监督机制。证监会党委与驻证监会纪检监察组定期沟通会商，专题研究系统全面从严治党、党风廉政建设和反腐败工作，持续健全沟通协调机制，推动主体责任和监督责任同向发力、协调互动。

二、深入推进巡视监督

积极配合中央巡视，增强政治监督保障。根据中央统一部署，2015年10月31

日至12月25日，中央第七巡视组对中国证监会党委进行了专项巡视，同期对上交所党委、深交所党委进行巡视。中国证监会党委认真贯彻落实党中央关于巡视工作的决策部署，高度重视中央巡视反馈意见的整改落实，切实履行巡视整改政治责任。截至2016年3月，中央专项巡视意见指出的具体问题整改完毕，取得阶段性成效。2016年和2017年，先后两次集中通报巡视移交问题线索的处置情况，给予73人党纪政纪处分和组织处理，其中局级干部59人，处级及以下干部14人。2018年8月，中国证监会党委召开全面从严治党会议，对十九大召开以后违反党的纪律、严重违纪违法以及主体责任落实不力等57人进行了问责通报。2019年和2020年，先后两次对中央巡视整改情况进行回头看，持续推动整改工作向纵深推进。

贯彻落实《中国共产党巡视工作条例》，加强巡视制度建设。2017年2月，制定《中国证监会党委巡视工作实施办法》《关于选调系统干部参加巡视工作的实施办法》《关于进一步规范巡视工作协调配合机制的意见》，2017年12月制定《各单位党委配合巡视工作的实施办法》。2019年12月，制定《关于贯彻落实〈关于中央部委、中央国家机关部门党组（党委）开展巡视工作的指导意见（试行）〉的实施意见》《中国证监会党委巡视工作领导小组工作规则》等制度规则。2020年11月，制定《关于建立健全巡审结合+纪检监察贯通联动工作机制的意见（试行）》，强化巡视监督与纪检监察监督的协同发力。

推进巡视工作全覆盖。2014年7月至2017年9月，组织开展7轮巡视，实现对全系统56家单位党委的巡视。2018年1月，落实《中央巡视工作规划（2018—2022年）》精神，制定实施《中国证监会党委巡视工作规划（2018—2022年）》，利用5年时间实现对证监会系统所属派出机构和会管单位党委新一轮巡视全覆盖。截至2020年末，已完成对41家单位党委的常规巡视和6家单位党委的脱贫攻坚专项巡视。2019—2020年已在郑商所等6家会管单位开展巡察工作试点，进一步推动巡视巡察上下联动。

二、持续开展审计监督

贯彻落实《中华人民共和国审计法》《党政主要领导干部和国有企事业单位主要领导人员经济责任审计规定》等要求，建立健全审计工作制度机制，先后制定实施《中国证监会内审工作纪律"六不准"》《中国证监会党委关于加强内审工作的意见》《中国证监会内部审计工作实施办法》等制度。2016年7月，证监会设立内审部（与党委巡视办合署办公），加大经济责任审计力度，把监督推动党中央和会党委重大决策部署贯彻落实作为审计的首要任务。近年来，共完成对经济责任审计79家次、86人次，专项审计5项。聚焦重点单位和重要领域，加强重点资金和项目专项审计。先后开展部分交易所内部控制有效性评估专项审计、部分会管单位货币资金管理专项审计、期货交易所"保险+期货"费用支付和交易手续费减收专项审计等。

积极探索开展发审监督工作。2018年2月证监会党委决定成立发行与并购重组审核监察委员会，对首次公开发行、再融资、并购重组实行全过程监督，委员会办公室设在内审部。制定印发《中国证监会发行与并购重组审核监察工作办法（试行）》，坚持日常监督与专项监督并重，加强专题研究，推进发审监督工作常态化发展，共开展发审专项监督6项。

四、严肃查处违法违纪行为

党的十八大以来，以习近平同志为核心的党中央高度重视金融领域反腐败工作。在党中央的坚强领导下，金融领域反腐败力度不断加大，一系列受贿、内幕交易等严重违纪违法案件得到查处。2014年12月，证监会投资者保护局原局长李量因涉嫌利用职务上的便利为他人谋取利益，收受贿赂，被移送司法机关。2015年6月，证监会发行监管部原处长李志玲因涉嫌职务犯罪，被移送司法机关。2015年8月，证监会发行监管部原处长刘书帆因涉嫌受贿、内幕交易、伪造公文印章等犯罪，被移送司法机关。2016年6月，湖南证监局原局长熊国森因涉嫌受贿、内幕交易犯罪，被移送司法机关。2017年7月，证监会原副主席姚刚因涉嫌受贿犯罪，被移送司法机关。截至2020年末，上述人员均已被追究刑事责任。

中国证监会党委、驻证监会纪检监察组坚决贯彻落实党中央关于党风廉政建设和金融反腐败工作要求，保持高压态势，对腐败行为"零容忍"。2019年6月，山东证监局原党委书记、局长徐铁因涉嫌严重违纪违法，接受纪律审查和监察调查。2020年12月，重庆证监局原党委书记、局长毛毕华涉嫌严重违纪违法，接受纪律审查和监察调查。2020年，驻证监会纪检监察组和证监会系统各单位纪委共计给予处分114人次,给予组织措施363人次,全年运用"四种形态"688人次。在狠抓案件查办的同时,坚持腐败问题与防范化解系统性风险同步治理,坚持"不敢腐、不能腐、不想腐"一体推进,持续强化对公权力运行的监督检查,为资本市场稳定健康运行提供强有力的纪律保障。

THIRTY YEARS OF
CHINA'S CAPITAL MARKETS

中国资本市场
三十年

展　望

第十九章　中国资本市场发展展望

第十九章　中国资本市场发展展望

2020年10月,党的十九届五中全会通过的《中共中央关于制定国民经济和社会发展第十四个五年规划和二〇三五年远景目标的建议》(以下简称《建议》)提出,要以推动高质量发展为主题,以深化供给侧结构性改革为主线,以改革创新为根本动力,加快构建以国内大循环为主体、国内国际双循环相互促进的新发展格局。本次会议为新时期资本市场改革发展指明了方向。《建议》明确提出,要全面实行股票发行注册制,建立常态化退市机制,提高直接融资比重。2020年12月举行的中央经济工作会议强调,要健全金融机构治理,促进资本市场健康发展,提高上市公司质量,打击各种逃废债行为。要完善债券市场法制,加大对科技创新、小微企业、绿色发展的金融支持。要自觉站位新发展阶段,坚定贯彻新发展理念,主动融入新发展格局,准确把握市场发展面临的机遇和挑战,深刻认识资本市场的使命责任,充分发挥资本市场的枢纽功能,不断提升对实体经济发展的适配性,促进经济和金融的良性循环,更好地服务于经济高质量发展的大局。

第一节　资本市场发展面临的机遇和挑战

一、我国资本市场发展面临的主要机遇

(一)我国经济长期向好为资本市场发展提供了根本动力

经过多年的发展,我国经济实力、科技实力和综合国力迈上新的大台阶。"十三五"末,我国GDP已突破100万亿元,稳居世界第二,三大攻坚战取得决定

性成就。我国经济经受住了新冠肺炎疫情的严重冲击,稳定恢复态势不断巩固和拓展,未来几年有望继续保持战略主动。我国是全球最大的消费市场,拥有14亿人口,其中有4亿多中等收入人群,消费增长空间较大。我国是全世界唯一拥有联合国产业分类中所列全部工业门类的国家,拥有1.3亿户市场主体和1.7亿多受过高等教育或拥有各种专业技能的人才,基于国内大市场形成的强大生产和研发能力,将促进全球要素资源整合创新,规模效应和集聚效应更大发挥。我国经济转向高质量发展阶段,产业发展升级的势头强劲,科教兴国战略、创新驱动发展战略、区域重大战略、区域协调发展战略、主体功能区战略、建设自由贸易试验区等一系列重大战略深入推进,客观需要发挥资本市场在拓宽投融资渠道、激发微观主体活力等方面的独特优势,引导更多社会资本更好地支持经济社会持续健康发展。

（二）经济体制改革持续深入为资本市场注入新的动能

当前和今后一个时期,我国社会主义市场经济体制将更加系统完备、成熟定型,统一开放、竞争有序的市场体系将进一步建立健全。随着供给侧结构性改革持续推进,需求侧管理不断完善,将加快形成需求牵引供给、供给创造需求的更高水平动态平衡。在此过程中,要进一步深化金融供给侧结构性改革,提高金融体系与供给体系和需求体系的适配性。同时,各类要素逐步实现价格市场决定、流动自主有序、配置高效公平,有利于发挥好资本市场配置资源、资产定价、缓释风险等功能,加速要素资本化进程。提高直接融资特别是股权融资比重,要求不断完善市场层次、产品与基础制度,加快建设更具包容性和适应性的多层次资本市场,提升服务各类型和各发展阶段企业的能力。

（三）全球新一轮科技革命和产业变革为资本市场发展提供新的支撑

党的十九届五中全会强调要把科技自立自强作为国家发展的战略支撑,提出了"完善金融支持创新体系"的明确要求。当前,新一轮科技和产业变革正在重构全球创新版图和全球经济结构,以现代信息技术、人工智能等为引领的数字经济不断改造经济发展模式,数字化将进一步降低供需对接成本,优化传统制造方式,引起生产、流通、分配和就业等各领域的连锁反应。新产业、新业态、新模式不断涌现,为经济社会发展提供了新动能,也将涌现出更多创新主体和旺盛的融资、并购重组等资本需求。科技创新"始于技术,成于资本"的特征日益显著,这需要切实发挥好资本市场在促进创新资本形成和激发企业家精神等方面的优势,加快完善体制机制,引导资本等要素集聚,最大限度激发企业创新创造活力,推动科技创新企业成长壮大,助力实现科技、资本和实体经济高水平循环。

(四)居民财富管理需求旺盛为资本市场发展提供了广阔空间

在新的发展阶段,我国主要矛盾已经转化为人民日益增长的美好生活需要和不平衡不充分的发展之间的矛盾,要求把加快改善分配结构、促进全体人民共同富裕摆在更加重要的位置。近年来,我国居民可支配收入和财富持续增长,居民扩大权益投资、增加财产性收入的需求快速上升,但居民财富主要配置于房地产等实物资产,居民可投资金融资产一半以上是银行存款、货币基金、理财等短期金融产品,证券类资产比重偏低,增强资本市场财富管理的需求迫切、空间巨大。迫切需要加快资本市场发展,提供更丰富的金融产品,加快提升资本市场的财富管理功能,助力人民更充分地共享经济发展成果。

(五)金融对外开放提升资本市场国际竞争力和影响力

近年来,我国金融业在市场、产品、行业等方面全方位推进双向开放,迈出了重要步伐。"十四五"时期,金融业将加快从要素流动型开放向规则标准等制度型开放转变,共建"一带一路"深入推进,外商投资准入负面清单管理制度全面实行。自由贸易试验区在更大范围拓展,对外贸易和利用外资总体保持稳定增长。资本市场处于经济金融对外开放的前沿,必须更加主动地在制度设计、市场准入、中介服务、市场监管、投资者保护等方面完善双向开放制度,发挥更广范围内的资源配置作用,持续加强开放条件下监管能力建设,积极参与国际金融治理,有力促进更高层次开放型经济发展。

经过30年的探索和发展,我国资本市场规模、结构、质量和效率都有了较大进步。近年来,资本市场全面深化改革扎实推进,注册制改革等重要基础制度建设取得突破性进展,改革红利持续释放,市场功能进一步提升,市场生态向好的趋势持续巩固。总的来看,资本市场有利因素和条件不断集聚,正在发生深刻的结构性变化,具备了在更高层次和更高水平上服务高质量发展的能力和条件。

二、资本市场发展面临的主要挑战

（一）我国发展的内外部环境面临较大的不确定性

当今世界正处于百年未有之大变局，国际政治经济格局深刻变化，外部环境的不稳定性不确定性明显增加。新冠肺炎疫情"伤痕效应"需要若干年才能消化，拖累全球经济增长动能，全球产业链供应链受到冲击，国际金融体系脆弱性上升，主要发达经济体流动性扩张的外溢效应明显加大，各类衍生风险不容忽视。国内方面，我国经济发展不平衡、不充分问题仍然突出，面临着周期性因素和结构性因素叠加、短期问题和长期问题交织、外部冲击和疫情冲击碰头等多重因素的影响，创新能力不适应高质量发展要求，关键核心技术受制于人的局面尚未得到根本改变。要坚持系统观念，用全面、辩证、长远的眼光看问题，积极拓展发展新空间。

（二）经济金融的风险隐患需要高度重视

近年来，我国金融风险总体收敛，但受周期性、体制性、行为性因素相互叠加的影响，加上外部环境变化，宏观杠杆率明显抬升，企业信用违约等金融风险可能进一步"水落石出"，金融机构不良资产反弹压力加大，也增大了股票、债券、汇率、货币等金融市场的波动风险。科技变革使得金融风险的形态、路径和安全边界发生重大变化，金融科技快速发展带来巨大挑战。不法金融机构依然存在，非法金融活动屡禁不止。资本市场容易成为各类风险的"交汇地"和"泄洪区"。

（三）资本市场的结构性机制性问题仍较为突出

我国间接融资长期居于主导地位，存量规模大，发展惯性和服务黏性强，市场对刚性兑付仍有较强预期。资本市场在制度包容性、中介机构质量、投资者结构、法治诚信约束机制等方面仍存在诸多不足，理性投资、长期投资、价值投资的文化有待进一步培育，跨领域制度配套和协同还需要加强。同时，资本市场风险具有较强的突发性、隐蔽性和交叉性，外部输入性风险不容忽视。必须不断深化对资本市场发展规律、风险形成机制和处置机制的认识，妥善应对可能的风险挑战。

第二节　我国资本市场远景展望

总体上看，我国发展仍处于重要战略机遇期，资本市场高质量发展的基础和条件不断巩固。当前和今后一个时期，要坚持以习近平新时代中国特色社会主义思想为指导，认真落实党中央、国务院的决策部署，紧密围绕"打造一个规范、透明、开放、有活力、有韧性的资本市场"目标，立足新发展阶段，贯彻新发展理念，服务新发展格局，落实"建制度、不干预、零容忍"工作方针，坚持市场化、法治化、国际化方向，敬畏市场、敬畏法治、敬畏专业、敬畏风险，形成强大合力，加强资本市场基础制度建设，推进市场治理体系和治理能力现代化，切实增强市场包容性和适应性，努力提高直接融资比重，促进准入退出、投资融资协同发展，更好发挥促进要素资源配置、便利投融资活动和支持产业科技创新的枢纽作用，推动经济社会高质量发展，为全面建设社会主义现代化国家积极贡献力量。

一是多层次资本市场的包容性、覆盖面进一步提升。围绕构建新发展格局的需要，提供精准服务，构建包括股票市场、风险投资、债券市场、期货衍生品市场、场外市场在内的全方位、多层次市场体系。各市场、各板块坚持突出特色、错位发展，转板机制更加顺畅。坚守科创板定位，支持更多硬科技企业脱颖而出。突出主板的大盘蓝筹定位，创业板广泛服务于自主创新和其他成长型创业企业，新三板服务中小企业的平台作用进一步增强。区域性股权市场对中小企业融资服务的主动性和创造性不断提高。私募股权和创投市场建设更加完备。场外市场规则体系进一步完善。到2035年，我国将形成股权与债权、场内与场外、现货与期货、公募与私募有机联系、错位发展的多层次现代资本市场体系。

二是资本市场基础制度更加成熟定型。全面推进股票发行注册制改革，统筹推进交易结算、再融资、持续监管、投资者保护等关键环节制度创新，增强交易便利性、市场流动性和活跃度。把好"入口关"，畅通"出口关"。建立常态化退市机制，拓宽多元化退出渠道。加快补齐制度短板，提升市场治理能力，更好地激发市场主体活力，筑牢市场稳健运行的内在基础，建成布局合理、治理有效、先进可靠、富有弹性的金融基础设施体系。资本市场资源配置、定价能力高效准确，枢纽功能全面增强，有效促进创新资本形成，提高经济金融循环效率。

三是资本市场法治体系进一步完善。与贯彻新《证券法》相衔接，全面加强市场法治供给，健全符合我国资本市场发展规律的法律法规体系。优化证券犯罪查处机制，证券执法体制机制加快健全。以法律手段惩治虚假披露、欺诈发行等乱象，依法保护投资者合法权益，保持对资本市场违法犯罪的"零容忍"。到2035年，基本形成较为完备的资本市场法律制度规范体系、高效的资本市场法治实施体系、严密的资本市场法治监督体系和有力的资本市场法治保障体系。

四是资本市场监管效能显著提升。按照"放管服"的要求，大力推进简政放权，加快监管职能转变，改进监管方式，资本市场监管力量有效增强，基本实现监管制度、体系、队伍的能力和水平现代化。聚焦"数据让监管更智慧"，推动监管科技赋能，持续增强监管智慧和效能，大幅提高市场基础设施的信息化程度，基本实现市场和行业关键信息设备的自主可控。监管执法保障有力，监管效能显著提升。

五是资本市场高水平双向开放持续拓展。上海国际金融中心建设能级进一步提升，香港国际金融中心的地位更加巩固，深圳金融业对外开放水平全面提高，承载并完善资本市场提供国际金融服务、参与国际资源配置的功能。股票、债券、期货及衍生品市场成为要素资源全球配置、便利跨境投融资和支持产业科技创新的重要交易场所，对全球优质资产的吸引力不断提高。沪深交易所加快构建优质创新资本中心和世界一流交易所，原油等大宗商品的国际定价影响力明显增强。深化跨境执法合作，做到"放得开、看得清、管得住"，加强重点领域和跨市场跨境风险防范，加强跨境审计和国际监管执法合作，跨境监管能力显著提高。

六是市场主体竞争力显著提升。大力推动完善各类市场主体的治理结构和能力建设。建立推动提高上市公司质量的有效途径和长效机制，完善上市公司规范运作和做优做强的制度安排。证券公司、基金管理公司、期货公司等资本市场经营机构崇尚专业、做精主业、回归本源，治理结构更加完善，服务和风险管理水平大幅提升，建设一批国际一流投资银行和财富管理机构。构建权责匹配的资本市场中介体系，完善审计、评估、法律服务、资信评级规则体系，压实中介机构责任。

七是投资者合法权益得到有效保护。在资本市场各业务领域和改革创新中全面嵌入中小投资者保护要求,"制度健全、精准有效、内外协同"的投资者保护工作格局基本形成,多层级的投资者保护制度体系基本完善。理性投资、长期投资、价值投资理念更加成熟,投资者风险防范意识和自我保护能力不断提高。市场经营机构服务投资者的能力和水平有效提升。投资者权利行使更加便利,赔偿机制更加完善,权利救济渠道更加通畅。投资者保护组织体系进一步完善,法律保护、监管保护、自律保护、市场保护、自我保护的综合保护体系基本形成。

八是市场生态更加良性健康。形成健全、有效、透明、内外部监督制衡的上市公司治理体系,企业文化、投资文化和监管文化更加健康成熟,基本建成与国民经济结构相匹配、体现经济高质量发展特点的上市公司群体,持续回报能力进一步增强。"合规、诚信、专业、稳健"的证券行业文化基本形成,行业机构"看门人"作用切实发挥。中长期资金来源进一步拓展,投资端和融资端平衡发展。市场各方归位尽责,进一步树立守法诚信的法治观念和契约精神,形成自我约束、自我规范、自我促进的良性市场机制。强化法治诚信约束,持续推进资本市场成为各类投资者可信赖、有价值的市场,让市场对监管有明确预期。

九是守住不发生系统性金融风险的底线。资本市场风险呈现收敛态势,股市杠杆资金保持在合理区间,股票质押风险有序缓释,风险类上市公司显著压降,债券违约风险稳妥处置,"逃废债"等违法违规行为受到严肃查处。"伪私募"等相关风险分类化解,私募基金行业规范发展。各类金融活动依法全面纳入监管范畴,"无照驾驶"行为得到有效遏制。资本市场风险监测预警和防控机制更加健全,坚决打赢防范化解重大金融风险的攻坚战、持久战。

THIRTY YEARS OF
CHINA'S CAPITAL MARKETS

中国资本市场
三十年

附 录

附录1　缩略词

本书涉及的国务院机构简称：

机构	简称/俗称
中华人民共和国国务院办公厅	国务院办公厅
原中华人民共和国国家经济体制改革委员会	国家体改委
中华人民共和国国家发展和改革委员会	发展改革委/发改委
中华人民共和国科学技术部	科技部
中华人民共和国工业和信息化部	工业和信息化部/工信部
中华人民共和国公安部	公安部
中华人民共和国司法部	司法部
中华人民共和国财政部	财政部
中华人民共和国人力资源和社会保障部	人力资源社会保障部/人社部
中华人民共和国商务部	商务部
中国人民银行	人民银行/央行
中华人民共和国审计署	审计署
国务院国有资产监督管理委员会	国务院国资委
国家税务总局	税务总局
国家市场监督管理总局	市场监管总局
中国银行保险监督管理委员会	银保监会
中国证券监督管理委员会	证监会
国家外汇管理局	国家外汇局

中国证券监督管理委员会系统单位简称或俗称：

单位	简称/俗称
上海证券交易所	上交所
深圳证券交易所	深交所
上海期货交易所	上期所
郑州商品交易所	郑商所
大连商品交易所	大商所
中国金融期货交易所	中金所
中国证券登记结算有限责任公司	中国结算
中国证券投资者保护基金有限责任公司	投保基金公司
中国证券金融股份有限公司	中证金融
中国期货市场监控中心有限责任公司（原中国期货保证金监控中心有限责任公司）	期货市场监控中心（原期货保证金监控中心）
中证数据有限责任公司（原中证资本市场运行统计监测中心有限责任公司）	中证数据（原中证监测）

续表

单位	简称/俗称
全国中小企业股份转让系统有限责任公司 全国中小企业股份转让系统	全国股转公司 全国股转系统/新三板
中国证券业协会	证券业协会
中国期货业协会	期货业协会
中国上市公司协会	上市公司协会
中国证券投资基金业协会	基金业协会
中证金融研究院	研究院
中证信息技术服务有限责任公司	中证技术
中证中小投资者服务中心有限责任公司	投资者服务中心/投服中心
资本市场学院	学院

本书涉及的各类组织机构名称及简称：

简称	中文名称	英文名称
AIX	阿斯塔纳国际交易所	Astana International Exchange
BIS	国际清算银行	Bank for International Settlements
CEINEX	中欧国际交易所	China Europe International Exchange
CPMI	国际清算银行支付和市场基础设施委员会	Committee on Payments and Market Infrastructures
DVP	货银对付	Delivery Versus Payment
ESMA	欧洲证券及市场管理局	European Securities and Markets Authority
FATF	金融行动特别工作组	Financial Action Task Force
FIA	美国期货业协会	Futures Industry Association
FSA	日本金融厅	Financial Services Agency
FSB	金融稳定理事会	Financial Stability Board
G20	二十国集团	The Group of Twenty
IIA	国际指数行业协会	Index Industry Association
IMF	国际货币基金组织	International Monetary Fund
IOSCO	国际证监会组织	International Organization of Securities Commissions
MSCI	明晟公司	MSCI Inc. (Formerly Morgan Stanley Capital International and MSCI Barra)
OECD	经济合作与发展组织	Organization for Economic Cooperation and Development
PCAOB	美国公众公司会计监督委员会	Public Company Accounting Oversight Board
WB	世界银行	World Bank
WFE	世界交易所联合会	The World Federation of Exchanges
WTO	世界贸易组织	World Trade Organization

本书涉及的相关词汇简称：

简称	中文名称	英文名称
ABS	资产支持证券	Asset-Backed Securities

续表

简称	中文名称	英文名称
ADR	美国存托凭证	American Depository Receipt
ATS	自动化交易服务	Automated Trading Services
BMI	宽基指数	Broad-Based Market Index
CDR	中国存托凭证	Chinese Depository Receipt
CEPA	《关于建立更紧密经贸关系的安排》	Closer Economic Partnership Arrangement
ECFA	《海峡两岸经济合作框架协议》	Economic Cooperation Framework Agreement
ESG	环境、社会和公司治理	Environmental, Social and Governance
ETF	交易所交易基金	Exchange-Traded Funds
FSAP	金融部门评估规划	Financial Sector Assessment Program
FTSEGEIS	富时全球股票指数系列	FTSE Global Equity Index Series
GDP	国内生产总值	Gross Domestic Product
GDR	全球存托凭证	Global Depository Receipt
IB	证券公司中间介绍业务	Introducing Broker
IPO	首次公开募股	Initial Public Offering
LOF	上市型开放式基金	Listed Open-Ended Fund
MMoU	多边备忘录	Multilateral Memorandum of Understanding
NET	全国电子交易系统	National Electronic Trading System
PFMI	《金融市场基础设施原则》	Principles for Financial Market Infrastructures
PPP	政府和社会资本合作	Public-Private Partnership
PT	特别转让	Particular Transfer
QCCP	合格中央对手方	Qualifying Central Counterparty
QDII	合格境内机构投资者	Qualified Domestic Institutional Investor
QFII	合格境外机构投资者	Qualified Foreign Institutional Investor
REITs	不动产投资信托基金	Real Estate Investment Trusts
RMO	认可市场运营商	Recognised Market Operator
RQFII	人民币合格境外机构投资者	RMB Qualified Foreign Institutional Investor
SLO	短期流动性调节工具	Short-Term Liquidity Operations
ST	特别处理	Special Treatment
STAQ	全国证券交易自动报价系统	Securities Trading Automated Quotations System
TMT	电信、媒体和科技	Telecommunications, Media, Technology
XBRL	可扩展商业报告语言	Extensible Business Reporting Language

本书涉及的俗称：

名称	俗称
《关于推进资本市场改革开放和稳定发展的若干意见》	国九条
《关于进一步促进资本市场健康发展的若干意见》	新国九条
延中实业、爱使股份、真空电子、浙江凤凰、飞乐股份、飞乐音响、申华电工、豫园商城	老八股
深发展、深万科、深金田、深安达、深原野	老五股

附录2 大事记

1990年前

1980年1月1日　中国人民银行抚顺市分行新抚办事处代理发行抚顺红砖厂280万元股票。

1981年1月28日　国务院发布《中华人民共和国国库券条例》,国债恢复发行。

1983年7月25日　广东省宝安县联合投资公司在《深圳特区报》上公开招股。

1984年7月20日　北京市天桥百货股份有限公司成立,公开发行300万元股票。

1984年10月20日　党的十二届三中全会通过《中共中央关于经济体制改革的决定》。

1984年11月18日　上海飞乐音响股份有限公司公开发行50万元股票。

1986年9月26日　中国工商银行上海信托投资公司静安证券营业部开业。

1987年9月27日　深圳经济特区证券公司成立。

1988年3月25日　在第七届全国人民代表大会第一次会议上,国务院代总理李鹏代表国务院,向大会作政府工作报告,提出要加快商业体制改革,积极发展各类批发贸易市场,探索期货交易。

1990年

10月12日　中国郑州粮食批发市场成立,探索引入期货交易机制。

11月26日　上海证券交易所成立大会暨第一次会员大会召开。

12月1日　深圳证券交易所试营业。

12月19日　上海证券交易所正式开业。

12月26日　国务院办公厅下发《关于向社会公开发行股票的股份制试点问题的通知》,规定暂不扩大向社会公开发行股票的试点范围。除已批准上海、深圳两市向社会公开发行股票的试点外,凡由地方政府批准实施,但未经中央有关部门审批的,要在近期内上报国家体改委、国家国有资产管理局、人民银行重新履行审批手续。

12月30日　中国共产党第十三届中央委员会第七次全体会议召开。会议通过了《中共中央关于制定国民经济和社会发展十年规划和"八五"计划的建议》，其中指出，要逐步扩大债券和股票的发行，并严格加强管理。

1991年

2月5日　上交所全面取消股票实物交割，实行库存证券账目划转方式交割过户。

3月22日　郑州粮食批发市场推出我国第一个引入期货交易机制的小麦现货远期合约。

4月3日　深圳全部股票进入交易所集中交易。同日，深圳证券交易所开始发布深证综合指数，该指数以1991年4月3日为基日，基日指数定为100。

4月9日　第七届全国人大第四次会议审议通过《国民经济和社会发展十年规划和第八个五年计划纲要》，纲要指出，拓宽融资渠道，健全证券流通市场。在有条件的大城市稳妥地进行证券交易所的试点，并逐步形成规范化的交易制度。有计划有步骤地扩大各类债券和股票发行。要采取发行债券、股票等经济办法，吸收和筹集建设资金，用于国家急需的项目建设。

4月11日　经国务院同意，股票市场办公会议制度建立。股票市场管理日常事务由人民银行具体负责，股票市场办公会议的主要任务是：确定全国股票市场发展的重大方针、政策；审定全国股票发行规模；审定股票市场的管理办法；协调各部门的关系。

6月10日　深圳有色金属期货交易所成立。1991年9月28日，该所推出我国第一个商品期货标准合约——特级铝期货合约。

6月10日　中国人民银行批准成立中国证券业协会。1991年8月28日，中国证券业协会成立大会召开。

7月3日　深圳证券交易所正式开业。

7月8日　上海证券交易所实现股票无纸化交易。

7月15日　上海证券交易所正式公布上证综合指数，该指数以1990年12月19日为基日，基日指数定为100。

8月1日	海南新能源股份有限公司发行首只可转换企业债券。
11月21日	国务院总理李鹏视察上海证券交易所并题词："证券交易为社会主义经济建设服务"。
11月22日	中国人民银行、上海市人民政府联合发布《上海市人民币特种股票管理办法》。
12月5日	中国人民银行、深圳市人民政府联合发布《深圳市人民币特种股票管理暂行办法》。

1992年

1月18日至2月21日	邓小平同志视察武昌、深圳、珠海、上海等地并发表重要谈话。邓小平指出："证券、股市，这些东西究竟好不好，有没有危险，是不是资本主义独有的东西，社会主义能不能用？允许看，但要坚决地试。看对了，搞一两年，对了，放开；错了，纠正，关了就是了。关，也可以快关，也可以慢关，也可以留一点尾巴。怕什么，坚持这种态度就不要紧，就不会犯大错误。"
2月21日	上海真空电子器件股份有限公司人民币特种股票（B种股票）在上海证券交易所上市。
3月18日	国务院以国务院令〔1992〕第95号形式发布《中华人民共和国国库券条例》。
4月7日	中国人民银行深圳经济特区分行决定对深圳原野纺织股份有限公司资本不实、资产流失，从而侵犯投资者权益的行为进行查处。该公司是我国第一家因违规被查处的上市公司。
4月28日	国务院批转国家体改委、国务院生产办《关于股份制企业试点工作座谈会情况报告的通知》，强调公开发行股票并上市交易的试点，目前只在上海、深圳两市进行，未经国务院批准，其他地方一律不得设立进行股票交易的证券交易机构。上海、深圳以外的其他地区具备上市条件的股份制企业，经国务院股票上市办公会议批准后，可到上海、深圳两市的证券交易所异地上市交易。
5月15日	国家体改委、国家计委、财政部、中国人民银行、国务院生产办公室联合发布《股份制企业试点办法》。
5月21日	上海证券交易所全面开放股价，由市场交易决定价格。上证指数

	从前日的 **616.64** 点直涨到收市的 **1265.79** 点，涨幅达 **105%**。
6月8日	上海飞乐股份有限公司配股权证在上海证券交易所挂牌上市。这是我国证券市场第一个权证，也是第一个公司权证。
6月28日	国务院办公厅下发《关于建立国务院证券管理办公会议的通知》，决定建立国务院证券管理办公会议，代表国务院行使对证券工作的日常管理职权。办事机构设在人民银行。
7月1日	全国证券交易自动报价系统（STAQ）正式投入运行。
8月10日	深圳发售1992年新股认购抽签表，出现百万人争购抽签表的场面，发生"8·10"事件。
8月17日	上海证券交易所发布上证B股指数。
9月22日	三大全国性证券公司——华夏证券公司、国泰证券公司和南方证券公司成立。
10月8日	中诚信集团前身——中国诚信证券评估有限公司在北京成立。同年12月26日，公司取得人民银行总行颁发的金融业务许可证。
10月12日至18日	中国共产党第十四次全国代表大会在京举行，江泽民总书记作了重要讲话，提出要继续大力发展商品市场特别是生产资料市场，积极培育包括债券、股票等有价证券的金融市场，发展技术、劳务、信息和房地产等市场，尽快形成全国统一的开放的市场体系。
10月12日	国务院办公厅发布《关于成立国务院证券委员会的通知》，决定成立国务院证券委员会，撤销原国务院证券管理办公会议。国务院证券委主任由国务院副总理朱镕基兼任，副主任为刘鸿儒、周道炯。同时，国务院决定成立中国证券监督管理委员会，受国务院证券委员会的指导、监督检查和归口管理。刘鸿儒任证监会主席。
11月3日	淄博乡镇企业投资基金设立。这是第一个公司型投资基金，也是第一个被批准可在异地上市的基金。1993年8月20日，淄博基金在上海证券交易所上市，成为我国首只在国内证券交易所上市的投资基金。
12月17日	国务院下发《国务院关于进一步加强证券市场宏观管理的通知》，提出理顺和完善证券市场管理体制；严格规范证券发行上市程序；明确1993年的证券发行问题；进一步开放证券市场；抓紧证券市场法制建设；研究制定证券市场发展战略和规划，加强证券市场基础建设；加强证券市场管理，保障证券市场健康发展。

12月20日	第一家期货经纪公司——广东万通期货经纪公司成立。
12月28日	上海证券交易所推出国债期货交易。

1993年

2月28日	大连商品交易所成立。
3月1日	河南省人民政府批复同意郑州粮食批发市场试办郑州商品交易所。
3月18日	证监会下发《关于股票公开发行与上市公司信息披露有关事项的通知》，指定《金融时报》《中国证券报》《证券市场周刊》和《中国日报》为上市公司披露信息的全国性报刊。
4月22日	国务院发布《股票发行与交易管理暂行条例》。
4月28日	中国证券交易系统有限公司的NET系统投入运行，成为继STAQ系统之后的第二个法人股流通市场。
5月28日	郑州商品交易所推出小麦等品种的标准化期货合约交易。
6月12日	证监会发布《公开发行股票公司信息披露实施细则（试行）》。
6月19日	中国证监会、沪深证券交易所、香港证监会、香港联交所签署证券事务《监管合作备忘录》。
6月29日	青岛啤酒股份有限公司在香港发布招股书。7月15日该公司在香港联合交易所上市，成为第一家H股上市公司。
7月5日至7日	全国金融工作会议召开。国务院副总理兼人民银行行长朱镕基主持会议并做重要讲话。会议决定整顿金融秩序，规范股票的发行和上市，逐步扩大规模。
7月26日	上海石化美国存托凭证（ADR）和H股分别在纽约交易所和香港联合交易所挂牌上市，同年11月8日，上海石化A股在上海证券交易所挂牌上市。上海石化成为我国首家发行ADR的境内企业，也是首家在上海、香港、纽约三地上市的公司。
9月2日	经国务院批准，国务院证券委发布《禁止证券欺诈行为暂行办法》，对内幕交易、操纵市场行为、欺诈客户行为、虚假陈述行为的具体表现等作出规定。
9月24日	大连商品交易所推出大豆等7个品种的远期合约交易。
9月30日	中国宝安集团股份有限公司宣布持有上海延中实业股份有限公司发行在外的普通股超过5%，由此揭开中国上市公司收购的第一页。

10月25日　上海证券交易所向社会公众开放国债期货交易。

11月4日　国务院下发《国务院关于坚决制止期货市场盲目发展的通知》，明确由国务院证券委负责对期货市场试点工作的指导、规划和协调、监管工作，具体工作由证监会执行。

11月11日至14日　中国共产党第十四届中央委员会第三次全体会议召开。会议通过了《中共中央关于建立社会主义市场经济体制若干问题的决定》，明确资本市场要积极稳妥地发展债券、股票融资。规范股票的发行和上市，并逐步扩大规模。上市的股份有限公司，只能是少数，必须经过严格审定。银行业与证券业实行分业管理。

12月29日　《中华人民共和国公司法》颁布，自1994年7月1日起施行。1999年、2004年、2005年、2013年、2018年多次修正修订。现行版本根据2018年10月26日第十三届全国人民代表大会常务委员会第六次会议《关于修改〈中华人民共和国公司法〉的决定》第四次修正。

1994年

1月5日　国务院下发《国务院关于中国证券监督管理委员会列入国务院直属事业单位序列的通知》。

2月14日　上海证券交易所第一只B股权证——氯碱B股配股权证上市。

4月6日　国务院办公厅转发国务院证券委《关于停止钢材、食糖、煤炭期货交易的请示》，决定停止钢材、食糖的标准化期货合约交易。决定停止煤炭品种的标准化期货合约的设计和上市，期货新品种上市要报证监会审批。

4月28日　中国证监会与美国证券与交易委员会签署《关于合作、磋商及技术协助的谅解备忘录》。

5月16日　国务院办公厅转发《国务院证券委关于坚决制止期货市场盲目发展若干意见的请示》，决定对已经成立的期货交易所进行审批；严格限定期货交易的范围；严格审批各类期货经纪公司；从严控制国有企事业单位从事期货交易；坚决查处各种非法期货经纪活动。

7月30日　《人民日报》发表证监会与国务院有关部门共商稳定和发展股票市场的"三大政策"：年内暂停各种新股的发行与上市、有选择地对资信和管理较好的证券机构进行融资、逐步吸引外国基金进入A股市场。

8月4日	国务院发布《关于股份有限公司境外募集股份及上市的特别规定》。
9月29日	国务院办公厅转发《国务院证券委关于暂停粳米、菜籽油期货交易和进一步加强期货市场管理的请示》。
9月30日	沪、深证券交易所宣布，自1995年1月1日起取消T+0回转交易方式，改为实行T+1交收制度（B股仍为T+3）。
10月10日	证监会下发《关于批准试点期货交易所的通知》，批准上海金属交易所、上海粮油商品交易所、大连商品交易所、郑州商品交易所等11家期货交易所为我国试点期货交易所。
12月28日	证监会下发《关于批准天津联合期货交易所和长春联合商品交易所为试点期货交易所的通知》。试点期货交易所从11家增加到13家。

1995年

1月1日	国务院证券委决定，A股及基金交易由T+0交收改为T+1交收，但卖出股票后的资金当天可以进行反向的买入交易，即"股票是T+1，资金是T+0"。
1月11日	证监会、国内贸易部联合下发《关于暂停大豆油期货交易和禁止借开展食糖中远期合同交易之名进行期货交易的通知》。
1月18日	仪征化纤股份有限公司A股在上海证券交易所上网定价发行，这是首次采取上网定价方式发行A股。
1月23日	深圳证券交易所试行即时发布深证成份股指数。
2月17日	西藏首家上市公司——西藏明珠股份有限公司的股票在上海证券交易所上市交易，标志着我国上市公司已分布全国所有的省、自治区、直辖市。
2月23日	上海国债市场出现异常的剧烈震荡。上海证券交易所发布紧急通知称，当日16:22分13秒以后的国债期货327品种的交易无效，被称为"327"国债期货风波。
2月23日	国务院办公厅印发《中国证券监督管理委员会机构编制方案》，明确证监会为国务院直属事业单位，是国务院证券委员会的监管执行机构，依照法律、法规的规定对证券市场、期货市场进行监督和管理。

3月28日	国内贸易部、证监会联合下发《关于暂停中远期合同交易的通知》。
4月12日	国家体改委、国务院证券委联合发出通知，严禁交易公开发行但尚未上市的股票。
4月17日	证监会下发《关于批准上海商品交易所为试点期货交易所的通知》。上海商品交易所成为我国第14家试点期货交易所。
5月5日	深交所以成份指数代替综合指数发布。
5月17日	国务院办公厅转发证监会《关于暂停国债期货交易试点的紧急通知》，决定从5月18日起暂停国债期货交易试点。
6月20日	国务院证券委同意南方玻璃在瑞士债券市场发行B种股票可转换债券，这是中国企业首次在境外发行B股可转债。
7月3日	沪、深证券交易时间统一为上午9:30~11:30，下午13:00~15:00。
7月4日	中国证监会与香港证监会签署《有关期货事宜的监管合作备忘录》。
7月9日	国际证监会组织（IOSCO）第20届年会召开。中国证监会在此次会议上成为该组织正式成员。
7月27日	广东电力发展股份有限公司行使超额配售权发行B股并上市流通，这是中国证券市场首例在发行过程中行使超额配售权。
8月9日	日本五十铃自动车株式会社和伊藤忠商事株式会社通过协议方式购买"北京北旅"法人股，成为其第一大股东。这是外商首次通过协议购买法人股成为上市公司第一大股东。
9月11日	证监会发布《关于期货交易所进行会员制改造的意见》，明确期货交易所实行会员制，会员大会是期货交易所的权力机构；理事会由会员大会选举产生，对会员大会负责。
9月28日	中国共产党第十四届中央委员会第五次全体会议召开。会议通过了《中共中央关于制定国民经济和社会发展"九五"计划和2010年远景目标的建议》。其中指出，要规范和发展金融业，积极培育和规范金融市场等要素市场。积极稳妥地发展债券和股票融资。对银行、信托、保险和证券业实行分业经营，依法管理。
12月15日	证监会发布《股票发行与上市审核程序及工作规则》，明确股票发行与上市审核委员会是证监会设立的专司股票发行与上市审核的工作机构，每届任期一年。
12月19日	国务院副总理朱镕基视察上海证券交易所，提出指导证券市场的"法制、监管、自律、规范"八字方针。

12月25日　国务院颁布《关于股份有限公司境内上市外资股的规定》。这是我国关于B股的第一部全国性法规。

1996年

1月6日　财政部利用深圳证券交易所交易系统，首次以价格招标方式发行1996年记账式国债，这是我国第一个贴现式国债。

2月23日　国务院批转国务院证券委、证监会《关于进一步加强期货市场监管工作的请示》，明确国有或国有资产占控股地位的企事业单位只能从事商品期货套期保值交易，不得进行投机交易及恶性炒作。各类金融机构一律不得从事商品期货的自营和代理业务。期货经纪公司一律不得从事期货自营业务。

3月17日　第八届全国人大第四次会议审议通过《国民经济和社会发展"九五"计划和2010年远景目标纲要》。其中指出，要规范和发展金融业，形成比较完善的金融市场等要素市场。加强对金融机构的监管，防范金融风险。

4月8日　证监会下发《关于进一步加强上市公司股份托管的通知》，要求上海证券中央登记结算公司、深圳证券登记有限公司对所有上市公司股份限期予以统一托管。

5月4日　国务院证券委员会发布《股份有限公司境内上市外资股规定的实施细则》。

5月23日　中国证监会与澳大利亚证券委员会签署《证券期货监管合作谅解备忘录》。

7月16日　中国人民银行下发《关于禁止金融机构进入期货市场的通知》，要求各类金融机构不得从事商品期货的自营和代理业务。

9月23日　证监会下发《关于统一期货交易所开闭市时间的通知》，将期货交易所开闭市时间统一为9:00~11:30，13:30~15:00。

10月7日　中国证监会与英国财政部、证券与投资委员会签署《证券期货监管合作谅解备忘录》。

12月13日　沪、深证券交易所分别下发《关于实行交易价格涨跌幅限制的通知》，决定自12月16日起实行涨跌停板制度。除上市首日证券外，股票和基金类证券交易价格相对于上一交易日收市价格的涨跌幅度不得超过10%。

12月16日　《人民日报》发表题为《正确认识当前股票市场》的特约评论员文章，指出对于目前证券市场的严重过度投机和可能造成的风险，要予以高度警惕，要本着加强监管、增加供给、正确引导、保持稳定的原则，做好八项工作。

12月26日　证监会发布《关于股票发行与认购方式的暂行规定》。

12月31日　第一个记账式非实物券方式发行的企业债券——吉化集团公司企业债券在上海证券交易所上市交易。

1997年

2月28日　证监会公告查处天津红小豆期货操纵案结果，宣布操纵红小豆期货市场的有关人员为"市场禁入者"，并对有关单位处以罚款。

3月3日　证监会发布《证券市场禁入暂行规定》，自发布之日起施行。

3月14日　第八届全国人大常委会第五次会议通过《中华人民共和国刑法》修订案，增设了欺诈发行股票、债券罪，提供虚假财务报告罪等8种证券犯罪。

3月18日　中国证监会与日本大藏省签署《谅解备忘录》。

3月24日　大唐发电股份有限公司在伦敦证券交易所挂牌上市，成为首家在伦敦证券交易所上市的中国境内公司。

3月25日　国务院证券委发布《可转换公司债券管理暂行办法》。

4月4日　国务院证券委决定进行可转换公司债券发行试点，由证监会负责组织可转换公司债券的试点工作。试点对象从500家重点国有企业中的未上市公司中选取，上市公司暂不列入试点。

5月16日　国家计委、国务院证券委确定1997年股票发行额度为300亿元。此前，1993年、1994年、1996年确定的发行额度分别为50亿元、55亿元、150亿元人民币。

5月16日　上海证券交易所暂停河北威远、东大阿派两只股票交易，深圳证券交易所暂停深能源A、泸州老窖两只股票交易，这是沪、深证券交易所首次因个股异常波动而暂停股票交易。

5月21日　国务院证券委、人民银行、国家经贸委联合发布《关于严禁国有企业和上市公司炒作股票的规定》。

5月22日　中共中央批准成立中国证监会党组。周正庆同志兼任中国证监会主席。陈耀先同志任中国证监会党组书记。

6月6日　为了严格禁止银行资金通过各种方式违规流入股市，防范金融风险，经国务院批准，人民银行发布《关于禁止银行资金违规流入股票市场的通知》。

6月20日　国务院发布《关于进一步加强在境外发行股票和上市管理的通知》。

6月27日　天津中新药业集团股份有限公司在新加坡证券交易所挂牌上市，成为在新加坡证券交易所上市的首家中国境内公司。

7月2日　国务院办公厅下发《关于将上海证券交易所和深圳证券交易所划归中国证监会直接管理的通知》。

7月16日　中国长江三峡工程开发总公司1996年企业债券上市，这是我国第一只以实物券方式发行、以记账式方式交易的企业债券。

9月12日至18日　中国共产党第十五次全国代表大会在北京召开。江泽民同志代表第十四届中央委员会向大会作了题为《高举邓小平理论伟大旗帜，把建设有中国特色社会主义事业全面推向二十一世纪》的报告。报告指出，股份制是现代企业的一种资本组织形式，有利于所有权和经营权的分离，有利于提高企业和资本的运作效率。报告提出要继续发展各类市场，着重发展资本、劳动力、技术等生产要素市场，完善生产要素价格形成机制。

11月17日至19日　全国金融工作会议召开。会议指出，要深化和加快金融改革，进一步整顿和规范金融秩序，建立健全符合我国国情的现代金融体系和金融制度。力争用三年左右的时间大体建立与社会主义市场经济发展相适应的金融机构体系、金融市场体系和金融调控监管体系，显著提高金融业的经营和管理水平，基本实现全国金融秩序明显好转。

12月6日　中共中央、国务院下发《关于深化金融改革，整顿金融秩序，防范金融风险的通知》，要求力争用3年左右的时间大体建立与社会主义市场经济发展相适应的金融机构体系、金融市场体系和金融调控监管体系。决定成立中共中央金融工委和金融机构系统党委，完善金融系统党的领导体制。要求积极稳步地发展资本市场，适当扩大直接融资。进一步规范并扩大企业债券发行，选择有条件的国有大中型企业进行可转换债券试点。合理确定股票发行规模。加快规范和发展投资基金。

1998 年

2月24日 中国工商银行成为国内第一家证券投资基金托管银行。

3月4日 中国证监会与法国证券委员会签署《证券期货监管合作谅解备忘录》。

3月5日 国泰基金管理有限公司、南方基金管理有限公司成立。3月23日，两家公司设立的基金金泰和基金开元上网发行，标志着我国证券投资基金正式启动。

3月16日 证监会下发《关于上市公司状况异常期间的股票特别处理方式的通知》，规定特别处理股票的报价日涨跌幅限制为5%，特别处理的股票前加"ST"。4月22日，上交所和深交所决定对"财务状况异常"的上市公司实施特别处理。4月28日，沪市"粤海发展"，深市"辽物资A""辽房天""湘中意"共4只股票被冠以"ST"，这是沪、深两市首次实行股票交易特别处理。

3月25日 国务院办公厅转发证监会《关于清理整顿场外非法股票交易方案》，要求有关地方政府和国务院有关部门彻底清理和纠正各类证券交易中心和报价系统非法进行的股票、基金等上市交易活动，严禁各类产权交易机构变相进行股票上市交易。

3月29日 国务院下发《国务院关于议事协调机构和临时机构设置的通知》，决定撤销国务院证券委，工作改由证监会承担。

4月29日 证监会对海南民源现代农业发展股份有限公司（琼民源）违反国家有关法律法规的行为作出严肃处理。

4月29日 渝钛白公布1997年年度报告，其中在财务报告部分刊登了重庆会计师事务所于1998年3月8日出具的否定意见审计报告。这是我国证券历史上注册会计师出具的首份否定意见审计报告。

5月22日 人民银行、证监会联合发布《证券类机构监管职责交接方案》，明确人民银行将证券类机构监管职责移交给证监会。

5月28日 中共中央总书记江泽民为《证券知识读本》题写书名并做了重要批语："实行社会主义市场经济，必然会有证券市场。建立发展健康、秩序良好、运行安全的证券市场，对我国优化资源配置，调整经济结构，筹集更多的社会资金，促进国民经济的发展具有重要的作用。但是，对于证券市场存在的消极因素和可能遇到的风险，我们也必须有清醒的认识。这次东南亚发生金融风波，一个重要原因就是它们的资本市场开放过快，对金融、证券监管不力。我们应从中吸取教训，引为鉴戒，加强风险意识和防范工作，并努力把这次金融风波对我国的负面影响降到最低限度。搞证券是现代经济中一门复杂的学问。各级党政领导干部、企业领导干部和证券工作者，务必勤学之、慎思之、明察之，务必在认真掌握其基本知识和有关法律法规的基础上，不断提高驾驭和正确运用证券手段的本领。希望大家继续按照巩固成绩、随时警惕、谨慎小心、及时调修的方针，进一步发展和完善我国的证券市场，使之更好地为当前国有企业的解困和发展服务，更好地为改革开放和现代化建设服务。"

6月25日　中共中央批准成立中国证监会党委。

6月26日　上海龙头股份有限公司采用上网定价方式公开发行社会公众股（A股），向原社会公众股股东按2∶1比例实施配售。这是第一家上网增发A股的上市公司。

7月30日　南宁化工股份有限公司发行可转换公司债券，这是国内首只可转换公司债券。

8月1日　国务院下发《国务院关于进一步整顿和规范期货市场的通知》，要求继续整顿、撤并期货交易所，只在上海、郑州、大连保留3家期货交易所；将期货交易所划归证监会直接管理；取消部分商品期货交易品种，提高部分商品品种的期货交易保证金；取缔非法期货经纪活动，清理整顿期货经纪机构；严格控制境外期货交易等。

8月5日　国务院批转证监会《证券监管机构体制改革方案》，决定完善证券监管体系。证监会为国务院直属事业单位，是全国证券、期货市场的主管机关，按照国务院授权履行行政管理职能，依照法律、法规对全国证券、期货业进行集中统一监管。在部分中心城市设立证监会派出机构，进一步完善证券监管体系；由证监会接管现有地方证券监管机构，实行垂直领导；将原国务院证券委的职能、人民银行履行的证券业监管职能划入证监会。

9月12日　国际证监会组织（IOSCO）第23届年会召开，中国证监会当选为执行委员会委员。

9月14日　ST苏三山股票暂停上市，成为首家因连续三年亏损而暂停上市的公司。

9月15日　第一只规范化的可转换债券"丝绸转债"挂牌上市。

9月28日　国务院办公厅印发《中国证券监督管理委员会职能配置内设机构

和人员编制规定》。

9月28日　国务院下发《国务院办公厅转发证监会清理整顿证券交易中心方案的通知》，决定对未经人民银行和证监会批准，擅自设立的从事沪、深证券交易所联网交易业务以及非上市公司股票、股权证和基金挂牌交易的证券交易中心，及其所属的证券登记公司等进行清理整顿。

10月8日　中国证监会与德国联邦证券监督委员会签署《证券监管合作谅解备忘录》。

10月30日　清华同方董事会发布公告，决定运用股权置换的方式吸收合并山东鲁颖电子股份有限公司。这是首例上市公司吸收合并其他股份企业。

11月12日　证监会批复同意北京商品交易所、成都联合期货交易所、重庆商品交易所、广东联合期货交易所4家交易所改组为证券经纪公司。

11月12日　证监会批复同意深圳有色金属期货联合交易所改组为一家总公司，由总公司投资控股设立一家证券经纪公司。

11月20日　证监会对红光公司编造虚假利润骗取上市资格、隐瞒重大事项、挪用募集资金买卖股票等严重违法违规行为发出处罚通报。

11月25日　证监会发布《关于停止发行公司职工股的通知》，决定自通知下发之日起，股份有限公司公开发行股票一律不再发行公司职工股。

12月29日　第九届全国人大常委会第六次会议通过《中华人民共和国证券法》，自1999年7月1日起施行。这是中华人民共和国第一部规范证券发行与交易行为的法律，并由此确立了资本市场的法律地位。

1999年

3月29日　经国务院同意，证监会决定开展原有投资基金清理规范工作。

4月1日　云南云天化股份有限公司公告拟回购母公司所持部分国有法人股，这是上市公司首例回购事件。

4月27日　首次证券从业人员资格考试结束。报考人数达9100人，合格率为44%。

5月4日　证监会下发《关于清理整顿证券交易中心有关事项的通知》。

5月4日　上海期货交易所试营业。该所是由上海金属交易所、上海商品交易所和上海粮油交易所合并组建的我国第三家期货交易所。

6月2日　国务院发布《期货交易管理暂行条例》，自1999年9月1日起施行。

6月16日　沪深证券交易所分别发布有关规则，对暂停上市股票实行"特别转让"（PT）。"PT"股票的申报价格不得超过上次转让价格上下5%。7月9日，PT双鹿、PT农商社、PT苏三山、PT渝钛白股票进行了特别转让。

7月1日　证监会36家派出机构正式挂牌，标志着集中统一的证券监管体制形成。

7月12日　琼民源公司股票终止上市，其社会公众股全部置换为中关村科技的股份。中关村通过置换引进了原琼民源的流通股获得上市资格，并于同一天上市。

9月10日　北京首钢股份有限公司发布招股意向书，成为首家采取对一般投资者上网发行和对法人配售相结合的发行方式公开发行股票的公司。

9月21日　证监会发布《境内企业申请到香港创业板上市审批与监管指引》。

9月22日　人民银行批准首批10家证券投资基金管理公司和7家证券公司参与银行间同业市场债券交易。

9月23日　上海浦东发展银行A股在上海证券交易所上网发行，并于11月10日在上海证券交易所挂牌上市，成为国内首家进入资本市场的股份制商业银行。

10月22日　基金巨博挂牌上市，成为首只经规范后被批准上市的原有投资基金。

11月3日　中国证监会与意大利国家证券监督委员会签署《证券期货监管合作谅解备忘录》。

11月12日　《基金从业人员资格管理暂行规定》发布实施。至此，证券、期货和基金三大领域均建立了从业人员资格管理制度。

12月2日　国有股配售试点启动，中国嘉陵和黔轮胎作为第一批上市公司进行国有股减持试点。

2000年

2月14日　证监会改革股票发行方式，采用向二级市场投资者以其所持证券市值配售新股的方法。

2月25日	上海虹桥国际机场股份有限公司向其社会公众股股东定向配售可转换公司债券，成为我国首家发行可转债的上市公司。
3月2日	中国建设银行与湘财证券有限责任公司签署股票质押贷款主办行协议，这是国有商业银行与券商首次签署此类协议。
3月16日	证监会发布修订后的《中国证监会股票发行核准程序》，明确拟上市公司须由主承销商推荐并向证监会申报。主承销商在报送申请文件前应对发行人辅导一年，并出具承诺函。该核准程序标志着我国股票发行体制开始由审批制向核准制转变。
3月27日	证监会时任主席周小川在中国发展高层论坛研讨会上提出，今后证券市场的首要工作是大力推进国内机构投资者的培育，要采用超常规的具有创造性的思路，培育机构投资者。
4月3日	转配股开始上市流通。
4月6日	中国石油天然气股份有限公司分别在美国纽约证券交易所、香港联合交易所成功上市。这标志着国有特大型企业重组改制并上市工作取得重大进展。
4月30日	证监会发布《上市公司向社会公开募集股份暂行办法》。
7月6日	沪、深证券交易所上市公司总数突破1000家，我国上市公司数跃居世界前十名。
7月27日	北大青鸟环宇科技股份有限公司在香港创业板上市，这是内地首家在香港创业板上市的公司。
9月6日	证监会下发《关于成立中国证监会大区稽查局的通知》，决定成立证监会天津、沈阳等9个大区稽查局。2001年4月30日，上海、深圳、成都、广州、天津、沈阳、西安、武汉、济南全国9个大区证管办统一举行了稽查局成立挂牌仪式。
10月18日至19日	中国石油化工股份有限公司成为我国第一家在香港、纽约、伦敦三地同时上市的特大型国有企业。
12月29日	中国期货业协会成立大会暨第一届会员大会召开。

2001年

1月14日	全国银行、证券、保险工作座谈会召开。国务院总理朱镕基强调，金融系统要真正把工作重点放在严格金融监管、加强内控机

制上来，大力整顿金融秩序。要进一步规范和发展资本市场，继续提高企业直接融资比重，促进国有企业发展。

1月20日　证监会下发《关于成立中国证券登记结算有限责任公司的通知》。3月30日，该公司成立，标志着全国集中统一的证券登记结算体制的组织构架已基本形成。

2月19日　证监会和国家外汇局联合发布《关于境内居民个人投资境内上市外资股若干问题的通知》，允许境内居民投资B股市场。

3月15日　第九届全国人大第四次会议通过《国民经济和社会发展第十个五年计划纲要》，其中提出，要加强对证券市场的监管，提高证券市场的透明度，规范和发展证券市场，逐步提高直接融资比重。加快发展企业债券市场，发展产业投资基金。积极培育证券投资基金、养老基金和保险基金等机构投资者。完善风险投资机制，建立创业板股票市场，鼓励发展多种所有制的创新型中小企业。稳步发展期货市场。

3月17日　新股发行核准制正式启动。

3月26日　华安基金管理公司被确定为首家开放式基金试点公司。8月21日，华安创新证券投资基金成立。

4月23日　证监会作出《关于上海水仙电器股份有限公司股票终止上市的决定》，决定PT水仙自4月23日起终止上市。

6月12日　经证监会批准，中国证券业协会发布《证券公司代办股份转让服务业务试点办法》。9月19日，被终止上市的上海水仙电器股份有限公司将委托申银万国证券公司代办转让，标志着退市公司原流通股的股份转让正式启动。

6月19日　中国证监会与韩国金融监督委员会签署《证券期货监管合作安排》。

7月10日　中国人民银行宣布，从2001年7月起，将证券公司客户保证金记入广义货币供应量M2。

7月16日　杭州大自然股份有限公司股票在代办股份转让系统挂牌交易，成为首只在该系统挂牌交易的原STAQ上市股票。

7月26日　烽火通信、北生药业、江气股份、华纺股份4只新股在上海证券交易所上网定价发行，标志着新股发行配合国有减持方案正式启动。

9月20日　中国证券登记结算有限责任公司、上海证券交易所、深圳证券交易所、上海证券中央登记结算公司、深圳证券登记有限公司发出联合公告，宣布自2001年10月1日起，上海证券中央登记结算公司、深圳证券登记有限公司从事的证券登记结算业务均由中国证券登记结算公司承接，上海证券中央登记结算公司、深圳证券登记有限公司依法定程序注销。这标志着我国集中统一的证券登记结算系统基本形成。

10月1日　《中华人民共和国信托法》正式实施。

10月22日　证监会宣布，考虑到国有股减持的具体操作办法尚需进一步研究，证监会经报告国务院，决定在具体操作办法出台前，停止执行《减持国有股筹集社会保障资金管理暂行办法》第五条规定。

12月5日　证监会出台新退市办法，自2002年1月1日起实施。新的退市办法取消了PT制度。

12月11日　中国正式成为世界贸易组织（WTO）第143个成员。同日，证监会发布证券业加入世界贸易组织的承诺。

12月13日　财政部、劳动和社会保障部发布《全国社会保障基金投资管理暂行办法》。

2002年

1月18日　中国证监会与美国商品期货交易委员会签署《期货监管合作谅解备忘录》。

1月22日　证监会下发《关于证券投资基金发行设立审核程序有关问题的通知》，明确基金的发行设立须经证监会批准。

1月30日　公安部设立证券犯罪侦查局，派驻证监会办公，这是我国证券期货执法体制的一次重大创新，实现了行政执法和刑事司法的有机结合，提升了执法的威慑力和工作效率。

2月5日至7日　全国金融工作会议举行。江泽民总书记、朱镕基总理做重要讲话。会议强调，加强监管是金融工作的重中之重，银行、证券、保险等监管机构要切实把工作重心从审批事务转移到对金融企业和金融市场的监管上。

会议指出，证券市场在经济发展中的作用日益重要，规范和发展证券市场的方针不会改变。稳定是发展的基础。要继续贯彻"法制、监管、自律、规范"的方针，强化监管、综合治理、正确引导、循序渐进、稳步发展，逐步使证券市场规范化，不断提高直接融资比重。要加快培育合格的市场主体，提高上市公司质量，完善证券公司、基金管理公司法人治理结构和内控制度。要加强和改进证券监管，提高市场信息的真实性和透明度，依法严厉打击造假账、发布虚假信息、操纵市场和内幕交易等违法违规行为，保护投资者特别是中小投资者合法权益。

2月25日　深交所发布并实施《深圳证券交易所大宗交易实施细则》。

3月15日　黄大豆1号期货合约在大连商品交易所上市交易。

4月23日　证监会对广夏（银川）实业股份有限公司虚构销售收入、隐瞒下属公司的设立、关停情况等违法违规行为作出行政处罚决定。

5月20日　证监会下发《关于向二级市场投资者配售新股有关问题的补充通知》，决定恢复向二级市场投资者配售新股。

6月1日　证监会发布《外资参股证券公司设立规则》《外资参股基金管理公司设立规则》。

6月24日　国务院决定，除企业海外发行上市外，对国内上市公司停止执行《减持国有股筹集社会保障资金管理暂行办法》中关于利用证券市场减持国有股的规定，并不再出台具体实施办法。

6月28日　沪、深证券交易所决定，对暂停上市公司恢复上市首日的股票交易不设涨跌幅限制，恢复上市首日后的下一个交易日仍按规定设置涨跌幅限制。

7月20日　期货客户保证金封闭管理和期货电子化交易试点工作率先在浙江全面启动。

8月9日　证监会发布公告：鉴于鞍山证券公司严重违规经营，为了维护金融市场秩序，保护债权人的合法权益，证监会决定自即日起撤销鞍山证券。鞍山证券成为第一个被撤销的证券公司。

8月29日　证监会决定将退市公司纳入代办股份转让试点范围。

9月5日　银河证券公司参股亚洲证券公司，这是我国证券市场首例由一家综合类证券公司投资另一家综合类证券公司并成为大股东的事件。

9月28日　证监会发布《上市公司收购管理办法》。

10月7日　国际交易所联合会第42届年会决定接纳沪、深证券交易所为该组织正式会员。

11月5日　证监会与人民银行联合颁布《合格境外机构投资者境内证券投资管理暂行办法》。

11月8日　中国共产党第十六次全国代表大会在京举行。江泽民代表第十五届中央委员会作《全面建设小康社会，开创中国特色社会主义事业新局面》的报告，大会通过该报告的决议。会议决定，推进资本市场的改革开放和稳定发展。

11月26日　11名诉红光实业虚假陈述的投资者通过调解共获支付款22万余元，中国证券民事赔偿第一案结案。

12月13日　中信证券公司公开招股，成为第一家公开发行股票的证券公司。

12月19日　由湘财证券与里昂证券共同组建的华欧国际证券有限责任公司成立，这是中国加入世界贸易组织后的首家中外合资证券公司。

12月20日　南方等6家基金管理公司获得首批社保基金管理资格。

12月21日　证监会发布《关于第一批取消行政审批项目（32项）的通告》，自2002年11月1日起，证监会取消第一批行政审批项目。

12月26日　首家中外合资基金管理公司——招商基金管理公司成立。

12月31日　上海证券交易所发布《上海证券交易所大宗交易实施细则》，决定自2003年1月10日起正式开展大宗交易业务。

2003年

1月9日　最高人民法院发布《关于审理证券市场因虚假陈述引发的民事赔偿案件的若干规定》，对虚假陈述的认定、受理与管辖、诉讼方式、归责与免责事由、共同侵权责任等作出规定。

2月24日　证监会批准中国工商银行等5家银行合格境外机构投资者（QFII）托管人资格，这是首批获得托管人资格的商业银行。

3月7日　天同180指数证券投资基金成立，这是我国首只标准指数型基金。

3月7日　外经贸部、税务总局、工商管理总局、外汇管理局联合发布《外国投资者并购境内企业暂行规定》，明确外国投资者并购境内企业设立外商投资企业，应经外经贸主管部门批准。外国投资者的出资比例一般不低于并购后所设企业注册资本的25%。

3月21日　中国证监会与加拿大证券监管机构初始参与成员签署《证券期货监管合作谅解备忘录》。

4月2日　沪、深证券交易所分别下发《关于对存在股票终止上市风险的公司加强风险警示等有关问题的通知》，规定存在股票终止上市风险

	的公司,交易所在公司股票简称前冠以"*ST"标记。在退市风险警示期间,股票报价的日涨跌幅限制为5%。
4月5日	证监会取消大连证券的证券业务许可并责令关闭,这是第一家由证监会牵头处置的高风险证券公司。
4月9日	南钢股份新老大股东发布持股变动报告书和要约收购报告书,这是中国证券市场首例要约收购。
4月16日	证监会转发温家宝总理在全国非典型肺炎防治工作会议上的重要讲话,要求证券监管系统采取必要措施,全面加强预防工作,确保证券市场的安全稳定。
4月22日	证监会查处西藏发展内幕交易案。2005年7月28日,该案获法院判决,成为证监会查处并获刑事判决的首例内幕交易案件。
4月25日	湘财合丰行业基金成立,这是国内首只伞形基金。
5月23日	经证监会批准,瑞士银行有限公司、野村证券株式会社成为首批取得证券投资业务许可证的合格境外机构投资者(QFII)。
5月28日	加拿大蒙特利尔银行参股富国基金管理公司,这是首例外资以增资扩股形式参股我国基金管理公司。
6月9日	全国社会保障基金正式进入证券市场运作。
6月28日	海南证券交易中心关闭。至此,全国所有的地方证券交易中心全部关闭。
6月29日	《内地与香港关于建立更紧密经贸关系的安排》(CEPA)正式签署,自2004年1月1日起开始实施。
7月9日	合格境外机构投资者(QFII)正式入市,瑞士银行率先通过申银万国证券公司的席位完成第一笔A股买入交易。
8月28日	证监会、国资委联合发布《关于规范上市公司与关联方资金往来及上市公司对外担保若干问题的通知》。
9月9日	中国建设银行与香港上海汇丰银行举行合格境外机构投资者托管协议签字仪式,这是中资银行与境外机构签署的第一份托管协议。
9月30日	TCL集团发布拟吸收合并TCL通讯并整体上市的公告,这是中国证券市场上换股吸收合并整体上市的首例。
10月11日至14日	中国共产党第十六届中央委员会第三次全体会议召开。会议通过了《中共中央关于完善社会主义市场经济体制若干问题的决定》,

其中提出，要积极推进资本市场的改革开放和稳定发展，扩大直接融资。建立多层次资本市场体系，完善资本市场结构，丰富资本市场产品。规范和发展主板市场，推进风险投资和创业板市场建设。积极拓展债券市场，完善和规范发行程序，扩大公司债券发行规模。大力发展机构投资者，拓宽合规资金入市渠道。建立统一互联的证券市场，完善交易、登记和结算体系。稳步发展期货市场。选择有条件的国有商业银行实行股份制改造，加快处置不良资产，充实资本金，创造条件上市。建立健全银行、证券、保险监管机构之间以及同中央银行、财政部门的协调机制，提高金融监管水平。

10月28日　第十届全国人大常委会第五次会议通过《中华人民共和国证券投资基金法》，自2004年6月1日起施行。

11月6日　中国人民财产保险股份有限公司股票在香港联合交易所挂牌上市。该公司是内地第一家完成股份制改革并在境外上市的国有金融机构。

11月18日　武钢股份发布公告，公司增发方案将定向增发国有法人股与增发流通股相结合，进而实现整体上市。

12月5日　经国务院批准，《中国证券监督管理委员会股票发行审核委员会暂行办法》公布施行。

12月17日　中国人寿保险股份有限公司在纽约证券交易所、香港联合交易所成功上市，成为首家在美国上市的国有金融企业，是2003年全球最大的上市融资。

12月18日　证监会发布《证券发行上市保荐制度暂行办法》。

12月30日　首只货币市场基金——华安富利基金成立。

2004年

1月31日　国务院发布《国务院关于推进资本市场改革开放和稳定发展的若干意见》（以下简称《若干意见》），将发展中国资本市场提升到国家战略任务的高度，提出了9个方面的纲领性意见，为资本市场的进一步改革与发展奠定了坚实的基础。《若干意见》是中国政府就发展资本市场的作用、指导思想和任务首次进行全面明确的阐述，对发展资本市场的政策措施进行整体部署，将大力发展资本市场提升到前所未有的战略高度，对中国资本市场的改革与发展具有重要的现实意义和深远的历史影响。

2月23日　劳动和社会保障部、银监会、证监会、保监会发布《企业年金基金管理试行办法》。

2月27日　证监会下发《关于中国证券监督管理委员会派出机构更名的通知》，明确各派出机构于3月1日统一挂牌，更名为"××监管局"，并开始以证监局名称对外行使职责。

3月1日　经证监会核准，中信证券等3家公司成为首批发行公司债的证券公司。

3月2日　首只保本基金——银华保本增值证券投资基金成立。

3月17日　国嘉实业登陆代办股份转让市场，这是退市公司强制平移机制建立以来首家登陆代办股份转让系统的退市公司。

4月1日　中国证监会设立监察局。

4月8日　财政部、人民银行、证监会联合下发《关于开展国债买断式回购交易业务的通知》，明确全国银行间债券市场成员和证券交易所债券市场的机构投资者，可以在这两个场所开展国债买断式回购交易业务。

4月8日　第一百货决定吸收合并华联商厦，这是上市公司间吸收合并的首例。

5月10日　证监会公布我国证券市场首批保荐机构和保荐代表人的名单。

5月11日　首只可转债基金——兴业可转债混合型基金成立。

5月17日　经国务院批准，证监会作出《关于同意在深圳证券交易所设立中小企业板块的批复》，同意在深圳证券交易所主板市场内设立中小企业板块。5月27日，中小企业板块启动仪式在深圳举行。6月25日，首批8家公司正式挂牌上市交易。

5月25日　证监会发布《国有涉棉企业期货套期保值业务管理制度指引》，规定国有涉棉企业进入期货市场，仅限于开展套期保值业务，不得从事其他期货交易活动。

6月1日　棉花期货合约在郑州商品交易所上市交易，这是期货市场自1995年清理整顿以来上市交易的第一个新品种。

6月8日　证监会查处"德隆系"操纵证券交易价格案。2006年4月，该案获法院判决。

6月21日	证监会国际顾问委员会成立。
6月28日	东方基金管理公司开业。该公司是《证券投资基金法》实施后首家开业的基金管理公司。
7月8日	上海证券交易所推出交易型开放式指数基金（ETF）。12月30日，首只交易型开放式指数证券投资基金——上证50ETF成立。
7月15日	中国成为国际标准化组织金融服务技术委员会证券及衍生品业务分技术委员会的正式成员。
7月15日	江苏琼花高科技股份有限公司因招股说明书涉嫌虚假记载和重大遗漏被证监会立案稽查。深圳证券交易所于7月9日对该公司及相关人员进行公开谴责。该公司是中小企业板上市以来受到谴责的第一家上市公司，也是保荐人制度推行以来首家被处罚的公司。
7月28日	"以股抵债"试点正式启动。湖南电广传媒股份有限公司作为第一家试点，发布"以股抵债"方案。
8月18日	深圳证券交易所推出上市开放式基金（LOF）。12月20日，首只上市开放式基金——南方积极配置基金在该所上市交易。
8月25日	燃料油期货合约在上海期货交易所上市交易。
8月27日	商务部与香港特区政府财政司签署《〈内地与香港关于建立更紧密经贸关系的安排〉扩大开放磋商纪要》，允许在香港证监会注册并符合中国证监会规定条件的中介机构在内地设立合资的期货经纪公司。
8月28日	十届全国人大常委会第十一次会议通过《公司法》《证券法》修正案。
9月16日	证监会发布《证券投资基金管理公司管理办法》。
9月22日	玉米期货合约在大连商品交易所上市交易。
10月18日	证监会国际顾问委员会第一次会议召开。
10月24日	保监会、证监会联合发布《保险机构投资者股票投资管理暂行办法》，允许保险机构投资者直接投资股票市场，参与一级市场和二级市场交易。
12月22日	中国证券登记结算公司成功为首旅股份提供股东大会网络投票服务，这是首次采用网络投票系统方式召开的上市公司股东大会。
12月22日	黄大豆2号期货合约在大连商品交易所上市交易。

2005年

1月17日　华电国际电力股份有限公司发布招股意向书，成为在新股发行询价制度实施后第一家实行询价制度的首次公开发行公司。

2月1日　海外投资者第一次通过合格境外机构投资者（QFII）举牌A股上市公司。香港名力集团所属的两家公司通过具有合格境外机构投资者（QFII）资格的恒生银行，购买并持有爱建股份5.066%的流通股。

2月16日　保监会、银监会、证监会联合发文，宣布自即日起保险资金可直接投资股票市场。同日，华泰财产保险公司投资资金开始运作，成为国内首笔直接投资股市的保险资金。

2月20日　人民银行、银监会、证监会联合发布《商业银行设立基金管理公司试点管理办法》，明确国有商业银行和股份制商业银行可以设立基金管理公司，其所募集的基金种类由证监会核准。

3月7日　保险资金正式启动A股二级市场的直接投资。

4月1日　中国人民银行批准国泰君安证券公司发行短期融资券，这是首家获准发行短期融资券的证券公司。

4月6日　商业银行投资设立基金管理公司试点工作正式启动，工商银行、建设银行和交通银行成为首批直接投资设立基金管理公司的试点银行。

4月8日　沪、深证券交易所联合发布沪深300指数。

4月12日　上市公司规范运作小组第一次工作会议召开。国资委、公安部、税务总局、工商总局、海关总署、银监会等部门参加会议，标志着上市公司综合监管体系正式建立。

4月29日　证监会下发《关于上市公司股权分置改革试点有关问题的通知》，正式启动上市公司股权分置改革试点工作。

5月9日　金牛能源、三一重工、紫江企业、清华同方4家公司发布公告，已被证监会确定为股权分置改革试点单位。这是第一批进行股权分置改革的试点单位。

5月30日　证监会、国资委联合发布《关于做好股权分置改革试点工作的意见》，要求试点上市公司进行股权分置改革，要采取有效的措施，使改革方案具有广泛的股东基础，保障股东充分行使权利。大中型上市公司要积极利用股权分置改革进一步健全现代企业制度，使资产的保值增值具有更加公开、公平、公正的价值评判基础。保荐机构要发挥协调平衡作用，履行好组织、引导、说明、解释的职责，起到桥梁和纽带作用，做好非流通股股东和流通股股东沟通协调工作。保险公司及其资产管理公司、基金公司、证券公司为代表的机构投资者，要切实履行所承担的职责。依法合规地买卖试点公司股票，参与试点公司的改革。

5月31日　证监会下发《关于做好第二批上市公司股权分置改革试点工作有关问题的通知》，要求试点上市公司应当聘请内控完善、运作规范、保荐代表人不少于三人的保荐机构保荐，并聘请律师事务所就公司股权分置改革发表法律意见。

6月4日　首家由商业银行联合境内外机构发起设立的基金管理公司——工银瑞信基金管理公司设立。

6月10日　三一重工股权分置改革方案顺利通过流通股东的投票表决，成为中国证券交易所第一家通过股权分置改革实行全流通的上市公司。

6月19日　证监会公布第二批42家股权分置改革试点上市公司名单。

6月23日　交通银行股份有限公司在香港联交所挂牌上市，成为第一家在境外上市的国有商业银行。

6月30日　证监会、财政部、人民银行联合发布《证券投资者保护基金管理办法》，决定设立证券投资者保护基金有限责任公司。

6月30日　证监会批准招商证券收购招商证券（香港）有限公司，这是证券公司首次在境外设立分支机构。

7月29日　国务院办公厅转发证监会《证券公司综合治理工作方案》，要求进一步加强对证券公司监管，妥善处置证券公司风险，推进证券公司重组，支持、引导证券公司创新发展、做优做强。

7月29日　第一只以沪深300指数为投资标的的指数基金——嘉实沪深300指数基金成立。

8月2日　南方等9家基金管理公司获得首批企业年金管理资格。

8月22日　宝钢股份认购权证在上海证券交易所挂牌上市，这是《权证业务管理暂行办法》发布以来沪、深证券市场第一个权证，也是第一个由上市公司大股东发行的备兑权证。

8月23日　证监会、国资委、财政部、人民银行和商务部联合发布《关于上

	市公司股权分置改革的指导意见》。
8月30日	中国证券投资者保护基金有限责任公司成立。
9月4日	证监会发布《上市公司股权分置改革管理办法》，对上市公司股权分置改革的操作程序、改革方案、改革后公司原非流通股股份的出售、信息披露、中介机构、监管措施与法律责任等作出规定。
9月12日	沪、深两市40家上市公司同时发布股权分置改革公告，标志着股权分置改革进入全面铺开阶段。
10月10日	万科等8家深市上市公司进入第四批股权分置改革程序。含B股公司股权分置改革率先启动。
10月11日	中国共产党第十六届中央委员会第五次全体会议通过《中共中央关于制定国民经济和社会发展第十一个五年规划的建议》，其中指出，要积极发展股票、债券等资本市场，加强基础性制度建设，建立多层次市场体系，完善市场功能，提高直接融资比重。稳步发展期货市场。健全金融市场的登记、托管、交易、清算系统。完善金融监管体制。
10月11日	期货保证金安全存管工作开始在深圳地区试点。
10月17日	广东宝利来投资股份有限公司等8家上市公司进入第五批股权分置改革程序。含H股的上市公司股权分置改革启动。
10月18日	商务部与香港特区政府就《内地与香港关于建立更紧密经贸关系的安排》（CEPA）的进一步开放措施达成协议，允许符合条件的内地创新试点类证券公司、期货公司到香港设立分支机构。
10月19日	国务院批转证监会《关于提高上市公司质量的意见》，要求地方各级人民政府要承担起处置本地区上市公司风险的责任，有效防范和化解上市公司风险。
10月27日	第十届全国人大常委会第十八次会议通过修订后的《中华人民共和国证券法》和《中华人民共和国公司法》，自2006年1月1日起施行。
10月27日	中国建设银行在香港联合交易所挂牌上市，这是国务院决定对国有独资商业银行实施股份制改革以来首家上市的国有商业银行。
10月30日	中国石油天然气股份有限公司要约收购辽河油田等3家上市子公司，这是A股市场首例为解决同业竞争、关联交易以要约收购方式将子公司私有化的案例。

11月4日　广东证券股份有限公司被依法行政关闭，中国证券投资者保护基金有限责任公司组织成立托管清算组。这是中国证券投资者保护基金有限责任公司首次尝试对问题券商的托管清算工作。

11月21日　上海证券交易所下发《关于证券公司创设武钢权证有关事项的通知》，这是我国证券市场首次出现权证创设活动。

11月21日　黔源电力股改方案通过，中小企业板率先完成股权分置改革。

12月1日　深圳证券交易所发布中小企业板指数。

12月1日　荷兰银行入股银河期货，标志着内地期货业对外开放迈出实质性一步。

12月31日　证监会发布《上市公司股权激励管理办法（试行）》。

2006年

1月4日　上海证券交易所推出新上证综合指数。

1月6日　白糖期货合约在郑州商品交易所上市交易。

1月9日　豆油期货在大连商品交易所上市交易。

1月16日　中国证券业协会发布《证券公司代办股份转让系统中关村科技园区非上市股份有限公司股份报价转让试点办法》和配套规则、相关协议文本。

2月16日　深圳证券交易所发布深证新指数。

3月5日至14日　第十届全国人大第四次会议召开。会议审议通过《国民经济和社会发展第十一个五年规划纲要》。纲要指出，要加快发展直接融资。积极发展股票、债券等资本市场，稳步发展期货市场。推进证券发行、交易、并购等基础性制度建设，促进上市公司、证券经营机构规范运作，建立多层次市场体系，完善市场功能，拓宽资金入市渠道，提高直接融资比重。

3月9日　格林期货、广发期货、永安期货3家公司获批赴香港设立子公司，成为第一批"走出去"的内地期货公司。

5月6日　证监会发布《上市公司证券发行管理办法》，标志着以恢复再融资为开端的"新老划断"正式提上日程。5月16日，长江电力发行认股权证通过证监会审核，这是"新老划断"启动后通过审核的首单再融资申请。5月18日，《首次公开发行股票并上市管理办法》

实施。加上已施行的《上市公司证券发行管理办法》,"新老划断"两个最重要的标志性文件全部出台。

5月10日　中国证券投资者保护基金公司参加大鹏证券公司第一次债权人大会。这是证券公司依法进入破产清算程序后,保护基金公司第一次依法行使债权人权利。

5月15日　修订后的《上海证券交易所交易规则》和《深圳证券交易所交易规则》发布,7月1日起实施,实施T+0回转交易制度、差异化涨跌幅、融资融券制度等,留下制度接口。

5月18日　中国期货保证金监控中心举行开业仪式。

6月5日　国际证监会组织(IOSCO)第31届年会在香港召开,证监会时任主席尚福林当选为执行委员会副主席。

6月8日　国务院批准成立中国金融期货交易所。9月8日,该所正式挂牌成立。这是我国内地第四家期货交易所,也是首家金融衍生品交易所。

6月17日　第一家完成股权分置改革的上市公司——"三一重工"有限售条件流通股上市。

6月29日　十届全国人大常委会第二十二次会议通过《中华人民共和国刑法修正案(六)》,增加了信息披露犯罪和市场操纵犯罪的情形,增设了背信损害上市公司利益罪和背信运用受托财产罪。

6月30日　证监会发布《证券公司融资融券业务试点管理办法》,自8月1日起实施。

6月30日　证监会下发《关于推广期货保证金安全存管工作的通知》,决定从2006年6月下旬开始,在全国部署期货保证金监控系统,推广期货保证金安全存管工作。

7月25日　山东鲁能集团有限公司公司债券通过深圳证券交易所交易系统上网发行,企业债券上网发行试点工作正式启动。

7月31日　证监会修订发布《上市公司收购管理办法》。

8月18日　中国期货保证金监控中心开始接受和导入全国160多家期货公司报送的数据,标志着全国范围的保证金安全存管系统部署工作圆满完成。自此,全国范围的期货公司都纳入监控中心的监控范围。

8月24日　证监会、人民银行、国家外汇局联合发布《合格境外机构投资者境内证券投资管理办法》。

9月15日	中国证监会与印度共和国证券交易委员会签署《证券期货监管合作谅解备忘录》。
10月26日	证监会新一届行政处罚委员会成立。
10月30日	沪深300股指期货仿真交易正式启动。
11月2日	华安国际配置混合基金（QDII基金）成立，这是合格境内机构投资者（QDII）业务试点的首只基金产品。
11月29日	马钢股份认股权证及其公司债在上海证券交易所挂牌上市，这是第一只由"分离交易可转债"分离出来的公司权证和公司债。
12月1日	证监会下发通知，明确了证券公司、基金管理公司和期货经纪公司将于2007年1月1日起正式执行《企业会计准则》；证券投资基金将于2007年7月1日起正式执行《企业会计准则》。
12月18日	精对苯二甲酸（PTA）期货合约在郑州商品交易所上市交易。
12月19日	中国人寿首次公开发行正式启动，这是中国第一家在纽约、香港、上海三地上市的保险公司。
12月31日	截至2006年底，沪、深两市已完成或者进入改革程序的上市公司共1301家，占应改革上市公司的97%，对应市值占比98%，未进入改革程序的上市公司仅40家。股权分置改革任务基本完成。

2007 年

1月19日	全国金融工作会议在北京举行。中共中央政治局常委、国务院总理温家宝出席会议并作重要讲话。会议指出，要大力发展资本市场，构建多层次金融市场体系。扩大直接融资规模和比重。加强资本市场基础性制度建设，着力提高上市公司质量，严格信息披露制度，加大透明度。加快发展债券市场。扩大企业债券发行规模，大力发展公司债券，完善债券管理体制。积极稳妥地发展商品期货市场和金融期货市场。
2月2日	证监会发布《上市公司信息披露管理办法》，加大了上市公司大股东、管理层在信息披露方面的责任，首次明确上市公司应建立信息披露内部管理制度，并首次将衍生产品纳入信息披露范围。
2月12日	国务院同意建立整治非法证券活动协调小组工作制度，明确由证监会牵头，公安部、人民银行、工商总局、银监会并邀请最高人民法院、最高人民检察院等有关单位参加。

3月6日	国务院发布《期货交易管理条例》，自4月15日起施行。新条例将适用范围从原来的商品期货交易扩大到商品、金融期货和期权合约交易。
3月9日	证监会、司法部联合发布《律师事务所从事证券法律业务管理办法》。
3月9日	证监会下发《关于开展加强上市公司治理专项活动有关事项的通知》，对活动的基本原则、监管措施作出规定。
3月19日	证监会组织召开整治非法证券活动协调小组第一次工作会议。
3月26日	锌期货合约在上海期货交易所上市交易。
4月11日	国际证监会组织（IOSCO）第32届年会召开，中国证监会成功加入国际证监会组织《多边备忘录》。
4月28日	证监会查处时任上投摩根基金管理有限公司研究员兼阿尔法基金经理助理唐建涉嫌"老鼠仓"案，唐建被没收违法所得并处罚款。该案推动了刑法的修订，2009年通过的《刑法修正案（七）》增加了利用未公开信息交易罪。
5月11日	中国银监会下发《关于调整商业银行代客境外理财业务境外投资范围的通知》，允许商业银行合格境内机构投资者（QDII）直接投资境外上市股票。
5月22日	证监会查处"带头大哥777"非法从事证券投资咨询业务案。该案为证监会查处的第一件利用互联网从事非法证券经营活动的案件。最终，"带头大哥"王秀杰以非法经营罪被依法判处有期徒刑3年。
6月8日	菜籽油期货合约在郑州商品交易所上市交易。
6月8日	国债老回购交易全面停止，6月12日，国债老回购全部到期，正常完成清算交割。新老质押式国债回购全面并轨。
6月21日	证监会公布《合格境内机构投资者境外证券投资管理试行办法》和《关于实施〈合格境内机构投资者境外证券投资管理试行办法〉有关问题的通知》，自7月5日起施行。
7月23日	证监会、人民银行和国家外汇局联合修改并发布新的《合格境外机构投资者境内证券投资管理办法》，适度降低QFII准入的资格标准，允许QFII直接开立证券账户。
7月27日	证监会下发《关于建立股票市场和股指期货市场跨市场监管协作

制度的通知》，对在上海证券交易所、深圳证券交易所、中国金融期货交易所、中国证券登记结算公司和中国期货保证金监控中心公司之间，建立股票市场和股指期货市场跨市场监管协作制度作出安排。8月13日，该监管协作制度在上海签署。

7月29日	证监会完成首次证券公司分类评价工作。
7月31日	线型低密度聚乙烯期货合约在大连商品交易所上市交易。
8月1日	证监会批准证券公司2007年度缴纳投资者保护基金的具体比例，证券公司首次缴纳投资者保护基金工作正式启动。
8月3日	沪、深证券交易所总市值首超20万亿元。
8月14日	证监会颁布《公司债券发行试点办法》，我国公司债发行正式启动。
8月21日	经证监会核准，中国国际金融有限公司成为首家获得合格境内机构投资者（QDII）业务资格的证券公司。
8月31日	证券公司综合治理工作总结表彰视频会议召开，为期3年的证券公司综合治理至此结束。
9月4日	中国证监会批准纽约证券交易所设立北京代表处，这是2007年7月1日《境外证券交易所驻华代表机构管理办法》正式实施以来，境外证券交易所获准设立的第一家驻华代表机构。
9月4日	沪、深两市A股开户总数突破1亿户。
9月5日	《证券及相关金融工具国际证券识别编码体系》国家标准正式发布，这是证券期货行业组织制定并发布的第一个国家标准。
9月7日	经证监会核准，中信证券、中金公司两家证券公司首批获得直接投资业务试点资格。
9月19日	南方全球精选配置基金成立，这是《合格境内机构投资者境外证券投资管理试行办法》发布后获准成立的首只公募的合格境内机构投资者（QDII）基金。
9月24日	首只公司债券——中国长江电力股份有限公司2007年第一期公司债券网上、网下同步成功发行。
10月14日	世界交易所联合会第47届会员大会暨年会在上海召开，此次会议由上海证券交易所承办。
10月15日	中国共产党第十七次全国代表大会召开，胡锦涛代表第十六届中央委员会向大会作了题为《高举中国特色社会主义伟大旗帜，为夺取全面建设小康社会新胜利而奋斗》的报告。报告指出要推进

金融体制改革，发展各类金融市场，形成多种所有制和多种经营形式、结构合理、功能完善、高效安全的现代金融体系。提高银行业、证券业、保险业竞争力。优化资本市场结构，多渠道提高直接融资比重。加强和改进金融监管，防范和化解金融风险。

10月29日　棕榈油期货合约在大连商品交易所上市交易。

12月9日　国家外汇管理局宣布，合格境外投资者（QFII）投资额度扩大到300亿美元。

12月26日　中国证券投资者保护网正式开通上线，这是中国证券市场第一个以投资者保护为主题的网站。

2008年

1月9日　黄金期货合约在上海期货交易所上市交易。

1月20日　证监会聘请首批30位专家担任行政处罚咨询专家，为证监会的行政处罚工作提供专业咨询意见。

2月12日　中国证监会与美国商品期货交易委员会签署《中国证券监督管理委员会与美国商品期货交易委员会合作条款》。

2月28日　中国证监会稽查局牵头与公安部经济犯罪侦查局、香港证监会法规执行部、香港警察商业罪案调查科在深圳召开首次四方联合会议，开创了内地与香港证券监管机构以及警方联手执法合作的历史。

3月17日　东方电子民事赔偿案结案，6000多名投资者获得赔偿。这是当时原告人数最多、受案数量最多、涉及金额最大的虚假陈述民事赔偿案件。

4月16日　证监会发布《上市公司重大资产重组管理办法》。

4月23日　国务院公布《证券公司监督管理条例》，自2008年6月1日起施行。同日，国务院公布《证券公司风险处置条例》，自公布之日起施行。

4月25日　第一只非1元面值股票——紫金矿业在上海证券交易所上市交易，每股面值0.1元。

4月30日　证券行业全面实现客户交易结算资金第三方存管。

6月17日　三一重工控股股东所持股份全部解禁，成为首家存量全流通的上市公司。

8月8日　中国证监会与俄罗斯联邦金融市场监督总局签署《证券期货监管合作谅解备忘录》。

8月25日　证监会公布《关于修改上市公司现金分红若干规定的决定》，自10月9日起施行，鼓励上市公司建立长期分红政策，进一步完善推动上市公司回报股东的现金分红制度。

9月19日　经国务院批准，财政部、国家税务总局决定，自9月19日起，调整证券（股票）交易印花税征收方式，将现行对双方当事人征收证券（股票）交易印花税调整为单边（出让方）征税，对受让方不再征税。

10月8日　北京市第一中级人民法院就丁力业不服证监会行政处罚案作出判决，驳回原告丁力业诉讼请求，证监会一审获得胜诉。这是首例人民法院针对上市公司董事责任进行实体裁判的行政诉讼案件，也是首例司法机关通过判决形式明确董事勤勉尽责要求的案例。

10月15日　首只创新型债券基金——富国天丰强化收益债券型基金发行。

10月27日　经国务院批准，财政部、国家税务总局决定自2008年10月9日起，对证券市场个人投资者取得的证券交易结算资金利息所得，比照储蓄存款利息所得，暂免征收个人所得税。

12月2日　丽珠集团完成回购B股的审批手续，成为国内资本市场首家实施B股回购的上市公司。

12月8日至10日　中央经济工作会议召开，针对国际金融危机快速蔓延对我国经济的影响，强调要保持资本市场和房地产市场稳定健康发展。

12月8日　国务院办公厅发布《关于当前金融促进经济发展的若干意见》，指出要加快建设多层次资本市场体系，发挥市场的资源配置功能，稳定股票市场运行，推动期货市场稳步发展，扩大债券发行规模。

2009年

1月7日　中国期货保证金监控中心上海总部成立，并相继接入了4家期货交易所的风控系统，标志着我国期货市场运行监测监控工作正式展开。

2月15日　国际证监会组织（IOSCO）召开会议，批准中国证监会加入技术委员会。

2月28日	第十一届全国人大常委会第七次全体会议通过《中华人民共和国刑法修正案（七）》，调整了原有内幕交易、泄露内幕信息罪的构成要件规定，特别增设了利用未公开信息交易罪，对金融活动中的"老鼠仓"行为追究刑事法律责任。
3月7日	中国银监会下发《关于商业银行从事境内黄金期货交易有关问题的通知》，允许符合一定条件的商业银行从事境内黄金期货交易业务。
3月27日	线材和螺纹钢期货合约在上海期货交易所上市交易。
3月31日	证监会公布《首次公开发行股票并在创业板上市管理暂行办法》。
4月20日	早籼稻期货合约在郑州商品交易所上市交易。
5月25日	聚氯乙烯（PVC）期货合约在大连商品交易所上市交易。
5月26日	证监会发布《证券公司分类监管规定》，根据证券公司评价计分的高低，将证券公司分为A、B、C、D、E五大类11个级别。
6月10日	证监会公布《关于进一步改革和完善新股发行体制的指导意见》，完善询价和申购的报价约束机制，杜绝高报不买和低报高买，同时网下网上渠道分开、网上申购设置上限，以提高中小投资者的中签率。
6月19日	财政部、国资委、证监会、社保基金会联合印发《境内证券市场转持部分国有股充实全国社会保障基金实施办法》，宣布股权分置改革新老划断后，凡在境内证券市场首次公开发行股票并上市的含国有股的股份有限公司，除国务院另有规定的，均须按首次公开发行时实际发行股份数量的10%，将股份有限公司部分国有股转由社保基金会持有，社保基金会对转持股份承继原国有股东的禁售期义务，并延长三年禁售期。7月22日，根据《境内证券市场转持部分国有股充实全国社会保障基金实施办法》的规定和有关文件要求，中国证券登记结算公司办理首批全国社会保障基金理事会受让国有股东持股的过户登记。
7月6日	证监会建立证券公司巡回现场检查制度，并正式启动首次巡检工作。
7月20日	证监会基金信息披露网站正式上线，这是自2008年年初证监会启动基金信息披露可扩展商业报告语言（XBRL）工作以来，首次以网站平台方式对外展示应用成果。

8月11日　证监会期货市场统一开户实施推广及首批上线工作会议召开，标志着期货市场统一开户上线工作正式开始。

8月17日　证监会发布《期货公司分类监管规定（试行）》，将期货公司分为A、B、C、D、E五大类11个级别。

9月4日　证监会查处高淳陶瓷内幕交易案，将南京市原经委主任等人在高淳陶瓷重组期间涉嫌泄露内幕信息及内幕交易等违法犯罪行为，依法移送公安机关追究刑事责任。该案的查处，推动了多部委内幕交易综合防控机制的建立。

9月17日　创业板发行审核委员会第一次会议召开，青岛特锐德电器、南方风机首次公开发行申请获得通过。

9月20日　证监会批复巨潮资讯网、中证网、中国证券网、证券时报网、中国资本证券网5家网站为创业板信息披露指定网站。

9月29日　证监会对韩刚、涂强、刘海3名基金经理涉嫌先于或同步于其管理的基金买卖股票的违法行为进行查处，对涂强、刘海进行行政处罚并采取市场禁入措施，将韩刚涉嫌犯罪的证据材料移送公安机关，依法追究刑事责任。该案为《刑法修正案（七）》新增"利用未公开信息交易罪"后，首例因该罪名被追究刑事责任的案件。

10月23日　创业板启动仪式在深圳举行。10月30日，创业板首批公司上市仪式在深圳举行。青岛特锐德电气股份有限公司等28家公司人民币普通股股票挂牌上市。

11月16日　中国证监会与台湾方面金融监督管理机构签署《海峡两岸证券及期货监督管理合作谅解备忘录》。

11月26日　期货市场统一开户上线工作全面完成，期货公司统一开户在全国范围内开始实施。

2010年

1月5日　证监会首次在官方网站上公示证券机构行政许可申请受理及审核情况。

1月8日　证监会新闻发言人宣布，国务院已原则同意开展证券公司融资融券业务试点和推出股指期货品种。

1月12日　证监会批复同意中国金融期货交易所开展股指期货交易。2月12

日，证监会批准中国金融期货交易所沪深300股指期货合约。3月24日，证监会批复同意中国金融期货交易所上市沪深300股票指数。4月8日，股指期货启动仪式在上海举行。4月16日，沪深300股指期货正式上市交易，首日市场运行平稳。

1月13日	海通证券股份有限公司通过全资子公司——海通（香港）完成对香港大福证券集团有限公司的收购工作，成为首家收购香港上市券商的内地证券公司。
1月22日	证监会发布《关于开展证券公司融资融券业务试点工作的指导意见》。
3月15日	证监会以公告形式发布《关于期货交易所、期货公司缴纳期货投资者保障基金有关事项的规定》，正式启动期货投资者保障基金的筹集工作。
3月18日	证监会核准中信证券等6家证券公司首批融资融券业务资格。
3月18日	原东北高速分立而成的两家公司——吉林高速、龙江交通上市交易。这是A股市场首例将完整的上市资产分立为两家独立个体后又双双上市的情况。
3月31日	融资融券业务试点正式启动。
4月23日	经证监会核准，东方证券成为首家专设资产管理子公司从事证券资产管理业务的证券公司。
5月31日	深圳证券交易所发布创业板指数，该指数以2010年5月31日为基日基点定为1000点。
7月14日	证监会首次公开披露证券公司分类评价结果。
10月11日	证监会发布《关于深化新股发行体制改革的指导意见》，明确进一步完善报价申购和配售约束机制；扩大询价对象范围，充实网下机构投资者；增强定价信息透明度；完善回拨机制和中止发行机制。
10月18日	中国共产党第十七届中央委员会第五次全体会议通过《中共中央关于制定国民经济和社会发展第十二个五年规划的建议》，其中指出，构建逆周期的金融宏观审慎管理制度框架。加强金融监管协调，建立健全系统性金融风险防范预警体系和处置机制。参与国际金融准则新一轮修订，提升我国金融业稳健标准。加快多层次资本市场体系建设，显著提高直接融资比重。积极发展债券市

场，稳步发展场外交易市场和期货市场。

10月20日　证监会发布公告，决定设立创业板专家咨询委员会。

10月27日　证监会、人民银行、银监会联合下发《关于上市商业银行在证券交易所参与债券交易试点有关问题的通知》，启动上市商业银行在证券交易所参与债券交易试点。

2011年

3月23日　《期货公司期货投资咨询业务试行办法》正式公布，标志着期货公司告别单一的期货经纪业务模式，开始面向客户提供专业化期货投资咨询业务。

3月24日　铅期货合约在上海期货交易所上市交易。

4月15日　焦炭期货合约在大连商品交易所上市交易。

4月27日　最高人民法院、最高人民检察院、公安部、证监会联合制定出台《关于办理证券期货违法犯罪案件工作若干问题的意见》，在证券期货违法犯罪案件查处的司法认定、集中管辖、证据转化、执法协作、办案体制机制等方面取得重大突破。

5月4日　证监会发布了《合格境外机构投资者参与股指期货交易指引》，允许QFII参与股指期货交易，并对其交易类型、交易行为进行适度限制，保证股指期货产品平稳运行。

7月13日　最高人民法院正式出台了《关于审理证券行政处罚案件证据若干问题的座谈会纪要》，对证券执法和司法的证据问题首次作出了系统性规定。

10月26日　证监会发布《转融通业务监督管理试行办法》。

10月28日　中国证券金融股份有限公司成立。

11月14日　国务院发布《关于清理整顿各类交易场所切实防范金融风险的决定》，正式启动对各类交易场所违法违规交易活动的清理整顿工作，规范市场秩序。

11月25日　证监会发布实施了《关于上市公司建立内幕信息知情人登记管理制度的规定》，进一步加强了上市公司内幕信息的监督管理工作，为打击内幕交易违法行为构建了基础性的制度框架。

12月16日　证监会、人民银行、国家外汇局联合发布了《基金管理公司、证券公司人民币合格境外机构投资者境内证券投资试点办法》，允许符合条件的基金管理公司、证券公司的香港子公司作为试点机构，运用其在香港地区募集的人民币资金在经批准的人民币投资额度内开展境内证券投资业务。首批已有21家基金管理公司、证券公司的香港子公司获得试点资格和合计200亿元人民币投资额度。

2012年

1月6日至7日　全国金融工作会议在北京举行。中共中央政治局常委、国务院总理温家宝出席会议并讲话。会议指出，要加强资本市场和保险市场建设，推动金融市场协调发展。促进股票期货市场稳定健康发展，坚决清理整顿各类交易场所，建设规范统一的债券市场，积极培育保险市场。

1月10日　国务院批复同意建立由证监会牵头、其他23个部委参加的清理整顿各类交易场所部际联席会议制度。联席会议办公室设在证监会，承担日常工作。

2月2日　清理整顿各类交易场所工作会议暨部际联席会议第一次会议在京召开。会议旨在贯彻《国务院关于清理整顿各类交易场所切实防范金融风险的决定》文件精神，协调动员各地人民政府和相关力量，全面推进清理整顿工作。

2月13日　中国金融期货交易所正式启动国债期货仿真交易。

2月15日　中国上市公司协会成立。证监会时任主席郭树清在致辞中强调，上市公司协会要把服务放在第一位，当好上市公司的"服务员"，帮助企业树立强烈的市场意识和回报股东的观念，推动上市公司做优做强。

2月21日　中国证券登记结算有限责任公司开立首个RQFII账户。

3月29日　最高人民法院出台《关于办理内幕交易、泄露内幕信息刑事案件具体应用法律若干问题的解释》，自2012年6月1日起施行。作为证券期货刑事领域的第一部司法解释，内幕交易司法解释解决了内幕交易认定的一系列难点问题，为打击内幕交易犯罪行为提供了坚实的法律基础。

4月3日　经国务院批准，证监会、人民银行及国家外汇局决定新增QFII投

	资额度500亿美元，新增RQFII投资额度500亿元人民币。
4月27日	国内四家期货交易所宣布降低所有期货品种的手续费标准，各品种降费比例从12.5%到50%不等，总体下降30%左右，从6月1日起实施。
4月28日	证监会发布《关于进一步深化新股发行体制改革的指导意见》，提出六项市场化改革的举措，针对新股发行畸高"炒新"等问题，进一步理清发行过程中各有关主体的责任，强化资本约束、诚信约束和市场约束机制。
4月30日	沪深证券交易所和中国证券登记结算有限责任公司宣布降低A股交易的相关收费标准，总体降幅为25%，自6月1日起实施。
5月10日	白银期货合约在上海期货交易所上市交易。
5月13日至17日	国际证监会组织（IOSCO）第37届年会在北京成功举行，中国证监会成功当选理事会成员，并派员担任多边备忘录监督小组和第五委员会副主席。
5月25日	证监会发布《关于落实〈国务院关于鼓励和引导民间投资健康发展的若干意见〉工作要点的通知》；上海证券交易所发布实施《上海证券交易所中小企业私募债券业务试点办法》和《上海证券交易所中小企业私募债券业务指引（试行）》，中小企业私募债试点正式启动。
6月1日	北京证券期货研究院成立。2015年8月12日，北京证券期货研究院整体改制设立中证金融研究院，北京证券期货研究院注销。
6月4日	国内首只商品期货基金专户产品——"国投瑞银银鸿瑞4号期货套利资产管理计划"在上期所开户并获得交易编码，成为上期所首个特殊单位客户，标志着基金专户产品正式进入商品期货市场。
6月7日	中国证券投资基金业协会成立。
6月12日	证监会发布《证券期货业统计指标标准指引第1号（试行）》，这是自资本市场建立以来，证监会首次对外发布的全行业、系统性、规范化的统计指标标准指引，是重要的统计基础规范。
7月8日	国务院批准证监会《关于扩大中关村试点逐步建立全国中小企业股份转让系统的请示》，在中关村园区基础上，新增上海张江、武汉东湖、天津滨海新区进入试点范围。
7月12日	国务院办公厅发布《关于清理整顿各类交易场所的实施意见》，进

一步明确清理整顿工作的政策界限、措施、工作安排和交易场所审批程序，提出具体工作要求。

7月13日 证券、期货市场监管费收费标准大幅降低。8月2日，证券、期货市场相关收费标准再度大幅降低。

8月23日 证监会发布《关于规范证券公司参与区域性股权交易市场的指导意见（试行）》，引导证券公司规范参与区域性股权交易市场的相关业务。

8月27日 经证监会批准，中国证券金融公司发布《转融通业务保证金管理实施细则（试行）》《转融通业务规则》和《融资融券业务统计与监控规则》，沪、深证交所和中国证券登记结算公司同日发布转融通业务配套细则。8月30日，中国证券金融公司正式启动转融通业务试点，先行办理转融资业务。

9月12日 中证资本市场运行统计监测中心有限责任公司成立。

9月17日 《金融业发展和改革"十二五"规划》正式发布，提出了"十二五"时期金融业发展和改革的指导思想、主要目标和政策措施，从完善金融调控、优化组织体系、建设金融市场、深化金融改革、扩大对外开放、维护金融稳定、加强基础设施七个方面，明确了"十二五"时期金融业发展和改革的重点任务。

9月20日 全国中小企业股份转让系统有限责任公司成立。全国中小企业股份转让系统是由国务院批准设立的全国证券交易场所，为非上市股份公司股份的公开转让、融资、并购等相关业务提供服务。

9月28日 证监会发布《非上市公众公司监督管理办法》，确定了非上市公众公司的范围，提出了公司治理和信息披露的基本要求，明确了公开转让、定向转让、定向发行的申请程序。

10月15日 证监会开展了对上市公司股东、关联方，以及上市公司的承诺事项清理和专项检查工作，要求上市公司对相关方承诺未履行情况进行专项披露，对已经履行完毕的情况进行抽查，对超期未履行的承诺事项进行专项检查并采取监管措施督促履行。

10月15日 证监会开始每周公布并购重组行政许可在审项目审核进展情况，推进并购重组审核工作的标准化、流程化和公开化。

10月24日 国务院发布《关于修订〈期货交易管理条例〉的决定》，修订决定明确了"期货交易"的定义和地方政府查处取缔非法期货交易活

	动的职责，同时也为我国推出原油期货和国债期货等创新业务预留了法律空间。
11月7日	浙江、湖北、重庆、贵州、西藏、甘肃、青海、深圳八省（区、市）清理整顿各类交易场所的工作率先通过联席会议检查验收。
11月8日	中国共产党第十八次全国代表大会在北京人民大会堂开幕。胡锦涛代表十七届中央委员会向大会作报告，指出要深化金融体制改革，健全促进宏观经济稳定、支持实体经济发展的现代金融体系，加快发展多层次资本市场，稳步推进利率和汇率市场化改革，逐步实现人民币资本项目可兑换。
12月3日	资本市场学院正式设立。
12月3日	玻璃期货合约在郑州商品交易所上市交易。
12月21日	中国证券业协会发布《证券公司柜台交易业务规范》。
12月28日	第十一届全国人大常委会第三十次会议审议通过了修订后的《中华人民共和国证券投资基金法》，新基金法将于2013年6月1日正式实施。
12月28日	油菜籽、菜籽粕期货合约在郑州商品交易所上市交易。
12月31日	人民银行与证监会在京签署《关于加强证券期货监管合作共同维护金融稳定的备忘录》。

2013年

1月1日	经国务院批准，从即日起，对个人从公开发行和转让市场取得的上市公司股票，股息红利所得按持股时间长短实行差别化个人所得税政策。
1月7日	证监会发布《证券期货业统计指标标准指引》，这是自资本市场建立以来证监会首次对外发布的全行业、系统性、规范化的统计指标标准指引，是重要的统计基础规范，填补了证监会系统统计指标标准的空白。
1月16日	全国中小企业股份转让系统在北京正式揭牌运营。
1月29日	首次两岸证券及期货监管合作会议在台北召开，与会代表就ECFA框架下进一步加强两岸资本市场合作的有关事宜进行了富有成效的磋商。

2月28日	中国证券金融公司正式启动转融券业务试点。
3月1日	证监会、人民银行、国家外汇局公布《人民币合格境外机构投资者境内证券投资试点办法》,自公布之日起施行。
3月13日	财政部、人民银行和证监会联合发布《关于开展国债预发行试点的通知》,决定开展国债预发行试点。
3月15日	证监会发布《证券公司分支机构监管规定》,放开了证券公司设立分支机构的主体资格限制、地域限制和数量限制,支持证券公司依法自主设立分支机构,自主确定分支机构业务范围。
3月15日	证监会组织相关单位,联合多家媒体开展"证券'3·15'维权在行动"主题宣传活动。
3月22日	人社部、银监会、证监会和保监会联合下发《关于扩大企业年金基金投资范围的通知》。
3月22日	焦煤期货合约在大连商品交易所上市交易。
4月12日	证监会同意启动期货市场连续交易试点。
5月7日	中国证监会和财政部与美国公众公司会计监察委员会签署执法合作备忘录,正式开展中美会计审计跨境执法合作。
5月24日	上海证券交易所、深圳证券交易所分别联合中国证券登记结算公司发布《股票质押式回购交易及登记结算业务办法(试行)》,推出股票质押式回购交易。
6月19日	国务院常务会议研究部署金融支持经济结构调整和转型升级的政策措施,决定加快发展多层次资本市场,将中小企业股份转让系统试点扩大至全国,鼓励创新、创业型中小企业融资发展。
6月21日	证监会与保监会联合发布《保险机构投资设立基金管理公司试点办法》,支持保险机构投资设立基金管理公司,推动基金行业进一步发展。
7月3日	财政部、人民银行和证监会联合发布《关于7年期国债开展预发行试点的通知》,决定将7年期记账式国债作为首批开展发行试点的券种。
7月4日	证监会正式批准中国金融期货交易所上市国债期货。
7月12日	证监会、人民银行及国家外汇局决定将合格境外机构投资者投资额度增加到1500亿美元,并将人民币合格境外机构投资者试点在新加坡、伦敦等地进一步拓展。

8月8日	国务院办公厅发布《关于金融支持小微企业发展的实施意见》，提出在清理整顿各类交易场所基础上，将区域性股权市场纳入多层次资本市场体系，促进小微企业改制、挂牌、定向转让股份和融资，支持证券公司通过区域性股权市场为小微企业提供挂牌公司推荐、股权代理买卖等服务。
8月15日	上海、深圳专员办分别与稽查总队上海支队、深圳支队合署办公，明确了专员办的稽查执法职能，主要负责重大案件调查。
8月16日	光大证券在进行ETF申赎套利交易时，因程序错误，其所使用的策略交易系统以234亿元巨量申购180ETF成分股，实际成交达72.7亿元，引起大盘指数和多只权重股短时间大幅波动。这一事件是我国资本市场建立以来首次发生的因交易软件缺陷引发的极端个别事件。11月15日，证监会公布对光大证券异常交易事件涉及违法违规行为的正式行政处罚决定。
8月29日	习近平总书记视察大商所，指示要"脚踏实地、大胆探索，努力为中国期货市场发展探索出一条成功之路"。
9月6日	5年期国债期货合约在中国金融期货交易所上市交易。
9月6日	证监会宣布即日起开通"12386"证监会热线试运行。
9月26日	动力煤期货合约在郑州商品交易所上市交易。
10月8日	证监会正式启动上市公司并购重组"分道制"，以市场化为导向简化并购重组行政审批，积极推进审核工作的标准化、流程化和公开化。
10月9日	石油沥青期货合约在上海期货交易所上市交易。
10月10日	上海证券交易所首次国债预发行交易正式启动，此次预发行交易标的为2013年记账式付息国债，期限为7年。10月15日，国债预发行交易顺利结束。
10月18日	铁矿石期货合约在大连商品交易所上市交易。
11月8日	中证信息技术服务有限责任公司在北京登记注册成立，同年12月30日正式开业。
11月8日	鸡蛋期货在大连商品交易所上市交易。
11月9日至12日	中国共产党第十八届中央委员会第三次全体会议召开，会议通过了《中共中央关于全面深化改革若干重大问题的决定》，要求健全

多层次资本市场体系，推进股票发行注册制改革，多渠道推动股权融资，发展并规范债券市场，提高直接融资比重。推动资本市场双向开放，有序提高跨境资本和金融交易可兑换程度。

11月18日　粳稻期货合约在郑州商品交易所上市交易。

11月28日　第四届"上证法治论坛"举行，证监会时任主席肖钢在演讲中提出，要研究完善证券侵权民事赔偿制度，研究建立和解金赔偿制度、监管机构责令购回制度、证券专业调解制度、侵权行为人主动补偿投资者等制度，进一步推动《证券法》修改，有效激发市场活力。

11月30日　国务院发布《关于开展优先股试点的指导意见》，决定开展优先股试点。证监会就贯彻落实国务院《关于开展优先股试点的指导意见》（以下简称《意见》），稳妥推进优先股试点进行了说明，明确证监会按照《意见》制定优先股试点管理的部门规章，证券交易所、全国股份转让系统公司等市场自律组织也制订或修订有关配套业务规则，确保优先股试点工作稳妥推进。

11月30日　证监会发布《关于进一步推进新股发行体制改革的意见》，推进新股市场化发行机制，强化责任主体的诚信义务，改革新股配售方式，进一步提高新股定价的市场化程度。

12月6日　纤维板、胶合板期货合约在大连商品交易所上市交易。

12月13日　国务院发布《关于全国中小企业股份转让系统有关问题的决定》。

12月26日　证监会发布《关于修改〈非上市公众公司监督管理办法〉的决定》《股东人数超过200人的未上市股份有限公司申请行政许可有关问题的审核指引》《公开转让说明书》《公开转让股票申请文件》《定向发行说明书和发行情况报告书》《定向发行申请文件》，以及证监会关于实施行政许可工作的公告7项配套规则，标志着全国中小企业股份转让系统试点扩大至全国的工作正式启动。

12月27日　国务院办公厅发布指导资本市场中小投资者保护工作的纲领性文件《关于进一步加强资本市场中小投资者合法权益保护工作的意见》，首次在我国资本市场发展历程中全面构建了保护中小投资者合法权益的政策体系。

12月31日　全国中小企业股份转让系统正式面向全国受理企业挂牌申请。

2014 年

1月24日	全国中小企业股份转让系统在京举办首批企业集体挂牌仪式，266家企业正式挂牌。
2月25日	证监会取消证券公司借入次级债审批、境外期货业务持证企业年度外汇风险敞口核准、证券公司专项投资审批三项行政审批项目。
2月28日	聚丙烯期货合约在大连商品交易所上市交易。
3月21日	证监会发布《优先股试点管理办法》，启动优先股试点。
3月21日	热轧卷板期货合约在上海期货交易所上市交易。
4月10日	国务院总理李克强出席博鳌亚洲论坛2014年年会开幕式并发表主旨演讲，提出将积极创造条件，建立上海与香港股票市场交易互联互通机制。同日，中国证监会、香港证监会决定原则批准上交所、香港联交所、中国结算、香港结算开展沪港股票市场交易互联互通机制试点。9月4日，上海证券交易所、香港联合交易所有限公司、中国证券登记结算有限责任公司和香港中央结算有限公司签署沪港通《四方协议》，就沪港通中的沪港交易通、沪港结算通分别作出安排。
5月9日	国务院发布《国务院关于进一步促进资本市场健康发展的若干意见》(以下简称《若干意见》)。这是贯彻落实党的十八大和十八届二中、三中全会精神和全面深化资本市场改革的纲领性文件，从经济社会发展全局的高度，对新时期资本市场改革、开放、发展和监管等方面进行了统筹规划和总体部署。文件从指导思想、基本原则和主要任务三个方面，提出了进一步促进资本市场健康发展的总体要求。《若干意见》提出，要加快建设多渠道、广覆盖、严监管、高效率的股权市场，规范发展债券市场，拓展期货市场，着力优化市场体系结构、运行机制、基础设施和外部环境，实现发行交易方式多样、投融资工具丰富、风险管理功能完备、场内场外和公募私募协调发展。到2020年，基本形成结构合理、功能完善、规范透明、稳健高效、开放包容的多层次资本市场体系。
5月29日	证监会批准郑州商品交易所开展铁合金期货交易。
5月29日	证监会发布《关于进一步推进证券经营机构创新发展的意见》，明

	确了今后一段时期推进证券经营机构创新发展的总体原则、主要任务和具体措施。
6月13日	证监会发布《沪港股票市场交易互联互通机制试点若干规定》，明确了沪港通的业务范围、外资持股比例、清算交收方式、交收货币等相关事项，对投资者保护、监督管理、资料保存等内容提出了相关要求。
6月13日	证监会下发《关于做好有关私募产品备案管理及风险监测工作的通知》，将证券公司资产管理业务、直接投资业务、基金管理公司及其子公司特定客户资产管理业务等有关私募产品的登记备案、风险监测等职责划归基金业协会。
6月13日	证监会发布《关于大力推进证券投资基金行业创新发展的意见》，明确今后一段时期推进基金行业创新发展的总体原则、主要任务和具体举措。
6月20日	证监会发布《关于上市公司实施员工持股计划试点的指导意见》。
6月20日	中国证监会宣布法国金融机构可参照RQFII试点相关法规，申请RQFII资格并开展相关业务。7月18日，中国证监会宣布韩国、德国金融机构可参照RQFII试点相关法规，申请RQFII资格并开展相关业务。
7月7日	证监会发布《公开募集证券投资基金运作管理办法》及相关规定，实施基金产品注册制。
7月8日	晚籼稻期货合约在郑州商品交易所上市交易。
8月8日	硅铁、锰硅期货合约在郑州商品交易所上市交易。
8月8日	证监会正式启动运行全国统一的"资本市场诚信数据库"。
8月21日	证监会发布《私募投资基金监督管理暂行办法》，确立符合私募基金行业运作特点的适度监管制度。
8月25日	全国股转系统做市转让方式正式实施，实现交易方式多元化。
10月15日	证监会发布《关于改革完善并严格实施上市公司退市制度的若干意见》，健全上市公司主动退市制度，明确实施重大违法公司强制退市制度，完善与退市相关的配套制度安排，加强退市公司投资者合法权益保护。
10月17日	中国证监会发布《关于证券公司参与沪港通业务试点有关事项的通知》，进一步明确证券公司参与沪港通业务试点有关事项。中国

证监会与香港证监会共同签署了《沪港通项目下中国证监会与香港证监会加强监管执法合作备忘录》。

10月24日　证监会发布修订后的《上市公司重大资产重组管理办法》和《关于修改〈上市公司收购管理办法〉的决定》，取消对不构成借壳上市的上市公司重大购买、出售、置换资产行为的审批，完善发行股份购买资产的市场化定价机制，丰富并购重组工具。

10月29日　证监会发布《期货公司监督管理办法》，扩大期货公司股东范围至非法人单位和自然人，将期货公司部分业务由审批改为登记备案，并明确风险隔离和利益冲突防范的要求。

11月4日　宏源证券重大资产重组事项获证监会上市公司并购重组审核委员会审核通过。重组预案是申银万国与宏源证券以换股吸收合并的方式重组，是截至当时中国证券业交易金额最大的并购案。

11月5日　人民银行发布《关于人民币合格境内机构投资者境外证券投资有关事项的通知》。

11月17日　沪港股票市场交易互联互通机制试点开通仪式在上海、香港特别行政区同时举行。

12月5日　中证中小投资者服务中心有限责任公司成立。

12月12日　证监会批准上海国际能源交易中心组织开展原油期货交易。

12月19日　玉米淀粉期货合约在大连商品交易所上市交易。

12月26日　证监会正式启动运行证券期货市场失信记录查询平台。

2015 年

1月9日　由证监会部署的证券期货业数据通信专网——证联网完成建设并正式运行，完成了设备、节点、骨干网络的验收和应用压力测试，实现了全行业机构的全部接入。

1月9日　证监会发布《股票期权交易试点管理办法》，对股票期权交易要点及参与各方的权利义务做出明确规定，同时批准上海证券交易所开展股票期权交易试点。

1月15日　证监会发布《公司债券发行与交易管理办法》。

2月9日　上证50ETF期权合约上市交易，这是我国第一只场内期权产品。上交所同日发布《上海证券交易所股票期权持仓限额管理业务指

	引》，明确上证50ETF期权试点初期单个投资者的权利仓持仓限额为20张，总持仓限额为50张，未来将允许投资者申请提高限额。
2月16日	上交所发布《上海证券交易所债券质押式协议回购交易暂行办法》以及相关指引，债券质押式协议回购推出。
2月17日	证监会公布《行政和解试点实施办法》。
3月27日	镍、锡期货在上海期货交易所上市交易。
4月12日	中国证券登记结算有限责任公司发布《关于取消自然人投资者A股等证券账户一人一户限制的通知》，自2015年4月13日起，取消自然人投资者开立A股账户的一人一户限制，允许自然人投资者根据实际需要开立多个沪、深A股账户及场内封闭式基金账户。
4月16日	上证50和中证500股指期货合约在中国金融交易所上市交易。
4月30日	证监会取消证券交易所上市新交易品种审批、证券交易所和证券登记结算收费审批等8项行政审批项目，以及1项职业资格许可和认定事项。
5月22日	中国证监会与香港证监会正式签署了《关于内地与香港基金互认安排的监管合作备忘录》，同时发布《香港互认基金管理暂行规定》。
6月26日	证监会发布《境外交易者和境外经纪机构从事境内特定品种期货交易管理暂行办法》，确定了原油期货为我国境内特定品种。
7月1日	证监会发布《证券公司融资融券业务管理办法》，并自公布之日起实施。上海、深圳证券交易所同步发布《融资融券交易实施细则》，进一步强化了投资者权益保护，完善了现有的风险监测监控。
7月5日	证监会发布公告，为维护股票市场稳定，证监会决定，充分发挥中国证券金融股份有限公司的作用，多渠道筹集资金，扩大业务规模，增强维护市场稳定的能力。人民银行将协助通过多种形式给予中国证券金融股份有限公司流动性支持。
7月18日	证监会联合人民银行等9部委发布《关于促进互联网金融健康发展的指导意见》，确立了互联网金融主要业态的监管职责分工，并对互联网行业管理、客户资金第三方存管制度等方面提出了具体要求。
8月1日	调降A股交易结算相关收费标准。沪深交易所收取的A股交易经手

费下调30%，中国结算收取的A股交易过户费下调约33%。

8月21日　证监会落实《关于建立更紧密经贸关系的安排》(CEPA)补充协议和有关政策，提出进一步扩大证券经营机构对外开放的具体措施。

8月23日　国务院公布《基本养老保险基金投资管理办法》。

8月24日　中共中央、国务院印发《关于深化国有企业改革的指导意见》，9月23日，国务院印发《关于国有企业发展混合所有制经济的意见》，作为配套文件，明确了国有企业发展混合所有制经济的总体要求、核心思路、配套措施，并提出了组织实施的工作要求。11月4日，国务院印发《关于改革和完善国有资产管理体制的若干意见》，作为配套文件，明确了改革和完善国有资产管理体制的指导思想、基本原则、主要措施，并提出了协同推进配套改革的相关要求。

8月28日　证监会发布《关于调整沪深300、上证50、中证500股指期货非套期保值持仓交易保证金的通知》，调整沪深300、上证50和中证500股指期货日内开仓限制标准，并提高股指期货日内手续费标准。

8月31日　证监会、财政部、国务院国资委和银监会联合发布《关于鼓励上市公司兼并重组、现金分红及回购股份的通知》，以进一步提高上市公司质量，建立健全投资者回报机制，提升上市公司投资价值，促进结构调整和资本市场稳定健康发展，推动国有企业改革，增强国有经济活力。

9月7日　财政部、国家税务总局和证监会发布《关于上市公司股息红利差别化个人所得税政策有关问题的通知》，自8日起施行。个人从公开发行和转让市场取得的上市公司股票，持股期限超过1年的，股息红利所得暂免征收个人所得税。

10月29日　中国共产党第十八届中央委员会第五次全体会议通过《中共中央关于制定国民经济和社会发展第十三个五年规划的建议》，提出要积极培育公开透明、健康发展的资本市场，推进股票和债券发行交易制度改革，提高直接融资比重，降低杠杆率。推进资本市场双向开放，改进并逐步取消境内外投资额度限制。

10月29日　上海证券交易所、德意志交易所集团、中国金融期货交易所在北

	京就共同成立合资公司签署协议，三所共同投资2亿元成立中欧国际交易所股份有限公司。
10月30日	证监会会同人民银行、商务部、银监会、保监会、外汇局和上海市人民政府发布《进一步推进中国（上海）自由贸易试验区金融开放试点 加快上海国际金融中心建设方案》。
10月31日	中央第七巡视组开始对中国证监会党委进行巡视，对上海证券交易所党委、深圳证券交易所党委进行专项巡视。巡视工作于同年12月25日结束。
11月	中央纪委驻中国证监会纪检组设立。
11月6日	证监会决定重新启动新股发行程序，围绕解决巨额资金打新、简化发行审核条件、强化中介机构责任、加大投资者合法权益保护等事项，提出进一步改革完善新股发行制度的政策措施。
11月10日	中共中央总书记、国家主席、中央军委主席、中央财经领导小组组长习近平主持召开中央财经领导小组第十一次会议，发表重要讲话指出，要防范化解金融风险，加快形成融资功能完备、基础制度扎实、市场监管有效、投资者权益得到充分保护的股票市场。
11月20日	证监会制定并发布《关于进一步推进全国中小企业股份转让系统发展的若干意见》，对推进全国股转系统制度完善作出部署，提出了当前发展全国股转系统的总体要求。
12月18日	首批7只内地香港互认基金获得中国证监会、香港证监会注册，其中包括3只香港互认基金和4只内地互认基金。
12月27日	全国人大常委会表决通过《关于授权国务院在实施股票发行注册制改革中调整适用〈中华人民共和国证券法〉有关规定的决定》。此决定的实施期限为两年，决定自2016年3月1日施行。

2016年

2月4日	国家外汇管理局表示，放宽单家QFII机构投资额度上限，进一步扩大境内资本市场开放。
3月8日	国内首单由证监会核准，由浙商证券股份有限公司承销的浙江省交通投资集团有限公司公开发行的可续期公司债券完成簿记。
3月10日	国务院发布《全国社会保障基金条例》，自2016年5月1日起施行。

4月26日	证监会联合财政部、人民银行发布修订后的《证券投资者保护基金管理办法》。
5月25日	最高人民法院、证监会联合发布《关于在全国部分地区开展证券期货纠纷多元化解机制试点工作的通知》。7月13日，证监会与最高人民法院联合召开全国证券期货纠纷多元化解机制试点工作推进会，部署《关于在全国部分地区开展证券期货纠纷多元化解机制试点工作的通知》落实工作。
5月27日	《全国中小企业股份转让系统挂牌公司分层管理办法（试行）》发布施行。6月27日，全国股转系统对挂牌公司实施分层管理，并分别揭示创新层和基础层挂牌公司的证券转让行情和信息披露文件。
6月25日	中国证监会与俄罗斯银行签署《证券期货监管合作谅解备忘录》。
7月5日	证监会向丹东欣泰电气股份有限公司及有关当事人下达行政处罚决定和市场禁入决定。欣泰电气因此成为中国证券市场第一家因欺诈发行而遭强制退市的上市公司。
7月13日	证监会发布《上市公司股权激励管理办法》，自8月13日起施行。
7月27日	上交所成功发行首单人民币绿色资产支持证券。
8月16日	中国证监会与香港证监会共同签署深港通《联合公告》。
8月31日	人民银行、财政部、发展改革委、环境保护部、银监会、证监会、保监会联合印发《关于构建绿色金融体系的指导意见》。
9月8日	证监会发布《中国证监会关于发挥资本市场作用服务国家脱贫攻坚战略的意见》。
9月14日	证监会印发《资本市场诚信建设实施意见（2016—2020年）》，明确未来5年资本市场诚信建设的总体思路和工作安排。
9月30日	证监会发布《内地与香港股票市场交易互联互通机制若干规定》，并于发布之日起施行。深交所正式发布与深港通相关的八大业务规则，包括《深港通业务实施办法》《港股通投资者适当性管理指引》《港股通交易风险揭示书必备条款》《港股通委托协议必备条款》《关于深港通业务中上市公司信息披露及相关事项的通知》《香港结算参与网络投票实施指引》，以及修订后的《股东大会网络投票实施细则》和《交易规则》。这标志着深港通业务规则基本齐备，基础制度已成体系。
10月10日	国务院发布《关于积极稳妥降低企业杠杆率的意见》，这是我国

	防范化解企业债务问题的重要文件,也是推进结构性改革的重要举措。
10月13日	证监会等15部门联合发布《股权众筹风险专项整治工作实施方案》,明确了整治工作职责分工。
10月14日	证监会发布《证券基金经营机构参与内地与香港股票市场交易互联互通指引》,明确证券公司、公募基金管理人开展内地与香港股票市场交易互联互通机制下"港股通"相关业务有关事项的具体要求。
10月21日	证监会印发《关于进一步规范证券基金经营机构参与场外衍生品交易的通知》,建立场外衍生品业务监测监控机制,逐步清理规范"通道类"衍生品业务。
10月28日	证监会支持创新创业,成功发行首批"双创"公司债。
11月3日	中国证监会与香港证监会签署《内地与香港股票市场交易互联互通机制下中国证监会与香港证监会加强监管执法合作备忘录》和《中国证监会与香港证监会关于提供内地与香港股票市场交易互联互通机制下有关信息的协议》。
11月15日	证监会与人民银行联合发布《关于做好股权众筹风险清理整顿工作的通知》。
11月21日	中国证监会与国际货币基金组织签署了《关于开展中长期技术援助的谅解备忘录》,重点在资本市场的监管与发展、系统性风险防范以及与利益相关方的沟通等领域加强合作。
11月25日	中国证监会、香港证监会决定批准深圳证券交易所、香港联合交易所有限公司、中国证券登记结算有限责任公司、香港中央结算有限公司正式启动深港股票交易互联互通机制。
12月5日	深港股票市场交易互联互通机制正式启动。
12月12日	证监会发布《证券期货投资者适当性管理办法》,自2017年7月1日起施行。
12月21日	证监会与发展改革委联合发布《关于推进传统基础设施领域政府和社会资本合作(PPP)项目资产证券化相关工作的通知》。
12月23日	证监会联合公安部开展打击防范利用未公开信息交易违法行为专项执法行动。

2017年

1月20日　国务院办公厅印发《关于规范发展区域性股权市场的通知》。

3月2日　证监会发布《关于支持绿色债券发展的指导意见》。

3月10日　中国证监会对唐汉博跨境操纵"小商品城"案正式作出行政处罚决定，这是中国证监会与香港证监会密切合作查办的首宗利用沪港通跨境操纵市场案件。

3月16日　俄铝公司在上交所成功发行首期熊猫债券，发行期限2+1年，发行金额10亿元人民币。这是俄罗斯大型骨干企业在中国发行的首单熊猫债券，也是首单"一带一路"沿线国家企业发行的公司债券。

3月28日　人民银行、工信部、银监会、证监会、保监会联合印发《关于金融支持制造强国建设的指导意见》。

3月31日　证监会和人民银行协调推动国家开发银行在上交所成功招标发行100亿元国开债（分2年期和5年期两个品种），这是继国开行2013年交易所市场首批试点后的再次重启发行，市场效果良好。

3月31日　我国首个商品期权——豆粕期权在大连商品交易所挂牌交易。

3月31日　证监会表示，决定在沪深交易所设立巡回审理办公室，派驻执法人员，对两个交易所市场违法违规案件进行审理工作。

4月14日　证监会批准投资者服务中心《扩大持股行权试点方案》，将持股行权试点区域从上海、广东（不含深圳）、湖南3个地区扩展至全国。

4月18日　证监会发布《期货公司风险监管指标管理办法》。

4月19日　白糖期权在郑州商品交易所挂牌上市。

5月3日　证监会发布《区域性股权市场监督管理试行办法》，自2017年7月1日起施行。

5月26日　证监会发布《上市公司股东、董监高减持股份的若干规定》。5月27日，上交所发布实施《上海证券交易所上市公司股东及董事、监事、高级管理人员减持股份实施细则》。

6月15日　证监会联合财政部、人民银行发布《关于规范开展政府和社会资本合作项目资产证券化有关事宜的通知》。这是继2016年12月底与国家发展和改革委联合发布《关于推进传统基础设施领域政府和社会资本合作（PPP）项目资产证券化相关工作的通知》后，关于公共服务领域PPP项目资产证券化的重要政策文件出台。

6月19日	中国证监会根据内地与香港《关于建立更紧密经贸关系的安排》（CEPA）补充协议十，批准设立汇丰前海证券有限责任公司、东亚前海证券有限责任公司。
6月19日	上交所和中证指数有限公司合作编制的上证绿色公司债指数、上证绿色债券指数在上交所和卢森堡证券交易所同步展示行情。
6月21日	明晟公司宣布将A股纳入MSCI指数。
6月24日	证监会组织沪深交易所、中金所和中国结算开展临时停市联合演练。这是证监会首次针对临时停市场景开展联合演练。
7月4日	证监会发布《关于开展创新创业公司债券试点的指导意见》。
7月14日	第五次全国金融工作会议在北京召开。中共中央总书记、国家主席、中央军委主席习近平出席会议并发表重要讲话，强调金融是实体经济的血脉，为实体经济服务是金融的天职，是金融的宗旨，也是防范金融风险的根本举措。要把发展直接融资放在重要位置，形成融资功能完备、基础制度扎实、市场监管有效、投资者合法权益得到有效保护的多层次资本市场体系。会议明确指出未来5年金融工作的三大任务，即服务实体经济、防控金融风险与深化金融改革。
8月18日	棉纱期货合约在郑州商品交易所上市交易。
9月7日	在泰国曼谷举行的第57届世界交易所联合会（WFE）会员大会上，上海证券交易所理事长吴清当选为WFE董事会主席。这是中国内地交易所首次在国际行业组织中担任主要领导职务。
10月18日	中国共产党第十九次全国代表大会开幕。习近平代表第十八届中央委员会向大会作了题为《决胜全面建成小康社会 夺取新时代中国特色社会主义伟大胜利》的报告，其中指出，要深化金融体制改革，增强金融服务实体经济能力，提高直接融资比重，促进多层次资本市场健康发展。
10月23日	国内首单央企租赁住房REITs、首单储架发行REITs——中联前海开源—保利地产租赁住房一号资产支持专项计划获得上交所审议通过。
12月22日	全球首个鲜果期货品种——苹果期货合约在郑州商品交易所上市交易。
12月29日	证监会宣布，经国务院批准，启动H股"全流通"试点。

2018年

1月19日　红狮控股集团有限公司"一带一路"建设公司债券在上交所成功发行，成为首家国内企业公开发行的"一带一路"建设公司债券。

1月24日　中央编办批复同意上交所加挂"中国证券博物馆"牌子，负责收集、整理、保管反映我国证券发展历史和建设成就的文物，举办相关陈列展览、交流和教育活动。

2月8日　招商局港口控股有限公司及普洛斯洛华中国海外控股（香港）有限公司"一带一路"公司债券在深交所成功发行，成为市场首批公开发行的"一带一路"熊猫公司债券。

2月11日　为支持公募基金行业服务个人投资者养老投资，在养老金市场化改革中更好发挥公募基金专业投资的作用，证监会发布《养老目标证券投资基金指引（试行）》，自发布之日起施行。

2月24日　十二届全国人大党委会第三十三次会议决定，2015年12月27日十二届全国人大党委会第十八次会议授权国务院在实施股票发行注册制改革中调整适用《中华人民共和国证券法》有关规定的决定施行期限届满后，期限延长二年至2020年2月29日。

3月1日　证监会发布《上市公司创业投资基金股东减持股份的特别规定》，上海、深圳证券交易所出台实施细则，明确对专注于长期投资和价值投资的创业投资基金减持其持有的上市公司首次公开发行前股份，给予差异化政策支持。此项政策是落实《国务院关于促进创业投资持续健康发展的若干意见》的重要举措。

3月2日　沪深交易所发布《关于开展"一带一路"债券试点的通知》。3月5日，深交所主板上市公司恒逸石化股份有限公司"一带一路"公司债券成功发行，成为首单境内上市公司公开发行的"一带一路"公司债券。

3月21日　重庆龙湖企业拓展有限公司首期住房租赁专项公募债券在上交所成功发行，标志着全国首单住房租赁专项债券的成功发行。

3月26日　原油期货合约在上海国际能源交易中心上市交易。

3月26日　欣泰电气行政诉讼案落定，法院终审判决证监会胜诉。

3月30日　证监会与中央网信办联合发布《关于印发〈关于推动资本市场服务网络强国建设的指导意见〉的通知》。

4月11日	中国证监会联合香港证监会发布公告,5月1日起扩大互联互通每日额度,将沪股通及深股通每日额度分别调整为520亿元人民币,沪港通下的港股通及深港通下的港股通每日额度分别调整为420亿元人民币。
4月20日	证监会推出首家H股"全流通"试点企业联想控股股份有限公司。
4月25日	证监会、住房城乡建设部联合发布《关于推进住房租赁资产证券化相关工作的通知》,推进住房租赁证券化。
4月27日	经国务院同意,人民银行、银保监会、证监会、国家外汇局联合印发《关于规范金融机构资产管理业务的指导意见》。
4月28日	证监会发布《外商投资证券公司管理办法》。
5月4日	铁矿石期货正式实施引入境外交易者业务。
5月14日	沪深交易所联合体与孟加拉国达卡证券交易所在孟加拉国首都达卡举行股权收购协议签署仪式。根据协议,该次中方联合体收购达卡交易所4.5亿股,约占总股本的25%,交易金额94.7亿塔卡(约1.2亿美元)。
5月22日	中国投资者网(www.investor.org.cn)正式开通运行。
5月23日	中国证监会与韩国金融委员会及韩国金融监督院更新签署了《证券期货监管合作谅解备忘录》,增加了建立双方高层例会会晤机制和工作层互派交流机制等内容。
6月	中央纪委国家监委驻中国证监会纪检监察组设立。
6月1日	A股正式纳入MSCI新兴市场指数。这是自2013年6月MSCI启动A股纳入MSCI新兴市场指数全球征询后的首次正式纳入。
6月6日	证监会核准首家境内企业(青岛海尔股份有限公司)到中欧国际交易所发行上市D股。
7月5日	证监会核准山东威高集团医用高分子制品股份有限公司H股"全流通"试点申请。至此,H股"全流通"3家试点全部顺利推出。
7月6日	证监会开出首张债券欺诈发行罚单对五洋建设等作出行政处罚和市场禁入。
7月27日	证监会发布《关于修改〈关于改革完善并严格实施上市公司退市制度的若干意见〉的决定》,对2014年《关于改革完善并严格实施上市公司退市制度的若干意见》进行修改。

8月15日	证监会发布《关于修改〈证券登记结算管理办法〉的决定》《关于修改〈上市公司股权激励管理办法〉的决定》，进一步放开符合规定的外国人开立A股证券账户的权限。
8月17日	2年期国债期货合约在中国金融期货交易所上市交易。
8月24日	证监会公布《外商投资期货公司管理办法》。
9月21日	铜期权合约在上海期货交易所上市交易。
9月26日	沪深港通北向看穿机制（投资者识别码制度）正式实施。
9月30日	为进一步规范上市公司运作，提升上市公司治理水平，保护投资者合法权益，促进我国资本市场稳定健康发展，证监会修订并正式发布《上市公司治理准则》，自发布之日起施行。
10月12日	证监会发布《关于上海证券交易所与伦敦证券交易所互联互通存托凭证业务的监管规定（试行）》。
10月20日	国务院金融稳定发展委员会召开防范化解金融风险第十次专题会议，提出要发挥好资本市场枢纽功能。资本市场关联度高，对市场预期影响大，资本市场对稳经济、稳金融、稳预期发挥着关键作用。要坚持市场化取向，加快完善资本市场基本制度。
10月22日	国务院常务会议决定设立民营企业债券融资支持工具，运用市场化方式支持民营企业债券融资。
10月26日	第十三届全国人大常委会第六次会议审议通过了《全国人民代表大会常务委员会关于修改〈中华人民共和国公司法〉的决定》，对公司法第一百四十二条有关公司股份回购的规定进行了专项修改，自公布之日起施行。
10月26日	中国证监会与日本金融厅签署《中国证监会与日本金融厅关于促进两国证券市场合作的谅解备忘录》。
11月2日	上交所同意中国长江航运集团南京油运股份有限公司股票重新上市，完成了自重新上市制度建立以来的首单实践。
11月5日	国家主席习近平在首届中国国际进口博览会上宣布，在上海证券交易所设立科创板并试点注册制。
11月6日	证监会发布《关于完善上市公司股票停复牌制度的指导意见》。
11月9日	证监会、财政部、国资委联合发布《关于支持上市公司回购股份的意见》，自公布之日起施行。

11月12日	中国证监会与新加坡金融管理局《关于期货监管合作与信息交换的谅解备忘录》在新加坡举行正式换文仪式。
11月14日	上交所参建的阿斯塔纳国际交易所正式开市,哈萨克原子能公司发行首笔普通股及全球存托凭证。
11月16日	深交所启动对长生生物重大违法强制退市机制。
11月23日	人民银行、证监会、发展改革委联合发布《关于进一步加强债券市场执法工作的意见》,确立了人民银行、证监会、发展改革委协同配合做好债券市场统一执法的协作机制。
11月27日	证监会与人民银行、银保监会联合发布《关于完善系统重要性金融机构监管的指导意见》。
11月27日	纸浆期货在上海期货交易所上市交易。
11月27日	证监会依法核准UBSAG增持瑞银证券有限责任公司的股比至51%,核准瑞银证券有限责任公司变更实际控制人。这是《外商投资证券公司管理办法》发布实施后,证监会核准的首家外资控股证券公司。
12月10日	乙二醇期货合约在大连商品交易所上市交易。
12月14日	深交所发行深市首只民营企业债券融资支持工具。
12月14日	全国首单公共人才租赁住房类REITs"深创投安居集团人才租赁住房第一期资产支持专项计划"在深交所挂牌。
12月19日	中央经济工作会议在北京举行,习近平总书记在会上发表重要讲话,指出资本市场在金融运行中具有牵一发而动全身的作用,要通过深化改革,打造一个规范、透明、开放、有活力、有韧性的资本市场。
12月19日	上交所成功完成首批雄安新区政府债券发行。此批债券由河北省人民政府代发,转贷雄安新区使用,规模为300亿元,包括5年期到30年期多个品种。
12月21日	奇艺世纪知识产权资产支持证券在上交所成功发行,标志着全国首单知识产权资产支持证券成功落地。
12月22日	中国证券博物馆正式揭牌。
12月24日	首家"新三板+H股"两地挂牌公司君实生物在港交所主板上市交易。

2019年

1月23日　中央全面深化改革委员会第六次会议审议通过了《在上海证券交易所设立科创板并试点注册制总体实施方案》《关于在上海证券交易所设立科创板并试点注册制的实施意见》。会议强调，在上海证券交易所设立科创板并试点注册制是创新驱动发展战略、深化资本市场改革的重要举措。要增强资本市场对科技创新企业的包容性，着力支持关键核心技术创新，提高服务实体经济能力。要稳步试点注册制，统筹推进发行、上市、信息披露、交易、退市等基础制度改革，建立健全以信息披露为中心的股票发行上市制度。1月28日，证监会发布《关于在上海证券交易所设立科创板并试点注册制的实施意见》。

1月28日　天然橡胶期权、棉花期权、玉米期权分别在上海期货交易所、郑州商品交易所、大连商品交易所上市交易。

2月22日　中共中央政治局就完善金融服务、防范金融风险举行第十三次集体学习。习近平总书记在主持学习时发表重要讲话，深刻阐明金融与经济的关系，就深化金融供给侧结构性改革、增强金融服务实体经济能力、防范化解金融风险、推进金融改革开放等提出了明确要求，为推动我国金融业高质量发展提供了重要遵循，对做好金融工作具有十分重要的指导意义。

2月27日　证监会主席易会满出席国务院新闻办举办的新闻发布会，围绕设立科创板并试点注册制、进一步促进资本市场稳定健康发展介绍有关情况并答记者问，提出并阐述了"敬畏市场，敬畏法治，敬畏专业，敬畏风险，形成合力"的监管理念。

3月1日　证监会发布《科创板首次公开发行股票注册管理办法（试行）》和《科创板上市公司持续监管办法（试行）》，自公布之日起实施。经证监会批准，上交所、中国结算相关业务规则随之发布。

3月25日　证监会决定成立全面深化改革领导小组及其临时办公室，加强对资本市场改革的顶层设计和统筹协调。

3月29日　证监会核准设立摩根大通证券（中国）有限公司、野村东方国际证券有限公司。

4月30日　我国首个干果类期货品种——红枣期货合约在郑州商品交易所上市交易。

5月14日	MSCI宣布,将指数里的中国大盘A股纳入因子从5%提高至10%。26只A股将被纳入MSCI中国指数。
5月15日	证监会在北京举行了"5·15全国投资者保护宣传日"启动仪式。
6月13日	在第十一届陆家嘴论坛开幕式上,证监会和上海市政府联合举办上交所科创板开板仪式。中共中央政治局委员、国务院副总理刘鹤出席开幕式并发表主旨演讲,强调要按照"规范、透明、开放、有活力、有韧性"的要求,坚持市场化、法治化的改革方向,注重参照国际惯例,不断完善资本市场基础性制度,使之真正成为经济运行的"晴雨表"和促进经济高质量发展的"助推器"。科创板发展意义重大,要以科创板带动整个资本市场改革,培育更多科技创新企业,助力经济转型升级。证监会宣布了进一步扩大资本市场对外开放的9项政策措施。
6月17日	中国证监会和英国金融行为监管局发布沪伦通《联合公告》,沪伦通正式启动。同日,上交所上市公司华泰证券股份有限公司发行的沪伦通下首只全球存托凭证(GDR)产品在伦交所挂牌交易。
6月17日	深交所与深证信息公司调整深证成指、创业板指、深证100、中小板指和中小创新等指数样本股。上交所与中证指数公司调整上证50、上证180、上证380等指数样本股。中证指数公司调整沪深300、中证100、中证500、中证香港100等指数样本股。
6月21日	A股纳入富时罗素全球指数,启动仪式在深交所举行。富时罗素是继MSCI之后,第二家将中国A股纳入其指数体系的全球主要股票指数公司。
6月21日	最高人民法院发布《关于为设立科创板并试点注册制改革提供司法保障的若干意见》。
6月21日	证监会发布《关于规范发展区域性股权市场的指导意见》。
6月25日	上交所和日交所集团分别举行中日ETF互通开通仪式,4只中日ETF互通产品在上交所成功上市。
7月1日	深交所全资子公司深圳证券信息有限公司正式加入国际指数行业协会(IIA)。
7月3日	财政部、中国证监会与香港证监会在北京签署关于调取香港会计师事务所审计的、存放在中国内地的审计工作底稿的合作备忘录。
7月9日	证监会、发展改革委、人民银行等八部门联合发布《关于在科创

	板注册制试点中对相关市场主体加强监管信息共享 完善失信联合惩戒机制的意见》，这是首个专门聚焦特定金融领域信息共享与失信联合惩戒的信用监管文件。
7月20日	国务院金融稳定发展委员会办公室发布《关于进一步扩大金融业对外开放的有关举措》，将原定于2021年取消证券公司、基金管理公司和期货公司外资股比限制的时点提前到2020年。
7月22日	科创板首批25家公司在上海证券交易所挂牌上市交易，标志着设立科创板并试点注册制这一重大改革任务正式落地。
7月26日	沪深港交易所同时向市场公布科创板"A+H"公司股票纳入沪深港通股票范围的安排。
8月9日	《中共中央 国务院关于支持深圳建设中国特色社会主义先行示范区的意见》发布，要求提高金融服务实体经济能力，研究完善创业板发行上市、再融资和并购重组制度，创造条件推动注册制改革。
8月9日	我国首个农资类期货品种——尿素期货合约在郑州商品交易所上市交易。
8月12日	20号胶期货在上海国际能源交易中心上市交易。
8月16日	粳米期货在大连商品交易所上市交易。
8月23日	证监会发布《科创板上市公司重大资产重组特别规定》。
8月24日	富时罗素将A股纳入因子由5%提升至15%。本次调整新增加87只中国A股。
8月30日	南华期货在上海证券交易所上市，成为我国首家上市期货公司。
8月31日	国务院金融稳定发展委员会召开会议。会议强调，要进一步深化资本市场改革，坚持市场化、法治化、国际化方向，坚持稳中求进，以科创板改革为突破口，加强资本市场顶层设计，完善基础制度，提高上市公司质量，扎实培育各类机构投资者，为更多长期资金持续入市创造良好条件，构建良好市场生态，增强资本市场的活力、韧性和服务能力，使其真正成为促进经济高质量发展的"助推器"。
9月9日至10日	证监会在京召开全面深化资本市场改革工作座谈会。会议围绕落实金融供给侧结构性改革，加强资本市场顶层设计，提出了当前和今后一个时期全面深化资本市场改革的12个方面重点任务（"深

改12条"），包括：充分发挥科创板的试验田作用、大力推动上市公司提高质量、补齐多层次资本市场体系的短板、狠抓中介机构能力建设、加快推进资本市场高水平开放、推动更多中长期资金入市等。

9月20日　标普道琼斯正式将A股以25%因子首次纳入其全球宽基指数（BMI），A股纳入标的总数共1099只。

9月25日　全球首个不锈钢期货品种在上海期货交易所上市交易。

9月26日　苯乙烯期货在大连商品交易所上市交易。

10月11日　证监会表示，自2020年4月1日起，在全国范围内取消基金管理公司外资股比限制；自2020年12月1日起，在全国范围内取消证券公司外资股比限制；自2020年1月1日起，取消期货公司外资股比限制。

10月18日　证监会正式发布《关于修改〈上市公司重大资产重组管理办法〉的决定》。

10月25日　证监会启动全面深化新三板改革，提出改革的总体思路及优化发行融资制度、完善市场分层、建立挂牌公司转板上市机制、加强监督管理、健全市场退出机制等改革措施。

10月31日　中国共产党第十九届中央委员会第四次全体会议通过《中共中央关于坚持和完善中国特色社会主义制度、推进国家治理体系和治理能力现代化若干重大问题的决定》，其中提出，要加强资本市场基础制度建设，健全具有高度适应性、竞争力、普惠性的现代金融体系，有效防范化解金融风险。

11月15日　证监会宣布全面推开H股"全流通"改革，同日发布《H股公司境内未上市股份申请"全流通"业务指引》。

11月18日　经国务院同意，证监会正式启动扩大股票股指期权试点工作，将按程序批准上交所、深交所上市沪深300ETF期权，中金所上市沪深300股指期权。12月23日，沪深300ETF期权在沪、深交易所同步上市交易，沪深300股指期权在中国金融期货交易所上市交易。

11月26日　MSCI将A股纳入因子由15%提升至20%，并以20%的纳入因子纳入中盘股。至此，A股纳入标的总数增加至472只，2019年MSCI分三步将A股纳入因子从5%提升至20%的计划已全部完成。

12月5日　境内首只挂牌上市的商品期货ETF——华夏饲料豆粕期货ETF在深

	交所上市交易。
12月6日	纯碱期货合约在郑州商品交易所挂牌上市。
12月9日	铁矿石期权合约正式在大连商品交易所上市交易。
12月10日至12日	中央经济工作会议在北京举行。会议确定,要加快金融体制改革,完善资本市场基础制度,提高上市公司质量,健全退出机制,稳步推进创业板和新三板改革。
12月13日	证监会发布《上市公司分拆所属子公司境内上市试点若干规定》。
12月16日	PTA、甲醇期权合约在郑州商品交易所上市交易。
12月20日	证监会发布《关于修改〈非上市公众公司监督管理办法〉的决定》《非上市公众公司信息披露管理办法》。
12月20日	黄金期权在上海期货交易所上市交易,这是我国首个上市交易的贵金属商品期权。
12月28日	新修订的《中华人民共和国证券法》在十三届全国人大常委会第十五次会议闭幕会上表决通过,将于2020年3月1日起施行。本次证券法修订,系统总结了多年来我国证券市场改革发展、监管执法、风险防控的实践经验,在深入分析证券市场运行规律和发展阶段性特点的基础上,作出了一系列新的制度改革完善,为证券市场全面深化改革落实落地,有效防控市场风险,提高上市公司质量,切实维护投资者合法权益,促进证券市场服务实体经济功能发挥,打造一个规范、透明、开放、有活力、有韧性的资本市场,提供了坚强的法治保障,具有非常重要而深远的意义。

2020年

1月13日	沪深港通南向看穿机制(投资者识别码制度)正式实施。1月19日,证监会在中国金融期货交易所设立期货市场巡回审理办公室,进一步提升期货市场监管效能。
2月1日	人民银行、财政部、银保监会、证监会、外汇局联合发布《关于进一步强化金融支持防控新型冠状病毒感染肺炎疫情的通知》,进一步强化金融对疫情防控工作的支持。
2月14日	证监会与财政部、人民银行、银保监会发布联合公告,允许商业银行、保险机构在依法合规、风险可控、商业可持续的前提下,

参与国债期货交易。

2月14日　证监会发布《关于修改〈上市公司证券发行管理办法〉的决定》《关于修改〈创业板上市公司证券发行管理暂行办法〉的决定》《关于修改〈上市公司非公开发行股票实施细则〉的决定》，自发布之日起施行。

2月29日　国务院办公厅印发《关于贯彻实施修订后的证券法有关工作的通知》，部署做好修订后的《中华人民共和国证券法》贯彻实施工作，对稳步推进证券公开发行注册制、依法惩处证券违法犯罪行为、加强投资者合法权益保护、加快清理完善相关规章制度等方面工作提出明确要求。

3月1日　证监会发布关于公开发行公司债券实施注册制有关事项的通知，明确自3月1日起公司债券公开发行实行注册制。

3月13日　证监会表示，按照国家金融业对外开放的统一部署，落实中美第一阶段经贸协议要求，经统筹研究，自2020年4月1日起取消证券公司外资股比限制，符合条件的境外投资者可根据法律法规、证监会有关规定和相关服务指南的要求，依法提交设立证券公司或变更公司实际控制人的申请。

3月16日　发行人中国中煤能源股份有限公司成功完成注册制下上海证券交易所首单公开发行公司债券簿记发行。

3月30日　液化石油气期货及期权在大连商品交易所上市交易。

4月7日　国务院金融稳定发展委员会召开第二十五次会议，强调要发挥好资本市场的枢纽作用，不断强化基础性制度建设，坚决打击各种造假和欺诈行为，放松和取消不适应发展需要的管制，提升市场活跃度。

4月24日　证监会批准大连商品交易所开展生猪期货交易。12月11日，证监会宣布，生猪期货将于2021年1月8日在大连商品交易所正式挂牌交易。

4月27日　中央全面深化改革委员会第十三次会议审议通过了《创业板改革并试点注册制总体实施方案》。会议强调，推进创业板改革并试点注册制，是深化资本市场改革、完善资本市场基础制度、提升资本市场功能的重要安排。要着眼于打造一个规范、透明、开放、有活力、有韧性的资本市场，推进发行、上市、信息披露、交易、退市等基础性制度改革，坚持创业板和其他板块错位发展，找准各自定位，办出各自特色，推动形成各有侧重、相互补充的适度竞争格局。

4月30日　证监会、发展改革委联合发布《关于推进基础设施领域不动产投资信托基金（REITs）试点相关工作的通知》，标志着境内基础设施领域公募REITs试点正式起步。

5月14日　证监会依法对康美药业违法违规案作出行政处罚及市场禁入决定，决定对康美药业责令改正，给予警告，并处以60万元罚款，对21名责任人员处以90万元至10万元不等罚款，对6名主要责任人采取10年至终身证券市场禁入措施。同时，证监会已将康美药业及相关人员涉嫌犯罪行为移送司法机关。

5月15日　全国性专业纠纷调解组织中证资本市场法律服务中心成立。

6月3日　证监会发布《关于全国中小企业股份转让系统挂牌公司转板上市的指导意见》。

6月12日　证监会发布了《创业板首次公开发行股票注册管理办法（试行）》《创业板上市公司证券发行注册管理办法（试行）》《创业板上市公司持续监管办法（试行）》《证券发行上市保荐业务管理办法》和相关配套规则，自公布之日起施行。与此同时，深交所、中国结算、证券业协会等发布了相关配套规则。

6月18日　第十二届陆家嘴论坛在上海召开。在开幕式上，中共中央政治局委员、国务院副总理刘鹤在书面致辞中强调，要坚持"建制度、不干预、零容忍"，加快发展资本市场。要坚持市场化、法治化原则，完善信息披露、发行、退市等基本制度，着力增强交易便利性、市场流动性和市场活跃度，健全鼓励中长期资金开展价值投资的制度体系。强化对市场中介机构的监管，大幅提高对财务造假等违法违规行为的打击力度，加快推动证券代表人诉讼机制落地，更好保护投资者利益。

6月18日　证监会核准摩根大通期货为我国首家外资全资控股期货公司。

6月30日　动力煤期权合约在郑州商品交易所上市交易。

7月6日　聚丙烯、聚氯乙烯、线型低密度聚乙烯期权合约在大连商品交易所上市交易。

7月8日　证监会将258家非法从事场外配资的平台及其运营机构名单予以集

中曝光。

7月10日　证监会和银保监会联合发布《证券投资基金托管业务管理办法》。

7月11日　国务院金融稳定发展委员会召开第三十六次会议，研究全面落实对资本市场违法犯罪行为"零容忍"工作要求。会议提出依法及时启动"集体诉讼"，完善符合资本市场发展需要、有中国特色的证券执法体制机制，建立"打击资本市场违法活动协调工作小组"等7项重要举措。

7月19日　人民银行、证监会联合发布〔2020〕第7号公告，同意银行间与交易所债券市场相关基础设施机构开展互联互通合作。

7月20日　国债期货开盘时间由9点15分调整至9点30分。

7月22日　科创板开市一周年，上海证券交易所发布上证科创板50成分指数，修订上证综合指数编制方案。

7月27日　新三板精选层正式设立，首批32家公司股票挂牌交易。

7月31日　最高人民法院发布《关于证券纠纷代表人诉讼若干问题的规定》，自公布之日起施行。

8月10日　铝、锌期权合约在上海期货交易所上市交易。

8月18日　最高人民法院发布《关于为创业板改革并试点注册制提供司法保障的若干意见》。

8月24日　创业板改革并试点注册制顺利落地，首批18家企业在深交所上市。刘鹤副总理在深交所创业板改革并试点注册制首批企业上市仪式上发表致辞，提出希望把深交所塑造成为优质的创新资本中心和世界一流的交易所。

9月25日　经国务院批准，证监会、人民银行、国家外汇局发布《合格境外机构投资者和人民币合格境外机构投资者境内证券期货投资管理办法》(以下简称《QFII、RQFII办法》)，证监会同步发布配套规则《关于实施〈合格境外机构投资者和人民币合格境外机构投资者境内证券期货投资管理办法〉有关问题的规定》。《QFII、RQFII办法》及配套规则自2020年11月1日起施行。

10月9日　国务院印发《关于进一步提高上市公司质量的意见》。

10月9日　为落实党中央、国务院关于研究设立创新型期货交易所的决策部署，经国务院批准，证监会决定成立广州期货交易所筹备组，开始广州期货交易所的筹建工作。同日，证监会在广州正式宣布筹

	备组成立，标志着广州期货交易所的创建工作进入实质阶段。
10月12日	短纤期货合约在郑州商品交易所上市交易。
10月15日	证监会主席易会满受国务院委托向全国人民代表大会常务委员会报告股票发行注册制改革有关工作情况，指出我国资本市场初步建立了"一个核心、两个环节、三项市场化安排"的注册制架构。
10月21日	中共中央政治局委员、国务院副总理刘鹤出席2020金融街论坛年会开幕式并发表主旨演讲，强调要大力发展多层次资本市场，坚持"建制度、不干预、零容忍"九字方针，完善资本市场基础制度，提高上市公司质量，优化市场结构，强化信息披露和投资者保护。
10月23日	深港ETF互通正式开通。
10月29日	中国共产党第十九届中央委员会第五次全体会议通过《中共中央关于制定国民经济和社会发展第十四个五年规划和二〇三五年远景目标的建议》，其中提出，要全面实行股票发行注册制，建立常态化退市机制，提高直接融资比重。
10月31日	国务院金融稳定发展委员会召开专题会议，强调要增强资本市场枢纽功能，全面实行股票发行注册制，建立常态化退市机制，提高直接融资比重。推进金融双向开放。
11月2日	中共中央总书记、国家主席、中央军委主席、中央全面深化改革委员会主任习近平主持召开中央全面深化改革委员会第十六次会议并发表重要讲话。会议指出，健全上市公司退市机制、依法从严打击证券违法活动，是全面深化资本市场改革的重要制度安排。要坚持市场化、法治化方向，完善退市标准，简化退市程序，拓宽多元退出渠道，严格退市监管，完善常态化退出机制。要加快健全证券执法司法体制机制，加大对重大违法案件的查处惩治力度，夯实资本市场法治和诚信基础，加强跨境监管执法协作，推动构建良好市场秩序。会议审议通过了《健全上市公司退市机制实施方案》《关于依法从严打击证券违法活动的若干意见》。
11月19日	国际铜期货合约在上海国际能源交易中心上市交易。
11月20日	证监会确定大连商品交易所的棕榈油期货为境内特定品种。大连商品交易所引入境外交易者参与境内棕榈油期货交易的时间为2020年12月22日。

11月21日	中共中央政治局委员、国务院副总理、国务院金融稳定发展委员会主任刘鹤主持召开国务院金融委第四十三次会议,研究规范债券市场发展、维护债券市场稳定工作。
12月16日至18日	中央经济工作会议强调,要健全金融机构治理,促进资本市场健康发展,提高上市公司质量,打击各种逃废债行为。

THIRTY YEARS OF
CHINA'S CAPITAL MARKETS

中国资本市场
三十年

附　表

附表 5　境内股票市场筹资情况

年份	境内股票首发发行数量（亿股）	境内股票筹资金额（亿元）					
		小计	首发筹资金额（IPO）	增发筹资金额	配股筹资金额	行权筹资金额	优先股
1992	10.65	68.91	68.91	0.00	0.00	—	—
1993	51.07	245.02	184.83	0.00	60.19	—	—
1994	48.64	213.63	154.44	7.68	51.51	—	—
1995	18.01	99.78	42.37	1.16	56.25	—	—
1996	66.54	308.04	241.32	0.00	66.71	—	—
1997	129.64	859.98	651.56	0.00	208.42	—	—
1998	81.37	787.44	412.22	30.46	344.76	—	—
1999	86.87	873.63	494.71	59.95	318.98	—	—
2000	122.17	1515.82	862.56	143.73	509.53	—	—
2001	84.57	1238.14	614.03	193.48	430.64	—	—
2002	117.34	720.05	498.75	164.68	56.61	—	—
2003	89.34	665.51	472.42	116.56	76.52	—	—
2004	56.13	650.53	361.05	184.71	104.77	—	—
2005	13.92	339.03	57.63	278.78	2.62	—	—
2006	377.89	2374.50	1341.70	1028.48	4.32	—	—
2007	430.63	7814.74	4770.83	2816.24	227.68	—	—
2008	114.96	3312.39	1034.38	2095.68	151.57	30.76	—
2009	244.47	4834.34	1878.98	2818.99	105.97	30.40	—
2010	553.95	9799.80	4882.59	3394.71	1438.22	84.28	—
2011	163.99	7154.43	2824.43	3878.54	421.96	29.49	—
2012	78.86	4542.40	1034.32	3387.07	121.00	0.00	—
2013	0.00	4131.46	0.00	3655.74	475.73	0.00	0.00
2014	70.10	8498.26	668.89	6661.41	137.97	0.00	1030.00
2015	151.52	16361.62	1576.39	12741.29	36.44	0.00	2007.50
2016	137.47	20297.39	1496.07	16879.80	298.51	0.00	1623.00
2017	224.20	15534.98	2301.08	12870.94	162.96	0.00	200.00
2018	129.20	11377.88	1378.15	8421.66	228.32	0.00	1349.76
2019	297.57	12538.83	2489.81	7365.14	133.88	0.00	2550.00
2020	281.06	14221.57	4742.30	8778.96	512.97	0.00	187.35

资料来源：上海证券交易所、深圳证券交易所、中证数据有限责任公司。

注：本表筹资情况包含首发上市及再筹资。再筹资包含公开增发、定向增发、配股、权证和优先股筹资，其中权证筹资仅指期权行权筹资（不包括可转债转股），为2008年之后开展的业务，优先股为2014年之后开展的业务。

附表6 股票市场分板块首发筹资情况（IPO）

年份	境内首发筹资公司家数（家）					境内首发筹资金额（IPO）（亿元）				
	主板	中小板	创业板	科创板	合计	主板	中小板	创业板	科创板	合计
1990	8	—	—	—	8	2.11	—	—	—	2.11
1991	5	—	—	—	5	1.03	—	—	—	1.03
1992	41	—	—	—	41	68.91	—	—	—	68.91
1993	134	—	—	—	134	184.83	—	—	—	184.83
1994	117	—	—	—	117	154.44	—	—	—	154.44
1995	36	—	—	—	36	42.37	—	—	—	42.37
1996	212	—	—	—	212	241.32	—	—	—	241.32
1997	222	—	—	—	222	651.56	—	—	—	651.56
1998	111	—	—	—	111	412.22	—	—	—	412.22
1999	100	—	—	—	100	494.71	—	—	—	494.71
2000	143	—	—	—	143	862.56	—	—	—	862.56
2001	79	—	—	—	79	614.03	—	—	—	614.03
2002	71	—	—	—	71	498.75	—	—	—	498.75
2003	67	—	—	—	67	472.42	—	—	—	472.42
2004	62	38	—	—	100	269.97	91.08	—	—	361.05
2005	3	12	—	—	15	28.55	29.09	—	—	57.63
2006	14	52	—	—	66	1180.23	161.46	—	—	1341.70
2007	26	100	—	—	126	4379.92	390.91	—	—	4770.83
2008	5	71	—	—	76	733.54	300.84	—	—	1034.38
2009	9	54	36	—	99	1251.25	423.64	204.09	—	1878.98
2010	26	204	117	—	347	1891.51	2027.73	963.34	—	4882.59
2011	39	115	128	—	282	1014.01	1018.95	791.47	—	2824.43
2012	25	55	74	—	154	333.57	349.25	351.49	—	1034.32
2013	0	0	0	—	0	0.00	0.00	0.00	—	0.00
2014	43	31	51	—	125	311.77	197.66	159.45	—	668.89
2015	89	44	86	—	219	1086.90	181.86	307.62	—	1576.39
2016	103	46	78	—	227	1017.23	221.21	257.64	—	1496.07
2017	214	81	141	—	436	1376.56	402.68	521.84	—	2301.08
2018	57	19	29	—	105	864.93	226.33	286.89	—	1378.15
2019	53	26	52	70	201	1019.66	344.67	301.21	824.27	2489.81
2020	88	54	107	145	394	1250.85	372.29	892.95	2226.22	4742.30

资料来源：上海证券交易所、深圳证券交易所、中证数据有限责任公司。

注：1. 股票首发筹资以上市日口径统计。

2. 对同一年份发行A股和B股的上市公司在主板算作1家；筹资金额包含A、B股首发筹资金额。

3. 对不同年份发行A、B股的公司筹资家数和筹资金额分别计入当年筹资家数和筹资金额。

附表7 股票市场分股份类型首发筹资情况（IPO）

年份	境内首发筹资公司家数（家）		境内首发筹资金额（IPO）（亿元）	
	发行A股的公司	发行B股的公司	A股	B股
1990	8	0	2.11	0.00
1991	5	0	1.03	0.00
1992	40	18	20.46	48.45
1993	124	23	143.50	41.34
1994	110	17	143.23	11.21
1995	24	12	21.90	20.47
1996	203	15	211.68	29.65
1997	206	16	613.97	37.59
1998	106	5	404.14	8.08
1999	98	2	494.20	0.51
2000	137	6	852.05	10.51
2001	79	0	614.03	0.00
2002	71	0	498.75	0.00
2003	67	0	472.42	0.00
2004	100	0	361.05	0.00
2005	15	0	57.63	0.00
2006	66	0	1341.70	0.00
2007	126	0	4770.83	0.00
2008	76	0	1034.38	0.00
2009	99	0	1878.98	0.00
2010	347	0	4882.59	0.00
2011	282	0	2824.43	0.00
2012	154	0	1034.32	0.00
2013	0	0	0.00	0.00
2014	125	0	668.89	0.00
2015	219	0	1576.39	0.00
2016	227	0	1496.07	0.00
2017	436	0	2301.08	0.00
2018	105	0	1378.15	0.00
2019	201	0	2489.81	0.00
2020	394	0	4742.31	0.00

资料来源：上海证券交易所、深圳证券交易所、中证数据有限责任公司。

注：1.股票首发筹资以上市日口径统计。

2.对A、B股同年首发的公司分别计入A、B股公司家数和筹资金额。

3.对不同年份发行A、B股的公司筹资家数和筹资金额分别计入当年筹资家数和筹资金额。

附表8 股票市场分板块交易情况

年份	交易天数（天）	成交量（亿股）					日均成交量（亿股）	成交金额（亿元）					日均成交金额（亿元）	市值换手率（%）			
		主板	中小板	创业板	科创板	合计		主板	中小板	创业板	科创板	合计		主板	中小板	创业板	科创板
1992	257	36.90	—	—	—	36.90	0.14	683.04	—	—	—	683.04	2.66	—	—	—	—
1993	259	226.56	—	—	—	226.56	0.87	3627.20	—	—	—	3627.21	14.00	—	—	—	—
1994	252	1013.34	—	—	—	1013.34	4.02	8127.63	—	—	—	8127.63	32.25	—	—	—	—
1995	253	705.31	—	—	—	705.31	2.79	4036.45	—	—	—	4036.45	15.95	—	—	—	—
1996	247	2533.14	—	—	—	2533.14	10.26	21332.17	—	—	—	21332.18	86.37	—	—	—	—
1997	243	2560.02	—	—	—	2560.02	10.54	30721.83	—	—	—	30721.83	126.43	—	—	—	—
1998	246	2154.11	—	—	—	2154.11	8.76	23527.31	—	—	—	23544.25	95.71	—	—	—	—
1999	239	2932.90	—	—	—	2932.90	12.27	31319.60	—	—	—	31322.37	131.06	—	—	—	—
2000	239	4759.45	—	—	—	4759.45	19.91	60826.65	—	—	—	60835.19	254.54	491.19	—	—	—
2001	240	3155.93	—	—	—	3155.93	13.15	38305.18	—	—	—	38325.39	159.69	227.07	—	—	—
2002	237	3017.14	—	—	—	3017.14	12.73	27990.46	—	—	—	27993.91	118.12	195.86	—	—	—
2003	241	4163.08	—	—	—	4163.08	17.27	32115.27	—	—	—	32115.27	133.26	237.04	—	—	—
2004	243	5768.57	59.16	—	—	5827.73	23.98	41511.32	822.63	—	—	42333.95	174.21	298.15	862.32	—	—
2005	242	6493.43	130.30	—	—	6623.73	27.37	30460.85	1203.92	—	—	31664.78	130.85	287.77	811.53	—	—
2006	241	15843.45	296.78	—	—	16145.23	66.99	87397.34	3071.55	—	—	90468.89	375.39	540.03	918.62	—	—
2007	242	35588.19	815.56	—	—	36403.76	150.43	444382.56	16173.66	—	—	460556.22	1903.12	815.84	875.60	—	—
2008	246	22942.14	1189.26	—	—	24131.39	98.10	250475.38	16637.28	—	—	267112.66	1085.82	394.80	549.73	—	—

附表8 股票市场分板块交易情况

年份	交易天数(天)	成交量(亿股)					日均成交量(亿股)	成交金额(亿元)					日均成交额(亿元)	市值换手率(%)			
		合计	主板	中小板	创业板	科创板		主板	中小板	创业板	科创板	合计		主板	中小板	创业板	科创板
2009	244	51107.00	47784.81	3283.65	38.55	—	209.45	485885.13	48273.52	1828.11	—	535986.76	2196.67	558.47	1030.48	723.60	—
2010	242	42151.98	37696.10	4055.35	400.53	—	174.18	444083.25	85832.43	15717.87	—	545633.54	2254.68	302.98	789.10	1739.37	—
2011	244	33956.57	29465.14	3729.74	761.69	—	139.17	333739.00	69026.46	18879.12	—	421644.58	1728.05	187.22	410.88	750.91	—
2012	243	32860.54	26306.55	5075.85	1478.14	—	135.23	229387.19	61891.45	23304.63	—	314583.27	1294.58	147.19	394.46	792.21	—
2013	238	48372.68	37090.93	8245.92	3035.84	—	203.25	317322.27	100224.40	51181.94	—	468728.61	1969.45	191.74	467.71	855.08	—
2014	245	73754.56	58405.71	11313.55	4035.30	—	301.04	513705.37	152166.57	78041.34	—	743912.98	3036.38	363.19	478.76	685.04	—
2015	244	171039.47	135690.64	25409.95	9938.88	—	700.98	1767632.33	497556.18	285352.81	—	2550541.31	10453.04	533.73	813.95	1068.84	—
2016	244	94690.53	64602.50	20578.13	9509.90	—	388.08	712848.18	344164.94	216831.62	—	1273844.74	5220.68	254.45	567.69	760.10	—
2017	244	87780.84	61541.52	17409.44	8829.88	—	359.76	699223.72	259879.80	165521.59	—	1124625.11	4609.12	215.32	417.91	590.07	—
2018	243	82037.25	52108.58	18286.37	11642.30	—	337.60	539251.39	203625.83	158862.19	—	901739.41	3710.86	167.04	351.20	574.12	—
2019	244	126624.28	75338.20	31971.44	19009.23	305.42	518.95	718584.29	310656.51	231604.19	13313.81	1274158.80	5221.96	210.69	470.37	690.32	1531.29
2020	243	167451.85	93785.58	42243.89	30218.85	1203.53	689.10	1033503.65	501795.70	466722.99	66230.17	2068252.51	8511.33	262.89	555.93	820.82	1738.01

资料来源：上海证券交易所、深圳证券交易所、中证数据有限责任公司。

附表9 股票市场分股份类型交易情况

年份	成交量（亿股）		成交金额（亿元）		市值换手率（%）	
	A股	B股	A股	B股	A股	B股
1992	32.88	4.02	651.81	31.23	—	—
1993	209.17	17.40	3522.55	104.65	—	—
1994	988.02	25.32	8003.08	124.55	—	—
1995	681.07	24.24	3958.58	77.86	—	—
1996	2464.93	68.22	21052.29	279.87	—	—
1997	2471.30	88.72	30295.21	426.62	—	—
1998	2092.50	61.60	23417.72	126.52	—	—
1999	2810.26	122.64	31052.33	270.04	—	—
2000	4559.06	200.40	60287.20	547.97	501.50	133.27
2001	2466.14	689.79	33260.08	5063.13	211.54	438.72
2002	2860.21	156.94	27145.06	848.41	203.38	88.87
2003	3992.28	170.80	31269.96	845.30	131.25	40.94
2004	5672.91	154.83	41576.19	757.76	321.58	139.88
2005	6470.87	152.86	31099.38	565.40	309.87	79.86
2006	15808.62	336.61	89217.11	1251.78	572.37	135.48
2007	35683.93	719.82	454771.30	5784.93	840.22	264.98
2008	23912.78	218.62	265890.43	1222.23	409.26	85.70
2009	50648.91	458.09	533889.40	2097.37	589.30	153.54
2010	41806.42	345.56	543465.92	2167.63	347.12	114.48
2011	33748.72	207.85	420339.19	1305.40	215.62	67.23
2012	32681.93	178.61	313715.14	868.13	181.65	56.37
2013	47953.66	263.89	466632.02	1439.32	244.30	86.88
2014	73188.22	194.87	741378.07	1007.19	315.85	130.72
2015	170541.00	498.48	2546837.74	3703.57	612.68	167.69
2016	94480.50	210.03	1272358.71	1486.02	346.84	77.95
2017	87628.57	152.27	1123647.88	977.23	265.86	56.17
2018	81926.96	110.30	901103.16	636.24	217.50	40.70
2019	126508.50	115.79	1273572.03	586.78	288.90	41.00
2020	167323.96	127.90	2067631.87	620.65	379.33	50.76

资料来源：上海证券交易所、深圳证券交易所、中证数据有限责任公司。

附表 10 上海证券交易所股票市场交易情况

年份	成交量（亿股）			日均成交量（亿股）	成交金额（亿元）			日均成交金额（亿元）	市值换手率（%）		
	A 股	B 股	合计		A 股	B 股	合计		A 股	B 股	合计
1992	15.21	2.56	17.78	0.07	234.37	14.60	248.96	0.97	—	—	—
1993	133.68	13.74	147.42	0.57	2261.68	78.86	2340.54	9.11	—	—	—
1994	634.33	22.43	656.76	2.61	5626.73	108.35	5735.07	22.76	—	—	—
1995	494.50	19.33	513.83	2.05	3042.63	60.83	3103.46	12.36	—	—	—
1996	1074.00	27.88	1101.88	4.46	9020.24	94.57	9114.82	36.90	—	—	—
1997	1166.01	49.67	1215.68	5.00	13550.24	212.93	13763.17	56.64	—	—	—
1998	1085.42	42.54	1127.95	4.59	12304.23	81.88	12386.11	50.35	—	—	—
1999	1488.25	72.13	1560.38	6.53	16826.20	139.59	16965.79	70.99	—	—	—
2000	2310.88	126.78	2437.65	10.20	31029.69	344.17	31373.86	131.27	509.34	145.34	498.80
2001	1429.69	390.26	1819.95	7.58	19876.84	2832.54	22709.38	94.62	228.79	447.12	243.60
2002	1693.53	87.56	1781.10	7.52	16441.71	517.38	16959.09	71.56	210.38	92.84	202.68
2003	2632.63	60.09	2692.73	11.17	20541.25	282.89	20824.14	86.41	262.82	63.31	252.07
2004	3550.88	56.86	3607.74	14.85	26229.30	241.30	26470.60	108.93	316.44	60.18	304.69
2005	3926.89	59.70	3986.59	16.47	19061.49	178.72	19240.21	79.51	292.40	65.93	283.49
2006	10124.28	159.66	10283.93	42.67	57245.11	571.49	57816.60	239.90	559.07	151.79	544.39
2007	23931.39	393.99	24325.38	100.52	301960.29	3473.99	305434.29	1262.13	830.76	333.62	817.72
2008	16207.24	104.36	16311.60	66.31	179762.44	667.51	180429.95	733.46	388.58	94.58	384.11

续表

年份	成交量（亿股）			日均成交量（亿股）	成交金额（亿元）			日均成交金额（亿元）	市值换手率（%）		
	A股	B股	合计		A股	B股	合计		A股	B股	合计
2009	33476.72	202.92	33679.64	138.03	345443.26	1068.65	346511.91	1420.13	526.69	165.31	523.12
2010	25812.40	152.03	25964.43	107.29	303215.93	1096.08	304312.01	1257.49	260.25	125.57	259.25
2011	21078.72	114.19	21192.91	86.86	236809.12	746.19	237555.30	973.59	164.28	80.88	163.75
2012	18850.54	77.89	18928.43	77.90	164047.38	413.48	164460.86	676.79	128.60	56.51	128.26
2013	26432.16	131.57	26563.73	111.61	228918.82	689.69	229608.51	964.74	169.72	84.70	169.22
2014	42471.35	96.01	42567.36	173.74	375149.95	480.70	375630.66	1533.19	235.59	63.46	234.76
2015	101396.17	305.51	101701.68	413.42	1323231.16	2359.28	1325590.45	5388.58	490.77	203.38	489.60
2016	44751.80	131.92	44883.72	183.95	496880.34	984.49	497864.83	2040.42	222.73	92.51	222.12
2017	43719.05	80.26	43799.31	179.51	507214.81	555.30	507770.10	2081.03	180.91	55.67	180.47
2018	37173.54	61.12	37234.65	153.23	401575.27	389.75	401965.02	1654.18	151.27	43.93	150.91
2019	53726.50	65.65	53792.15	220.46	543463.81	380.21	543844.01	2228.87	193.90	43.98	193.44
2020	68289.34	71.55	68360.89	281.32	839470.31	390.56	839860.86	3456.22	258.80	53.44	258.34

资料来源：上海证券交易所、中证数据有限责任公司。

附表 11　深圳证券交易所股票市场交易情况

年份	成交量（亿股）			日均成交量（亿股）	成交金额（亿元）			日均成交金额（亿元）	市值换手率（%）		
	A 股	B 股	合计		A 股	B 股	合计		A 股	B 股	合计
1992	17.66	1.46	19.12	0.07	417.44	16.63	434.08	1.69	351.80	130.91	329.78
1993	75.49	3.66	79.15	0.32	1260.87	25.80	1286.67	5.13	494.01	86.80	459.54
1994	353.70	2.88	356.58	1.42	2376.35	16.20	2392.56	9.49	650.12	35.08	579.90
1995	186.57	4.91	191.48	0.79	915.96	17.04	932.99	3.82	268.10	37.28	241.55
1996	1390.93	40.33	1431.26	5.80	12032.05	185.30	12217.36	49.46	1295.32	139.26	1173.86
1997	1305.29	39.05	1344.34	5.53	16744.97	213.69	16958.66	69.79	813.95	99.88	746.40
1998	1007.08	19.07	1026.15	4.17	11113.50	44.65	11158.14	45.36	395.92	34.10	379.34
1999	1322.01	50.51	1372.52	5.74	14226.13	130.46	14356.58	60.07	398.52	86.63	386.79
2000	2248.18	73.62	2321.80	9.72	29257.50	203.83	29461.33	123.27	493.22	115.23	483.10
2001	1036.45	299.53	1335.97	5.57	13383.24	2232.77	15616.02	65.07	190.00	422.05	206.30
2002	1166.68	69.37	1236.05	5.22	10703.35	331.47	11034.82	46.56	193.41	83.13	186.14
2003	1359.65	110.71	1470.36	6.10	10728.72	562.41	11291.13	46.85	218.75	138.17	213.29
2004	2122.03	97.96	2219.99	9.14	15346.89	516.46	15863.35	65.28	319.76	110.57	301.36
2005	2543.98	93.16	2637.14	10.90	12037.89	386.68	12424.57	51.34	342.37	88.95	315.18
2006	5684.34	176.95	5861.29	24.32	31972.00	680.29	32652.29	135.49	596.64	124.10	552.01
2007	11752.53	325.84	12078.37	49.91	152811.01	2310.94	155121.94	641.00	859.48	203.27	818.67
2008	7705.54	114.26	7819.79	31.79	86127.99	554.72	86682.71	352.37	461.50	77.15	447.24
2009	17172.19	255.17	17427.36	71.42	188446.14	1028.72	189474.86	776.54	764.97	142.56	747.76
2010	15994.02	193.52	16187.55	66.89	240249.99	1071.55	241321.53	997.20	599.48	104.82	587.29

续表

年份	成交量（亿股）			日均成交量（亿股）	成交金额（亿元）			日均成交金额（亿元）	市值换手率（%）		
	A股	B股	合计		A股	B股	合计		A股	B股	合计
2011	12670.00	93.66	12763.66	52.31	183530.07	559.21	184089.28	754.46	359.38	55.06	353.48
2012	13831.39	100.72	13932.12	57.33	149667.76	454.65	150122.41	617.79	330.67	56.21	325.84
2013	21521.50	132.32	21653.82	90.98	237713.21	749.11	238462.31	1001.94	431.07	84.13	425.62
2014	30716.87	98.86	30815.73	125.78	366228.12	523.69	366751.81	1496.95	480.79	634.60	476.32
2015	69144.83	192.97	69337.80	281.86	1223606.58	1344.29	1224950.86	4979.48	829.30	163.77	852.02
2016	49728.70	78.11	49806.81	204.13	775478.37	501.53	775979.90	3180.25	508.36	59.00	505.87
2017	43909.52	72.01	43981.53	180.25	616433.07	421.94	616855.01	2528.09	414.78	53.82	412.38
2018	44753.42	49.18	44802.60	184.37	499527.90	246.49	499774.39	2056.68	358.41	37.92	356.93
2019	72782.00	50.14	72832.14	298.49	730108.22	206.57	730314.79	2993.09	457.61	37.13	456.16
2020	99034.62	56.35	99090.97	407.78	1228161.56	230.10	1228391.66	5055.11	555.79	46.24	554.55

资料来源：深圳证券交易所、中证数据有限责任公司。

附表12 新三板市场情况

时间	挂牌公司（家）	总股本（亿股）	总市值（亿元）	市盈率（倍）	融资金额（亿元）	交易金额（亿元）
2012年	200	55.27	336.10	20.69	8.59	5.84
2013年	356	97.17	553.06	21.44	10.02	8.14
2014年	1572	658.35	4591.42	35.27	134.08	130.36
2015年	5129	2959.51	24584.42	47.23	1216.17	1910.62
2016年	10163	5851.55	40558.11	28.71	1390.89	1912.29
2017年	11630	6756.73	49404.56	30.18	1336.25	2271.80
2018年	10691	6324.53	34487.26	20.86	604.43	888.01
2019年1月	10551	6266.72	33526.20	20.68	55.91	75.75
2月	10445	6191.28	33250.05	20.67	13.59	43.05
3月	10349	6162.44	33411.43	20.95	46.25	84.70
4月	10040	5990.14	33399.90	19.97	31.83	68.41
5月	9997	5998.25	33611.08	19.89	11.34	53.93
6月	9921	5986.66	32494.10	19.73	15.21	59.90
7月	9579	5863.16	31492.95	19.53	27.70	82.44
8月	9298	5775.19	30264.16	19.06	6.22	74.50
9月	9235	5742.81	29958.91	19.14	13.50	59.89
10月	9175	5730.52	29662.91	19.12	11.24	51.11
11月	9107	5708.57	29562.99	19.41	14.59	72.58
12月	8953	5616.29	29399.60	19.74	17.26	99.43
2020年1月	8870	5582.44	26982.95	20.40	25.05	80.08
2月	8823	5554.01	27031.14	20.65	11.94	64.44
3月	8755	5514.09	26887.27	20.43	19.61	81.89
4月	8626	5472.76	27266.13	19.69	22.69	99.48
5月	8591	5472.97	27295.30	19.93	15.68	76.16
6月	8547	5466.31	27478.37	20.14	11.33	101.26
7月	8509	5453.59	27996.60	20.97	108.93	225.94
8月	8421	5408.66	27927.34	21.14	13.92	146.42
9月	8397	5413.22	27588.15	21.08	18.18	98.71
10月	8281	5367.06	27196.31	21.03	6.19	83.00
11月	8244	5354.20	26751.18	20.98	27.62	88.58
12月	8187	5335.28	26542.31	21.10	57.37	148.67

资料来源：全国中小企业股份转让系统。

附表13　上市公司数量

单位：家

年份	上交所			深交所				合计
	小计	主板	科创板	小计	主板	中小板	创业板	
1991	7	7	—	6	6	—	—	13
1992	29	29	—	24	24	—	—	53
1993	106	106	—	77	77	—	—	183
1994	171	171	—	120	120	—	—	291
1995	188	188	—	135	135	—	—	323
1996	293	293	—	237	237	—	—	530
1997	383	383	—	362	362	—	—	745
1998	438	438	—	414	414	—	—	852
1999	484	484	—	465	465	—	—	949
2000	572	572	—	516	516	—	—	1088
2001	646	646	—	514	514	—	—	1160
2002	715	715	—	509	509	—	—	1224
2003	780	780	—	507	507	—	—	1287
2004	837	837	—	540	502	38	—	1377
2005	834	834	—	547	497	50	—	1381
2006	842	842	—	592	490	102	—	1434
2007	860	860	—	690	488	202	—	1550
2008	864	864	—	761	488	273	—	1625
2009	870	870	—	848	485	327	36	1718
2010	894	894	—	1169	485	531	153	2063
2011	931	931	—	1411	484	646	281	2342
2012	954	954	—	1540	484	701	355	2494
2013	953	953	—	1536	480	701	355	2489
2014	995	995	—	1618	480	732	406	2613
2015	1081	1081	—	1746	478	776	492	2827
2016	1182	1182	—	1870	478	822	570	3052
2017	1396	1396	—	2089	476	903	710	3485
2018	1450	1450	—	2134	473	922	739	3584
2019	1572	1502	70	2205	471	943	791	3777
2020	1800	1585	215	2354	468	994	892	4154

资料来源：上海证券交易所、深圳证券交易所、中证数据有限责任公司。

注：上市公司数量按上市日口径统计。

附表14　上海证券交易所分股份类型上市公司数量

单位：家

年份	仅发A股	仅发B股	仅发A、B股	仅发A、H股	发A、B、H股	仅发B、H股	A股合计	B股合计	合计
1994	131	2	32	6	0	0	169	34	171
1995	142	4	32	10	0	0	184	36	188
1996	240	6	36	11	0	0	287	42	293
1997	321	11	39	12	0	0	372	50	383
1998	373	13	39	13	0	0	425	52	438
1999	417	13	41	13	0	0	471	54	484
2000	504	13	42	13	0	0	559	55	572
2001	573	10	44	19	0	0	636	54	646
2002	639	10	44	22	0	0	705	54	715
2003	702	10	44	24	0	0	770	54	780
2004	759	10	44	24	0	0	827	54	837
2005	755	10	44	25	0	0	824	54	834
2006	756	10	44	32	0	0	832	54	842
2007	761	10	44	45	0	0	850	54	860
2008	760	10	44	50	0	0	854	54	864
2009	762	10	44	54	0	0	860	54	870
2010	784	10	44	56	0	0	884	54	894
2011	816	10	44	61	0	0	921	54	931
2012	833	9	44	67	0	1	944	54	954
2013	832	8	44	68	0	1	944	53	953
2014	873	8	44	69	0	1	986	53	995
2015	959	7	44	70	0	1	1073	52	1081
2016	1056	6	44	75	0	1	1175	51	1182
2017	1265	6	44	80	0	1	1389	51	1396
2018	1312	6	44	87	0	1	1443	51	1450
2019	1425	6	43	97	0	1	1565	50	1572
2020	1648	4	43	104	0	1	1795	48	1800

资料来源：上海证券交易所、中证数据有限责任公司。

注：1. 上市公司数量按上市日口径统计。

2. 本表H股上市公司指在香港上市、在内地注册的公司。

附表15 深圳证券交易所分股份类型上市公司数量

单位:家

年份	仅发A股	仅发B股	仅发A、B股	仅发A、H股	发A、B、H股	仅发B、H股	A股合计	B股合计	合计
1994	96	2	22	0	0	0	118	24	120
1995	100	8	26	1	0	0	127	34	135
1996	191	10	33	3	0	0	227	43	237
1997	306	14	37	5	0	0	348	51	362
1998	355	13	41	5	0	0	401	54	414
1999	405	13	41	6	0	0	452	54	465
2000	451	15	44	6	0	0	501	59	516
2001	452	14	44	4	0	0	500	58	514
2002	446	14	43	6	0	0	495	57	509
2003	444	14	43	6	0	0	493	57	507
2004	477	14	42	7	0	0	526	56	540
2005	485	13	42	7	0	0	534	55	547
2006	531	13	42	6	0	0	579	55	592
2007	628	13	42	7	0	0	677	55	690
2008	699	13	41	7	1	0	748	55	761
2009	787	12	41	7	1	0	836	54	848
2010	1108	12	41	7	1	0	1157	54	1169
2011	1346	12	41	11	1	0	1399	54	1411
2012	1473	12	40	14	1	0	1528	54	1540
2013	1468	12	40	15	1	0	1524	53	1536
2014	1551	12	38	16	1	0	1606	51	1618
2015	1681	11	37	16	1	0	1735	49	1746
2016	1805	11	37	16	1	0	1859	49	1870
2017	2023	11	37	17	1	0	2078	49	2089
2018	2067	10	37	19	1	0	2124	48	2134
2019	2135	10	36	23	1	0	2195	47	2205
2020	2284	9	35	25	1	0	2345	45	2354

资料来源:深圳证券交易所、中证数据有限责任公司。

注:1.上市公司数量按上市日口径统计。

2.本表H股上市公司指在香港上市、在内地注册的公司。

附表 16 证券期货经营机构数量

年份	证券公司家数 合计	证券公司家数 中资	证券公司家数 中外合资	证券营业部家数	证券投资咨询机构家数	基金管理公司家数 合计	基金管理公司家数 中资	基金管理公司家数 中外合资	基金管理公司专户子公司家数	已登记私募基金管理人	期货公司家数 合计	期货公司家数 中资	期货公司家数 中外合资	期货公司家数 外资全资控股	期货资管子公司家数	期货风险管理公司家数	期货营业部家数
1994	91	—	—	2262	—	—	—	—	—	—	—	—	—	—	—	—	—
1995	97	—	—	—	—	—	—	—	—	—	—	—	—	—	—	—	—
1996	94	—	—	2420	—	—	—	—	—	—	329	—	—	—	—	—	—
1997	90	—	—	2412	—	—	—	—	—	—	294	—	—	—	—	—	—
1998	90	—	—	2412	—	6	3	3	—	—	278	—	—	—	—	—	—
1999	90	—	—	2412	—	10	4	6	—	—	213	—	—	—	—	—	—
2000	100	—	—	2680	—	10	4	6	—	—	178	—	—	—	—	—	—
2001	109	—	—	2700	—	15	8	7	—	—	200	—	—	—	—	—	—
2002	127	—	—	2936	—	21	10	11	—	—	179	—	—	—	—	—	—
2003	133	—	—	3020	111	33	15	18	—	—	186	—	—	—	—	—	—
2004	133	—	—	3075	116	44	20	24	—	—	188	—	—	—	—	—	—
2005	116	—	—	3090	109	52	23	29	—	—	183	—	—	—	—	—	—
2006	104	—	—	3105	102	57	23	34	—	—	183	—	—	—	—	—	—
2007	106	—	—	3060	101	58	23	35	—	—	177	—	—	—	—	—	—
2008	107	—	—	3170	100	60	23	37	4	—	171	—	—	—	—	—	—
2009	106	—	—	3956	98	60	23	37	7	—	167	—	—	—	—	—	—

续表

年份	证券公司家数			证券营业部家数	证券投资咨询机构家数	基金管理公司家数			基金管理公司专户子公司家数	已登记私募基金管理人	期货公司家数				期货资管子公司家数	期货风险管理公司家数	期货营业部家数
	合计	中资	中外合资			合计	中资	中外合资			合计	中资	中外合资	外资全资控股			
2010	106	97	9	4644	91	63	24	39	12	—	163	—	—	—	—	—	—
2011	109	97	12	5008	88	69	29	40	15	—	163	160	3	—	—	—	1186
2012	114	101	13	5261	89	77	34	43	33	—	161	158	3	—	—	—	1330
2013	115	102	13	5821	86	89	41	48	64	—	156	153	3	—	—	20	1469
2014	121	110	11	6969	84	95	49	46	73	5052	152	149	3	—	—	33	1547
2015	125	114	11	7705	84	101	56	45	79	25065	150	148	2	—	11	51	1618
2016	129	116	13	9061	84	109	64	45	79	17433	149	147	2	—	11	62	1603
2017	131	118	13	10528	84	113	69	44	79	22446	149	147	2	—	11	70	1725
2018	131	118	13	11013	84	120	76	44	79	22448	149	147	2	—	10	79	1909
2019	133	118	15	11390	84	128	84	44	79	24471	149	147	2	—	10	86	1957
2020	138	123	15	11649	83	133	89	44	79	24561	149	148	0	1	10	88	1987

资料来源：中国证券监督管理委员会、中证数据有限责任公司、中国证券投资基金业协会。

附表 17　证券期货经营机构业务资格情况

年份	证券公司家数	其中具有									基金管理公司家数	其中具有		期货公司家数	其中具有			
		资产管理业务资格	保荐机构资格	基金代销业务资格	全国中小企业股份转让系统主办券商业务资格	融资融券业务资格	转融通业务资格					私募资产管理业务资格	QDII业务资格		金融期货经纪业务资格	期货投资咨询业务资格	资产管理业务资格	风险管理业务试点备案
1995	97	—	—	—	—	—	—				—	—	—	—	—	—	—	—
1996	94	—	—	—	—	—	—				—	—	—	329	—	—	—	—
1997	90	—	—	—	—	—	—				—	—	—	294	—	—	—	—
1998	90	—	—	—	—	—	—				6	—	—	278	—	—	—	—
1999	90	—	—	—	—	—	—				10	—	—	213	—	—	—	—
2000	100	—	—	—	—	—	—				10	—	—	178	—	—	—	—
2001	109	—	—	6	—	—	—				15	—	—	200	—	—	—	—
2002	127	61	—	13	—	—	—				21	—	—	179	—	—	—	—
2003	133	70	—	17	—	—	—				33	—	—	186	—	—	—	—
2004	133	71	75	28	—	—	—				44	—	—	188	—	—	—	—
2005	116	62	76	10	—	—	—				52	—	1	183	—	—	—	—
2006	104	53	68	2	—	—	—				57	—	15	183	—	—	—	—
2007	106	54	67	2	—	—	—				58	—	26	177	—	—	—	—
2008	107	55	67	22	—	—	—				60	32	31	171	—	—	—	—
2009	106	69	71	17	—	—	—				60	35	31	167	—	—	—	—
2010	106	70	72	18	—	25	—				63	35	32	163	—	—	—	—
2011	109	76	74	18	—	25	—				69	63	—	163	—	—	18	—
2012	114	87	77	27	66	74	30				77	76	32	161	152	83	—	—

续表

年份	证券公司家数	其中具有									
		资产管理业务资格	保荐机构资格	基金代销业务资格	全国中小企业股份转让系统主办券商业务资格	融资融券业务资格	转融通业务资格	基金管理公司家数	私募资产管理业务资格	QDII业务资格	期货公司家数
2013	115	89	79	98	80	84	74	89	88	32	156
2014	121	93	80	77	87	92	81	95	95	32	152
2015	125	95	86	77	95	95	80	101	101	38	150
2016	129	98	92	77	100	93	92	109	109	42	149
2017	131	99	96	96	101	94	92	113	93	45	149
2018	131	99	98	97	102	95	92	120	110	45	149
2019	133	99	99	99	102	94	91	128	112	48	149
2020	138	99	100	98	107	94	93	133	115	50	149

年份	其中具有			
	金融期货经纪业务资格	期货投资咨询业务资格	资产管理业务资格	风险管理业务试点备案
2013	149	88	29	20
2014	147	97	46	33
2015	148	103	123	50
2016	147	102	129	61
2017	147	113	129	68
2018	147	117	129	66
2019	147	120	129	84
2020	148	120	129	87

资料来源：中国证券监督管理委员会（机构部、期货部）、中国证券金融股份有限公司、中证数据有限责任公司、全国中小企业股份转让系统。

附表 18　全国债券市场概况

年份	发行金额（亿元）			兑付金额（亿元）			成交金额（亿元）				托管金额（亿元）		
	全市场	银行间	交易所	全市场	银行间	交易所	银行间现券	银行间回购	交易所现券	交易所回购	全市场	银行间	交易所
1997	2084.62	2084.62	—	—	—	—	4.37	—	3600.82	12876.06	984.59	984.59	—
1998	6203.73	6203.73	—	—	—	—	15.62	—	6120.94	15540.84	9199.16	9199.16	—
1999	4369.50	4369.50	—	410.16	410.16	—	60.77	3956.93	5393.59	12890.53	12878.71	12878.71	—
2000	4414.50	4414.50	—	1629.16	1629.16	—	541.03	15714.21	4385.48	14733.68	16077.61	16077.61	—
2001	5848.53	5848.53	—	1859.97	1859.97	—	416.67	40208.99	4930.13	15487.64	18931.81	18931.81	—
2002	9943.90	9943.90	—	2841.35	2841.35	—	4098.47	100918.61	8852.71	24422.80	24680.66	24680.66	—
2003	17647.17	17647.17	—	7886.44	7886.44	—	29866.33	116122.20	6783.11	55353.25	36524.29	32436.51	4087.78
2004	27295.66	27295.66	—	12548.65	12548.65	—	22451.93	96943.42	3717.09	46606.41	50112.52	45326.44	4786.08
2005	42182.07	42182.07	—	22531.33	22531.33	—	58310.02	159297.65	3449.30	24919.05	71194.88	66483.70	4711.18
2006	57096.11	57096.11	—	38597.83	38597.83	—	100461.68	265914.42	2035.09	16301.48	71744.70	68277.56	3467.14
2007	80163.36	79756.08	407.28	49931.98	49931.98	—	156043.39	447951.18	2109.99	18615.47	114769.32	111355.62	3413.70
2008	71732.16	70734.11	998.05	48265.29	48265.29	—	371157.70	581331.15	4324.26	24306.77	143463.06	138972.54	4490.52
2009	87286.22	86474.71	811.51	67282.32	67282.32	—	472655.00	702779.16	4698.08	35975.19	164714.14	159766.72	4947.42
2010	96408.63	95088.33	1320.30	73205.88	73205.88	—	640422.10	875936.00	5847.54	70373.76	195029.82	188751.50	6278.32
2011	77275.52	75501.82	1773.70	64819.78	64709.81	109.97	636422.90	994534.80	6843.93	209509.62	214757.10	206328.71	8428.39
2012	80261.89	77474.98	2786.91	47625.00	47269.27	355.73	751952.80	1417140.30	9882.53	393550.94	253868.31	241412.03	12456.28
2013	89127.69	85248.00	3879.69	63093.04	62332.88	760.16	416106.00	1581639.00	17411.83	662003.84	288073.12	268618.45	19454.67

续表

年份	发行金额（亿元）			兑付金额（亿元）			成交金额（亿元）				托管金额（亿元）		
	全市场	银行间	交易所	全市场	银行间	交易所	银行间现券	银行间回购	交易所现券	交易所回购	全市场	银行间	交易所
2014	119380.02	115112.62	4267.40	72904.38	71358.08	1546.30	403565.00	2244226.00	28191.38	915286.90	355504.40	329783.92	25720.48
2015	234604.73	210936.25	23668.48	117608.31	114140.25	3468.07	867370.20	4577637.50	34464.32	1303701.36	479217.27	439214.81	40002.46
2016	361548.66	324880.30	36668.36	204425.19	199138.51	5286.68	1270918.30	6013024.72	53294.20	2370915.58	642245.80	563329.21	78916.59
2017	408256.35	369109.44	39146.91	298390.64	290020.83	8369.81	1028351.73	6163673.24	55441.79	2632193.87	750209.90	654265.95	95943.95
2018	435968.07	379090.36	56877.71	315793.99	302485.47	13308.52	1507367.33	7226761.42	63821.94	2340481.87	864033.11	756752.74	107280.38
2019	448538.22	376551.50	71986.72	326387.66	306774.83	19612.84	2137448.26	8196298.22	83530.20	2440624.02	981459.24	854495.09	126964.15
2020	565951.32	481173.97	84777.35	385305.72	362331.05	22974.66	2327679.15	9597515.72	201785.82	2874188.44	1155904.78	992630.35	163274.43

资料来源：上海证券交易所，深圳证券交易所，中证数据有限责任公司，中央国债登记结算有限责任公司，上海清算所，中国证券登记结算有限责任公司。

注：1."发行金额"中的"交易所"统计数据包括由中国证监会审批或备案的公司债、可转债、可交换债、可分离债、企业资产支持证券，以及交易所招标发行的地方政府债、政策性金融债；"银行间"中的统计数据包括国债、地方政府债、央行票据、金融债券、企业债、短期融资券、超短期融资券、中期票据、中小企业集合票据、非公开定向债务融资工具和资产支持票据等；本章所有"发行额"均按照发行首日口径统计。

2."兑付金额"仅包含本金兑付。

3."成交金额"中的"交易所"统计数据包括在沪深交易所交易的债券的成交金额，"银行间"统计数据包括在银行间市场交易的债券的成交金额。

4."托管金额"中的"银行间"统计数据包括在银行间市场，"交易所"均不包括柜台和其他市场。

5.自2019年起，将初步测算的企业资产支持证券兑付数据纳入统计，并对历史数据做说明调整。

附表 19 公募基金概况

年份	基金只数（只）			基金份额（亿份）			基金资产规模（亿元）			上市基金成交份额（亿份）			上市基金成交金额（亿元）		
	合计	封闭式	开放式	合计	封闭式	开放式	合计	封闭式	开放式	合计	上交所	深交所	合计	上交所	深交所
1998	5	5	—	100.00	100.00	—	107.00	107.00	—	555.33	329.58	225.75	1016.89	605.28	411.61
1999	16	16	—	505.00	505.00	—	577.00	577.00	—	1623.12	827.95	795.17	2485.48	1365.82	1119.66
2000	34	34	—	562.00	562.00	—	847.35	847.35	—	2180.62	995.32	1185.30	2801.84	1334.18	1467.66
2001	51	48	3	804.23	686.73	117.50	809.24	691.15	118.09	2208.62	1148.35	1060.27	2561.88	1348.92	1212.96
2002	71	54	17	1318.85	817.00	501.85	1185.56	717.06	468.50	1218.60	573.69	644.91	1166.62	556.77	609.85
2003	95	54	41	1614.67	817.00	797.67	1699.22	862.00	837.22	849.18	441.62	407.56	682.65	362.16	320.49
2004	161	54	107	3308.79	817.00	2491.79	3246.34	809.71	2436.63	589.72	297.78	291.94	479.47	249.10	230.37
2005	218	54	164	4714.18	817.00	3897.18	4691.38	822.17	3869.21	1098.41	778.73	319.68	773.15	576.78	196.37
2006	307	53	254	6220.67	812.00	5408.67	8565.05	1623.64	6941.41	2058.16	1042.85	1015.31	2002.65	1024.35	978.30
2007	346	36	310	22339.84	844.14	21495.70	32762.32	2442.17	30320.15	4330.52	1981.36	2349.16	8620.09	4298.24	4321.85
2008	439	33	406	25741.78	890.32	24851.46	19403.25	758.95	18644.30	3742.28	2001.43	1740.85	5831.05	3700.23	2130.82
2009	547	31	516	23518.55	945.02	22573.53	26024.80	1238.78	24786.02	6531.40	3690.94	2840.46	10340.02	6549.06	3790.96
2010	704	39	665	23955.33	1119.80	22835.53	25040.86	1299.00	23741.86	6582.01	3580.37	3001.64	8996.44	4771.71	4224.73
2011	914	57	857	26510.37	1371.32	25139.05	21918.55	1234.15	20684.40	6125.90	2370.84	3755.06	6365.81	2901.41	3464.40
2012	1173	68	1105	31708.41	1424.85	30283.56	28361.81	1413.01	27248.80	9374.61	2540.73	6833.88	8123.61	3171.12	4952.49
2013	1551	130	1421	31167.18	1953.94	29213.24	30011.54	1987.56	28023.98	11280.60	3743.85	7536.75	14785.47	8988.79	5796.68

续表

年份	基金只数（只）			基金份额（亿份）			基金资产规模（亿元）			上市基金成交份额（亿份）			上市基金成交金额（亿元）		
	合计	封闭式	开放式	合计	封闭式	开放式	合计	封闭式	开放式	合计	上交所	深交所	合计	上交所	深交所
2014	1899	135	1764	42032.72	1256.71	40776.00	45374.30	1366.81	44007.49	13742.58	4547.41	9195.17	47230.89	37477.49	9753.40
2015	2723	164	2559	76674.13	1669.54	75004.59	83971.83	1947.72	82024.11	50423.73	12103.62	38320.11	152684.59	103799.88	48884.71
2016	3873	304	3569	88428.32	6181.24	82247.08	91595.16	6342.22	85252.94	24609.83	4577.78	20032.05	111444.32	89359.23	22085.09
2017	4848	479	4369	110182.12	5862.57	104319.55	115989.13	6097.29	109891.84	13626.64	5773.00	7853.64	98051.89	78169.57	19882.32
2018	5580	662	4918	128961.33	8707.02	120254.31	130339.08	8986.26	121352.82	17941.63	8897.92	9043.70	102704.59	71651.46	31053.13
2019	6111	779	5332	136937.42	15214.30	121723.12	147672.51	16024.48	131648.03	25140.94	14364.59	10776.35	91679.38	68589.58	23089.80
2020	7258	1024	6234	169974.29	23961.85	146012.44	198519.33	25606.39	172912.94	51089.10	31560.17	19528.93	136238.64	107526.85	28711.79

资料来源：中国证券监督管理委员会，上海证券交易所，深圳证券交易所，中证数据有限责任公司。

注：1. 本章中公募基金是指公开募集证券投资基金，不包括社保基金、基金专户等。

2. 本表中封闭式基金分类以截至统计时点的基金运作模式划分。

附表 20 QFII、RQFII 及 QDII 情况

年份	QFII							RQFII							QDII			
	累计批准额度（亿美元）	基金资产规模（亿美元）						累计批准额度（亿元）	基金资产规模（亿元）						成立的产品数量（只）	累计批准额度（亿美元）	基金资产规模（亿元）			
		合计	股票	债券	现金	其他			合计	股票	债券	现金	其他				合计	股票	债券	其他
2003	17.00	—	—	—	—	—		—	—	—	—	—	—		—	—	—	—	—	—
2004	34.75	37.00	11.30	11.20	11.00	3.50		—	—	—	—	—	—		—	98.90	—	—	—	—
2005	56.95	47.80	28.90	7.80	3.70	7.40		—	—	—	—	—	—		—	98.90	—	—	—	—
2006	90.95	62.75	48.76	0.69	7.88	5.42		—	—	—	—	—	—		1	206.65	—	—	—	—
2007	99.45	296.22	157.34	5.63	113.30	19.96		—	—	—	—	—	—		4	523.66	1081.73	799.56	0.00	282.17
2008	133.43	261.58	118.36	28.54	108.27	6.41		—	—	—	—	—	—		9	551.21	522.41	319.86	71.35	131.20
2009	165.70	424.57	311.22	24.88	77.40	11.07		—	—	—	—	—	—		10	668.00	742.24	542.07	4.93	195.24
2010	197.20	448.66	357.66	33.81	47.36	9.83		—	—	—	—	—	—		27	759.17	735.50	546.84	11.68	176.98
2011	216.40	401.56	282.13	57.60	49.98	11.84		107.00	0.00	0.00	0.00	0.00	0.00		51	783.97	576.02	358.83	9.51	207.68
2012	360.43	525.81	393.11	67.15	46.74	18.82		670.00	507.00	443.52	109.85	21.43	3.62		67	828.77	632.02	422.87	33.61	175.54
2013	497.01	693.64	496.39	100.05	70.55	26.65		1575.00	532.26	430.53	74.01	8.96	18.76		83	842.32	597.60	390.70	28.73	178.17
2014	669.23	1027.89	723.63	95.32	134.10	74.84		2997.00	2195.40	1058.06	785.57	181.73	170.04		90	833.23	495.54	342.61	41.13	111.80
2015	810.68	1049.07	626.52	124.99	154.90	142.66		4443.25	1735.44	715.27	649.63	218.86	151.68		101	899.93	662.53	412.46	38.98	211.09
2016	873.09	785.54	571.03	84.28	78.33	51.91		5284.75	1489.43	864.17	460.27	119.48	45.50		120	899.93	947.70	550.05	195.54	202.11
2017	971.59	997.12	794.90	82.52	63.05	56.64		6050.62	1673.07	1204.24	312.93	74.61	81.30		142	899.93	913.59	499.21	144.63	269.75
2018	1010.56	787.26	567.19	75.00	70.41	74.66		6481.72	1340.52	932.63	298.55	74.79	34.55		152	1032.33	705.73	549.00	75.55	81.18

续表

年份	QFII						RQFII						QDII					
	累计批准额度(亿美元)	基金资产规模(亿美元)					累计批准额度(亿元)	基金资产规模(亿元)					成立的产品数量(只)	累计批准额度(亿美元)	基金资产规模(亿元)			
		合计	股票	债券	现金	其他		合计	股票	债券	现金	其他			合计	股票	债券	其他
2019	—	1014.75	774.02	84.88	57.94	97.90	—	1920.06	1257.21	501.48	105.68	55.69	154	1039.83	930.83	708.37	135.71	86.75
2020	—	合计 13177.12	合格境外投资者 股票 10577.39	债券 1435.06	现金 937.52	其他 227.15							166	1257.19	1288.94	991.84	122.12	174.98

资料来源：中国证券监督管理委员会、中证数据有限责任公司。

注：1. RQFII 统计中"债券"定义为固定收益类资产；
2. RQFII 基金资产规模数据中，不含证券公司香港子公司数据；
3. 2019年9月，国家外汇管理局发布通知取消 QFII、RQFII 投资额度限制；2020年9月，中国证监会、中国人民银行、国家外汇管理局联合发布《合格境外机构投资者和人民币合格境外机构投资者境内证券期货投资管理办法》，合并 QFII 与 RQFII 资格，统称"合格境外投资者"。合并后单位统一采用"亿元"。

附表 21 交易所基金市场指数情况

年份	上交所					深交所								
	上证基金指数					乐富基金指数					深证ETF指数			
	开市	最高	最低	收市	涨跌幅(%)	振幅(%)	开市	最高	最低	收市	涨跌幅(%)	振幅(%)	开市	最高	最低	收市	涨跌幅(%)	振幅(%)
2000	996.69	1121.71	968.70	1121.71	12.17	15.80	—	—	—	—	—	—	—	—	—	—	—	—
2001	1133.17	1367.37	1077.73	1183.13	5.48	26.88	—	—	—	—	—	—	—	—	—	—	—	—
2002	1168.82	1237.98	934.54	942.33	-20.35	32.47	—	—	—	—	—	—	—	—	—	—	—	—
2003	933.96	1057.46	889.81	1016.96	7.92	18.84	—	—	—	—	—	—	—	—	—	—	—	—
2004	1012.37	1101.88	836.81	872.01	-14.25	31.68	—	—	—	—	—	—	—	—	—	—	—	—
2005	866.93	866.93	706.53	840.19	-3.65	22.70	978.19	1011.17	834.20	1001.46	2.38	21.21	—	—	—	—	—	—
2006	837.92	2091.30	837.82	2090.52	148.82	149.61	1010.88	2536.73	990.67	2536.73	154.38	156.06	—	—	—	—	—	—
2007	2132.24	5112.83	2041.89	5070.79	142.56	150.40	2570.95	6251.41	2452.55	6251.41	146.44	154.89	—	—	—	—	—	—
2008	5088.47	5525.57	2214.27	2512.49	-50.45	149.54	6364.67	6734.29	2817.53	3144.08	-49.71	139.01	—	—	—	—	—	—
2009	2541.64	4813.13	2528.83	4765.75	89.68	90.33	3198.83	5396.12	3198.83	5329.45	69.51	68.69	—	—	—	—	—	—
2010	4785.96	5038.23	3752.78	4557.66	-4.37	34.25	5280.03	6023.94	4385.37	5597.02	5.02	37.36	—	—	—	—	—	—
2011	4580.40	4854.30	3516.42	3592.26	-21.18	38.05	5651.64	5831.13	4223.39	4333.89	-22.57	38.07	1015.92	1045.28	663.34	690.36	-32.05	57.58
2012	3603.59	4014.86	3347.34	3921.09	9.15	19.94	4349.06	4807.29	3988.10	4574.63	5.55	20.54	694.11	814.51	612.29	729.70	5.70	33.03
2013	3956.37	4319.18	3398.71	3880.27	-1.04	27.08	4604.92	4948.94	4052.24	4470.05	-2.29	22.13	735.94	808.34	609.10	712.86	-2.31	32.71

续表

年份	上交所						深交所					
	上证基金指数						乐富基金指数					
	开市	最高	最低	收市	涨跌幅（%）	振幅（%）	开市	最高	最低	收市	涨跌幅（%）	振幅（%）
2014	3874.76	5557.49	3624.31	5550.63	43.05	53.34	4460.73	6154.83	4054.64	6152.11	37.63	51.80
2015	5578.87	7670.68	5114.16	5904.92	6.38	49.99	6174.36	9178.71	5353.76	6678.31	8.55	71.44
2016	5901.84	5927.80	5443.92	5733.60	-2.90	8.89	6684.64	6685.60	5143.23	5856.94	-12.30	29.99
2017	5732.11	6389.99	5704.18	6220.06	8.48	12.02	5858.10	6405.68	5513.37	6032.25	2.99	16.18
2018	6222.93	6502.37	5465.12	5499.31	-11.59	18.98	6035.82	6365.74	4547.49	4632.10	-23.21	39.98
2019	5503.54	6482.18	5454.86	6425.03	16.83	18.83	4639.35	6337.57	4530.98	6335.13	36.77	39.87
2020	6446.91	7470.84	5860.29	7467.43	16.22	27.48	6368.48	8312.98	5852.27	8312.10	31.21	42.05

年份	深交所					
	深证ETF指数					
	开市	最高	最低	收市	涨跌幅（%）	振幅（%）
2014	711.10	1045.12	640.67	1044.36	46.50	63.13
2015	1049.50	1646.03	919.03	1191.12	14.05	79.10
2016	1188.69	1189.60	897.41	1038.69	-12.80	32.56
2017	1038.92	1264.01	1006.60	1202.39	15.76	25.57
2018	1203.92	1288.05	898.75	908.97	-24.40	43.32
2019	911.05	1253.97	884.88	1253.54	37.91	41.71
2020	1259.24	1686.62	1159.19	1679.80	34.00	45.50

资料来源：上海证券交易所、深圳证券交易所、中证数据有限责任公司。

附表 22　上市基金成交情况

年份	交易天数	封闭式基金			ETF			LOF			合计		
		成交份额（亿份）	成交金额（亿元）	日均成交金额（亿元）	成交份额（亿份）	成交金额（亿元）	日均成交金额（亿元）	成交份额（亿份）	成交金额（亿元）	日均成交金额（亿元）	成交份额（亿份）	成交金额（亿元）	日均成交金额（亿元）
2005	242	562.07	341.10	1.41	525.01	420.92	1.98	11.33	11.14	0.05	1098.40	773.15	3.43
2006	241	1723.59	1626.36	6.75	306.21	339.97	1.41	28.36	36.32	0.15	2058.17	2002.65	8.31
2007	242	3100.51	6027.21	24.91	475.87	1544.61	6.38	701.87	989.68	4.09	4278.26	8561.50	35.38
2008	246	1624.12	1986.23	8.07	1411.49	3178.58	12.92	608.24	600.59	2.44	3643.84	5765.40	23.44
2009	244	1803.58	1613.68	6.61	3452.19	7652.13	31.36	1146.95	992.94	4.07	6402.72	10258.75	42.04
2010	242	1095.05	1136.12	4.69	4020.85	6450.80	26.66	1383.12	1338.94	5.53	6499.03	8925.86	36.88
2011	244	447.46	451.15	1.85	3933.13	4213.25	17.27	1682.48	1643.30	6.73	6063.07	6307.70	25.85
2012	243	363.60	284.34	1.17	4766.86	4781.75	19.68	4212.16	3032.54	12.48	9342.62	8098.63	33.33
2013	238	489.02	433.16	1.82	5976.80	11012.74	46.89	4811.85	3336.90	14.02	11277.67	14782.80	62.73
2014	245	403.47	383.45	1.57	6148.76	40388.83	164.85	7190.35	6458.60	26.36	13742.58	47230.89	192.78
2015	244	815.73	981.84	4.02	12705.32	113160.86	463.77	36902.67	38541.90	160.40	50423.73	152684.60	628.20
2016	244	303.67	327.15	1.34	5017.87	96495.94	395.48	19288.29	14621.23	59.92	24609.83	111444.31	456.74
2017	244	134.64	144.59	0.59	6460.75	92890.39	380.70	7031.25	5016.90	20.56	13626.65	98051.88	401.85
2018	243	87.60	89.06	0.37	13485.83	99448.25	409.25	4368.20	3167.28	13.03	17941.63	102704.59	422.65
2019	244	72.64	75.17	0.61	20102.74	87147.57	357.16	4965.55	4456.65	18.26	25140.94	91679.38	375.73
2020	243	0.03	3.23	0.01	45055.63	130472.09	536.92	6033.44	5763.30	23.72	51089.10	136238.64	560.66

资料来源：上海证券交易所、深圳证券交易所。

注：ETF 中包含交易型货币基金；LOF 中包含分级基金。

附表23 期货市场规模概况

年份	市场资金（亿元）	期货账户数（户）	客户数（个）		
			个人	单位	合计
2006	214.42	277390	—	—	244590
2007	395.40	447720	—	—	395533
2008	457.22	712773	595434	21001	616435
2009	1113.73	1106099	887627	28634	916261
2010	1696.31	1505530	1178225	35483	1213708
2011	1594.24	1793448	1370577	40804	1411381
2012	1904.68	896934	697442	19868	717310
2013	2069.06	977185	751665	20743	772408
2014	2923.84	993527	795210	27409	822619
2015	4138.50	1268765	1046190	29017	1075207
2016	4787.89	1385277	1150649	35771	1186420
2017	4441.88	1511380	1238117	39111	1277228
2018	4338.73	1587012	1283397	39161	1322558
2019	5561.49	1832128	1471541	45743	1517284
2020	8820.24	2276367	1804441	58833	1863274

资料来源：中国期货市场监控中心有限责任公司。

注：期货账户数和投资者个数2012年之前为总账户数和总投资者个数，2012年之后为有效账户数和有效投资者个数。

附表 24　期货会员机构数情况

年份	上海期货交易所			上海国际能源交易中心			郑州商品交易所			大连商品交易所			中国金融期货交易所					
	合计	期货公司会员	非期货公司会员	合计	期货公司会员	非期货公司会员	合计	期货公司会员	非期货公司会员	合计	期货公司会员	非期货公司会员	合计	期货公司会员合计	全面结算会员	交易结算会员	交易会员	非期货公司会员
1999	206	153	53	—	—	—	—	—	—	—	—	—	—	—	—	—	—	—
2000	216	165	51	—	—	—	—	—	—	164	150	14	—	—	—	—	—	—
2001	225	171	54	—	—	—	208	159	49	185	170	15	—	—	—	—	—	—
2002	215	178	37	—	—	—	212	166	46	195	180	15	—	—	—	—	—	—
2003	219	185	34	—	—	—	218	176	42	199	186	13	—	—	—	—	—	—
2004	224	184	40	—	—	—	219	185	44	199	186	13	—	—	—	—	—	—
2005	215	175	40	—	—	—	222	179	43	196	181	15	—	—	—	—	—	—
2006	209	172	37	—	—	—	226	180	46	196	180	16	—	—	—	—	—	—
2007	213	172	41	—	—	—	226	183	43	193	177	16	—	—	—	—	—	—
2008	207	167	40	—	—	—	215	172	43	193	175	18	—	—	—	—	—	—
2009	210	167	43	—	—	—	215	173	42	189	173	16	—	—	—	—	—	—
2010	209	164	45	—	—	—	215	173	42	189	173	16	133	133	15	61	57	0
2011	208	163	45	—	—	—	213	171	42	187	172	15	146	146	15	61	70	0
2012	208	161	47	—	—	—	209	167	42	178	163	15	146	146	15	61	70	0
2013	206	157	49	—	—	—	205	163	42	175	160	15	150	150	15	68	67	0

续表

年份	上海期货交易所			上海国际能源交易中心			郑州商品交易所			大连商品交易所			中国金融期货交易所					
	合计	期货公司会员	非期货公司会员	合计	期货公司会员	非期货公司会员	合计	期货公司会员	非期货公司会员	合计	期货公司会员	非期货公司会员	合计	期货公司会员	交易结算会员	交易会员	非期货公司会员	
														全面结算会员				
2014	203	151	52	—	—	—	198	157	41	170	155	15	146	146	24	76	46	0
2015	201	150	51	—	—	—	196	155	41	168	152	16	146	146	25	78	43	0
2016	199	149	50	—	—	—	196	149	47	166	151	15	147	147	26	83	38	0
2017	196	149	47	—	—	—	164	149	15	165	150	15	147	147	26	88	33	0
2018	197	149	48	155	149	6	164	149	15	165	150	15	147	147	26	88	33	0
2019	198	149	49	157	149	8	164	149	15	163	149	14	147	147	27	89	31	0
2020	196	149	47	158	149	9	163	149	14	160	149	11	152	147	27	92	28	5

资料来源：上海期货交易所、郑州商品交易所、大连商品交易所、中国金融期货交易所、上海国际能源交易中心。

注：交易所合计会员数量中存在冻结会员账户。

附表 25 期货交易概况

年份	成交金额（亿元）			成交量（万手）			持仓金额（亿元）			持仓量（万手）			交割金额（亿元）			交割量（万手）		
	合计	商品期货	金融期货	合计	商品期货	金融期货	合计	商品期货	金融期货	合计	商品期货	金融期货	合计	商品期货	金融期货	合计	商品期货	金融期货
2000	8041.14	8041.14	—	2730.54	2730.54	—	145.57	145.57	—	111.67	111.67	—	65.16	65.16	—	8.40	8.40	—
2001	15071.76	15071.76	—	6022.54	6022.54	—	175.75	175.75	—	134.47	134.47	—	59.63	59.63	—	16.34	16.34	—
2002	19745.30	19745.30	—	6971.50	6971.50	—	277.43	277.43	—	101.58	101.58	—	100.99	100.99	—	23.32	23.32	—
2003	54194.67	54194.67	—	13993.32	13993.32	—	423.66	423.66	—	91.88	91.88	—	130.94	130.94	—	32.10	32.10	—
2004	73465.27	73465.27	—	15283.27	15283.27	—	388.77	388.77	—	106.95	106.95	—	183.21	183.21	—	32.70	32.70	—
2005	67224.19	67224.19	—	16142.38	16142.38	—	350.71	350.71	—	160.05	160.05	—	213.37	213.37	—	30.71	30.71	—
2006	105023.16	105023.16	—	22473.70	22473.70	—	564.05	564.05	—	345.31	345.31	—	225.47	225.47	—	30.66	30.66	—
2007	204861.23	204861.23	—	36421.34	36421.34	—	990.31	990.31	—	355.20	355.20	—	283.73	283.73	—	42.76	42.76	—
2008	359570.98	359570.98	—	68194.36	68194.36	—	740.90	740.90	—	162.55	162.55	—	339.26	339.26	—	54.94	54.94	—
2009	652553.80	652553.80	—	107871.49	107871.49	—	2775.49	2775.49	—	649.34	649.34	—	284.72	284.72	—	50.34	50.34	—
2010	1545582.31	1134883.54	410698.77	156676.46	152089.14	4587.33	3095.90	2812.04	283.86	580.63	577.65	2.98	586.49	516.89	69.60	74.04	73.25	0.80
2011	1375134.23	937475.68	437658.55	105408.87	100367.68	5041.19	2972.73	2629.90	342.83	603.38	598.54	4.84	632.50	490.15	142.35	66.58	64.93	1.65
2012	1711231.31	952824.54	758406.78	145046.24	134540.06	10506.18	4122.62	3279.94	842.68	757.68	746.64	11.04	695.48	528.04	167.44	61.30	58.96	2.34
2013	2674739.52	1264673.31	1410066.21	206177.33	186822.39	19354.93	6744.94	5867.87	877.07	736.98	724.66	12.32	749.90	465.25	284.65	60.68	56.79	3.89
2014	2919882.26	1279712.53	1640169.73	250585.57	228827.45	21758.11	6900.25	4356.81	2543.44	909.94	886.24	23.70	712.29	451.58	260.70	67.19	63.50	3.69

续表

年份	成交金额（亿元）			成交量（万手）			持仓金额（亿元）			持仓量（万手）			交割金额（亿元）			交割量（万手）		
	合计	商品期货	金融期货	合计	商品期货	金融期货	合计	商品期货	金融期货	合计	商品期货	金融期货	合计	商品期货	金融期货	合计	商品期货	金融期货
2015	4542311.75	364707.05	4177604.71	357791.06	323704.12	34086.93	6200.88	4828.81	1372.07	1178.32	1165.36	12.96	1426.65	641.76	784.89	122.14	115.36	6.78
2016	1956316.08	1774124.99	182191.10	413776.83	411943.25	1833.59	7605.86	5845.66	1760.20	1190.48	1172.54	17.94	1478.12	783.34	694.78	136.23	129.19	7.04
2017	878925.88	633003.86	245922.02	307102.17	304642.57	2459.59	8940.47	6922.67	2017.79	1194.06	1174.54	19.51	1528.47	881.94	646.53	130.69	124.51	6.18
2018	2107973.78	846750.81	1261222.97	301055.65	298334.65	2721.01	8375.21	6096.13	2279.08	1168.73	1142.87	25.87	1767.47	1018.52	748.95	144.22	136.52	7.70
2019	2905739.14	2209542.00	696197.14	392135.56	385507.22	6628.34	15289.05	10008.54	5280.52	1914.23	1866.18	48.04	2641.41	1055.55	1585.86	163.82	148.44	15.39
2020	4373006.90	3220021.47	1152985.43	606704.82	596850.96	9853.86	21337.61	12227.07	9110.55	2287.01	2215.85	71.16	3848.86	1514.42	2334.44	244.19	224.78	19.41

资料来源：上海期货交易所、郑州商品交易所、大连商品交易所、中国金融期货交易所、中证数据有限责任公司。

注：1. 表中数据均按单边口径统计。
2. 交割金额、交割量中包含含期转现。
3. 上海期货交易所数据包含上海国际能源交易中心。

附表 26　区域性股权市场一览表

时间	挂牌企业（家）	本月净增（家）	展示企业（家）	本月净增（家）	融资总额（亿元）	转让总额（亿元）
2016 年	17409	14034	59400	17915	2871.12	377.22
2017 年	25391	7982	79968	20568	1922.14	225.05
2018 年 10 月	22946	403	94681	1146	121.00	30.23
11 月	23258	312	96718	2037	207.00	61.51
12 月	24808	1550	98647	1929	237.00	35.32
2019 年 1 月	25537	741	99139	492	191.53	12.68
2 月	25628	143	99409	270	52.98	14.50
3 月	25739	167	100299	890	106.16	26.31
4 月	26247	548	101001	739	325.47	23.78
5 月	25833	613	101920	959	144.12	21.25
6 月	27535	702	103172	1252	189.81	53.89
7 月	28313	765	104300	1104	220.01	46.57
8 月	28552	239	105263	987	194.07	33.94
9 月	29037	485	100871	-4392	160.45	26.74
10 月	29603	566	102770	1899	132.38	18.98
11 月	30145	573	104466	1759	236.97	61.37
12 月	28831	1968	110731	6371	358.21	51.76
2020 年 1 月	29473	654	111013	345	240.05	43.39
2 月	29540	68	111579	347	39.92	9.64
3 月	29553	13	112550	624	157.07	16.74
4 月	30173	620	112673	125	238.79	33.41
5 月	30681	508	113315	642	172.20	31.07
6 月	31129	448	114835	1520	178.37	130.45
7 月	31431	302	122250	7415	374.06	33.88
8 月	31974	543	122675	425	267.30	60.09
9 月	32274	300	123694	1019	283.27	81.78
10 月	32453	179	124683	989	205.44	31.49
11 月	32906	454	126015	1332	182.55	54.28
12 月	34666	1760	129292	3277	539.21	159.95

资料来源：中国证券监督管理委员会、中证数据有限责任公司。

注：1. 除挂牌企业股本、融资总额和转让总额为内部数据外，其他均为公开数据。

2. 2018 年 7 月，各市场按照《区域性股权市场报送指引》通过信息平台报送数据，并对挂牌企业等统计口径进行了调整，导致挂牌公司数据较前期下降；此外，2019 年 9 月，深圳前海股交按照清整办《关于规范发展区域性股权市场的指导意见》的要求，对 6775 家异地展示超一年的企业进行了清理，导致 9 月的展示企业新增数据为负。

3. 此表中的数据来源各运营机构报送的汇总数，而资金投向表来源于直接融资统计报送的明细数据，两者之间存在一定的差异；2019 年 12 月广西股交对未完成股权托管的 2588 家挂牌企业转为展示企业，故 12 月的挂牌公司较上月大幅减少。

附表 27　中国证监会与境外监管机构签署的备忘录一览表

序号	国家/地区	境外监管机构名称	签署时间	合作文件名称
1	中华人民共和国香港特别行政区	香港证券及期货事务监察委员会	1993.6.19	监管合作备忘录
			1995.7.4	有关期货事宜的监管合作备忘录
			2016.11.3	内地与香港股票市场交易互联互通机制下中国证监会与香港证监会加强监管执法合作备忘录
			2017.12.29	关于期货事宜的监管及执法合作备忘录
2	美国	美国证券交易委员会	1994.4.28	关于合作、磋商及技术协助的谅解备忘录
		美国商品期货交易委员会	2002.1.18	期货监管合作谅解备忘录
		美国证券交易委员会	2006.5.2	中国证券监督管理委员会与美国证券交易委员会合作条款
3	新加坡	新加坡金融管理局	1995.11.30	关于监管证券和期货活动的相关合作与信息互换的备忘录
			2018.11.12	关于期货监管合作与信息交换的谅解备忘录
4	澳大利亚	澳大利亚证券委员会	1996.5.23	证券期货监管合作谅解备忘录
5	英国	英国财政部、英国证券与投资委员会	1996.10.7	证券期货监管合作谅解备忘录
		英国金融行为监管局	2018.10.17	上海与伦敦证券市场互联互通机制监管合作谅解备忘录
6	日本	日本大藏省	1997.3.18	谅解备忘录
		日本金融厅	2018.10.26	关于促进两国证券市场合作的谅解备忘录
7	马来西亚	马来西亚证券委员会	1997.4.18	证券期货监管合作谅解备忘录
8	巴西	巴西证券委员会	1997.11.13	证券监管合作谅解备忘录
9	法国	法国证券委员会	1998.3.4	证券期货监管合作谅解备忘录
		法国金融市场委员会（现译为法国金融市场管理局）	2006.12.7	关于相互合作的函
		法国金融市场管理局	2018.12.7	关于相互合作的函
		法国金融市场管理局	2019.3.25	关于金融领域创新合作之谅解备忘录
10	意大利	意大利国家证券监管委员会	1999.11.3	证券期货监管合作谅解备忘录
11	埃及	埃及资本市场委员会	2000.6.22	证券监管合作谅解备忘录
12	罗马尼亚	罗马尼亚国家证券委员会	2002.6.27	证券期货监管合作谅解备忘录
13	南非	南非金融服务委员会	2002.10.29	证券期货监管合作谅解备忘录
14	荷兰	荷兰金融市场委员会	2002.11.1	证券期货监管合作谅解备忘录
15	比利时	比利时银行及金融委员会	2002.11.26	证券期货监管合作谅解备忘录
16	加拿大	加拿大证券监管机构初始参与成员	2003.3.21	证券期货监管合作谅解备忘录

续表

序号	国家/地区	境外监管机构名称	签署时间	合作文件名称
17	瑞士	瑞士联邦银行委员会	2003.5.22	证券期货监管合作谅解备忘录
18	印度尼西亚	印度尼西亚资本市场监管委员会	2003.12.9	关于相互协助和信息交流的谅解备忘录
		印度尼西亚商品期货交易监管局	2004.10.14	期货监管合作谅解备忘录
19	新西兰	新西兰证券委员会	2004.2.20	证券期货监管合作谅解备忘录
20	葡萄牙	葡萄牙证券市场委员会	2004.10.26	证券期货监管合作谅解备忘录
21	尼日利亚	尼日利亚证券交易委员会	2005.6.14	证券期货监管合作谅解备忘录
22	越南	越南证券委员会	2005.6.27	证券期货监管合作谅解备忘录
23	印度	印度证券及交易委员会	2006.9.15	证券期货监管合作谅解备忘录
		印度远期市场委员会	2006.11.21	商品期货监管合作谅解备忘录
24	阿根廷	阿根廷国家证券委员会	2006.9.20	证券期货监管合作谅解备忘录
25	约旦	约旦证券委员会	2006.9.20	证券期货监管合作谅解备忘录
26	挪威	挪威金融监管委员会	2006.9.26	证券期货监管合作谅解备忘录
27	土耳其	土耳其资本市场委员会	2006.11.10	证券期货监管合作谅解备忘录
28	阿联酋	阿联酋证券商品委员会	2006.12.6	证券期货监管合作谅解备忘录
29	泰国	泰国证券交易委员会	2007.4.11	证券期货监管合作谅解备忘录
30	列支敦士登	列支敦士登金融管理局	2008.1.15	证券期货监管合作谅解备忘录
31	蒙古	蒙古金融监督委员会	2008.1.24	证券监管合作谅解备忘录
32	迪拜	迪拜金融服务局	2008.9.27	证券期货监管合作谅解备忘录
33	爱尔兰	爱尔兰金融服务监管局	2008.10.23	证券期货监管合作谅解备忘录
34	奥地利	奥地利金融市场管理局	2008.10.30	证券期货监管合作谅解备忘录
35	西班牙	西班牙国家证券市场委员会	2009.10.6	证券期货监管合作谅解备忘录
36	中华人民共和国台湾地区	台湾方面金融监督管理机构	2009.11.6	海峡两岸证券及期货监督管理合作谅解备忘录
37	马耳他	马耳他金融服务局	2010.1.26	证券期货监管合作谅解备忘录
38	科威特	科威特股票交易所委员会	2010.5.5	证券期货监管合作谅解备忘录
39	巴基斯坦	巴基斯坦证券交易委员会	2010.12.17	证券期货监管合作谅解备忘录
40	以色列	以色列证券管理局	2011.3.29	证券期货监管合作谅解备忘录
41	卡塔尔	卡塔尔金融市场管理局	2011.4.7	证券期货监管合作谅解备忘录
42	老挝	老挝证券交易委员会	2011.9.19	证券期货监管合作谅解备忘录
43	瑞典	瑞典金融监管局	2012.4.24	证券期货监管合作谅解备忘录
44	卢森堡	卢森堡金融监管委员会	2012.5.17	证券期货监管合作谅解备忘录
45	塞浦路斯	塞浦路斯证券交易委员会	2012.5.17	证券期货监管合作谅解备忘录
46	乌克兰	乌克兰国家证券和股市委员会	2013.8.30	证券期货监管合作谅解备忘录
47	立陶宛	立陶宛银行	2013.9.13	证券期货监管合作谅解备忘录
48	耿西岛	耿西金融服务委员会	2013.11.18	证券期货监管合作谅解备忘录
49	白俄罗斯	白俄罗斯共和国财政部	2014.1.20	证券期货监管合作谅解备忘录
50	文莱	文莱金融管理局	2014.2.17	证券期货监管合作谅解备忘录
51	泽西岛	泽西岛金融服务委员会	2014.4.9	证券期货监管合作谅解备忘录
52	马恩岛	马恩岛金融监督管理委员会	2014.6.9	证券期货监管合作谅解备忘录
53	波兰	波兰金融监督管理局	2015.3.23	证券期货监管合作谅解备忘录

续表

序号	国家/地区	境外监管机构名称	签署时间	合作文件名称
54	哈萨克斯坦	哈萨克斯坦国家银行	2015.5.13	证券期货监管合作谅解备忘录
		阿斯塔纳金融服务管理局	2018.2.9	证券期货监管合作谅解备忘录
55	阿塞拜疆	阿塞拜疆国家证券委员会	2015.5.19	证券期货监管合作谅解备忘录
56	俄罗斯	俄罗斯中央银行	2016.6.25	证券期货监管合作谅解备忘录
57	阿布扎比	阿布扎比全球市场金融服务监管局	2016.7.14	证券期货监管合作谅解备忘录
58	智利	智利证券和保险监管局	2017.5.13	证券监管合作谅解备忘录
59	希腊	希腊资本市场委员会	2017.8.31	证券期货及其他投资产品监管合作谅解备忘录
60	韩国	韩国金融服务委员会/韩国金融监督院	2018.5.28	证券期货监管合作谅解备忘录
61	伊朗	伊朗证券和交易组织	2018.6.10	证券期货及其他投资产品监管合作谅解备忘录
62	开曼群岛	开曼群岛金融管理局	2018.11.5	证券期货监管合作谅解备忘录
63	德国	德国联邦金融监管局	2019.1.18	证券期货监管合作谅解备忘录
			2019.3.18	关于期货监管合作与信息交换的谅解备忘录附函
64	柬埔寨	柬埔寨证券交易委员会	2019.6.21	证券期货监管合作谅解备忘录
65	中华人民共和国澳门特别行政区	澳门金融管理局	2020.6.30	合作备忘录
66	直布罗陀	直布罗陀金融服务委员会	2020.12.22	证券期货监管合作谅解备忘录

资料来源：中国证券监督管理委员会。

后 记

2020年是中国资本市场建立30周年。为记录资本市场30年发展历程、总结回顾改革发展成就、传承市场和监管优秀文化，《中国资本市场三十年》一书全面梳理资本市场发展的历史脉络，按照综述、市场体系、市场主体、市场制度、对外开放、风险防控、法治监管、党的建设、展望的框架进行撰写，力求全面、客观、如实记录30年来中国资本市场的重大历史事件、重大改革举措和重要统计数据。

本书是集体智慧的结晶。中国证监会成立编委会，审定全书框架和内容，易会满主席专门为本书作序。方星海副主席组织全书写作，证监会各部门、系统相关单位参与撰写和修改。中证金融研究院作为中国证监会直属的政策研究机构，具体牵头编写工作，草拟框架、撰写全书初稿、修改统稿、梳理大事记和附录附表，并对全书进行审校。

本书各篇章主要由以下会内部门或系统单位提供材料：

综述：中证金融研究院。

市场体系篇：证监会公众公司部、市场一部、市场二部、期货部、债券部、深改办，上交所、深交所、上期所、郑商所、大商所、中金所、期货市场监控中心、全国股转公司、证券业协会。

市场主体篇：证监会公众公司部、市场二部、机构部、上市部、期货部、法律部、处罚委、会计部、债券部、深改办，上交所、深交所、期货市场监控中心、全国股转公司、证券业协会、期货业协会、上市公司协会、基金业协会。

市场制度篇：证监会发行部、公众公司部、市场一部、上市部、深改办，上交所、深交所、中国结算、全国股转公司。

对外开放篇：证监会市场一部、市场二部、机构部、期货部、法律部、国际部、债券部，上交所、深交所、上期所、郑商所、大商所、中金所、全国股转公司。

风险防控篇：证监会市场一部、市场二部、上市部、债券部，中证数据。

法治监管篇：证监会稽查局、法律部、处罚委、投保局、科技监管局、人教部、稽查总队，投保基金、投服中心、资本市场学院。

党的建设篇：中央纪委国家监委驻证监会纪检监察组，证监会党委办公室、党委组织部、党委宣传部、机关党委（机关纪委）、内审部（巡视办）、机构部、上市部、期货部。

展望：中证金融研究院。

本书在撰写过程中，证监会办公厅在资料查阅、大事记编写、组织协调等方面给予了大力支持。各证券期货交易所、各协会、中证数据以及中国证券博物馆等单位提供了大量资料和数据，并对附表数据进行了校对订正。初稿完成后，聂庆平、谢庚、戴文华、王建平、王宗成、赵敏、安青松、金立扬等同志进行了认真审阅，提出了书面修改意见；李继尊、申兵、陈飞、赵立新、黄明、周小舟、孟繁永、林晓征、顾军锋、蒋星辉、黄健、刘逖、唐瑞等同志参加修改并提出宝贵意见。在写作调研过程中，我们参阅了证监会有关老领导、亲历者的回忆录等文献资料，还走访了部分专家学者和市场机构。在此一并表示衷心的感谢！

最后，感谢中国金融出版社郭建伟总编辑、数字出版中心孙柏主任等对本书出版工作的大力支持。

由于编写者水平有限，书中难免存在疏漏之处，欢迎广大读者批评指正。

中证金融研究院
2021年4月